Waldow · Der Mythos der reinen Sprache

Stephanie Waldow

# Der Mythos der reinen Sprache
## Walter Benjamin, Ernst Cassirer, Hans Blumenberg

### Allegorische Intertextualität als Erinnerungsschreiben der Moderne

Wilhelm Fink Verlag

Gedruckt mit Unterstützung der Johanna und Fritz Buch-Gedächtnisstiftung
sowie der Ludwig Sievers Stiftung

Umschlagabbildung:
Skizze Walter Benjamins, vermutlich entstanden am Abend der Reichstagswahl (5. März 1933). Vgl. auch den Artikel von Günter Oesterle und Harald Tausch: *Vögel sind die Beobachter der Wahlen. Kein sterbender Reichsadler. Zum Gießener Nachlaßkonvolut Walter Benjamins.* In: FAZ, Nr. 8, 10.01.2001


Bibliografische Information der Deutschen Bibliothek

Die Deutsche Bibliothek verzeichnet diese Publikation in der Deutschen Nationalbibliografie; detaillierte bibliografische Daten sind im Internet über http://dnb.ddb.de abrufbar.


Wilhelm Fink GmbH & Co. Verlags-KG, Jühenplatz 1, D-33098 Paderborn

Internet: www.fink.de

Einbandgestaltung: Evelyn Ziegler, München
Herstellung: Ferdinand Schöningh GmbH & Co. KG, Paderborn

ISBN 13: 978-3-7705-4240-6
ISBN 10: 3-7705-4240-1

INHALTSVERZEICHNIS

Methode dieser Arbeit: literarische Montage.
Ich habe nichts zu sagen. Nur zu zeigen.

[Walter Benjamin, Passagen-Werk]

# EINLEITUNG

Peter V. Zima beschreibt in seinem einschlägigen Aufsatz zur Moderne und Postmoderne die Moderne als eine aus der Romantik und dem Realismus hervorgegangene Konstellation. Während das wesentliche Kennzeichen des Realismus der Ausschluss der Ambiguität ist, zeichnet sich die Moderne durch eine Ambivalenz aus, die weder logisch noch ästhetisch aufgehoben werden kann. Wirklichkeit wird als subjektive Setzung sichtbar, als solche ist sie angreifbar und zufällig. Damit einher geht der Verlust des Herrschaftsanspruchs des Subjekts, da es diese Ambivalenzen nicht auflösen kann und die Vernunft als absolutes Instrument in Frage gestellt wird. Vorrangiges Grundgefühl ist schließlich die Einsicht in die Kontingenz des Lebens; Wahrheits- und Realitätsvorstellungen werden hinterfragt, das Subjekt befindet sich in einer Krise.[1]

Als Folge der epistemologischen Krise der Moderne lässt sich eine Sprachkrise nachweisen, die die literarischen Darstellungsformen prägt und zu einem fragmentarischen Sprechen führt, wie dies zahlreiche Texte moderner Autoren dokumentieren.

Zwar soll hier keine ausführliche Analyse des Modernebegriffs geleistet werden, allerdings sei auf die diffuse Umgangsweise mit ihm und die Schwierigkeit einer exakten Datierung hingewiesen. Der dieser Untersuchung zugrunde liegende Modernebegriff datiert den Beginn der Moderne auf die Zeit um 1800 und dies aus mehreren Gründen: Erstens aufgrund der von Kant ausgelösten Erkenntnis- und Wahrheitskrise, die deutlich werden lässt, dass der Mensch nicht in der Lage ist, das Wesen der Dinge zu erkennen, und die ihren Niederschlag in den Schreibweisen zahlreicher Autoren vom Beginn des 18. bis weit in das 20. Jahrhundert hinein gefunden hat.[2] Zweitens aufgrund

---

1 Peter V. Zima: Zur Konstruktion von Modernismus und Postmoderne: Ambiguität, Ambivalenz und Indifferenz. In: Sprachkunst, 27, (1996), S. 127-141. Zima spricht hier allerdings von Modernismus und nicht von Moderne, um der Schwierigkeit der genauen Begriffsdefinition der Moderne aus dem Weg zu gehen. Außerdem ders.: Moderne/Postmoderne. Tübingen 1997.

2 Exemplarisch sei hier auf Kleists Kantkrise hingewiesen, die sich als Problemkonstante durch eine Vielzahl seiner Texte zieht. Neben den Dramen und Erzählungen vgl. dazu vor allem die Essays ‚Über das Marionettentheater' und ‚Über die allmähliche Verfertigung der Gedanken beim Reden.' In: Heinrich von Kleist: Sämtliche Werke und Briefe. 2 Bde. Hg. v. Helmut Sembdner. München 1984. Vgl. außerdem exemplarisch folgende Forschungsliteratur: Paul de Man: Ästhetische Formalisierung. Kleists: Über das Marionettentheater. In: ders.: Allegorien des Lesens. (Übers. v. Werner Hamacher). Frankfurt a.M. 1988; Christian Begemann: Brentano und Kleist vor Friedrichs Mönch am Meer. Aspekte eines Umbruchs in der Geschichte der Wahrnehmung. In: DVjs, 64, (1990), S. 54-95; Bernhard Greiner: Die Wende in der Kunst – Kleist mit Kant. In: DVjs, 64, (1990), S. 97-117; Heinrich von Kleist. Kriegsfall – Rechtsfall – Sündenfall. Hg. v. Gerhard Neumann. Freiburg i. Br. 1994; Gewagte Experimente. Kühne Konstellationen. Kleists Werk zwischen Klassizismus und Romantik.

des Primats des Fragments gegenüber der Totalität. Dies dokumentiert sich nicht nur in Diskussionen um Symbol und Allegorie. Vielmehr wird das Fragment als Philosophem eingeführt, das jegliche Geschlossenheit – wie beispielsweise die Abgeschlossenheit des Werkes – in Frage stellt und an dessen Stelle die Offenheit, Unabgeschlossenheit und ein Denken in Bruchstücken setzt. Drittens vollzieht sich in der Zeit um 1800 eine Wandlung des Mimesis-Konzepts. Kunst fungiert nicht mehr länger als Nachahmung der Wirklichkeit, sondern wird ästhetisch autonom. All diese Punkte sind von zentraler Bedeutung für das Selbstverständnis der vorliegenden Untersuchung.[3]

Allerdings wird im Folgenden der Schwerpunkt auf die Zeit des beginnenden 20. Jahrhunderts gelegt, da hier eine entscheidende Wende stattgefunden hat. Die von Kant ausgelöste Erkenntniskrise, die eine Sprachkrise evoziert hat, findet erst jetzt ihren Niederschlag auch in der Sprachtheorie bzw.-philosophie. Nietzsches Texte sind sicherlich mit die ersten, die von dieser Wende erzählen. Benjamin, Cassirer und Blumenberg werden in diesem Zusammenhang exemplarisch vorgestellt. Aber noch etwas anderes rechtfertigt die Konzentration auf diese Zeitspanne: Das beginnende 20. Jahrhundert nimmt eine Umbewertung der Sprachkrise vor, indem es versucht, produktive Schreibweisen daraus zu entbinden.

Zwar erweist sich Sprache als inadäquates Instrumentarium für den Ausdruck der vorgestellten Ideen. Mit Blumenberg formuliert, entsteht eine kulturelle Situation, die die Grundlosigkeit von Welt zu einer belastenden Wirk-

---

mente. Kühne Konstellationen. Kleists Werk zwischen Klassizismus und Romantik. Hg. v. Christine Lubkoll/Günter Oesterle. (Stiftung für Romantikforschung Bd. XII). Würzburg 2001.

3 Vgl. dazu insgesamt die Überlegungen des Giesseners Graduiertenkollegs ‚Klassizismus und Romantik im europäischen Kontext. Die ästhetische Erfindung der Moderne in Literatur, bildender Kunst, Musik und Alltagskultur', das die beiden Kunstbewegungen ‚Klassizismus' und ‚Romantik' als komplementäre Bewältigungsmodelle der europäischen Umbruchsituation um 1800 untersucht. Besonders interessant für den Ansatz der vorliegenden Untersuchung sind die beiden Jahressymposien ‚Krisen des Verstehens um 1800' (2003) und die ‚Darstellbarkeit des Absoluten' (2001).
Zum Modernebegriff vgl. außerdem: Vietta, der eine Trennung zwischen rationalistischer und literarischer Moderne vornimmt. Die literarische Moderne richte sich gegen eine rationalistische Moderne, verbunden mit einem kritischen Blick auf die Industrialisierung und die Ausbeutung der Natur. Spezifisch für das neuzeitliche Denken sei die Idee einer allgemeinen Weltvernichtung, von der ausgehend eine Rekonstruktion im Geiste beginne. Silvio Vietta: Die literarische Moderne. Eine problemgeschichtliche Darstellung der deutschsprachigen Literatur von Hölderlin bis Thomas Bernhard. Stuttgart 1992. S. 17-19, S. 28. Darüber hinaus: Peter Bürger: Theorie der Avantgarde. Frankfurt a.M. 1974; Karl Heinz Bohrer: Die Kritik der Romantik. Der Verdacht der Philosophie gegen die literarische Moderne. Frankfurt a.M. 1989; ders.: Plötzlichkeit. Zum Augenblick des ästhetischen Scheins. Frankfurt a.M. 1981; Martina Wagner-Egelhaaf: Mystik der Moderne. Die visionäre Ästhetik der deutschen Literatur im 20. Jahrhundert. Stuttgart 1989; Severin Müller: Topographien der Moderne. Philosophische Perspektiven – literarische Spiegelungen. München 1991; Hans Joachim Piechotta: Die literarische Moderne in Europa. 3 Bde. Opladen 1994; Literarische Moderne. Europäische Literatur im 19. und 20. Jahrhundert. Hg. v. Rolf Grimmiger/Jurij Murasov/Jörn Stückrath. Reinbek bei Hamburg 1995.

lichkeit für den Menschen macht [HB, LW, S. 9]. Die menschliche Existenz, unabdingbar an das Vorhandensein von Sprache gebunden, ist sich ihrer eigenen Kontingenz bewusst. Der menschliche (Sprach-)Ursprung entpuppt sich als Leerstelle und damit im Sinne Blumenbergs als absoluter und unfassbarer Ausgangspunkt. Allerdings entwirft die Moderne zahlreiche Strategien mit dem Ziel, die Sprachlosigkeit in eine ästhetische Form zu überführen und dadurch von diesem uneingeschränkten Beginn zu entlasten.

> Absolute Anfänge machen uns sprachlos im genauen Sinne des Wortes. Dies aber ist es, was der Mensch am wenigsten erträgt und zu dessen Vermeidung oder Überwindung er die meisten Anstrengungen seiner Geschichte unternommen hat [HB, WW, S. 28].

Die Einsicht in die Leerstelle des Ursprungs löst eine Sprachkrise aus und dies nicht nur aus dem Bewusstsein heraus, dass der Ursprung nicht beschrieben werden kann, sondern auch, weil Sprache an sich unbegründbar geworden ist. In diesem Zusammenhang kann Walter Benjamins Sprachaufsatz von 1916 als Manifest und Resümee moderner Sprachauffassung gelesen werden. Das Wissen um die Unbegründbarkeit der Sprache ist verbunden mit der Verlusterfahrung einer als ursprünglich vorgestellten Redeweise, die Ausdruck einer Identität zwischen Idee und Laut ist. Diese utopische Redeweise ist in Benjamins Terminologie eine ‚schöpferische Sprache', in der die Entstehung der Idee bzw. des Dings zusammenfällt mit dem Aussprechen des Wortes. Dieses Wort oder der von Gott gegebene Name, den Benjamin hier als ‚reines Wort' bezeichnet, *ist* zugleich die Idee, es besteht also eine absolute Identität zwischen Idee und Name.[4] In dieser ursprünglichen Form ist Sprache selbstreferenziell, da sie auf nichts außerhalb ihrer selbst verweist, sie bezeichnet nicht die Dinge, sondern sie ist identisch mit dem Ding. Idee und sprachlicher Ausdruck fallen in eins [WB, II/1, S. 144].

Der Verlust dieser eineindeutigen ‚Namensprache' löst einerseits eine Erkenntniskrise aus, da der Ursprung der Sprache und damit der menschlichen Existenz nicht auszumachen ist. Andererseits fördert er aber auch ein Bewusstsein von der Schuld an der Sprache, denn der Verlust der ursprünglichen Sprache, die Ausdruck einer sinnlichen Identität von Idee und Laut ist, ist Resultat der kulturellen Entwicklung des Menschen, ein Resultat der ‚Überbenennung' der Dinge durch den Menschen.

> Das Wissen um gut und böse verläßt den Namen, es ist eine Erkenntnis von außen, die unschöpferische Nachahmung des schaffenden Wortes. Der Name tritt

---

4 Wenn hier von einer ‚göttlichen oder schöpferischen Sprache' die Rede ist, so wird dies von Benjamin in einem metaphorischen Sinne eingesetzt. Benjamin bezieht sich in seinem Sprachaufsatz auf das erste Genesiskapitel der Bibel, um seine Sprachphilosophie transparent zu machen. Vgl. dazu auch die ausführliche Forschungsdiskussion in der Fußnote 1 im Kapitel 1.1 ‚Voraussetzungen'. Im Folgenden wird noch deutlich zu machen sein, dass der von Benjamin eingeführte ‚schöpferische Name' als ‚absolute Metapher' im Sinne Blumenbergs verwendet wird.

> aus sich selbst in dieser Erkenntnis heraus: Der Sündenfall ist die Geburtsstunde des menschlichen Wortes, in dem der Name nicht mehr unverletzt lebte, das aus der Namensprache, der erkennenden, man darf sagen: der immanenten eigenen Magie heraustrat, um ausdrücklich von außen, gleichsam, magisch zu werden. Das Wort soll etwas mitteilen (außer sich selbst). Das ist wirklich der Sündenfall des Sprachgeistes. [WB, II/1, S. 153]

Was hier dargestellt wird, ist die unüberwindliche Differenz zwischen Idee und Laut, die letztlich aus dem menschlichen Umgang mit Sprache hervorgeht. Indem der Mensch Sprache als Instrumentarium seiner Mitteilung benutzt, begibt er sich automatisch in diese Differenz hinein. Benjamin unterscheidet an dieser Stelle zwischen einer Mitteilung ‚durch Sprache', die Ausdruck dieser Trennung ist, und einer Mitteilung ‚in Sprache', in der die sinnliche Ähnlichkeit zwischen Idee und Laut aufgehoben ist. Als solche ist die Mitteilung ‚in Sprache' eine, im Sinne Benjamins, ‚reine Sprache', da sie nichts außer sich selbst mitteilt. Anstatt diese Sprache in ihrer Seinsweise und Materialität ernst zu nehmen und damit auch die Idee der Dinge erahnbar werden zu lassen, benennt der Mensch die Dinge erneut und belegt sie mit Begriffen, um sie für seine Welterfahrung dienstbar zu machen. Sprache wird aus ihrer Materialität entbunden und zu einem Instrument, um sich Welt anzueignen [WB, II/1, S. 155].

Das Bewusstsein der hier aufgemachten Differenz löst schließlich ein Gefühl der Melancholie aus und wird in der poetischen Sprache der Moderne reflektiert, die nach Strategien sucht, diese Trennung überwinden zu können.[5]

Dabei ist die Darstellung der aus dieser Trennung erwachsenen Erkenntniskrise von qualitativ anderer Art als die Krise an sich und stellt bereits einen Bewältigungsversuch dar. Der Zerfall wird dadurch erträglich, dass er ästhetisch reflektiert wird. Die Moderne sucht nach ästhetischen Strategien, die mit dieser Grunderfahrung produktiv umgehen. Ontologischer Ausgangspunkt ist dabei die Ambivalenz zwischen dem Wissen um die Unerreichbarkeit des (Sprach-)Ursprungs einerseits bei gleichzeitigem Wunsch nach dessen Darstellbarkeit andererseits. Demzufolge müssen poetologische Konzepte gefunden werden, die durch die Differenz hindurch die Indifferenz aufzeigen, die an der semantischen Seite der Sprache die ‚reine Sprache' lesbar machen.[6]

Eines dieser poetologischen Konzepte ist die in der vorliegenden Untersuchung vorzustellende Verfahrensweise der ‚allegorischen Intertextualität', die anhand von Benjamins, Cassirers und Blumenbergs Texten entwickelt wird und als eine mögliche Beschreibungskategorie für die Intertextualität in der

---

[5] Hier sei auf das Buch von Martina Wagner-Egelhaaf verwiesen: Die Melancholie der Literatur. Diskursgeschichte und Textfiguration. Stuttgart 1997.

[6] Wenn hier von Indifferenz gesprochen wird, ist dies nicht im Sinne von Zima zu verstehen, der Indifferenz als Kennzeichen der Postmoderne anführt und damit die Austauschbarkeit der Werte, Aussagen und Stilbegriffe konnotiert, sondern Indifferenz meint hier die Eineindeutigkeit von Idee und Laut. Peter V. Zima: Zur Konstruktion von Modernismus und Postmoderne. S. 137.

Moderne fungieren soll. Es verwundert nicht, dass vor allem die intertextuelle Schreibweise in der Moderne einen enormen Aufschwung erfährt, und dies nicht nur aus der Überzeugung heraus, alles sei bereits gesagt und jegliches Sprechen sei ohnehin Ausdruck einer unüberwindlichen Differenz von Signifikat und Signifikant, sondern auch, weil das Schreiben in Fragmenten angesichts des Zerfalls ganzheitlicher Perspektiven das einzig adäquate Ausdrucksmittel der Moderne zu sein scheint. Und noch etwas anderes ist von Interesse: Die hier vorgestellte Verfahrensweise der ‚allegorischen Intertextualität' versucht nicht nur ein produktives Potenzial aus der modernen Sprachkrise zu entfalten. Sie macht vor allem die für die Moderne charakteristische Ambivalenzerfahrung für eine neue Art der literarischen Rede fruchtbar. Ein Erzählen, das sich zwischen Destruktion und Konstruktion, zwischen Vergessen und Erinnern bewegt und dadurch letztlich an der Differenzfunktion von Sprache die Indifferenz von Sprache entdeckt. Mit Benjamin formuliert, versucht die ‚allegorische Intertextualität' ‚durch die Sprache' wieder zur Sprache selbst zu finden. Der spezifische Neuansatz der Moderne, der sich in dieser intertextuellen Verfahrensweise widerspiegelt, liegt – wie bereits erwähnt – in der unauflöslichen Spannung zwischen dem Wunsch nach Darstellbarkeit des ontologisch Letzten bei gleichzeitiger Gewissheit um dessen Unerreichbarkeit.[7] Diese Annahme wird von Lyotard unterstrichen, der als charakteristisches Kriterium für die Moderne ihren Verweis auf das Nicht-Darstellbare anführt; die Inszenierung des anwesend Abwesenden.[8] Die Leerstelle der ‚schönen Sprache', die nichts außer sich selbst mitteilt und als solche ‚reine Sprache' ist, soll in den Text integriert werden.[9] Es werden also Strategien entwickelt, die nicht nur an die Leerstelle der als ‚schön' vorgestellten Sprache erinnern, sondern zugleich auch die Selbstverfasstheit von Sprache reflektieren.[10]

7 Wiederum Vietta bemerkt, dass die literarische Moderne eine utopisch-kritische Gegenstimme zur rationalistischen Moderne darstelle, welche die Erwartung auf die Utopie auf das Medium der Literatur übertrage. Darüber hinaus bemerkt er, dass die Moderne eine Zwischenepoche sei, die einerseits auf traditionellen Sinnnormen aufbaue, diese aber zugleich zersetze. Silvio Vietta: Die literarische Moderne. S. 52.

8 Jean Francois Lyotard: Beantwortung der Frage: Was ist postmodern? In: Postmoderne und Dekonstruktion. Texte französischer Philosophen der Gegenwart. Hg. v. Peter Engelmann. Stuttgart 1990. S. 33-49.

9 Hier sei nur kurz der Topos der ‚schönen Sprache' erwähnt, der in der Moderne virulent ist. Wenn hier allerdings von ‚schöner Sprache' die Rede ist, dann im Sinne von Hegels ‚schönem Schein', der Schönheit als das Aufscheinen des reinen Selbst, der Materialität versteht. Georg Wilhelm Friedrich Hegel: Vorlesungen über die Ästhetik. Bd. 1. In: ders.: Werke. Bd. 13. Frankfurt a.M. 1970. S. 151. Im Folgenden wird der von Benjamin eingeführte Terminus der ‚reinen Sprache' verwendet, um auf die sich dahinter verbergende Materialität hinzuweisen.

10 Anders Müller in seinem Artikel ‚Moderne', in dem er die Selbstreferenzialität der Literatur als ein Kennzeichen der Postmoderne vorstellt. Klaus Peter Müller: Art. Moderne. In: Metzler Lexikon Literatur- und Kulturtheorie. Ansätze – Personen – Grundbegriffe. Hg. v. Ansgar Nünning. Stuttgart 2. Aufl. 2001. S. 228-450, hier S. 449.

Auch wenn, mit Kristeva formuliert, ‚jegliches Sprechen intertextuell' ist und jeder Text als Mosaik von Zitaten, als Absorption und Transformation eines anderen Textes gelesen werden kann, soll es hier allerdings um die gezielte Inanspruchnahme intertextueller Verfahrensweisen durch die poetische Sprache gehen.[11] ‚Allegorische Intertextualität' wird in dem Zusammenhang als poetische Strategie vorgestellt, die insbesondere für die Moderne Gültigkeit besitzt und sich durch einen neuen Umgang mit Sprache auszeichnet, indem sie der Sprachkrise ein produktives Gegengewicht bietet.[12] Die hier vorgestellte intertextuelle Verfahrensweise versucht damit insofern einen Neuansatz zu formulieren, als sie sich einerseits von traditioneller Quellen- und Einflussforschung, die um eine bessere Dechiffrierung der Texte bemüht ist, und andererseits von dem poststrukturalistischen Diktum: „Jeder Text ist ein Intertext" absetzt.[13]

Außerdem muss hervorgehoben werden, dass Intertextualität kein spezifisch modernes Phänomen darstellt; die Montage von Texten ist immer schon ein beliebtes Gestaltungsmittel der Literatur gewesen, wie dies zahlreiche Beispiele bestätigen.[14] Die spezifische Leistung der Moderne ist es nun, Intertextualität als poetologisches Verfahren einzusetzen, das die Mitteilung ‚durch

---

11 Julia Kristeva: Die Revolution der poetischen Sprache. Übers. u. mit einer Einl. vers. v. Reinold Werner. Frankfurt a.M. 1978; dies.: Bachtin, das Wort, der Dialog und der Roman. Vgl. auch Roland Barthes, der davon ausgeht, dass jeder Text, der sich auf einen Text bezieht, immer schon ein besprochener oder beschriebener ist. Roland Barthes.: Über mich selbst. Frankfurt a.M. 1978. S. 81. Vgl. Renate Lachmanns texttheoretische Perspektive der Intertextualität. Renate Lachmann: Ebenen des Intertextualitätsbegriffs. In: Das Gespräch. (Poetik und Hermeneutik Bd. 11). Hg. v. Karlheinz Stierle/Rainer Warning. München 1984. S. 133-139.

12 Auch Kristeva hat sich in ihrer Analyse nicht ohne Grund auf die poetische Sprache gestützt. Sie geht von zwei grundsätzlichen Kategorien des Sprachlichen aus, dem Semiotischen und dem Symbolischen. Das Semiotische befindet sich in einem leeren Raum oder ‚chora', der durch zwei thetische Setzungen, das Spiegelstadium und die Kastration, vom Symbolischen durchkreuzt wird. Dadurch entsteht u.a. das sprachliche System. Im Prozess der Sinngebung durchbricht das Semiotische permanent das Symbolische und stellt die Setzung stets in Frage. Insofern erfolgt jede signifikante Praxis aus dem Zusammenwirken mehrerer Zeichensysteme. Mit Transposition ist der Übergang von einem Zeichensystem in ein anderes bezeichnet, dabei geht es um die Transformation und Neuartikulierung der thetischen Setzung. Kristeva legt nun das Primat auf die poetische Sprache, da in ihr das Semiotische zum Ausdruck gebracht wird. Aus diesem Grund muss ihre Theorie unter besonderer Berücksichtigung der poetischen Sprache gelesen werden. Vgl. hier vor allem das Kapitel ‚Das Semiotische und das Symbolische'. In: Julia Kristeva: Die Revolution der poetischen Sprache. S. 32-114.

13 Vgl. dazu auch die Methoden-Diskussion in Kapitel 1.4.

14 Dante, Goethe, Sterne, um nur einige Beispiele zu nennen. Eine systematische Untersuchung steht noch aus. Trotzdem muss auf einen Paradigmenwechsel in der Forschung Ende der 1960er Jahre hingewiesen werden. Literarische Texte wurden bis dahin vorwiegend als in sich geschlossen betrachtet, als ein organisch Ganzes. Erst mit der Infragestellung dieser Ganzheitsvorstellung kam die Debatte um die Intertextualität auf. Bahnbrechend hier Julia Kristeva, die sich auf Michael Bachtins gesellschafts-ästhetisches Dialogizitätskonzept stützt. Die explizite Einführung des Begriffs ‚Intertextualität' erfolgte 1967 durch Kristeva, die ihn dann später durch den Begriff der ‚Transposition' ersetzt hat. Zur Diskussion vgl. Susanne Holthuis: Intertextualität. Würzburg 1999.

Sprache' in eine Mitteilung ‚in Sprache' übersetzt, das also anhand der Differenzfunktion von Sprache die Indifferenz von Sprache präsentiert, an der semantischen Seite der Sprache die ‚reine Sprache' lesbar macht. Allerdings, so sei an dieser Stelle auch hervorgehoben, kann es immer nur um eine Annäherung an die ‚reine Sprache' gehen, die stets als Leerstelle erhalten bleibt. D.h. die Spannung und Ambivalenz wird letztlich nicht aufgelöst und hat darüber hinaus auch Konsequenzen für die moderne Autorschaft, die ihre Produktivität aus dieser Ambivalenz heraus entfaltet. Der Autor tritt damit als Übersetzer auf, der die unendliche Transformation von einer Mitteilung ‚durch Sprache' in eine Mitteilung ‚in Sprache' vorantreibt.

Die hier entworfene ‚allegorische Intertextualität' fungiert somit als Antwort auf die moderne Sprachkrise und die damit verbundene Melancholie und versucht in der poetischen Sprache neue Wege des Umgangs mit dieser Erfahrung zu finden. Anders als Lyotard, der für die Differenz von Darstellbarkeit und Nicht-Darstellbarkeit zwei verschiedene Umgangsformen vorgibt – erstens die Melancholie, die aus der Sehnsucht nach Anwesenheit resultiert, und zweitens die novatio, die daraus eine Herausforderung für die künstlerische Erfindungskraft zieht – soll hier eine Zusammenführung beider Konzepte versucht werden. Diese Aufteilung in „Trauer und Wagnis" findet in der Verfahrensweise der ‚allegorischen Intertextualität' ihre Aufhebung.[15]

Neben der Entwicklung der ‚allegorischen Intertextualität' verfolgt die Untersuchung aber noch ein zweites Anliegen, woraus sich die Auswahl der besprochenen Autoren ergibt: die Analyse von Allegorie, Symbol und Metapher unter dem Aspekt der Moderne.[16] Auffällig ist, dass die ästhetische Moderne

---

15 Jean Francois Lyotard: Beantwortung der Frage: Was ist postmodern? S. 45.

16 Eine systematische Untersuchung unter diesem Aspekt ist bisher noch nicht geleistet worden, bislang liegen nur zahlreiche Einzelstudien vor, die sich vorwiegend mit einer rhetorischen Figur beschäftigen. Dies gilt insbesondere für Benjamins Allegorie-Begriff und Blumenbergs Konzept der ‚absoluten Metapher', an denen sich zahlreiche Beiträge abgearbeitet haben. Vgl. dazu die ausführliche Forschungsdiskussion in den Fußnoten der Kapitel 1 und 7.6. Außerdem exemplarisch zu Walter Benjamin: Heinz J. Drügh: Anders-Rede. Zur Struktur und historischen Semantik des Allegorischen. Freiburg i. Br. 2000; Nicolas Pethes: Mnemographie. Poetiken der Erinnerung und Destruktion nach Walter Benjamin. Tübingen 1999; Gérad Raulet: Allegorie und Moderne. In: global benjamin. Internationaler Walter-Benjamin-Kongress 1992. Hg. v. Klaus Garber/Ludger Rehm. München 1999. Bd. 1. S. 203-220; Takao Tsunekawa: Konfiguratives Denken und Allegorie. In: ebd. S. 191-203; Sigrid Weigel: Von der anderen Rede zur Rede des Anderen. Benjamin liest Freud oder zur Vorgeschichte der Allegorie der Moderne im Barock. In: Verkehrte Welten. Literaturmagazin 29. Barock, Moral und schlechte Sitten. Hg. v. Martin Lüdke/Detlef Schmidt. Reinbek bei Hamburg 1992. S. 47-56. Ein immer noch zentraler, wenn auch etwas älterer Beitrag: Harald Steinhagen: Walter Benjamins Begriff der Allegorie. In: Formen und Funktionen der Allegorie. Hg. v. Walter Haug. Stuttgart 1979. S. 666-686.
Ernst Cassirer findet erst in jüngster Zeit wieder Beachtung, lange hat hier ein großes Forschungsdesiderat vorgelegen. Dazu: Barbara Naumann: Philosophie und Poetik des Symbols. Cassirer und Goethe. München 1998; Kulturkritik nach Ernst Cassirer. Hg. v. Benno Rudolph/Bernd-Olaf Küppers. Hamburg 1995; Heinz Paetzold: Die Realität der symbolischen Formen. Die Kulturphilosophie Ernst Cassirers im Kontext. Darmstadt 1994; Über Ernst

durch eine Vielzahl von (Stil-)Mitteln gekennzeichnet ist, die bereits in der Vormoderne oder Antike virulent waren. Zu diesen Formen gehören u.a. auch die Allegorie, das Symbol und die Metapher, die Grundlage der Verfahrensweise der ‚allegorischen Intertextualität' sind. Allerdings zeichnet sich die Moderne durch einen spezifischen Umgang mit diesen Formen aus. Wie anhand von Benjamin, Cassirer und Blumenberg nachgewiesen werden soll, werden diese Formen zu Philosophemen, deren Gemeinsamkeit wiederum die für die Moderne typische Ambivalenz ist: Die Ambivalenz zwischen Destruktion und Konstruktion, Vergessen und Erinnern, Potenzierung und Depotenzierung, absoluter Bedeutsamkeit bei gleichzeitiger Bedeutungslosigkeit; schließlich zwischen Differenz und Indifferenz.[17] Damit kommt den ehemals rhetorischen Figuren einerseits eine anthropologische Bedeutung zu, zum anderen erweisen sie sich aber auch als adäquate Ausdrucksmittel der Moderne. Sie alle lassen durch ihre spezifisch ästhetische Leistung den Absolutismus des (Sprach-)Ursprungs vergessen, indem sie ihn poetisch bearbeiten und dadurch potenzieren, um ihm schließlich in der Kunst eine zweite Gegenwart zu

---

Cassirers Philosophie der symbolischen Formen. Hg. v. Hans-Jürg Braun/Helmut Holzey/Ernst Wolfgang Orth. Frankfurt a.M. 1988.

Zur Metapher bei Blumenberg vgl. exemplarisch Philipp Stoellger: Metapher und Lebenswelt. Hans Blumenbergs Metaphorologie als Lebenswelthermeneutik und ihr religionsphänomenologischer Horizont. Tübingen 2000; Rüdiger Zill: Wie die Vernunft es macht. Die Arbeit an der Metapher im Prozess der Zivilisation. In: Die Kunst des Überlebens. Hg. v. Franz Josef Wetz/Hermann Timm. Frankfurt a.M. 1999. S. 164-184; Günter Bader: Melancholie und Metapher. Tübingen 1990; Anselm Haverkamp: Paradigma Metapher, Metapher Paradigma. Zur Metakinetik hermeneutischer Horizonte (Blumenberg/Derrida, Kuhn/Foucault, Black/White). In: Epochenschwelle und Epochenbewußtsein. (Poetik und Hermeneutik Bd. XII). Hg. v. Reinhart Herzog/Reinhart Kosseleck. München 1987. S. 547-561.

Die einzigen Beiträge, die eine Verbindung zwischen Blumenberg und Cassirer herzustellen versuchen, stammen von Enno Rudolph: Metapher oder Symbol. Zum Streit um die schönste Form der Wahrheit. Anmerkungen zu einem möglichen Dialog zwischen Hans Blumenberg und Ernst Cassirer. In: Metapher und Wirklichkeit. Die Logik der Bildhaftigkeit im Reden von Gott, Mensch und Natur. Dietrich Ritschl zum 70. Geburtstag. Hg. v. Reinhold Bernhardt/Ulrike Link-Wieczorek. Göttingen 1999. S. 320-329 und Birgit Recki: Der praktische Sinn der Metapher. Eine systematische Überlegung mit Blick auf Ernst Cassirer. In: Die Kunst des Überlebens. Hg. v. Franz Josef Wetz/Hermann Timm. Frankfurt a.M. 1999. S. 142-164.

17 Vietta zählt u.a. die Parodie, die Satire und das Fragment zu diesen Formen, die hier um Allegorie, Symbol und Metapher ergänzt werden. Der spezifische Umgang der Moderne mit diesen Formen ist nach Vietta die Dekonstruktion, die eine subversive Technik des Philosophierens darstellt. Dekonstruktion stellt für Vietta die epochenspezifische Funktionsweise der Moderne dar, da diese sich durch die Bewegungen der Destruktion und Konstruktion auszeichnet. Wenn auch in dieser Arbeit von Destruktion und Konstruktion im Zusammenhang mit der Allegorie gesprochen wird, so ist der von Vietta gewählte Begriff der Dekonstruktion etwas irreführend, steht er doch in der Tradition von Derrida und verneint somit jegliches Ursprungsdenken, das Vietta an anderer Stelle als konstitutiv für die Moderne ausweist. Allerdings räumt Vietta ein, dass die Dekonstruktion kein Verfahren der philosophischen oder literarischen Interpretation sei, sondern eine Strategie, die die Texte selbst produzieren. Silvio Vietta: Die literarische Moderne. S. 192-195.

verleihen. Die Leerstelle des Ursprungs und der ‚reinen Sprache' wird damit aber nicht nur erinnerbar und lesbar, sondern durch die poetische Transformation auch depotenziert. Eine Entlastung findet nicht nur von dem Ursprung allen Seins, sondern auch von der Schuld der ‚schlechten Sprache' statt, was insbesondere für die moderne Sprachkrise von immenser Bedeutung ist. Der Umgang mit alltäglicher Sprache wird durch die poetische Bearbeitung legitimiert. So zeichnen sich alle drei Formen dadurch aus, dass sie die Ambivalenzerfahrung der Moderne in der Kunst austragen, indem sie sie in ästhetische Produktivität umwenden.

Interessanterweise gründen alle der hier vorgestellten Autoren ihre Kulturphilosophie auf eine dieser Formen. Wenn auch jeder die Priorität auf eine bestimmte Form gelegt hat, entweder auf die Allegorie, das Symbol oder die Metapher, ergibt sich dennoch ein spannender Dialog und eine wechselseitige Befruchtung aus der Zusammenführung. Eine Betrachtung unter diesem Aspekt ist bisher allerdings noch nicht erfolgt, obwohl diese nicht nur aufgrund der geistigen Verwandtschaft der besprochenen Autoren sehr nahe liegt, sondern vor allem auch, weil sie sich in bezug auf die gemeinsame Grundlage ihrer Kulturphilosophie notwendigerweise ergibt. Die folgende Untersuchung soll einen Teil dazu beitragen, diese Lücke zu füllen.

Dementsprechend versteht sich die vorliegende Untersuchung auch als Lektüre von Benjamins, Cassirers und Blumenbergs Texten, die hier in einen gemeinsamen Kontext gestellt werden sollen. Alle drei Autoren gründen ihre Kulturphilosophie auf eine rhetorische Form und werden im Folgenden – aufgrund ihrer spezifischen Schreibweise – als Grenzgänger zwischen Literatur und Philosophie vorgestellt. Die sich im Verlauf der Untersuchung einstellende Durchmischung der unterschiedlichen Positionen wurde absichtlich vorgenommen und dies aus zwei Gründen: Erstens soll ein lebendiger Diskurs zwischen den drei Philosophen ermöglicht werden und zweitens trägt dieses Vorgehen der Arbeitsweise der Autoren Rechnung: Thesen werden aus dem Schreibprozess heraus, im Dialog mit anderen Positionen entfaltet und erlangen erst in Auseinandersetzung mit anderen Stimmen ihre volle Wirkungskraft.

Der erste Teil der Untersuchung widmet sich im Wesentlichen Benjamins Sprachphilosophie, seinem Allegorie-Begriff, dem Konzept des ‚Eingedenkens' und der Mimesis-Theorie, um darauf aufbauend die Verfahrensweise der ‚allegorischen Intertextualität' zu entwickeln, die im Moment der Zitation die ‚reine Sprache' erahnen lässt. Durch den Vorgang des Zitierens von bereits geschriebenem Text wird für einen kurzen ‚chockhaften Augenblick' etwas lesbar, was auch im Prätext nicht enthalten ist: die ‚reine Sprache'. Auf diese Weise eröffnet das intertextuelle Verfahren in der poetischen Sprache eine dritte Ebene, die im Aufeinanderprall verschiedener Texte über das Sagbare hinausgeht. Dass diese Ahnung an die semantische Seite der Sprache gebunden ist und die ‚reine Sprache' erst von dort aus ihre zweite Gegenwart erfährt, soll vor allem anhand von Cassirers Symbolphilosophie gezeigt werden. Durch die allegorische Textur entsteht ein Zwischenraum, ein Drittes zwischen den Polen des Darstellbaren und des Nicht-Darstellbaren, in Benjamins Terminologie das ‚Bild'.

An Cassirers Texten wird außerdem deutlich, dass diese ‚reine Sprache' ein Mythos ist, da sie zu keiner Zeit eine menschliche Sprache gewesen und daher nur als Leerstelle denkbar ist. Mit Blumenberg argumentiert, kann es also immer nur um die *Vorstellung* der ‚reinen Sprache' gehen, die damit einer kulturellen Entwicklung unterworfen ist und durch ein ‚Um- und Weiterschreiben' – durch die Rezeption dieses Mythos' – transformiert wird. Damit beginnt im Sinne Blumenbergs die ‚Arbeit des Mythos' als ‚Arbeit am Mythos', hier am Mythos der ‚reinen Sprache'. Wesentliches Kennzeichen dieser ‚Arbeit am Mythos' ist die Hervorbringung von Metaphern, die sowohl nach Cassirer als auch nach Blumenberg die Bedingung der mythischen Begriffsbildung ist. Insbesondere Blumenbergs ‚absolute Metapher' weist sich dadurch aus, dass sie in der Lage ist, die Unbestimmtheit in bestimmte Unbestimmtheit zu überführen, d.h. an den Ort der Leerstelle die *Vorstellung* von dieser Leerstelle zu setzen. Demzufolge wird die ‚reine Sprache' im poetischen Text zur ‚absoluten Metapher' und erlangt als solche erst ihre Präsenz.

Darüber hinaus soll gezeigt werden, dass die ‚allegorische Intertextualität' nicht nur eine Arbeit am Mythos der ‚reinen Sprache' darstellt, sondern selbst zu einer Form der mythischen Redeweise wird und so Sprache an ihre Grenzen führt. Die ‚reine Sprache' wird durch die allegorische Textur einer poetischen Bearbeitung unterworfen und somit als Leerstelle lesbar gemacht.

# A) Die Allegorie

# 1. Die allegorische Intertextualität

Dass die sogenannte ‚Sprachkrise der Moderne‘ eine Reihe von poetologischen Konzepten hervorgebracht hat, ist vielfach diskutiert worden. Eines davon ist sicherlich die Intertextualität. Macht man Walter Benjamins – vor allem im Trauerspielbuch entwickeltes – Allegorie-Konzept für eine Intertextualitätstheorie der Moderne fruchtbar, zeigt sich, dass die so verstandene ‚allegorische Intertextualität‘ als eine produktive Form der Sprachsuche gelesen werden kann. Dabei wird erstens deutlich, dass sich die Moderne als ‚Zeit der Schwelle‘ auszeichnet, da gängige Sinnkonzepte aufgebrochen und in Frage gestellt werden, es sich aber dennoch nicht um eine melancholische Absage an jegliche Formen der Sinnsuche oder -produktion handelt. Die ‚allegorische Intertextualität‘ bietet hier einen interessanten Neuansatz und setzt sich einerseits von positivistischer Quellen- und Einflussforschung[18] und andererseits von Kristevas Diktum: „Jeder Text ist ein Intertext“ ab.[19] Damit wird zweitens ein neuer Blick auf die Moderne ermöglicht, die sich dann nicht mehr nur als „Krisenepoche“ versteht, sondern als „Schwellenzeit“, die ihre Produktivität gerade aus dem Zwischenraum der Zeichen und der Zeit bezieht. Genau in diesem Zwischenraum – zwischen Darstellung und Dargestelltem und zwischen Vergangenheit und Zukunft – findet das intertextuelle Sprechen statt.

Im Folgenden werden die Punkte vorgestellt, die für das Allegorieverständnis Benjamins wichtig sind, um sie dann in einem zweiten Schritt für das Konzept der ‚allegorischen Intertextualität‘ fruchtbar machen zu können.

## 1.1 Voraussetzungen

Liest man Walter Benjamins Sprachaufsatz von 1916 als Manifest der Moderne und nimmt die Evidenz der dort vorgenommenen Differenzierung zwischen einer Mitteilung ‚durch Sprache’, die Sprache zu einem Instrument von Mitteilung funktionalisiert, und einer Mitteilung ‚in Sprache’, die die Materialität bzw. die reine Präsenz der Sprache in den Blick nimmt, ernst, wird die exi-

---

[18] Wie dies etwa Broich/Pfister in ihrer wegweisenden Studie getan haben. Ulrich Broich/Manfred Pfister: Intertextualität. Formen, Funktionen, anglistische Fallstudien. Tübingen 1985.

[19] Julia Kristeva: Bachtin, das Wort, der Dialog und der Roman. In: Literaturwissenschaft und Linguistik. Ergebnisse und Perspektiven III. Hg. v. Jens Ihwe. Frankfurt a.M. 1972. S. 345-375.

stenzielle Sprachkritik der Moderne und die damit verbundene Suche nach neuen Ausdrucksformen deutlich. Die Mitteilung ‚in Sprache' – in Benjamins Terminologie die ‚Namensprache' – zeugt von einer sinnlichen Ähnlichkeit zwischen Idee und Laut und teilt außer sich selbst nichts mit, als solche ist sie selbstreferenziell. Dieser an die Schöpfungsgeschichte gebundene Gedanke geht davon aus, dass die Sprache schafft, indem sie ausspricht.[20] Sie ist des-

---

20 Wenn hier an den Kategorien des ‚Ursprungs' und ‚Paradieses' festgehalten wird, soll damit nicht nur der dieser Arbeit zugrundeliegende zeichentheoretische Ansatz gerechtfertigt werden, sondern es wird dem Rechnung getragen, dass man bei der Lektüre von Benjamins Texten die Kategorien des ‚Ursprungs' und der ‚paradiesischen Sprache' als (Text-)Wirklichkeit anerkennen muss. Vgl. hierzu vor allem WB, I/1, S. 217; WB, IV/1, S. 16. Benjamin selbst hat mehrfach auf die Bedeutung des *Textes* der Bibel für seine erkenntnistheoretischen Schriften aufmerksam gemacht. Der Text der Bibel ist für Benjamin vor allem deshalb unersetzlich, weil hier die Sprache als „eine letzte, nur in ihrer Entfaltung zu betrachtende, unerklärliche und mystische Wirklichkeit gedacht wird."

„Wenn im folgenden das Wesen der Sprache auf Grund der ersten Genesiskapitel betrachtet wird, so soll damit weder Bibelinterpretation als Zweck verfolgt noch auf die Bibel an dieser Stelle objektiv als offenbarte Wahrheit dem Nachdenken zugrunde gelegt werden, sondern das, was aus dem Bibeltext in Ansehung der Natur der Sprache selbst sich ergibt, soll aufgefunden werden; und die Bibel ist *zunächst* in dieser Absicht nur darum unersetzlich, weil diese Ausführungen im Prinzipiellen ihr darin folgen, daß in ihnen die Sprache als eine letzte, nur in ihrer Entfaltung zu betrachtende, unerklärliche und mystische Wirklichkeit vorausgesetzt wird. Die Bibel, indem sie sich selbst als Offenbarung betrachtet, muß notwendig die sprachlichen Grundtatsachen entwickeln." [WB, II/1, S. 147]

Benjamin hat sich, wenn auch nur durch sekundäre Rezeption, mit den Fragen des jüdischen Glaubens auseinandergesetzt, was großen Einfluss auf sein sprachphilosophisches Denken hatte. Im übrigen hat die jüdische Tradition nicht nur bei Benjamin, sondern in fast allen poetologischen Auseinandersetzungen mit Sprache in der Moderne ihre Spuren hinterlassen. Vgl. dazu Paul Celan: Gespräch im Gebirg. In: ders.: Gesammelte Werke. Bd. 3. Frankfurt a.M. 1986. S. 169-173. Außerdem sind Selbstaussagen Walter Benjamins interessant, die auf die Bedeutung der Bibel für seine erkenntnistheoretischen Schriften hinweisen. Benjamin selbst sagt über seinen Sprachaufsatz, er habe sich hier mit der Sprache, und zwar mit der Sprache in bezug auf das Judentum, auseinandergesetzt [WB, Briefe I, S. 128].

Scholem hat für Benjamin und für sich selbst die Frage nach einer jüdischen Sprache aus der Romantik abgeleitet. Benjamin wird von Scholem als Nachfolger von Hamann und Humboldt bezeichnet. So sei auch das Vokabular Benjamins nicht unbedingt auf die direkte Lektüre der Kabbala zurückzuführen, sondern vielmehr auf die Beschäftigung mit den Schriften Hamanns, Humboldts und Böhmes. Die Romantik und das Judentum stimmen nach Scholem in ihrem Verfallensein an die Sprache überein. Gershom Scholem: Gershom Scholem – Walter Benjamin. Geschichte einer Freundschaft. Frankfurt a.M. 1975. S. 93, 136, 284.

Eine Form dieser noch ‚reinen Sprache' ist für die Kabbalisten die Thora als ein allumfassender Name Gottes. Die Thora teilt insofern auch keinen Sinn mit, denn der Name Gottes ist ein *wesentlicher* Name, der allem Sinn vorangeht. Gershom Scholem: Judaica 3. Frankfurt a.M. 1973. S. 28. [Herv. S.W.].

Vgl. auch Alfred Hirsch: Der Dialog der Sprachen. Studien zum Sprach- und Übersetzungsdenken Walter Benjamins und Jacques Derridas. München 1995. S. 88-90.

Einen fundierten Überblick über die Diskussion gibt Winfried Menninghaus in seiner Monographie über Walter Benjamins Sprachphilosophie. Er stellt heraus, dass Benjamin kein Kenner der jüdischen Kabbala gewesen ist und seine Rezeption über die Lektüre von Hamann, Humboldt, Friedrich Schlegel, Novalis und Jacob Böhme erfolgt ist. Mennighaus unterscheidet zwischen einer ersten historischen Kabbala und einer zweiten rezeptiven Kabbala, der sich vor allem Benjamin widmete und die auch als Grundidee in seiner Sprachphilosophie halb selbstreferenziell, da sprachlicher Laut und Idee miteinander identisch sind, Sprache ist Ausdruck des reinen Seins der Dinge. Diese Materialität geht im Prozess der Instrumentalisierung von Sprache verloren. Mit dem Austritt aus der Sprache der Indifferenz ist der Eintritt in hierarchische Strukturen – in die Sprache der Differenz – verbunden, die ihre Ausprägung sowohl in der bildlichen Repräsentation als auch im Zeichencharakter der Sprache findet. Walter Benjamin spricht in diesem Zusammenhang von einer ‚Überbenennung' [WB, II/1, S. 155]. Die Bezeichnung eines Dinges durch den Menschen verdränge seinen ursprünglichen von Gott gegebenen Namen, der noch Ausdruck von Identität sei. Spricht der Mensch von einem Ding, so handelt es sich immer um ein ‚Sprach-Ding', also um etwas Vermitteltes [WB, II/1, S. 142]. Das Bewusstsein über den Verlust des ursprünglichen Namens, des Ortes der ‚Eineindeutigkeit', setzt schließlich das Gefühl der Melancholie frei.

> [...] die Traurigkeit der Natur macht sie verstummen. Es ist in aller Trauer der tiefste Hang zur Sprachlosigkeit, und das ist unendlich viel mehr als Unfähigkeit oder Unlust zur Mitteilung. [...] Die Dinge haben keine Eigennamen außer in Gott. Denn Gott rief im schaffenden Wort freilich bei ihren Eigennamen sie hervor. In der Sprache der Menschen aber sind sie überbenannt. Im Verhältnis der Menschensprachen zu der der Dinge liegt etwas, was man als Überbenennung annähernd bezeichnen kann: Überbenennung als tiefster sprachlicher Grund aller Traurigkeit und (vom Ding aus betrachtet) allen Verstummens. [WB, II/1, S. 155]

Die vorliegende Untersuchung geht davon aus, dass die ‚Namensprache' oder auch ‚reine Sprache' nicht nur den utopischen Fluchtpunkt für Benjamins Tex-

---

verankert ist. Vgl. Winfried Menninghaus: Walter Benjamins Theorie der Sprachmagie. Frankfurt a.M. 1995. S. 192, 428, 489, 526 u. 561.

Stéphane Mosès ist der Ansicht, dass Benjamin weniger der Grad der Beziehung zu Gott interessiert, sondern vielmehr das darauf aufbauende metaphysische Erkenntnismodell, das auf der ‚Urfunktion' der Sprache basiert. Aus diesem Grund kann die Schöpfungsgeschichte als ein entscheidender Text angesehen werden, da hier die Entstehung der Sprache eine zentrale Rolle spielt. Vgl.: Stéphane Mosès: Der Engel der Geschichte. Frankfurt a.M. 1992. S. 94. An anderer Stelle macht Mosès deutlich, dass ‚Theologie' im Sinne Benjamins als ein produktives Element aufgefasst werden kann. Der Begriff ‚Theologie' kennzeichnet für Benjamin gerade das Spezifische der geschichtlichen Zeit als ‚Jetztzeit', das heißt gerade die Zeit, in der der Mensch in der Lage ist, in die Geschichte einzugreifen, um retrospektiv deren Bedeutung zu verändern. Vgl. Stéphane Mosès: Eingedenken und Jetztzeit. In: Vergessen und Erinnern. (Poetik und Hermeneutik. Bd. XV). Hg. v. Anselm Haverkamp/Renate Lachmann. München 1993. S. 401. Vgl. auch WB, V/2, S. 589 u. I/2, S. 704.

Die gleiche Ansicht vertritt Michael Bröcker in: Die Grundlosigkeit der Wahrheit. Zum Verhältnis von Sprache, Geschichte und Theologie bei Walter Benjamin. Würzburg 1993. S. 105.

Burkhardt Lindner bezeichnet den Rekurs auf die Theologie als Ort des Einspruchs gegen die Verabsolutierung des zivilisatorischen Fortschritts. Allerdings geht es seiner Ansicht nach nicht um eine institutionalisierte Religion, sondern um eine philosophische Weltanschauung, die jüdisch-messianisch beeinflusst sei. Burkhardt Lindner: Engel und Zwerg. Benjamins geschichtsphilosophische Rätselfiguren und die Herausforderung des Mythos. In: „Was nie geschrieben wurde, lesen". Frankfurter Benjamin-Vorträge. Hg. v. Thomas Regehly/Lorenz Jäger. Bielefeld 1992. S. 236-267.

te darstellt, sondern für die gesamte moderne Schreibpraxis. Auch wenn Konsens darüber besteht, dass die ‚Namensprache' nicht mehr gesprochen werden kann, werden doch Strategien entwickelt – etwa die Erinnerung bzw. Wiederholung – die der ‚reinen Sprache' zu einer zweiten Gegenwart im poetischen Text verhelfen sollen.

Sprachliche Mitteilung ist nach Benjamin nur dann ‚eineindeutig', wenn eine Identität zwischen der geistigen und der sprachlichen Mitteilung, also eine unmittelbare Korrespondenz zwischen Idee und Laut, besteht. Die Vollkommenheit der Sprache ist demzufolge dann erreicht, wenn die Materialität des Dinges absolut im sprachlichen Ausdruck gegenwärtig ist [WB, II/1, S. 125]. Allerdings ist diese restlose Mitteilbarkeit des Dinges oder der Idee nie an ihr Ende zu bringen. Benjamin führt zur Veranschaulichung ein Beispiel an: Er geht davon aus, dass sich in dem Wort ‚Lampe' nicht das geistige Wesen mitteilt – also seine Idee – sondern allein das sprachliche Wesen, was bedeutet, dass wir es immer mit einer ‚Sprach-Lampe' zu tun haben.[21] Die menschliche Sprache ist also von jeher Ausdruck einer Differenz zwischen Signifikat und Signifikant und damit zwischen Sagbarkeit und Unsagbarkeit.

Eine ‚ursprüngliche Sprache' dagegen ist nach Benjamin eine Sprache, die ihr eigenes Medium ist, d.h. sie teilt ausschließlich sich selbst mit. Sie ist nicht länger Instrument einer Aussagestruktur bzw. Vermittlung zwischen Zeichen und Laut, sondern in ihrem sprachlichen Ausdruck fallen lautliche Gestaltung und Idee in eins. Es handelt sich also nicht um eine Mitteilung im herkömmlichen kommunikativen Sinne, sondern Sprache ist im höchsten Maße selbstreferenziell, da sie auf ihre eigene Materialität verweist. Sprache ist nicht Medium, sondern Körper. Dadurch ist zugleich die Subjekt-Objekt-Dualität aufgehoben. Es wird nicht mehr ‚durch Sprache' mitgeteilt, sondern Sprache teilt sich selber mit.

> Was teilt die Sprache mit? Sie teilt das ihr entsprechende geistige Wesen mit. Es ist fundamental zu wissen, daß dieses geistige Wesen sich *in* der Sprache mitteilt und nicht *durch* die Sprache. Es gibt also keinen Sprecher der Sprachen, wenn man damit den meint, der durch diese Sprachen sich mitteilt. [...]
>
> Die Sprache teilt das sprachliche Wesen der Dinge mit. Dessen klarste Erscheinung ist aber die Sprache selbst. Die Antwort auf die Frage: *was* teilt die Sprache mit? lautet also: *Jede Sprache teilt sich selbst mit.* [WB, II/1, S. 142. Kursive Hervorh. WB]

Indem Benjamin in seinem Sprachaufsatz von 1916 darauf aufmerksam macht, dass Sprache nunmehr als Instrument eingesetzt wird, um außersprach-

---

21 Vgl. hierzu den spannenden Literaturstreit um das Gedicht ‚Auf eine Lampe' von Eduard Mörike, den Emil Staiger und Martin Heidegger ausgetragen haben. Es galt die Frage zu klären, ob es sich hier um das tatsächliche Scheinen einer Lampe handelt oder ob man von dem ‚schönen Schein' sprechen müsse. In: Trivium, 1951 (9), S. 1-26.

liche Dinge mitzuteilen und damit Ausdruck einer Sprache der Differenz ist, fasst er die moderne Sprachskepsis zusammen. Sprache wird zum bloßen Mittel und steht ein für die Trennung zwischen Laut und Idee. Hier lässt sich der Ansatzpunkt für Benjamins Sprachkritik nachweisen: Er bemängelt die traditionelle Kommunikationsstruktur, die Worte allein zur Mitteilung gebraucht und nicht in ihrem Sein respektiert. Mit Kierkegaard verwendet Benjamin hier den Ausdruck des „Geschwätzes“ [WB, II/1, S. 153]. Eine Abkehr von diesem Zeichenmodell funktioniert nur durch eine Verneinung der repräsentationslogischen Auffassung von Sprachzeichen.[22]

> Wer da glaubt, der Mensch teile sein geistiges Wesen *durch* die Namen mit, der kann wiederum nicht annehmen, daß es sein geistiges Wesen sei, das er mitteile – denn das geschieht nicht durch den Namen von Dingen, also durch Worte, durch die er ein Ding bezeichnet. Und er kann wiederum nur annehmen, er teile eine Sache den anderen Menschen mit, denn das geschieht durch das Wort, durch das ich ein Ding bezeichne. Diese Ansicht ist die bürgerliche Auffassung der Sprache, deren Unhaltbarkeit und Leere sich mit steigender Deutlichkeit im folgenden ergeben soll. Sie besagt: das Mittel der Mitteilung ist das Wort, ihr Gegenstand die Sache, ihr Adressat ein Mensch. Dagegen kennt die andere kein Mittel, keinen Gegenstand und keinen Adressaten der Mitteilung. Sie besagt: *im Namen teilt das geistige Wesen des Menschen sich Gott mit.* [WB, II/1, S. 144. Kursive Hervorh. WB]

Hingegen plädiert Benjamin für einen magischen Sprachgebrauch. Magisch zum einen, weil Sprache sich hier ausschließlich selbst mitteilt, also im höchsten Maße unmittelbar ist, zum anderen aber auch, weil diese Unmittelbarkeit eine Unendlichkeit impliziert.[23] Denn eine Begrenzung erfährt nur das Ding an sich, d.h. die Lampe als Gegenstand; die Sprache ist hingegen grenzenlos [WB, II/1, S. 143]. Benjamin differenziert hier zwischen dem verbalen Inhalt der Sprache und dem geistigen Wesen, zwischen der ‚Art des Meinens' und dem ‚Gemeinten', d.h. er unterscheidet zwischen einer semiotischen und einer magischen Seite der Sprache bzw. zwischen einer Mitteilung ‚durch Sprache' und einer Mitteilung ‚in Sprache'. Auch Scholem versteht die unmittelbare Kraft der Sprache als ihre Magie.[24] Er bringt die magische Spracherfahrung mit der magischen Wirklichkeit setzenden Kraft des Gottesnamens in Verbin-

---

[22] Hier übt Bettine Menke entscheidende Kritik an Benjamins Theorie: Indem Benjamin die Differenzierung von einer Mitteilung ‚in Sprache' und ‚durch Sprache' vornimmt, gehe er, wenn auch ex negativo, von einem repräsentationslogischen Zeichenmodell aus, einer Trennung von Signifikant und Signifikat. Bettine Menke: Sprachfiguren. Name - Allegorie - Bild nach Walter Benjamin. München 1991. S. 407.

[23] Auch Karl Kraus, der Benjamin in seiner Denkweise sehr nahe gestanden hat, macht vor allem im „Schicksal der Silbe“ deutlich, dass zwischen den Wörtern und den Dingen ein mystischer Zusammenhang besteht. Seiner Ansicht nach gibt es eine ursprüngliche materielle Wahrheit der Worte, eine paradiesische Identität von Sprache und Schöpfung, von der sich die Menschheit in dem Maße entfernt, wie sie Sprache als ein Mittel begreift. Karl Kraus: Die Sprache. In: Schriften. Bd. 7. Hg. v. Christian Wagenknecht. Frankfurt a.M. 1987. S. 280.

[24] Vgl. Gershom Scholem: Judaica 3. S. 10, 14, 67.

dung.[25] Denn wie in der Bibel [Genesis 1, 1-31] beschrieben, stimmt das göttliche Wort vollkommen mit der Wirklichkeit überein. In Gottes Namen fallen Schöpfen und Erkennen zusammen, es besteht keine Dualität von Wort und Ding; Sprache ist wirklichkeitsschaffend. Hier liegt zugleich der wesentliche Unterschied zur menschlichen Sprache begründet: Die Sprache Gottes schafft nicht ein Ding, um es dann in einem zweiten Schritt durch den Namen zu erkennen; vielmehr fallen im Wort Gottes Schaffen und Benennen unmittelbar zusammen. Die Entstehung des Wortes ist gleichbedeutend mit der Entstehung des Dinges. Worte sind in diesem Sinne immer Namen. Die Erkenntnis liegt in den Gegenständen selbst, in ihrer Materialität, nicht in einem von ihnen getrennten Bewusstsein. Das Sein der Dinge, ihre Materialität, kann demnach auch nicht durch eine prädikative bzw. sinnvolle Aussage zum Ausdruck gebracht werden. Daher ergibt sich für das menschliche Erkennen die Aufgabe, die Dinge nicht als ‚Etwas', sondern in ihrem intensionslosen Sein zu begreifen. Damit korrespondiert die Vorstellung, dass Gott die Welt nicht in Sätzen ausspricht, sondern in einzelnen Worten. Sie ist nicht ein Gesamt, ein Sachverhalt, sondern ein Ensemble von Gegenständen. Allein im nicht sinngebenden Sprechen kann das wahre Sein der Dinge erfasst werden.[26] Im ausgesprochenen Wort Gottes, im Namen als dem ersten Wort, sind das geistige Wesen und die sinnliche Erscheinung identisch. Sinn und Sinnlichkeit fallen zusammen.

> Der Name hat im Bereich der Sprache einzig diesen Sinn und diese unvergleichlich hohe Bedeutung: daß er das innerste Wesen der Sprache selbst ist. Der Name ist dasjenige, *durch* das sich nichts mehr, und *in* dem die Sprache selbst und absolut sich mitteilt. Im Namen ist das geistige Wesen, das sich mitteilt, die Sprache. Wo das geistige Wesen in seiner Mitteilung die Sprache selbst in ihrer absoluten Ganzheit ist, da allein gibt es den Namen, und da gibt es den Namen allein. [WB, II/1, S. 144. Kursive Hervorh. WB]

Die Besonderheit der menschlichen Sprache liegt für Benjamin vor allem in zwei Punkten: Erstens hat der Mensch keine andere Möglichkeit, als sein geistiges Wesen, seine Idee, in der Sprache mitzuteilen und zweitens impliziert der menschliche Gebrauch der Wörter eine Benennung. Das heißt, der Mensch teilt sein geistiges Wesen durch die Benennung mit, die menschliche Sprache ist also immer eine Metasprache, weil sie die von Gott benannten Dinge nochmals benennt. Damit steht sie im Gegensatz zu anderen Sprachen, wie zum Beispiel die der Musik oder der Malerei, die nicht benennen, sondern nur beschreiben [WB, II/1, S. 143]. Anders die von Gott gegebenen Namen, in denen eine ursprüngliche Identität von geistigem und sprachlichem Wesen begründet ist, weil hier Wort und Name im Akt der Erkenntnis zusammenfallen [WB, II/1, S. 148]. Insofern ist das Wort Gottes eine – in Blumenbergs Sinne – ‚absolute Metapher' für Benjamins Idee der ‚reinen Sprache'. Während Gott

---

[25] Vgl. Gershom Scholem: s.o. S. 14.
[26] Vgl. Michael Bröcker: Die Grundlosigkeit der Wahrheit. S. 111f.

die Dinge in ihrem Namen erkennbar macht, kann der Mensch nur gemäß seiner eigenen Erkenntnis benennen. Der Mensch ist demnach in derselben Sprache der Erkennende, in der Gott der Schöpfer ist.[27] Dies impliziert, dass die menschliche Sprache immer endlich und eingeschränkt ist [WB, II/1, S. 149].

Allein im Eigennamen berührt der Mensch die Grenze zwischen endlicher und unendlicher Sprache, da der Eigenname nicht aufgrund einer Erkenntnisleistung gegeben wird, sondern durch einen menschlichen schöpferischen Akt.

> Das tiefste Abbild des göttlichen Wortes ist der Punkt, an dem die Menschensprache den innigsten Anteil an der göttlichen Unendlichkeit des bloßen Wortes erlangt, der Punkt, an dem sie nicht endliches Wort und Erkenntnis nicht werden kann: das ist der menschliche Name. Die Theorie des Eigennamens ist die Theorie von der Grenze der endlichen gegen die unendliche Sprache. [...] Der Eigenname ist die Gemeinschaft des Menschen mit dem schöpferischen Wort Gottes. [WB, II/1, S. 149f.]

Idealerweise beruht aber die menschliche Benennung der Dinge auf der Fähigkeit, die Idee Gottes aufspüren zu können. Der Mensch tastet empfangend Gottes ‚schöpferischem Wort' nach, dadurch kann die Sprache der Dinge in die Sprache des Menschen übersetzt werden. Dies ist nur möglich, weil die ‚Namensprache' des Menschen und die namenlose Sprache der Dinge in Gott verwandt sind. Gott überträgt dem Menschen die Aufgabe der Benennung, indem er ihm die Fähigkeit verleiht, selbstständig eine Identität zwischen schaffendem und erkennendem Wort herzustellen. Vor allem die poetische Sprache übernimmt hier eine wichtige Aufgabe: Wie im folgenden erläutert werden soll, zeichnet sich die poetische Sprache durch ein hohes Maß an Selbstreflexivität aus, daher erkennt sie ihre eigene sprachliche Bedingtheit; ausgehend von dieser Verfasstheit entwickelt sie nun Strategien, um in die ‚schöpferische Sprache' übersetzen zu können. Zwar sind Sprache und Wirklichkeit nicht mehr identisch, dennoch wird an die Harmonie zwischen dem Wort und dem Bezeichneten in der poetischen Sprache – die immer auch Übersetzung ist – erinnert.[28]

Während die ‚paradiesische Sprache' die vollkommen erkennende ist, fällt die menschliche Sprache in dem Moment aus ihrer natürlichen Beziehung zu

---

27 Hier besteht eine Affinität zwischen Benjamins Denken und dem Begriff der Natursprache bei Jacob Böhme. Böhme geht davon aus, dass die Sprache ursprünglich eine adamitische Sprache gewesen ist, in der der Mensch sich entsprechend seiner Erkenntnis offenbaren kann. Allerdings ist Böhme der Ansicht, dass auch nach dem Sündenfall noch eine Beziehung zwischen Ding und Wort hergestellt werden kann. Jacob Böhme: De signatura rerum. In: ders.: Sämtliche Schriften. Bd. 6. Hg. v. Will-Erich Peuckert. Stuttgart 1957. Kap.1. S. 16; Jacob Böhme: Beschreibung der Drey Principien Göttlichen Wesens. In: ders.: Sämtliche Schriften. Bd. 2. Hg. v. August Faust. Stuttgart 1942. Kap. 10 u. 17.

28 Vgl. Die Bibel (Genesis II, 18-24). Außerdem: Stéphane Mosès: Die Metaphern des Ursprungs. Namen, Ideen und Sterne. In: ders.: Der Engel der Geschichte. Frankfurt a.M. 1992. S. 87-112, hier S. 95; Alfred Hirsch: Der Dialog der Sprachen. Studien zum Sprach- und Übersetzungsdenken Walter Benjamins und Jacques Derridas. München 1995. S. 95.

den Dingen heraus, in dem sie sich das ‚schöpferische Wort' Gottes selbst zuschreibt [WB, II/1, S. 152]. Mit dieser Erkenntnis tritt der Mensch aus der Nomenklatur Gottes, der ursprünglichen Bezeichnung, heraus. Jene menschliche Hybris ist nach Walter Benjamin der ‚Sündenfall der Sprache'. Der Mensch will von jetzt an etwas ‚durch die Sprache' mitteilen, er benutzt sie als ein Instrument, die Sprache teilt sich nicht mehr selbst mit [WB, II/1, S. 153].[29]

Hierin ist zugleich der Grund für die Sprachverwirrung zu suchen; die gemeinsame Grundlage der Sprache verschwindet, das sprachliche Zeichen bedeutet für jedes menschliche Wesen etwas anderes.[30] Durch den Akt der Bezeichnung nimmt der Mensch eine ‚Überbenennung' vor, die den Eintritt in die Differenz von Begriff und Ding unumgänglich macht [WB, II/1, S. 155].[31] Nach dieser ‚Überbenennung' verfällt die Natur in tiefste Trauer, in undiffe-

---

29 Auch bei Leibniz werden Sprachzeichen als instrumentelle Hilfsmittel verstanden. Er macht deutlich, dass die Verbindung eines Lautes mit einem Wort nicht natürlich entstanden ist, sondern durch bloße Festsetzung. Die natürliche Sprache ist nach seinem Verständnis eine adamitische Sprache. Das Wort wird als Gefäß bezeichnet, das von seiner Beschmutzung gereinigt werden muss, um es in den rechten Gebrauch setzen zu können. Vgl. Gottfried Wilhelm Leibniz: Neue Abhandlungen über den menschlichen Verstand. Übers. v. Ernst Cassirer. Hamburg 1971. S. 295, 306. Außerdem: Gottfried Wilhelm Leibniz: Unvorgreiffliche Gedanken, betreffend der Ausübung und Verbesserung der Teutschen Sprache. Reprographischer Nachdruck der Ausgabe Hannover 1717. S. 263.

30 Während in Benjamins frühem Sprachaufsatz die Vielheit der Sprachen noch eindeutig auf den Sündenfall zurückgeht, räumt er in seinen Abhandlungen über Sprache und Logik von 1920/21 ein, dass die Vielheit der Sprache auch eine Wesensvielheit bedeuten kann und nicht unbedingt ein Verfallsprodukt sein muss [WB, VI/1, 24]. Es bleibt noch anzumerken, dass auch Hamann und Herder darauf hingewiesen haben, dass eine Vielheit der Sprachen ein Ende der totalisierenden Universalsprache bedeuten kann. Der Verlust einer Ursprache wird also als Übel und Glück zugleich empfunden. Vgl.: Johann Gottfried Herder: Sämtliche Werke. Bd. 1. Hg. v. B. Suphan. Berlin 1877-1913. S. 3; Johann Georg Hamann: Werke. Bd. 3. Hg. v. J. Nadler. Wien 1956. S. 286.

31 Nach Ansicht Bröckers muss Benjamin aus diesem Grund auch das Saussuresche Modell ablehnen, da Benjamin der Sprache keinen Zeichencharakter zuschreibt. Für ihn besitzt Sprache eine Materialität, der Name als solcher ist kein Zeichen oder Prädikat einer Aussage. Zum Zeichen wird das Wort erst nach dem Sündenfall. Vgl. Michael Bröcker: Die Grundlosigkeit der Wahrheit. S. 119.

Hingegen postuliert Regehly, dass sich Benjamins Kritik nicht grundsätzlich gegen den Zeichenbegriff richtet, sondern gegen die Reduktion der Sprache zum bloßen Zeichen. Thomas Regehly: Ein „gereinigter Begriff von Sprache". Zur Intention der frühen Sprachtheorie Walter Benjamins. In: Namen, Texte, Stimmen. Walter Benjamins Sprachphilosophie. Hg. v. Thomas Regehly. Stuttgart 1993. S. 61-91.

Eine etwas andere, aber durchaus interessante Interpretation des Sündenfalls versucht Jean-Pierre Schobinger: Seiner Ansicht nach hat die Schlange ein zeichenfreies Wissen versprochen, die reine Bedeutung. Demnach ist die Strafe nach dem Sündenfall nicht die Verdammung ins Zeichenhafte, sondern die Weckung des unerfüllbaren Wunsches nach zeichenfreien Bedeutungen. Es kann deshalb nicht mehr darum gehen, die Folgen des Sündenfalls zu überwinden, sondern darum, sich beständig neu verführen zu lassen. Benjamins Urahne sei nicht Adam, sondern Eva, die zugleich als Garantin für die literarische Produktion fungiert. Jean-Pierre Schobinger: Variationen zu Walter Benjamins Sprachmeditationen. Basel/Stuttgart 1979. S. 19.

renziertes rauschhaftes Klagen und schließlich in Sprachlosigkeit, denn die ‚Überbenennung' führt letztlich zum Verstummen.[32] Sprachlosigkeit resultiert also aus einem Gefühl der Melancholie heraus, ausgelöst durch das Bewusstsein des tiefen Zerfalls. Die natürliche Beziehung zu den Dingen geht verloren und jedes noch so unscheinbare Ding wird zur „Chiffer einer rätselhaften Weisheit" [WB, I/1, S. 319].[33] Im Trauerspielbuch macht Benjamin außerdem deutlich, dass die durch diese Differenz ausgelöste Melancholie nicht nur zu einer Distanz zwischen Subjekt und Objekt führt, sondern in letzter Konsequenz auch zu einer solchen gegenüber dem eigenen Ich, das nicht mehr mit sich selbst identisch ist. Endpunkt der Melancholie ist schließlich die Depersonalisation [WB, I/1, S. 121f.]. Auch Blumenberg macht auf diese Differenz aufmerksam: Im Moment des Eintritts in die ‚Weltzeit' nimmt sich der Mensch selbst nur noch als der Andere wahr, da er den Ursprung seiner eigenen Existenz nicht mehr kennt [HB, AM, S. 303].

Ein ursprüngliches Verhältnis zur Sprache haben nach Benjamin allein die Kinder, sie werden von ihm als „Repräsentanten des Paradieses" bezeichnet [WB, I/3, S. 1243]. Kindheit wird von Benjamin als vorrationale Zeit bezeichnet; hier wird noch keine Unterscheidung zwischen Subjekt und Objekt vorgenommen. Aus diesem Grund ist bei Kindern die Erkenntnis des Namens am ausgeprägtesten [WB, V/2, S. 1038].[34]

> Ihnen nämlich [den Kindern, S.W.] sind Wörter noch wie Höhlen, zwischen denen sie seltsame Verbindungswege kennen. Doch nun vergegenwärtige man sich die Umkehrung des Spieles, sehe einen gegebenen Satz so an, als wäre er nach dessen Regel konstruiert. Mit einem Schlage müßte er ein fremdes, erregendes Gesicht für uns gewinnen. Ein Teil von solcher Sicht liegt aber wirklich in jedem

---

32 Im Zusammenhang mit dem Motiv des Rauschens ist ebenfalls die Frage interessant, inwieweit der massive Gebrauch von Zitaten eine Poetologie des Rauschens darstellt. Die Häufung von intertextuellem Sprechen würde dann eine Wandlung von der Sinnebene zur reinen Form herbeiführen und damit der undifferenzierten Klage der Dinge und der Natur Ausdruck verleihen.

33 Die einzig erkennende und dadurch Trauer empfindende Figur ist nach Benjamin die des Hamlet, denn der Melancholiker weiß um die ursprüngliche Einheit von der Welt der Dinge und der Welt der Zeichen, also nimmt er auch deren radikale Trennung wahr. Vgl. WB, I/1, S. 171, 334f.
Vgl. außerdem zum Begriff der Melancholie bei Benjamin: Winfried Menninghaus: Walter Benjamin. S. 122.
Klaus Garber sieht einen weiteren Grund für die Melancholie in der Erfahrung des Zurückgeworfenseins des Subjektes in seinen Funktionszusammenhang, in den Apparat der Gesellschaft. Klaus Garber: Barock und Moderne im Werk Benjamins. In: Verkehrte Welten. Barock, Moral und schlechte Sitten. Hg. v. Martin Lüdke/Detlef Schmidt. Literaturmagazin 29. Reinbek bei Hamburg 1992. S. 28-47, hier S. 33. Auch Foucault sieht einen Grund für die Melancholie darin, dass Zeichen nur noch zwischen Vorstellungen vermitteln, sie korrespondieren nicht mehr mit der Natur. Es entsteht eine melancholische Entfremdung durch die Kluft zwischen Zeichen und Bezeichnetem. Michel Foucault: Die Ordnung der Dinge. S. 102, 104.

34 Vgl. auch Torsten Meiffert: Die enteignete Erfahrung. Zu Walter Benjamins Konzept einer ‚Dialektik im Stillstand'. Bielefeld 1986. S. 21.

> Akt des Lesens eingeschlossen. Nicht nur das Volk liest so Romane – nämlich der Namen oder der Formeln wegen, die ihm aus dem Text entgegenspringen; auch der Gebildete liegt lesend auf der Lauer nach Wendungen und Worten, und der Sinn ist nur der Hintergrund, auf dem der Schatten ruht, den sie wie Relieffiguren werfen. Greifbar wird das zumal an solchen Texten, die man die heiligen nennt. Der Kommentar, der ihnen dient, greift Wörter aus solchem Text heraus, als wären sie nach den Regeln jenes Spieles ihm gesetzt und zur Bewältigung aufgegeben worden. Und wirklich haben Sätze, die ein Kind im Spiele aus den Wörtern schlägt, mit denen heiliger Texte mehr Verwandtschaft als mit der Umgangssprache der Erwachsenen. Davon ein Beispiel, welches die Verbindung der vorgenannten Wörter durch ein Kind (...) gibt: „Die Zeit schwingt sich wie eine Brezel durch die Natur. Die Feder malt die Landschaft, und entsteht eine Pause, so wird sie mit Regen ausgefüllt. Man hört keine Klage, denn es gibt keinen Firlefanz." [WB, IV/1, S. 432f.]

Auch Adorno spricht in seinem Text *Voraussetzungen* von dem Doppelcharakter der Sprache, er unterscheidet zwischen der Sprache als diskursives bzw. signifikatives Element und der Sprache als reinem Ausdruck.[35] Anhand seiner Kraus-Lektüre macht er deutlich, dass sich Sprache ihres signifikativen Moments nie ganz entledigen kann; alles Sprachliche trägt, selbst bei äußerster Reduktion auf den Ausdruckswert, die Spur des Begrifflichen. Letztlich organisiert sich auch Kunst aus dem Vorrat des Begrifflichen. Allein der Poesie ist die Möglichkeit gegeben, Sprache ihren reinen Ausdruckscharakter wiederzugeben, indem mit dem Begrifflichen über das Begriffliche hinausgegangen wird. Ziel der dichterischen Sprache ist es, das signifikative Element zu korrigieren, dann erst beginnen sich die Begriffe zu bewegen. Erst in der Zerstörung und Neuorganisation der Begriffe kann sich Sprache an ihren reinen Ausdruck annähern.

> Die fixierten Bedeutungen sind herausgebrochen aus dem Leben der Sprache. Dessen Rudimente aber sind die in den begrifflichen Bedeutungen nicht aufgehenden, gleichwohl mit zarter Notwendigkeit an die Worte sich anschließenden Assoziationen. Gelingt es der Dichtung, in ihren Begriffen die Assoziationen zu erwecken und mit ihnen das signifikative Moment zu korrigieren, so beginnen die Begriffe, jener Konzeption zufolge, sich zu bewegen. Ihre Bewegung soll zur immanenten des Kunstwerks werden. [...] Sinn drückt es aus durch Askese gegen den Sinn.[36]

Es bleibt zu fragen, wie das Modell der ‚paradiesischen Sprache' wieder aufgerufen werden kann. Wenn sich Benjamin in seinen Überlegungen auf den jüdischen Glauben beruft, dann sicher auch deshalb, weil in ihm die Hoffnung auf eine Wiederkehr der ‚heiligen' und ‚paradiesischen Sprache' bestehen bleibt. Das bedeutet auch, dass sich das geistige Wesen zwar grundsätzlich der Mitteilung entzieht, es aber dennoch durch die ‚Ritzen der Ausdruckswelt'

---

[35] Theodor W. Adorno: Voraussetzungen. In: ders.: Noten zur Literatur. Bd. III. Frankfurt a.M. 1965. S. 136-156, hier S. 139f.

[36] Theodor W. Adorno: ebd. S. 143, 155.

hindurchscheinen kann.[37] Entscheidend ist, dass an die Stelle einer allumfassenden Wahrheit eine Wahrhaftigkeit tritt, die sich nur unmittelbar herstellt, da sich Wahrhaftigkeit der Vermittlung und damit dem diskursiven Denken entzieht: „Es geht darum zu zeigen und nicht zu sagen“ [WB, I/1, S. 207f.]. Nach Blumenberg ist die Frage nach der Wahrheit selbst eine absolute Metapher, da dieselbe nicht begrifflich zu erfassen ist. Wahrheit ist stets eine ambivalente Struktur eigen: Ihr ist das Bewusstsein der Differenz zwischen Sache und Gedachtem angehörig bei gleichzeitiger Sehnsucht nach deren Übereinstimmung [HB, PM, S. 13f.].

Sicherlich ist Benjamin nicht der Auffassung, dass ein paradiesischer Zustand wieder erreicht werden kann. Gerade hier scheint Blumenbergs Unterscheidung zwischen ‚Lebenszeit' und ‚Weltzeit' interessant: Während die ‚Lebenszeit' eine Welt vor dem Sündenfall bezeichnet, eine Welt, „die sich von selbst versteht“, ist die ‚Weltzeit' Ausdruck von Kontingenz und Sprachverfall. Obwohl Blumenberg die Existenz einer solchen ‚Lebenswelt' für möglich hält, geht er dennoch davon aus, dass diese nicht dauerhaft haltbar ist und sich schließlich selbst zerstört. Aufgrund der mentalen Verfassung des Menschen, der nach Wissen drängt, ist die Zerstörung dieser ersten Weltordnung bereits mitgegeben [HB, LW, S. 66, 72, 74ff.].[38] Darüber hinaus, und dies scheint insbesondere für die Moderne Gültigkeit zu besitzen, ist erst durch den Austritt aus der Lebenswelt, durch die intentionale Struktur des Menschen, die ‚Lebenswelt' überhaupt erfahrbar. Erst aus der kulturellen Distanz heraus hat der Mensch die Möglichkeit, seinen eigenen Ursprung zu entdecken und zu erinnern. Mithin wird die Melancholie über den Verlust der Lebenswelt, über den Verlust der ursprünglichen Sprache, umgewendet in eine produktive Suche, die sich im dichterischen Wort ausdrückt. Dies gilt für Benjamin gleichermaßen wie für Blumenberg. Die Selbstverständlichkeit dieser Umbesetzung soll anhand von Cassirers Kulturphilosophie verdeutlicht werden, die hier als Schnittstelle vorgestellt wird.

Allerdings soll entgegen dekonstruktivistischen Lektüren – vor allem von Benjamins Texten – auch dargelegt werden, dass der Name bzw. der Ursprung als Utopie bestehen bleibt und nicht als solcher in Frage gestellt wird.[39] Es geht vielmehr um das Aufscheinen des Namens in einem namenlosen Text, denn das Umkreisen einer Leerstelle bedeutet nicht, dass dort tatsächlich nichts eingeschrieben ist, sondern nur, dass sich dieses Geschriebene der diskursiven Lesbarkeit entzieht. Dementsprechend kann der Name als die ‚An-

---

37 Gershom Scholem: Judaica 3. S. 8.

38 Wetz bezeichnet die Lebenszeit als einen Idealzustand. Franz Josef Wetz: Hans Blumenberg zur Einführung. S. 118f. Dazu Thomä, der diese These kritisiert. Dieter Thomä: Zeit und Neuzeit. Erkenntnis, Erinnerung, Leben: Spannungsverhältnisse. In: Die Kunst des Überlebens. Nachdenken über Hans Blumenberg. Hg. v. Franz Josef Wetz/Hermann Timm. Frankfurt a.M. 1999. S. 266-288.

39 Vgl. u.a. Jacques Derrida: Ein Portrait Benjamins. In: Walter Benjamin im Kontext. Hg. v. Burkhardt Lindner. Frankfurt a.M. 1978. S. 171-180.

wesenheit der Abwesenheit' gelesen werden.[40] Strategien, diese Leerstelle transparent zu machen, sind – wie diskutiert werden soll – die Allegorie und in deren Folge die Intertextualität. Die so vorgestellte ‚allegorische Intertextualität' fungiert als poetologisches Mittel, das Paradies ‚von hinten' zu erschließen und ist damit in der Lage, der ‚reinen Sprache' in der Kunst eine zweite Gegenwart zu verschaffen.

> Wir sehen, daß in dem Maße, als, in der organischen Welt, die wir sehen, die Reflexion dunkler und schwächer wird, die Grazie darin immer strahlender und herrschender hervortritt. – Doch so, wie sich der Durchschnitt zweier Linien, auf der einen Seite eines Punkts, nach dem Durchgang durch das Unendliche, plötzlich wieder dicht vor uns tritt: so findet sich auch, wenn die Erkenntnis gleichsam durch ein Unendliches gegangen ist, die Grazie wieder ein; so, daß sie, zu gleicher Zeit, in demjenigen gar keins, oder ein unendliches Bewußtsein hat, d.h. in dem Gliedermann oder in dem Gott.
>
> Mithin, sagte ich ein wenig zerstreut, müßten wir wieder von dem Baum der Erkenntnis essen, um in den Stand der Unschuld zurückzufallen?
>
> Allerdings, antwortete er; das ist das letzte Kapitel von der Geschichte der Welt.[41]

## 1.2 Erzählen im Modus des Eingedenkens

Dass Zitieren immer auch Erinnern bedeutet, ist inzwischen Konsens. Dass aber aus einem erinnernden Umgang mit Vergangenheit bzw. mit vergangenen Texten auch eine neue Art der literarischen Redeweise resultiert, eine Redeweise, die das Unsagbare als Leerstelle mit in den Text einschreibt, ist nicht selbstverständlich. Voraussetzung für diesen neuen Umgang mit vergangenen Texten ist Benjamins Konzept des ‚Eingedenkens', welches inhaltlich an den jüdischen Begriff des ‚Zekher' anschließt und eine Reaktivierung der Vergangenheit in die gegenwärtige Erfahrung beinhaltet. Durch den Zusammenschluss der Zeiten wird eine Gegenwärtigkeit hergestellt, die nach Benjamins Auffassung zugleich eine utopische Zeit darstellt. Diese Zeit bezeichnet er als messianisch, da es sich dabei um eine allumfassende Zeitperspektive handelt, die Vergangenheit und Zukunft im Moment des Gegenwärtigen – konzentriert im utopischen Augenblick – zusammenfließen lässt. Hier wird plausibel, dass

---

[40] Bernd Stiegler: Die Aufgabe des Namens. Untersuchungen zur Funktion der Eigennamen in der Literatur des 20. Jahrhunderts. München 1994. S. 59.

[41] Heinrich v. Kleist: Über das Marionettentheater. In: ders.: Sämtliche Werke und Briefe. Bd. 2. Hg. v. Helmut Sembdner. München 1984. S. 338-345, hier S. 345.

nach Benjamin der ‚Messias' – als Metapher für das ‚heilige Wort' – in jedem Moment der Lektüre bzw. des Schreibens aufgespürt werden kann. Entscheidend ist die Fähigkeit, in einem noch so kurzen Augenblick die revolutionäre Kraft des Namens, der ‚reinen Sprache', erahnen zu können.[42] Utopie ist nicht mehr ein Zustand, der allein auf die Zukunft ausgerichtet ist, sondern er ist dem gegenwärtigen Text als Ahnung bereits eingeschrieben.

> Sicher wurde die Zeit von den Wahrsagern, die ihr abfragten, was sie in ihrem Schoße birgt, weder als homogen noch als leer erfahren. Wer sich das vor Augen hält, kommt vielleicht zu einem Begriff davon, wie im Eingedenken die vergangene Zeit ist erfahren worden: nämlich ebenso. Bekanntlich war es den Juden untersagt, der Zukunft nachzuforschen. Die Thora und das Gebet unterweisen sie dagegen im Eingedenken. Dieses entzauberte ihnen die Zukunft, der die verfallen sind, die sich bei den Wahrsagern Auskunft holen. Den Juden wurde die Zukunft aber darum doch nicht zur homogenen und leeren Zeit. Denn in ihr war jede Sekunde die kleine Pforte, durch die der Messias treten konnte. [WB, I/2, S. 704]

> [D]ie Geschichte [ist] nicht allein eine Wissenschaft, sondern nicht minder eine Form des Eingedenkens. Was die Wissenschaft ‚festgestellt' hat, kann das Eingedenken modifizieren. Das Eingedenken kann das Unabgeschlossene (das Glück) zu einem Abgeschlossenen und das Abgeschlossene (das Leid) zu einem Unabgeschlossenen machen. [WB, I/2, S. 702]

Benjamins Begriff des ‚Eingedenkens' verabschiedet folglich ein Vergangenheitsbewusstsein, das von Kontinuitäten bzw. Chronologien ausgeht. Eine diachrone Betrachtungsweise wird um synchrone Anschauungsmöglichkeiten ergänzt.[43]

Dass der Komplexität gesellschaftlicher Prozesse mit den Verzeitlichungsstrategien der *einen* Geschichte nicht mehr beizukommen ist, spiegelt sich u.a. in der Problematik der Literaturgeschichtsschreibung wider.[44] Konzepte der Dialogizität und Intertextualität füllen hier eine wichtige Lücke, ist doch allen die Absage an einen totalisierenden Geschichtsentwurf und damit verbunden die Absage an eine verbindliche Stimme gemeinsam. Der ‚Ge-

---

42 Auch Szondi macht darauf aufmerksam, dass die Orte des ‚Eingedenkens' die Züge des Kommenden tragen. Vergangenheit verheißt gerade die Zukunft. Peter Szondi: Hoffnung im Vergangenen. Über Walter Benjamin. In: ders.: Satz und Gegensatz. Sechs Essays. Frankfurt a.M. 1964. S. 79-98.

43 Eine ähnliche Konnotation erfährt der Begriff des ‚Erwachens', der einen Zustand zwischen Traum und Wachen beschreibt und ein nicht mehr bewusstes Wissen über die Vergangenheit hervorruft. Auch hier zeigt sich die dialektische Methode der Historik: Durch den Traum wird das Gewesene durchgearbeitet, die Gegenwart wird als Wachwelt erfahren, auf die sich der Traum bezieht [WB, V/2, S. 1006].

44 Nicht zuletzt hat dies in der Moderne zur Ausdifferenzierung und Revision des traditionellen Epochenbegriffs geführt. Vgl. u.a. Epochenschwellen und Epochenstrukturen im Diskurs der Literatur- und Sprachhistorie. Hg. v. Hans-Ulrich Gumbrecht/Ursula Link-Heer. Frankfurt a.M. 1985; Epochenschwelle und Epochenbewußtsein. (Poetik und Hermeneutik Bd. 12). Hg. v. Reinhart Herzog/Reinhart Koselleck. München 1987.

dächtnisraum', der sich zwischen zwei intertextuellen Texten herstellt, bildet ein dynamisches Geflecht, das die vergangene und gegenwärtige Rede zu einem gleichzeitigen Sprechen verbindet.[45] Im Moment des Andenkens an den vergangenen Text wird die Chronologie von Prä- und Folgetext aufgehoben.[46] Die Produktivität des entstandenen Textes liegt vielmehr in der Überlagerung und Interferenz von Aussagen.[47]

Grundlage dieses Erinnerungskonzeptes ist letztlich die Annahme, dass Vergangenheit nicht im Gedächtnis des Menschen aufbewahrt ist, sondern in jedem einzelnen Ding verborgen liegt und erst durch das Wort aufgespürt werden kann [WB, I/1, S. 217].[48] Durch unendliche Reflexion, die durch den Umgang mit Texten vorangetrieben wird, soll eine Ahnung vom Ursprung allen Seins und damit auch vom Ursprung der Sprache erlangt werden. Demzufolge ist die Lektüre eine wichtige Zugangsvoraussetzung für den Akt der Erinnerung.

Vor allem Benjamins Arbeiten zu Baudelaire und Proust machen dieses Gedächtniskonzept transparent. Dort wird ein aktives Andenken – das Vergangenheit durch Destruktion und Montage in einem gegenwärtigen Moment konzentriert – einem passiven Erinnern – welches auf die chronologische Aneignung von Vergangenem abzielt – gegenübergestellt [WB, I/2, S. 690]. Zurückliegendes wird so zu einer Vielzahl von Fragmenten; an die Stelle linearer (Schrift-)Abläufe treten Bilder. Diese entstehen spontan, gleich einem ‚Tigersprung ins Vergangene' [WB, I/2, S. 701].[49] Die Korrespondenz der Zeiten un-

---

45 Vgl. zum Begriff des ‚Gedächtnisraumes' Renate Lachmann: Gedächtnis und Literatur. Intertextualität in der russischen Moderne. Frankfurt a.M. 1990. S. 36.

46 Vgl. hier Anja Hagen, die das Konzept des ‚Gedächtnisortes' einführt und für die Dynamisierung des Epochenbegriffs fruchtbar macht. Intertextuelle Referenzen beziehen sowohl die Literatur eines bestimmten Zeitraumes mit ein als auch die Rezeption und Wirkungsgeschichte der jeweiligen Literatur, die den historisch variablen Sinn der Texte erst präzisiert. D.h., das Zusammenspiel von Prä- und Folgetext dynamisiert nicht nur die Epocheneinteilung an sich, sondern beschreibt und präzisiert retrospektiv durch die Analyse intertextueller Referenzen das Epochenbewusstsein. Anja Hagen: Gedächtnisort Romantik. Intertextuelle Verfahren in der Prosa der 80er und 90er Jahre. Bielefeld 2003.

47 Vgl. Kristeva: „Der Text ist Produktivität, das bedeutet [...] er ist eine Permutation von Texten, eine Inter-Textualität: in dem Raum eines Textes überlagern sich mehrere Aussagen, die aus anderen Texten stammen und interferieren." Julia Kristeva: Probleme der Textstrukturation. In: Literaturwissenschaft und Linguistik. Ergebnisse und Perspektiven. Hg. v. Jens Ihwe. Bd. II/2. Zur linguistischen Basis der Literaturwissenschaft I. Frankfurt a.M. 1971. S. 484-507, hier S. 486.

48 Vgl. dazu auch Michael Bröcker: Die Grundlosigkeit der Wahrheit. S. 223. Außerdem lässt sich hier eine Nähe zu Foucaults ‚Ordnung des Diskurses' feststellen. Foucault spricht sich gegen den ‚Willen zur Wahrheit' aus, da sich in ihm Formen der Macht bzw. der Ausschließung manifestieren. Stattdessen fordert er eine stete Neuformulierung des Wahrheitsdiskurses, der auch das Ereignis und den Zufall miteinbeziehen. Damit verbunden ist eine Absage an die Macht der Signifikanten, die die vermeintlichen Träger der sogenannten ‚Wahrheit' sind. Michel Foucault: L'ordre du discours. Paris 1972.

49 Butzer macht darauf aufmerksam, dass Benjamins Begriff der ‚Aktualität' immer die Gegenwart des Vergangenen meint. Erfasst wird diese Gegenwart von dem dialektischen Bild, welches durch die Erinnerung hergestellt wird. Günter Butzer: Das Glück in der Geschichte.

tereinander verlagert Benjamin in das Bild von der Topographie der Stadt, sodass aus der zeitlichen eine räumliche Beziehung entsteht und die erinnerte Zeit gleich einer Karte graphisch vorstellbar wird.[50] Die Durchdringung des Alten mit dem Neuen evoziert eine ‚Gedächtnisspur', die sich an den verschiedensten Konfigurationen der Stadt ablesen lässt [WB, V/1, S. 57].

Auch in der ‚Berliner Kindheit' vereinen sich eine archivarische und eine labyrinthische Lektüre. Die Aufbewahrung vermeintlicher Kleinigkeiten ist an einen unendlichen Streifzug durch die Texte gekoppelt. Indem Vergangenes am Neuen zur Lesbarkeit gebracht wird, wird es zur Schrift. Die Erinnerungsleistung besteht demnach im Lesen einer vergangenen Schrift durch eine gegenwärtige Textur hindurch.[51] Das Bestreben dieser Erinnerungsleistung ist allerdings nicht die Dechiffrierung des Alten, sondern eine Lektüre der Gedächtnisspuren, eine Lektüre der Beziehung zwischen Vergangenheit und Gegenwart. Das Gedächtnis ist angeordnet wie ein Labyrinth, bei dem es weniger um die tatsächlich in ihm enthaltenen Schauplätze geht, als vielmehr um die Wege im Labyrinth selbst, die alle miteinander in Verbindung stehen [WB, VI, S. 491].[52] Vergangenheit hat also eine bildliche und keine zeitliche Präsenz bzw. die Differenz zwischen Bild und Schrift initialisiert allererst den Erinnerungsraum. Dabei ist das Bild, im Gegensatz zum Abbild, an die Einmaligkeit des Geschehens gebunden und kann auch nicht Gegenstand einer instrumentellen, sinnhaften und über die Zeit andauernden Aussage werden.[53]

---

Walter Benjamins Utopismus. In: Widerspruch. Münchner Zeitschrift für Philosophie, 1992, (12), S. 59-75, hier S. 66. Vgl. auch WB, I/2, S. 1233.

50 Vgl. hierzu auch Hutton, der den Erinnerungstext als einen räumlichen vorstellt, die Tiefenstruktur der Vertikale löst die Linearität der Horizontale ab. Patrick H. Hutton: The Art of Memory Reconceived: From Rhetoric to Psychoanalysis. In: Journal of the History of Ideas. XLVIII, 1987, S.371-392, hier S. 378.

51 Vgl. auch Sigmund Freud: Notiz über den Wunderblock. In: ders.: Studienausgabe III. Frankfurt a.M. 1975. S. 365-368. Hier stellt Freud ein Verweisungsgeflecht mehrerer Einschreibungen vor, die sich überlagern.

52 Günter arbeitet heraus, dass mit dieser topographischen Vorstellung von Erinnerung auch eine Transformation des Subjekts in den Raum einhergeht bzw. eine Auflösung der souveränen Erzählinstanz. Denn diese Augenblicke plötzlicher Belichtung, des Zusammentreffens von Vergangenheit und Gegenwart, werden vom Subjekt als Augenblicke des ‚Außer-Sich-Seins', der Entgrenzung, empfunden. Es entsteht ein Erinnerungs-Text-Labyrinth, in dem sich das Ich verliert. Manuela Günter: Anatomie des Anti-Subjekts. Zur Subversion autobiographischen Schreibens bei Siegfried Kracauer, Walter Benjamin und Carl Einstein. Würzburg 1996. S. 113. Vgl. insbesondere dazu Benjamins ‚Berliner Chronik' und ‚Berliner Kindheit'. „Die Augenblicke plötzlicher Belichtung [sind] gleichzeitig Augenblicke des Außer-Uns-Seins und während unser waches, gewohntes, taggerechtes Ich sich handelnd oder leidend ins Geschehen mischt, ruht unser tieferes an anderer Stelle und wird vom Chock betroffen." [WB, VI, S. 516].
Zur Erinnerungstopographie vgl. außerdem: Sigrid Weigel: Von der Topographie zur Schrift – Zur Genese von Benjamins Gedächtniskonzept. In: Kunstforum, (128), 1994, S. 102-128.

53 Vgl. hierzu auch den Mythos von Simonides, der nach dem Einsturz einer Festhalle die Leichen der Gäste aufgrund der Sitzordnung identifiziert. Die Erinnerungstechnik, die im Moment des Todes gefordert wird, übersetzt das zu Erinnernde in Bilder, damit verweist es auf die Körpergebundenheit des Gedächtnisses. Cicero: De Oratore II, 352; dazu die Diskussion

Das Erinnerungskonzept Benjamins ist demnach nicht auf eine abstrakte Denkbewegung beschränkt, sondern eng mit dem Begriff der Schrift verbunden. Die poetische Kraft der Worte besteht vor allem darin, eine Erinnerungsspur evozieren zu können.

> Wie ultraviolette Strahlen zeigt Erinnerung im Buch des Lebens jedem eine Schrift, die unsichtbar, als Prophetie, den Text glossierte. [WB, IV/1, S. 142]

Demgemäß ist der Begriff der Erinnerungsspur eng mit dem der Lektüre verbunden, denn in der Erinnerung sind die Dinge allein sprachlich gegenwärtig [WB, IV/1, S. 400].[54] Wenn Gedächtnis Schrift ist, bedeutet dies für den Akt des ‚Eingedenkens' eine fortwährende Wiederholung der vergangenen Schrift.[55] Der Moment des ‚Eingedenkens' evoziert also einen ständigen Zwischenraum im Spannungsfeld von Vergangenheit und Zukunft und damit auch zwischen bereits vergebener und noch auszuhandelnder Bedeutung. Der Text funktioniert als Verweisungsgeflecht der memoria und ist damit sowohl Modell wie auch Zugang zur Erinnerung.[56] Daher kann die intertextuelle Arbeit

---

in Frances A. Yates: Gedächtnis und Erinnern. Mnemonik von Aristoteles bis Shakespeare. Berlin 1990. S. 11-34; Stefan Goldmann: Statt Totenklage Gedächtnis. Zur Erfindung der Mnemotechniken durch Simonides von Keon. In: Poetica, (21), 1989, S. 43-66.

54 Vgl. dazu auch Eckhardt Köhn: ‚Ein Letzter, wie ich es bin'. Bemerkungen zum schriftstellerischen Selbstverständnis Walter Benjamins. In: ‚Was nie geschrieben wurde, lesen'. Frankfurter Benjamin-Vorträge. Hg. v. Lorenz Jäger/Thomas Regehly. Bielefeld 1992. S. 157-189, hier S. 167.

Bröcker postuliert in dem Zusammenhang, dass Benjamins Sprachphilosophie immer in eine Theorie der Erinnerung mündet. Sprache und Gedächtnis folgen beide der Bewegung des Ausgrabens und Erinnerns. Michael Bröcker: Die Grundlosigkeit der Wahrheit. S. 119.

Nach Mosès ist das Sprechen über Geschichte eine zentrale Frage für Benjamin. Denn Geschichte konstituiert sich erst im Moment ihres Erzählens. Sie ist also an den Diskurs gebunden. Stéphane Mosès: Der Engel der Geschichte. Frankfurt a.M. 1992. S. 90.

Zur Verbindung von Geschichte und Schreiben vgl. außerdem: Günter Butzer: Das Glück in der Geschichte. Walter Benjamins Utopismus. In: Widerspruch. Münchner Zeitschrift für Philosophie, (12), 1992, S. 68. Krückeberg überträgt das Verhältnis von Wirklichkeit und Sprache auf das von Erfahrung und Erzählen und stellt heraus, dass sich eine Identität dieser beiden Elemente im Prozess des Erzählens objektiviert. Edzard Krückeberg: Der Begriff des Erzählens im 20. Jahrhundert. Zu den Theorien Benjamins, Adornos und Lukács'. Bonn 1981. S. 18.

Vgl. auch die Meridian-Rede von Paul Celan: „Vielleicht darf man sagen, daß jedem Gedicht sein ‚20 Jänner' eingeschrieben bleibt? Vielleicht ist das Neue an den Gedichten, die heute geschrieben werden, gerade dies: daß hier am deutlichsten versucht wird, solcher Daten eingedenk zu bleiben?" Paul Celan: Gesammelte Werke. Bd. 3. S. 196.

55 Vgl. Nicolas Pethes, der deutlich macht, dass das Denken der Erinnerung als „geistesgeschichtliche Leitmetapher" wie als „kulturgeschichtliches Medium" auf die Konzeption der Schrift und auf die Praxis des Schreibens verweist. Diese doppelte Schriftlichkeit erzeuge eine Spannung zwischen Text und Leben. Nicolas Pethes: Mnemographie. Poetiken der Erinnerung und Destruktion nach Walter Benjamin. Tübingen 1999. S. 98. Vgl. auch Max Black: Die Metapher. In: Theorie der Metapher. Hg. v. Anselm Haverkamp. Darmstadt 1966. S. 55-79.

56 Pethes spricht von einer Metaphorisierung der Repräsentanz der Erinnerung, somit könne von ihr ausschließlich als Einschreibung gesprochen werden. Nicolas Pethes: Mnemographie. S. 33.

nicht als ein abschließendes Erinnern und einmaliges Wiederholen vergangener Schrift verstanden werden. Intertextuelles Sprechen hält sich permanent in der Schwebe zwischen Erinnern und Vergessen, wobei es sich um ein ständig aktualisierendes Andenken handelt.[57] Die Erinnerungsarbeit kennt folglich kein Ende.[58] Das Gedächtnis des Textes ist das ‚Eingedenken' der anderen ‚nie geschriebenen Texte'. Insofern kann die Erinnerungs-Poetik der Moderne als Augenblickspoetik gesehen werden, die in der Spannung von Erinnern und Vergessen steht, wobei die Intertextualität den Ort der Schwelle markiert, an dem das ‚Eingedenken' stattfindet.[59]

Das Bedürfnis der Absage an eine Mitteilung ‚durch Sprache' bzw. an die ‚Macht der Signifikanten' macht einmal mehr das Changieren zwischen verschiedenen Zeiten und damit Texten notwendig. Seine produktive Ausgestaltung findet dies in intertextuellen Referenzen, die nicht nur zwischen verschiedenen Zeitebenen – des Prä- und Folgetextes – vermitteln, sondern auch die Arbitrarität der Zeichen mitreflektieren. Die ‚Wieder-Holung', die dem ‚Eingedenken' eigen ist, stellt hier eine wichtige Strategie für die Neugestaltung des Textraumes dar [WB, I/1, S. 226]. Eine als linear vorgestellte zeitliche Textoberfläche wird zerstört, um bei der sich anschließenden Zusammensetzung nunmehr vereinzelt vorliegender Textfragmente eine Mitteilung ‚in Sprache' erinnern zu können. Durch Destruktion und Montage werden einzelne Fragmente aus ihrem kontinuierlichen und instrumentellen Zusammenhang herausgerissen, um in einem neuen Kontext als zweite Gegenwart in ihrer Materialität überdauern zu können. Benjamin bezieht diese Bewegung zunächst nur auf erzählte Texte, seine Überlegungen sollen im folgenden jedoch auf jegliche Art der dichterischen Sprache bezogen werden. Nach Benjamin ist die ‚vollkommene' Erzählung in der Erzählung selbst verborgen und wird erst durch die Erinnerung – hier durch die Nacherzählung – transparent, denn im Moment des Geschichtenerzählens ist die Gabe des Weitererzählens mit eingeschlossen. Im Erzähler fallen somit Gedächtnis und Eingedenken zusammen; der Erzähler verkörpert das epische Gedächtnis, welches das Netz stiftet, das alle Geschichten miteinander verknüpft.[60] Doch auch der Zuhörer hat An-

[57] Vgl. James E. Young: Formen des Erinnerns. Gedenkstätten des Holocaust. Wien 1997. S. 34. Pethes bezeichnet das Gedächtnis in diesem Zusammenhang als Mythos jeder sich als Einheit imaginierenden Kultur. Nicolas Pethes: Mnemographie. S. 18.

[58] Die Erinnerungsarbeit würde erst dann an ihr Ende kommen, wenn die gesamte Schöpfung wiederholt wäre, hier deutet sich Benjamins Vorstellung der Apokatastasis an [WB, V, S. 573]. Nach Drügh fungiert die Apokatastasis als ein Darstellungsverfahren der Allegorie, da diese das Ausgeschlossene, die ‚Anders-Rede' aktiviert. Karl J. Drügh: Anders-Rede. Zur Struktur und historischen Systematik des Allegorischen. Freiburg i. Br. 2000. S. 335.

[59] Pethes weist darauf hin, dass die mnemotechnische Tradition nur im transistorischen Augenblick stattfindet und somit auf Baudelaires Konzept des ‚transistoire' und der ‚modernité' zurückgeht. Nicolas Pethes. Mnemotechnik. S. 26.

[60] Vgl. hierzu auch Birgit R. Erdle, die Benjamins ‚Erzähler-Essay' als Chiffre für eine Theorie der Geschichtsschreibung liest. Birgit R. Erdle: Benjamins Erzählen. In: Verhandlungen mit

teil an dem Webprozess der Geschichten, indem er sich in den Rhythmus des Erzählten versenkt und dadurch die Gabe zu erzählen erlernt. Derartig kann durch das ‚Eingedenken', hier im Rausch von vergangenem und gegenwärtigem Text, ein Netz von Erzähltem und Wiedererzähltem entstehen.

> Geschichten erzählen ist ja immer die Kunst, sie weiter zu erzählen, und die verliert sich, wenn die Geschichten nicht mehr behalten werden. Sie verliert sich, weil nicht mehr gewebt und gesponnen wird, während man ihnen lauscht. Je selbstvergessener der Lauschende, desto tiefer prägt sich ihm das Gehörte ein. Wo ihn der Rhythmus der Arbeit ergriffen hat, da lauscht er den Geschichten auf solche Weise, daß ihm die Gabe, sie zu erzählen, von selber zufällt. [WB, II/1, S. 446f.]

Eine Lektüre intertextueller Referenzen ist also immer eine Lektüre im Modus des ‚Eingedenkens'. Indem Intertexte immer doppelt codiert sind, zwischen Vergangenheit und Zukunft, zwischen Rede und ‚Anders-Rede', kommt es zur permanenten Überschneidung, die im Bild des Palimpsests kulminiert. Nach Bachtin ist das gesamte Sprachhandeln palimpsesthaft verfasst, da jedes Wort in der Sphäre fremder Wörter steht und seines Weges eingedenk bleibt, d.h. es sind in ihm auch zurückliegende Kontexte aufbewahrt.[61] Allerdings geht die fremde Rede nicht im Intertext auf, sondern ist in ihrer Abwesenheit anwesend. Durch die Lesbarkeit des Palimpsests offenbart sich ein ‚Jetzt der Erkennbarkeit', das nicht auf die bloße Aneignung des in den Bildern vermittelten Wissens abzielt, sondern vielmehr auf den Zusammenschluss der Zeiten. Den Reiz der Lektüre von intertextuellen Referenzen macht demnach nicht die Aneignung und Überlieferung von Wissen, sondern die Lesbarkeit der verborgenen Korrespondenzen aus.

> Nicht so ist es, daß das Vergangene sein Licht auf das Gegenwärtige oder das Gegenwärtige sein Licht auf das Vergangene wirft, sondern Bild ist dasjenige, worin das Gewesene mit dem Jetzt blitzhaft zu einer Konstellation zusammentritt. Mit andern Worten: Bild ist Dialektik im Stillstand. Denn während die Beziehung der Gegenwart zur Vergangenheit eine rein zeitliche, kontinuierliche ist, ist die des Gewesenen zum Jetzt dialektisch: ist nicht Verlauf, sondern Bild (,) sprunghaft. – Nur dialektische Bilder sind echte (d.h.: nicht archaische) Bilder; und der Ort, an dem man sie antrifft, ist die Sprache. [WB, V/1, S. 576-577]

Es wird also eine dialektische Beziehung zwischen Vergangenheit und Gegenwart zugrunde gelegt. Das Neue kann nur in der Zäsur der Zeit, im Stillstand, auftreten; infolgedessen wird die Grundlage echter Tradition als Diskontinuität ausgewiesen [WB, I/3, S. 1236]. Die Palimpseststruktur des Erinnerungstextes ist einerseits konstruktiv, da sie andere Texte aufbewahrt; ande-

---

dem New Historicism. Das Text-Kontext-Problem in der Literaturwissenschaft. Hg. v. Jürg Glauser/Annegret Heitmann. Würzburg 1999. S. 49-63.

[61] Michael M. Bachtin: Literatur und Karneval. Zur Romantheorie und Lachkultur. Frankfurt a.M. 1979. S. 130. In Anlehnung an Bachtin macht Pethes deutlich, dass Intertexte eine subversive Struktur durch die Verbindung konträrer Stile und Ideologie besitzen. Nicolas Pethes: Mnemographie. S. 62.

rerseits ist sie destruktiv, da durch sie eine Auflösung und Verstellung des Sinns stattfindet. Jeder Konstruktion geht somit eine Destruktion voraus und die Referenz wird in der Erinnerung aufgelöst [WB, V/1, S. 587]. Allerdings ist die Referenz der Zeichen und Zeichenverbindungen immer schon eine gespaltene und damit zugleich Referenz auf ein ‚Anderes', nicht Benanntes.[62] Die Relevanz einer ‚stummen Erinnerung' jenseits der referenziellen Bedeutung stellt den Fluchtpunkt des ‚Eingedenkens' dar. Somit wird die Destruktion umso wichtiger, als sie das ‚Nach-Leben' erst möglich macht; denn ein Gegenstand kann nur dann vor dem Vergessen bewahrt werden, wenn er aus dem Zusammenhang der referenziellen Bedeutung herausgerissen und in einen neuen Kontext überführt wird. In diesem erlangt er die Möglichkeit zu überdauern [WB, I/2, S. 666].[63] Besonders in der ‚Erkenntniskritischen Vorrede' zu seinem ‚Trauerspielbuch' macht Benjamin deutlich, dass an die Stelle systematischer Denkzusammenhänge Bruchstücke treten, mit dem Ziel, das diskursiv Unfassbare transparent zu machen. Erkenntnissprünge ersetzen lineare Zusammenhänge. In diesen Bruchstücken liegt der Grund jeder Einheit, auch der ‚Eineindeutigkeit' zwischen Sprache und Ding, gleich einer Monade, einem Teil, in dem das Ganze aufgehoben ist. Zur angemessenen Form, um Wahrheit ‚zu zeigen, anstatt zu sagen', wird für Benjamin der Traktat [WB,V/1, S. 574].

Wie noch auszuführen sein wird, lassen sich deutliche Parallelen zwischen Benjamins Idee der Monade und Cassirers Prinzip des ‚pars pro toto' nachweisen. Beide Konzepte gehen davon aus, dass in einem Teil das Ganze zur Anschauung kommt und in diesem Teil präsentiert wird. Es existiert eine prinzipielle Identität zwischen dem Teil und dem Ganzen, was erstens der Repräsentationslogik eine Absage erteilt und zweitens Rückschlüsse auf das Prinzip der Ähnlichkeit zulässt: Sowohl Benjamin als auch Cassirer verstehen das Aufstellen von Ähnlichkeitskonstellationen als Arbeit an der Identität des Ei-

---

62 Pethes formuliert in Anschluss an Derrida, dass nur in der Unentscheidbarkeit der Bedeutung das Verlorene potenziell lesbar bleibt. So liest Pethes Benjamins Poetik der Erinnerung als Poetik der Destruktion. Nicolas Pethes: Mnemographie. S. 66. Er übersieht hier, dass die Destruktion als Voraussetzung der Konstruktion gedacht wird.

63 Menke bemerkt in diesem Zusammenhang, dass eine Situation erst dann magischen Charakter annimmt, wenn sie in eine zweite Gegenwart eindringt, in ihr zerfallendes Fortleben. Durch dieses zitierende Herauslösen eines Gegenstandes kann ihm zu seiner eigenen Materialität verholfen werden. Bettine Menke: Das Nachleben im Zitat. Benjamins Gedächtnis der Texte. In: Gedächtniskunst, Raum und Schrift. Hg. v. Anselm Haverkamp/Renate Lachmann. Frankfurt a.M. 1991. S. 74f.
Eine ähnliche Konnotation wie der Begriff der Destruktion erfährt das ‚Ausdruckslose' bei Benjamin. Das Konzept des ‚Ausdruckslosen', welches Benjamin vor allem in seinem ‚Wahlverwandtschaftenaufsatz' entwickelt hat, gilt als Zäsur des Gehalts im Werk. Die Harmonie und der schöne Schein werden entlarvt, das Werk erfährt eine Vollendung durch das ‚Ausdruckslose', da es dasselbe zum Stückwerk zerschlägt und ihm so durch die Fragmentarisierung zu seiner wahren Materialität verhilft [WB, I/1, S. 181].
Stiegler bezeichnet das Ausdruckslose in diesem Zusammenhang als einen ‚Nicht-Ort'. Bernd Stiegler: Die Aufgabe des Namens. S. 46.

nen mit dem Ganzen, um eine Ahnung von der zu umkreisenden Leerstelle zu erlangen.[64]

Anstatt das Vergangene zu inventarisieren, wird es aus seinem Zusammenhang herausgesprengt und in einen gegenwärtigen (Text-)Raum montiert [WB, II/1, S. 381 u. I/2, S. 647].[65] Das durch diesen Prozess entstehende Bruchstück, das jetzt in seiner Materialität vorliegt, kann nur durch absolute Reflexion, die sich im Moment der Lektüre – des Um- und Weiterschreibens – ereignet, erkannt werden.

Vergleicht man die Erinnerungsleistung mit dem Vorgang des Ausgrabens, wird deutlich, dass es nicht so sehr um die tatsächlichen Funde geht als vielmehr um das Entdecken der Suchwege. Von jedem Punkt aus kann in die Tiefe gegraben werden, Fortschritt bedeutet ein höheres Maß an Durchdringung, nicht ein beständiges Vorwärtsschreiten. Der Akt der produktiven ‚Wieder-Holung' ist dabei entscheidend [WB, VI, S. 486f. / I/1, S. 227].[66] Insofern wird das Gedächtnis nicht als Instrument zur Erkundung von Vergangenheit benutzt, sondern es ist selbst Schauplatz der Vergangenheit bzw. von vergangenen Geschichten.

> Dialektiker sein, heißt den Wind der Geschichte in den Segeln haben. Die Segel sind die Begriffe. Es genügt aber nicht, über die Segel zu verfügen. Die Kunst, sie setzen zu können, ist das Entscheidende. [WB, V/1, S. 592]

Die potenzielle Unabgeschlossenheit der Geschichte und auch des vergangenen Textes ist zugleich ein Kennzeichen für deren besondere Brisanz; Geschichte und Text bleiben lebendig [WB, V/1, S. 272]. Durch die Lektüre und das Schriftverfahren des ‚Eingedenkens' kann also auch die von der ‚Kulturgeschichte der Sieger' unterdrückte Vergangenheit zur Darstellung gebracht werden. Die Integration des scheinbar Unbrauchbaren, des ‚Randgängigen' ermöglicht die Entstehung eines alternativen Textes.

> Denn es ist ja ein Sturm, der aus dem Vergessen herweht. Und das Studium ein Ritt, der dagegen angeht. So reitet auf der Ofenbank der Bettler seiner Vergangenheit entgegen, um in der Gestalt des fliehenden Königs seiner selbst habhaft zu werden. [WB, II/2, S. 436]

---

[64] Vgl. dazu vor allem die Kapitel ‚Die Namensprache oder das Prinzip des pars pro toto' und ‚Allegorische Intertextualität und Mimesis'.

[65] Hannah Arendt macht darauf aufmerksam, dass im ‚Richtung nehmen' auf die ‚Eineindeutigkeit' des Wortes, durch den Protest gegen alles Klassifizierende und Typisierende zugleich ein destruktiver Impuls verborgen liegt. Hannah Arendt: Walter Benjamin. Bertolt Brecht. Zwei Essays. München 1971. S. 55.

[66] Sigrid Weigel begreift das Gedächtnis hier nicht als ein Instrument zur Erkundung der Vergangenheit, sondern als Schauplatz der Vergangenheit. Dieser Schauplatz wird dann letztlich in ein Schriftbild bzw. in eine Niederschrift verwandelt. Das Denkbild, der archäologische Fund der Erinnerung, wird überlagert von einem Schriftmodell, in dem das Gedächtnis als ein zweiter Schauplatz vorhanden ist. Um also zu einem Denkbild zu gelangen, muss der Weg über die Schrift nachvollzogen werden. Beide Gedächtniskonzepte gehören unmittelbar zusammen. Sigrid Weigel: Entstellte Ähnlichkeit. Walter Benjamins theoretische Schreibweise. Frankfurt a.M. 1997. S. 29.

Hier wird einmal mehr die Funktion des intertextuellen Sprechens deutlich: Der Intertext lässt durch die Lektüre der vergangenen Texte eine Erinnerungsspur entstehen, d.h. intertextuelles Sprechen steht immer im Modus des ‚Eingedenkens'. Das so verstandene intertextuelle Schreiben der Erinnerung erinnert, indem es an bereits vergangene Schrift erinnert, immer auch an sich selbst. Durch das ‚Eingedenken' – durch den Akt des Ausgrabens, Erinnerns und Montierens – werden lineare Erzähl-Zusammenhänge aufgebrochen und in ein diskontinuierliches Verhältnis gesetzt. Dadurch werden sie zugleich ihrer instrumentellen Mitteilung enthoben und liegen als ‚reine bedeutungslose Bruchstücke' vor. Sie bedeuten nichts außer sich selbst; die Mitteilung ‚durch Sprache' wird durch die intertextuelle Verfahrensweise in eine Mitteilung ‚in Sprache' übersetzt: Sprache erinnert durch das intertextuelle Vorgehen an ihre eigene Materialität. So wird intertextuelles Sprechen im Akt des ‚Eingedenkens' selbstreferenziell. Selbstreferenzialität wird hier verstanden als eine in der Sprache selbst liegende utopische Dimension.[67]

Wie noch deutlich gemacht werden soll, fungiert die Allegorie und mit ihr die ‚allegorische Intertextualität' als Medium der Erinnerung an die ‚reine Sprache', die in letzter Konsequenz allerdings nicht gesprochen werden kann. ‚Allegorische Intertextualität' stört durch ihre sprachliche Zwischenstellung im Modus des ‚Eingedenkens' – zwischen Vergangenheit und Zukunft, zwischen Bedeutendem und Bedeutetem – das sprachliche Kontinuum zwischen Zeichen und Bezeichnetem und eröffnet einen produktiven Zwischenraum, etwas Drittes, in dem zur Lesbarkeit gelangt, was auch im Prätext nicht angelegt war: die Leerstelle der ‚reinen Sprache'.

Zieht man diese Ausführungen für eine ‚allegorische Intertextualitätstheorie' heran, wird deutlich, dass eine Voraussetzung der Intertextualität die Loslösung des Wortes aus seinem kontinuierlichen Zusammenhang ist.[68] Die ursprüngliche Bedeutung bleibt im Folgetext erhalten, das Wort bekommt dadurch zwei Bedeutungsebenen, es wird ambivalent.[69] Die Rede des Anderen

---

[67] Vgl. dazu Michel Foucault, der davon ausgeht, dass Sprache nichts anderes bezeichnet als sich selbst; hier geht es um den Verweischarakter der Zeichen untereinander – ohne Bezug zur Idee – der als selbstreferenziell bezeichnet wird. Michel Foucault: Die Ordnung der Dinge. Eine Archäologie der Humanwissenschaften. Frankfurt a.M. 1971. S. 365, 368; ders.: Das Denken des Draußen. In.: ders.: Schriften zur Literatur. Frankfurt a.M. 1988. S. 130-156.

[68] Krückeberg beklagt in diesem Zusammenhang den Verlust der Aura durch eine fragmentarische Erzählweise. Er übersieht, dass an diese Stelle ein intensiverer Textbegriff tritt, der das authentische Wort in den Mittelpunkt stellt. Edzard Krückeberg: Der Begriff des Erzählens im 20. Jahrhundert. S. 37f.

[69] So kann der Hofmannsthal entlehnte Satz von Benjamin „Was nie geschrieben wurde, lesen" auch mit Derrida verstanden werden, der darauf hinweist, dass durch diese Bewegung endlich das in den Büchern gelesen werden kann, was bisher zwischen den Zeilen verborgen war. Jacques Derrida: Grammatologie. Übers. v. H. J. Rheinberger/H. Zischler. Frankfurt a.M. 1974. S. 155.
Demgegenüber postuliert Wohlfahrt, dass dieser Satz auch auf eine Sprache hindeuten kann, die sich vor dem Sündenfall befindet. Er bezieht sich in seiner Argumentation auf Walter Benjamins Begriff des Lesens, der schon vor dem Buchstaben situiert ist und auf das Lesen

wird ‚wieder-geholt' und zugleich in einen neuen Kontext gestellt.[70] Sprache erlangt einen neuen gesteigerten Ausdruck durch ihr bruchstückhaftes Vorliegen. Die Mitteilungen ‚durch Sprache' werden zerstört und durch ein ‚Nach-Denken' an die Vergangenheit und damit auch an vergangene Texte, ein Gespür für eine Mitteilung ‚in Sprache' entwickelt. Das Streben nach der ‚reinen Sprache' offenbart sich gerade im Moment des ‚Eingedenkens'

> Die zertrümmerte Sprache hat in ihren Stücken aufgehört, bloßer Mitteilung zu dienen und stellt als neugeborner Gegenstand seine Würde neben die der Götter, Flüsse, Tugenden und ähnlicher, ins Allegorische hinüberschillernder Naturgestalten. [WB, I/1, S. 382]

> Erst in der Zerstreuung der Schrift realisiert sich die Schrift als Schrift.[71]

> Manchmal jedoch, im Winter, wenn ich in der warmen Stube am Fenster stand, erzählte das Schneegestöber draußen mir so lautlos. Was es erzählte, hatte ich zwar nie genau erfassen können, denn zu dicht und unablässig drängte zwischen dem Altbekannten Neues sich heran. Kaum hatte ich mich einer Flockenschar inniger angeschlossen, erkannte ich, daß sie mich einer anderen hatte überlassen müssen, die plötzlich in sie eingedrungen war. Nun aber war der Augenblick gekommen, im Gestöber der Lettern den Geschichten nachzugehen, die sich am Fenster mir entzogen hatten. Die fernen Länder, welche mir in ihnen begegneten, spielten vertraulich wie die Flocken umeinander. Und weil die Ferne, wenn es schneit, nicht mehr ins Weite, sondern ins Innere führt, so lagen Babylon und Bagdad, Akko und Alaska, Tromsö und Transvaasl in meinem Innern. [WB, IV/1, S. 275]

Für dieses ‚Gestöber' muss eine adäquate Ausdrucksform gefunden werden. In Benjamins Theorie stellt die Allegorie eine dieser möglichen Formen dar.

---

von Eingeweiden und Sternen rekurriert. Irving Wohlfahrt: ‚Was nie geschrieben wurde, lesen'. Walter Benjamins Theorie des Lesens. In: Walter Benjamin 1892-1940. Zum 100. Geburtstag. Hg. v. Uwe Steiner. Bern 1992. S. 297-345.

70 Julia Kristeva: Bachtin, Das Wort, Der Dialog und der Roman. S. 345-375.
Butzer macht darauf aufmerksam, dass Benjamins Sprachphilosophie ein postmoderner Gedanke innewohnt. Er arbeitet heraus, dass durch die Vorstellung einer messianischen Zeit der Einheitsdiskurs der Geschichte aufgelöst und in die Pluralität von mündlichen Erzählungen überführt wird. Günter Butzer: Das Glück in der Geschichte. S. 71.
Zur Ablösung der ‚großen Erzählung' durch eine Vielzahl von ‚kleinen Erzählungen' vgl. Jean-Francois Lyotard: Das postmoderne Wissen. Ein Bericht. Bremen 1982.

71 Vgl. hierzu die Schneemetaphorik von Paul Celan und Walter Benjamin. Hier wird der Schnee als das fragmentarische Wort verstanden, welches in seiner Materialität vorliegt. Vgl. WB, IV/1, S. 103; 113, 217, 274. Paul Celan: ‚Weggebeitzt'. In: Gesammelte Werke. Bd. 2. S. 31.
„Wie wenn tagelang feine, dichte Flocken vom Himmel niederfallen, bald die ganze Gegend in unermeßlichem Schnee zugedeckt liegt, werde ich von der Masse aus allen Ecken und Ritzen auf mich andringender Wörter gleichsam eingeschneit." [WB, IV/1, S. 113]

## 1.3 Benjamins Allegorie-Begriff

Wie vor allem im ‚Trauerspielbuch' und in den Arbeiten über Baudelaire deutlich wird, ist die Allegorie für Benjamin eine angemessene (Text-)Form, um der Suchbewegung gerecht zu werden, die aus der durch den Sündenfall hervorgerufenen Melancholie resultiert. Die Allegorie ist nach Benjamin in der Moderne beheimatet, da sie eine Verwandtschaft zum Tod besitzt, allerdings kann der Tod als Voraussetzung für wahres Sein, und mit Bezug auf die Sprache, für wahrhaftiges Sprechen verstanden werden. Sprache wird durch die Allegorie in ihre Elemente zerlegt und von ihren herkömmlichen Sinnzusammenhängen befreit; sie entgeht damit einer Mitteilung ‚durch Sprache' und nähert sich so ihrer eigenen Materialität an. Die Allegorie ist demnach keine ursprüngliche Form, sondern erst durch das Bewusstsein des Sprachzerfalls entstanden und von daher ein Reflexionsmedium für das Nachdenken über zeichenhafte Repräsentation.[72] In der Allegorie ist die unüberwindliche Differenz zwischen Zeichen und Idee stets präsent. Insofern ist die „Trauer zugleich die Mutter der Allegorien und ihr Gehalt" [WB, I/1, S. 403]. Dieses Bewusstsein führt die Geschichte als ‚erstarrte Urlandschaft vor Augen' und offenbart sie zugleich als Leidensgeschichte.[73] Die Allegorie ist nach Benjamin die melancholischste aller poetischen Formen und damit die einzig adäquate Ausdrucksmöglichkeit, die Sprechen nach dem Sündenfall überhaupt möglich macht.[74] Allerdings verharrt die Allegorie nicht in der ‚Krise der Repräsentation', sondern ihr produktives Potenzial steckt in der Sichtbarmachung der Differenz zwischen Signifikat und Signifikant. Gerade die Ambivalenz zwischen Sinnanspruch und -abbruch fordert eine ‚Lust am Text', eine ‚Lust an der Vielfalt' heraus.[75] Zwar wird die Arbitrarität des Zeichens herausgearbeitet, diese aber nutzbar gemacht für einen metaphysischen Anspruch [WB, I, S. 381]. Dementsprechend spricht Benjamin der Allegorie eine Steigerung des Ausdrucks zu.[76]

---

72 Vgl. hierzu die ausführliche Analyse von Harald Steinhagen: Zu Walter Benjamins Begriff der Allegorie. In: Formen und Funktionen der Allegorie. Hg. v. Walter Haug. Stuttgart 1979. S. 676.

73 Da nach Raulet die Allegorie eine Schrift der Verfallsgeschichte ist, ist sie die einzige Sprache, in der Geschichte geschrieben werden kann. Gérard Raulet: Allegorie und Moderne. In: global benjamin. Bd. 1. S. 203-220, hier S. 219.

74 Kurz bezeichnet Benjamins Allegorie-Begriff als ontologisch, da für ihn der Prätext jeder Allegorie die Leidensgeschichte bzw. die Todesverfallenheit des Menschen sei. Gerhard Kurz: Metapher, Allegorie, Symbol. Göttingen 1982. S. 42. Vgl. auch Raulet, für den die Allegorie dem Weltzustand nach dem Sündenfall entspricht, da von nun an die Kontinuität zwischen Sprache und Schöpfungswelt aufgelöst sei. Gérad Raulet: Allegorie und Moderne. S. 218.

75 Roland Barthes: Die Lust am Text. Frankfurt a.M. 1974. S. 8.

76 Wie noch zu zeigen sein wird, ist die Steigerung des Ausdrucks ein spezifisches Merkmal der ‚symbolischen Prägnanz' im Sinne Cassirers. Zu überlegen wäre also, inwiefern die Allegorie

> Ja, man ist versucht zu sagen, schon die Tatsache, daß sie, so vereinzelt, noch etwas bedeuten, gibt dem Bedeutungsrest, der ihnen verblieb, etwas Drohendes. Dergestalt wird die Sprache zerbrochen, um in ihren Bruchstücken sich einen veränderten und gesteigerten Ausdruck zu leihen. [WB, I, S. 382]

In der Allegorie paart sich der Wunsch nach Darstellbarkeit des ontologisch Letzten mit der Skepsis gegenüber einer solchen Darstellbarkeit. Im Wissen um die Leerstelle der ‚reinen Sprache' wird dennoch der metaphysische Wunsch nach Eineindeutigkeit nicht preisgegeben. Gerade aus dieser Ambivalenz erwächst das produktive Potenzial, das die spezifische Poetik der Moderne ausmacht und damit die Allegorie zur adäquaten Ausdrucksform derselben erhebt.[77] Die unauflösliche Differenz entspricht der Tätigkeit der unendlichen Allegorese. Die Technik der Überblendung, ausgelöst durch die Überlagerung verschiedener Zeiten und Bedeutungsebenen, ist ein wichtiges Formelement der Allegorie [WB, Briefe, S. 751]. Die Antinomien des Allegorischen liegen also darin, dass die Möglichkeit einer bruchlosen zeichenhaften Repräsentation verabschiedet wird, im Rahmen dieser Verabschiedung der Wunsch nach Darstellung dennoch nicht aufgegeben wird. In Benjamins Allegorie-Konzept kulminieren Interessen sowohl des Frühwerks (*Sprachaufsatz* von 1916) als auch seines Spätwerks (*Lehre vom Ähnlichen* oder *Über das mimetische Vermögen*),[78] sein Allegorie-Konzept verbindet also den Wunsch nach Transzendenz mit dem gleichzeitigen Bewusstsein ihrer Unerreichbarkeit. Letztlich handelt es sich immer um eine Rede, die stets anderes bedeutet als das, wovon sie spricht. In der Ambivalenz der Worte werden immer auch andere, zugleich bestehende Sinnpotenziale mit eingeschlossen.[79] Wie noch zu zeigen sein wird, ist dies eine Bewegung, die auch der Übersetzung zu eigen ist und die

---

als symbolische Form fungiert, um eine ‚symbolische Prägnanz' innerhalb der symbolischen Form herbeizuführen. Vgl. dazu das Kaptitel ‚Symbolische Prägnanz'.

77 Anders als Lachmann, die ebenfalls hermeneutische und strukturalistische Ansätze in ihrer Intertextualitätstheorie miteinander verbindet, werden diese in der ‚allegorischen Intertextualität' nicht auf unterschiedlichen Ebenen angesetzt, sondern im Ringen beider Konzepte wird die Kraft entfaltet, die letztlich für die Poetik der Moderne entscheidend ist. Die Differenz zwischen einer Mitteilung ‚durch Sprache' und einer Mitteilung ‚in Sprache' wird durch das intertextuelle Sprechen transparent. Vgl. Renate Lachmann: Ebenen des Intertextualitätsbegriffs. S. 133-138.

78 Vgl. die wegweisende Studie von Drügh, der die Aktualität der sprachmetaphysischen Reflexionen des frühen Sprachaufsatzes im Trauerspielbuch nachweist. Die erkenntniskritische Rede greife die sprachmetaphysischen Überlegungen des frühen Sprachaufsatzes wieder auf und präsentiere sie in einem zeichentheoretisch zugespitzten Platonismus. Darüber hinaus korrigiert er eine dekonstruktivistische Perspektive der allegorischen Systematik durch die Beleuchtung des metaphysischen Hintergrunds von Benjamins Allegorie-Begriff. Heinz J. Drügh: Anders-Rede. S. 303.

79 Kristeva hat in ihrer Bestimmung des Lesens auf das Verhältnis von Endlichkeit und Unendlichkeit hingewiesen. Das Endliche müsse immer in seinem Verhältnis zur Unendlichkeit gelesen werden, aus diesem Grund ist es notwendig, die Verknüpfungsweisen innerhalb des Systems der poetischen Sprache herauszuarbeiten. Julia Kristeva: Zu einer Semiologie der Paragramme. In: Strukturalismus als interpretatives Verfahren. Hg. v. Helga Gallas. Neuwied 1972. S. 163-201, hier S. 170.

als Herstellung von Ähnlichkeits-Konstellationen beschrieben werden kann. Das Dilemma der Allegorie liegt in dem Wunsch nach Präsentation der Idee anhand von repräsentativen Strukturen. Die Diskussion um die Differenz von Repräsentation und Präsentation schließt zugleich einen anderen Grundkonflikt der Sprache mit ein: die Differenz zwischen Signifikat und Signifikant. Beide Konflikte finden in der Allegorie ihre Darstellung; wegen der Unauflöslichkeit dieser Auseinandersetzung ist die Unendlichkeit für den Allegoriker konstitutiv [WB, V, 279]. Die von ihm in den Blick genommenen Gegenstände sind jeweils doppelt markiert: als begehrte und zugleich uneinholbare. Zwar ist jegliches Sprechen allegorisch, da Sprache immer Ausdruck dieses Konfliktes ist, in der vorliegenden Untersuchung wird der Fokus jedoch auf die gezielte Inanspruchnahme der Allegorie durch die poetische Sprache gerichtet. Sinnkonstitution und -auflösung befinden sich in ständiger Korrespondenz im allegorischen Text. Durch die Bewegung der Sprache selbst, durch ihre labyrinthische Organisation, wird jede einmal getroffene Sinnsetzung unterminiert. Insofern ist Bedeutung immer nur virtuell, im Augenblick herstellbar, d.h. Sprache bewegt sich zwischen momentaner Bedeutungsstiftung und permanenter Bedeutungsauflösung bzw. unterliegt einer Unabschließbarkeit der allegorischen Signifikation. Allerdings ist diese Unabschließbarkeit nicht allein das melancholische Resultat einer ‚Krise des Zeichens', sondern sie birgt auch ein produktives Potenzial in bezug auf die ‚reine Sprache'.

> Das Trauerspiel vor allen anderen Formen [und damit die Figur der Allegorie, S.W.] arbeitet mit diesem Fundus [der Unendlichkeit, S.W.]. Unermüdlich verwandelnd, deutend und vertiefend vertauscht es seine Bilder miteinander. Vor allem herrscht dabei der Gegensatz. Und dennoch wäre es verfehlt, zumindest oberflächlich, auf Lust an bloßer Antithetik jene zahllosen Effekte zu beziehen, in welchen der Thronsaal in den Kerker, das Lustgemach in eine Totengruft, die Krone in den Kranz aus blutigen Zypressen anschaulich, oder sprachlich nur, verwandelt wird. Sogar der Gegensatz von Schein und Sein trifft diese Technik der Metaphern und Apotheosen nicht genau. Zugrunde liegt das Schema des Emblems, aus welchem mittels eines Kunstgriffs, der stets von neuem überwältigen mußte, sinnfällig das Bedeutete hervorspringt. [WB, I/1, S. 404f.]

Die Allegorie ist deshalb eine dialektische Figur, weil sie zwar von einer ontologischen Absicherung getragen ist, aber dennoch als Figur der Unähnlichkeit – als Nicht-Identität des Zeichens mit dem Zeichen – auftritt. So ist die allegorische Lektüre von dem Wissen bestimmt, dass sie ihren Gegenstand niemals bezeichnen kann. Es existieren demnach keine gesicherten Bedeutungen mehr. Diese Ambivalenz bleibt aber nicht allein auf Texte beschränkt, sondern auch das eigene Leben, die Vergangenheit muss als ein solcher Zwischen-Text gelesen werden.[80] Besonders das poetische Wort, das sich als allegorisches verortet, reflektiert diese Spannung mit und versucht, im Moment des ‚Eingeden-

[80] Drügh weist dies vor allem für die Berliner Kindheit nach. Heinz J. Drügh: Anders-Rede. S. 399.

kens' ein Gegengewicht zu setzen.[81] Die Öffnung des Zwischenraums zwischen Signifikat und Signifikant in der Allegorie ist, wie zuvor veranschaulicht, auch dem ‚Eingedenken' eigen. Auch der Erinnerungstext ist ein ‚Ort der Schwelle', nicht nur zwischen bereits Geschriebenem und noch zu Schreibendem, sondern auch zwischen einer Mitteilung ‚durch Sprache' und einer Mitteilung ‚in Sprache'. Indem vergangene Texte zitiert werden und damit aus dem Zusammenhang der instrumentellen Bedeutung gerissen werden, liegen sie als bedeutungslose intertextuelle Fragmente vor; als solche erinnern sie an die ‚reine Sprache', an ihre Materialität. So ist sowohl der Allegorie als auch dem ‚Eingedenken' die sehnsuchtsvolle Bewegung von Anspruch und Abbruch eigen, denn erst am Semiotischen, an der bedeutenden Sprache, kann die Materialität der Sprache, die ‚reine Sprache', wiederholt werden.[82] Demzufolge ist nach Benjamin der Allegorie das Begehren inhärent [WB I/1, S. 350]. Darüber hinaus lassen sich hier schon Parallelen zu Cassirers Symbolphilosophie herstellen, denn die symbolische Form ist von einem Zusammenschluss von Sinn und Sinnlichkeit getragen, d.h. in der bedeutungsvollen Form des Symbols ist die Sinnlichkeit, die unmittelbare Einheit von Idee und Gestalt aufbewahrt. Auch Cassirer geht davon aus, dass erst in der kulturellen Vermittlung die mythische Rede wiederholt werden kann.[83]

Nach Benjamin ist die Allegorie Stifterin von Erinnerungsräumen und konstituiert Geschichtsbewusstsein, indem sie Altes als Neues erzählt und Neues als Altes.[84] Es liegt also eine enge Verbindung zwischen Allegorie und ‚Eingedenken' vor, die Allegorie wird hier verstanden als poetische Ausdrucksform des ‚Eingedenkens'. Charakteristisch für die Allegorie ist demzufolge eine raum-zeitliche Grenzüberschreitung; die Allegorie verbindet Vergangenheit und Zukunft zu einer gegenwärtigen Erfahrung.[85] In ihr manifestiert sich

---

81 Insofern erfährt der Satz ‚alles Sprechen ist allegorisch' eine Einschränkung auf die poetische Sprache, wie dies auch Kristeva für die Intertextualität vorgenommen hat. Kristeva legt in ihrer Intertextualitätstheorie den Primat auf die poetische Sprache, da diese das Semiotische bevorzugt. Julia Kristeva: Die Revolution der poetischen Sprache. Übers. v. Reinhold Werner. Frankfurt a.M. 1978.

82 Zur Bewegung von Anspruch und Abbruch, die als typisch für die romantische Sehnsucht verstanden wird vgl. Christian Begemann: Brentano und Kleist vor Friedrichs Mönch am Meer. Aspekte eines Umbruchs in der Geschichte der Wahrnehmung. In: DVjs, (64), 1990, S. 54-95.

83 Vgl. dazu die Kapitel ‚Die Philosophie der symbolischen Formen' und ‚Sinn und Sinnlichkeit'.

84 Haverkamp bezeichnet die allegorische Lektüre als eine zweite Lektüre, die durch die Wiederholung im Modus der Erinnerung steht. Insofern kann die allegorische Lektüre als ein Akt des Durcharbeitens verstanden werden. Anselm Haverkamp: Allegorie, Ironie und Wiederholung. In: Text und Applikation. Theologie, Jurisprudenz und Literaturwissenschaft im hermeneutischen Gespräch. Hg. v. Manfred Fuhrmann/Hans Robert Jauß/Wohlfahrt Panneberg. München 1981. S. 561-567, hier S. 562.

85 Barck versteht Benjamins Theorie der Schrift bzw. vor allem der Allegorie als Transgression. Transgression wird hier in Anschluß an Foucault als Raum-Metapher gelesen, die durch das Moment der Überschreitung die Entdeckung eines unbekannten Geländes ermöglicht. Karl-

eine Erinnerungsspur und eine Suche nach der verloren geglaubten ‚sinnlichen Ähnlichkeit' von Idee und Laut, weswegen das Moment der Überschreitung immer auch eine Suche nach der ‚reinen Sprache' impliziert. Die Allegorie macht durch ihre spezifische Erinnerungsleistung sensibel für den Abstand zwischen Text und Bedeutung; durch die Ausformulierung dieser Differenz erhebt die ehemals rhetorische Figur einen metaphysischen Anspruch [WB, V/1, S. 347f.]. Darüber hinaus sind in der Allegorie Vergänglichkeit und Ewigkeit untrennbar miteinander verbunden [WB, I, S. 397].

Durch die raum-zeitliche Grenzüberschreitung gelingt es der Allegorie, ein Gegengewicht zu der Vergänglichkeit zu bilden, denn diese Bewegung fordert das ‚Nach-Leben', die Vergegenwärtigung heraus. Dadurch können die Dinge in die Ewigkeit eingehen. Durch die Bewegung der Destruktion und Montage ist eine Möglichkeit des ‚Über-Lebens' eines schon vorhandenen Textes in einem Folgetext gegeben, womit die Allegorie das permanente Weben der Sprache sichtbar macht.[86]

> Wenn die Römer einen Text das Gewebte nennen, so ist es kaum einer mehr und dichter als Marcel Prousts. Nichts war ihm dicht und dauerhaft genug. Sein Verleger Gallimard hat erzählt, wie Prousts Gepflogenheiten beim Korrekturlesen die Verzweiflung der Setzer machten. Die Fahnen kamen immer randvoll beschrieben zurück. Aber kein einziger Druckfehler war ausgemerzt worden; aller verfügbare Raum war mit neuem Text erfüllt. So wirkte die Gesetzlichkeit des Erinnerns noch im Umfang des Werks sich aus. Denn ein erlebtes Ereignis ist endlich, zumindest in der einen Sphäre des Erlebens beschlossen, ein erinnertes schrankenlos, weil nur Schlüssel zu allem was vor ihm und zu allem was nach ihm kam. Und noch in anderem Sinne ist es die Erinnerung, die hier die strenge Webevorschrift gibt. Einheit des Textes nämlich ist allein der actus purus des Erinnerns selber. Nicht die Person des Autors, geschweige die Handlung. Ja man kann sagen, deren Intermittenzen sind nur die Kehrseite vom Kontinuum des Erinnerns, das rückwärtige Muster des Teppichs. So wollte es Proust, so hat man ihn zu verstehen, wenn er sagte, er sähe am liebsten sein ganzes Werk zweispaltig, in einem Bande und ohne jeden Absatz gedruckt. [WB, II/1, S. 311f.]

Die im Webvorgang zusammengeführten Denkbruchstücke fügen sich also nicht nahtlos aneinander, sondern heben mit jedem Satz von neuem an: Sie sind durch ein unablässiges Atemholen gekennzeichnet [WB, I/1, S. 208]. Durch das Verfahren der Destruktion und Montage versucht die Allegorie in den Dingen eine neue Ordnung zu finden, um damit der Melancholie entgegenzuwirken.[87] Die herkömmliche Bedeutung der Dinge wird als Schein entlarvt, ihr instrumenteller Charakter durch die Allegorie aufgedeckt. Durch das

---

heinz Barck: Schrift/Schreiben als Transgression. Walter Benjamins Konstruktion von Geschichte(n). In: global benjamin Bd. 1. S. 231-252, hier S. 233.

86 Vgl. auch Bettine Menke: Das Nachleben im Zitat. S. 79.

87 Walter Benjamin zufolge bleibt auch der menschliche Körper davon nicht unberührt [WB, I/1, 391f.]. Interessant ist hier zum einen die enge Verbindung von Körper und Schrift und zum anderen kann dies als ein Hinweis gelesen werden, dass die Identität ebenfalls keine reine Ich-Identität ist, sondern dass es sich auch hier um eine Instrumentalisierung handelt.

Prinzip der Stückelung verliert jedes Phänomen seine falsche und scheinbare Einheit [WB, I/1, S. 203]. Jedes so entstandene Fragment gleicht einem Mosaiksteinchen, das seine eigene Schönheit und Dichte allererst hervorbringt und nicht an einen instrumentellen Zusammenhang verschenkt.[88] Benjamin selbst hat sein Trauerspielbuch als ‚die tollste Mosaiktechnik, die man sich denken kann' bezeichnet [WB, Briefe, 366]. Insofern ist die allegorische Verfahrensweise eine Methode, der Ästhetik des Bruchstücks gerecht zu werden. Die Allegorie – von Benjamin auch als Ruine bezeichnet [WB, I/1, S. 358] – ist durch ihre Zerrissenheit gekennzeichnet, der sie im Zwischenraum von Vergangenheit und Gegenwart, von Signifikat und Signifikant gerecht zu werden versucht.[89] Nicht die Auflösung des Zwischenraums wird angestrebt, sondern seine produktive Nutzung.

Wie schon zuvor erläutert, resultiert die Melancholie aus der menschlichen ‚Überbenennung', die nach Benjamin schließlich zu einem Verstummen der Dinge und der Sprache führt. Die Aufgabe des Allegorikers ist die Zerstörung dieser aus der menschlichen Hybris entstandenen ‚Überbenennung'. Erst wenn die Dinge völlig bedeutungslos und entseelt vorliegen, sie keinen Sinn mehr haben und nur noch als Fragment bzw. Bruchstück vorhanden sind, sind sie für den Allegoriker von Interesse.[90] Der Allegoriker gesteht den Dingen die Trauer über ihre ‚Überbenennung' und ihre Vergänglichkeit zu.[91] Die Allegorie enthüllt allerdings nicht das Wesen der Dinge, sondern zerrt sie vor das Bild. Sie zeigt, anstatt ‚durch Sprache' mitzuteilen; ihr Prinzip ist die einsammelnde Wiederholung.[92] Die spezifische Bildlichkeit, die durch die allegorische Bewegung hervorgerufen wird, wird an anderer Stelle einer gesonderten

---

88 Tsunekawa geht davon aus, dass die Bedeutung nicht in den Bruchstücken selbst liegt, sondern sie sei ihnen transzendent und müsse von daher erst durch die sprachliche Bewegung offenbart werden. Takao Tsunekawa: Konfiguratives Denken und Allegorie. In: global benjamin. Bd. 1. S. 191-203, hier S. 193.

89 Winckelmann bezeichnet die Allegorie als Symptom des Zerfalls. Das grundlegende strukturelle Merkmal der Allegorie ist die Unähnlichkeit zwischen Bild und Idee. Die Problematik des Allegorischen ist damit die Kluft zwischen sinnlicher Welt und dem Reich der Ideen bzw. der intelligiblen Welt, die ihren Ausdruck in eben dieser Unähnlichkeit von Bild und Idee findet. In der Allegorie werde eine Überwindung dieser Kluft versucht. Johann Joachim Winckelmann: Gedanken über die Nachahmung der griechischen Werke in der Malerei und Bildhauerkunst. Stuttgart 1969. S. 112, 119.

90 Benjamin bezeichnet den Allegoriker auch als Sinnstifter [WB, I/1, S. 360]. Dies verleitet Menke zu der These, dass der Gegenstand an sich keinen Sinn trage; dieser würde einzig subjektiv im Diskurs durch den Allegoriker gesetzt. Die These übersieht, dass es sich hier nicht um eine subjektive Sinnsetzung handelt. Die Intention der Allegorie ist vielmehr, dem göttlichen Sinn nachzutasten. So sind die Tätigkeiten des Allegorikers denen des Übersetzers ähnlich, beide nähern sich tastend dem schöpferischen Wort an. Bettine Menke: Das Nachleben im Zitat. S. 76.

91 Insofern ist der Allegorie auch das Durchbrechen der Textlinearität eigen, sowohl auf der zeitlichen als auch auf der semantischen Ebene. Stierle beschreibt die Allegorie hier als Passage, als Ausdruck des Übergangs. Karlheinz Stierle: Walter Benjamin und die Erfahrung des Lesens. In: Poetica, (12), 1980, S. 227-248, hier 246.

92 Vgl. Winfried Menninghaus: Walter Benjamins Theorie der Sprachmagie. S. 109, 119.

Betrachtung unterworfen, es sei aber dennoch angemerkt, dass das durch die Allegorie entstandene Bild als Schwelle fungiert und einen Zwischenraum zwischen Sagbarem und Unsagbarem eröffnet und somit auf eine Mitteilung ‚in Sprache' verweist. Der Allegoriker versucht demnach nicht zu benennen, sondern zu lesen, sein Umgang mit Text und damit auch mit Welt ist die Lektüre. Aus diesem Grund kann die Allegorie als ein adäquater Umgang mit dem Namen bezeichnet werden.[93]

> Denn durchaus entscheidend für die Ausgestaltung dieser Denkart war, daß im Bezirk der Götzen wie der Leiber nicht die Vergänglichkeit allein, sondern die Schuld sinnfällig angesiedelt scheinen mußte. Dem allegorisch Bedeutenden ist es durch Schuld versagt, seine Sinnerfüllung in sich selbst zu finden. Schuld wohnt nicht nur dem allegorisch Betrachtenden bei, der die Welt um des Wissens willen verrät, sondern auch dem Gegenstande seiner Kontemplation. Diese Anschauung, begründet in der Lehre von dem Fall der Kreatur, die die Natur mit sich herabzog, macht das Ferment der tiefen abendländischen Allegorese, die von der orientalischen Rhetorik dieses Ausdrucks sich scheidet. Weil sie stumm ist, trauert die gefallene Natur. Doch noch tiefer führt in das Wesen der Natur die Umkehrung dieses Satzes ein: ihre Traurigkeit macht sie verstummen. Es ist in aller Trauer der Hang zur Sprachlosigkeit, und das ist unendlich viel mehr als Unfähigkeit oder Unlust zur Mitteilung. Das Traurige fühlt sich so durch und durch erkannt vom Unerkennbaren. Benannt zu sein – selbst wenn der Nennende ein Göttergleicher und Seliger ist – bleibt vielleicht immer eine Ahnung von Trauer. Wie viel mehr aber, nicht benannt, sondern nur gelesen, unsicher durch den Allegoriker gelesen und hochbedeutend nur durch ihn geworden zu sein. [WB, I/1, S. 398]

In diesem Zusammenhang übt Benjamin scharfe Kritik am klassischen Symbolbegriff, dabei geht es ihm allerdings nicht um eine bloße Polarisierung von Symbol und Allegorie, sondern um eine Integration beider Denkfiguren in seiner Theorie. Während Goethe aus dem Anspruch des Symbols auf Wahrheit und Totalität auf seine auratische Qualität schloss, entlarvt Benjamin diese angenommene ‚eineindeutige' Verbindung von Begriff und Ding als Schein.[94]

---

[93] Nach Augustinus haben bereits sowohl die Schöpfung als auch die Offenbarung allegorischen Charakter. Jegliche Schöpfung ist ein Zeichen und bildet das Buch der Natur. Die Wörter der heiligen Schrift weisen so über sich selbst, über ihre instrumentelle Bedeutung hinaus. Aurelius Augustinus: De doctrina christiana. Hg. v. Heinrich Josef Vogels. Bonn 1930. Vgl. auch Campe, der die Unausweichlichkeit göttlicher Vermittlung herausarbeitet. Rüdiger Campe: Melanchthons. Allegorie zwischen Rhetorik und Hermeneutik. In: Allegorie. Konfigurationen von Text, Bild und Lektüre. Hg. v. Eva Horn/Manfred Weinberg. Opladen 1998. S. 51.

[94] Nach Kurz ist Goethes Symbolbegriff im Umkreis des lutherischen Symbolverständnisses entstanden. Im Gegensatz zur Allegorie muß das Symbol für Goethe Anschaulichkeit besitzen und eine repräsentative Funktion erfüllen. Ein Besonderes vertritt ein Allgemeines. Da für Goethe alles organisch zusammenhängt, kann ein Teil die ‚Totalität' darstellen. Kurz bezeichnet dies als Goethes ‚organologischen Universalismus'. Die Verbindung von Synekdoche und Analogie sei die Grundfigur des klassischen Symbolbegriffs. Gerhard Kurz: Metapher, Allegorie, Symbol. S. 71. Johann Wolfgang Goethe: Schriften zu Literatur. In: Goethes Werke. Hamburger Ausgabe. Bd. 12. Hg. v. Erich Trunz. Textkritisch durchgesehen v. Werner Weber u. Hans Joachim Schrimpf. München 1973. 7. Aufl. S. 261.

Nach Benjamin wird im Symbol etwas ‚Nichtseiendes als Seiendes' dargestellt und eine nicht gerechtfertigte Versöhnung des Besonderen mit dem Allgemeinen vollzogen. Die Allegorie ist im Gegensatz zum Symbol eine adäquate Darstellungsform für die sich als fragmentarisch erlebende Moderne [WB, I/1 S. 359]. Benjamins Kritik richtet sich vor allem gegen den von Goethe eingeführten Symbolbegriff, unberührt bleiben von seiner Kritik andere Symboltheorien, wie zum Beispiel das theologische Symbolverständnis.[95]

Wie noch zu klären sein wird, weist die Symbolphilosophie Cassirers deutliche Parallelen zu Benjamins Allegorie-Konzept auf, denn auch Cassirer geht von einer Präsentation der ‚sinnlichen Ähnlichkeit', die Ausdruck einer Eineindeutigkeit zwischen Idee und Gestalt ist, in der kulturellen Form des Symbols aus. Insofern ist das Symbol bei Cassirer ebenfalls von der Doppelstruktur der Einheit und Differenz getragen. Benjamins Sprachaufsatz von 1916 verwendet das Symbol im Zusammenhang mit der ‚Namensprache' und weist ihm eine Zwischenposition zwischen Transzendenz und Darstellung zu. Zugespitzt formuliert, erfährt Benjamins Symbolauffassung der frühen Sprachphilosophie hier eine systematische Bündelung in der Allegoriekonzeption des Trauerspielbuches.[96] Im Gegensatz zum traditionellen Symbolbegriff enthält

---

Kaffenberger zeigt, dass Benjamin Goethes Einschätzung von Symbol und Allegorie diametral umkehrt. Helmut Kaffenberger: Aspekte von Bildlichkeit in Benjamins Denken. In: global benjamin. Bd. 1. S. 449-478, hier S. 450. Dazu Johann Wolfgang Goethe: Maximen und Reflexionen. Nr. 749 und 750. Hamburger Ausgabe. Bd. 12. S. 470.

95 Raulet weist darauf hin, dass das Symbol in Benjamins Verständnis eine über sich selbst täuschende Allegorie sei. Gérad Raulet: Allegorie und Moderne. S. 219.

96 An dieser Stelle kann leider nicht ausführlich auf die Geschichte des Symbolbegriffs eingegangen werden. Es sei aber angemerkt, dass die Unterscheidung zwischen Symbol und Allegorie nicht immer selbstverständlich war. 1792 trifft Sulzer in seiner ‚Allgemeinen Theorie der schönen Künste' noch keine Unterscheidung zwischen Symbol und Allegorie, auch das Wörterbuch von Adelung (1793) versteht die Allegorie als ‚bildliche oder figürliche Ausdrucksweise'. Erst bei Wolff, Baumgarten, Georg Friedrich Meier und Mendelssohn wird zwischen natürlichen und willkürlichen Zeichen unterschieden. Kant trifft in seiner ‚Kritik der Urteilskraft' in Paragraph 59 die Unterscheidung zwischen dem Sinnlichen des Symbols und dem Willkürlichen der Allegorie. Immanuel Kant: Kritik der ästhetischen Urteilskraft. Paragraph 59. Von der Schönheit als Symbol der Sittlichkeit. Darmstadt 1957.
Benjamin bezieht sich in seiner Kritik ausdrücklich auf das klassizistische Symbolverständnis und in seiner Bestimmung des Allegoriebegriffs auf Positionen vor Winckelmann. Andere Auffassungen, wie zum Beispiel die der Symbolisten, bleiben von seiner Kritik unberührt, im Gegenteil, sie sind der Ansicht Benjamins nicht allzu fern, da im Symbolismus das Symbol in den Bannkreis der Mystik gestellt wird. Zum Beispiel bringt Benjamin die magische Kraft des Namens an einer Stelle auch mit dem symbolischen, hier ursprünglichen Charakter des Wortes in Verbindung [WB, I/1, S. 19], denn der Alltagskommunikation widerstreitende Aspekt von Sprache ist ein symbolischer [WB, I, 216]. Das Symbol meint hier die sprachliche Idee, die als Gegenpart zum bürgerlichen Sprachmodell aufgerufen wird. Leider verkennt Menninghaus diese Diskrepanzen in Benjamins Symbolverständnis. Winfried Menninghaus: Walter Benjamins Theorie der Sprachmagie. S. 91. Vgl. hierzu Drügh, der darauf hinweist, dass Benjamins früher Sprachaufsatz sowohl einen ontologischen, auf die Schöpfung bezogenen als auch einen epistemologischen, auf die Sprache der Darstellung bezogenen Entwurf von symbolischer Sprache aufweist. Nach Drügh stellt die Allegorie aber keine Form des Symbols dar, da in der Allegorie keine Verbindung zwischen Original und Abbild bestehe.

Benjamins Idee der Allegorie jene utopische Qualität, die im Symbol durch den Anspruch auf Totalität und Wahrheit aufgegeben wird.[97] Während das Symbol ein in sich geschlossenes Zeichen ist, lässt die Allegorie die Idee in kurzen Momenten durch eine Fragment-Konstellation aufscheinen. Durch überraschende Elemente ergeben sich ständig Veränderungen und neue Bedeutungen; so überschreitet die Allegorie stetig Grenzen [WB, I/1, S. 353]. Auf diese Weise wird die Stückelung zum allegorischen Prinzip; denn Ziel der allegorischen Tätigkeit ist es gerade nicht, eine neue Totalität zu ermöglichen. Stattdessen bleiben Brüche erkennbar und die Differenz zwischen Zeichen und Bezeichnetem transparent [WB, I/1, S. 362].

> Das Bild im Feld der allegorischen Intuition ist Bruchstück, Rune. Seine symbolische Schönheit verflüchtigt sich, da das Licht der Gottesgelahrtheit darauf trifft. Der falsche Schein der Totalität wird entlarvt. [...]
>
> Zweideutigkeit aber, Mehrdeutigkeit ist der Grundzug der Allegorie; auf den Reichtum von Bedeutungen ist die Allegorie, ist der Barock stolz. Diese Zweideutigkeit aber ist der Reichtum der Verschwendung. [...]
>
> Zweideutigkeit ist daher überall der Widerspruch zur Reinheit und Einheit der Bedeutung. [...]
>
> Dem ungeachtet heißt's von der Allegorie, daß sie immer ein Überschreiten der Grenzen der anderen Art, ein Übertreten der bildenden Künste ins Darstellungsgebiet der redenden zu erkennen gibt. [WB, I/1, S. 352f.]

Allerdings ist in dieser Grenzüberschreitung auch ein Indiz für die Vergänglichkeit der Allegorie erkennbar [WB, I/1, S. 359]. Durch die Allegorie er-

---

Heinz J. Drügh: Anders-Rede. S. 316, 335. Anders Metschmer, der das Allegorische als Modus des Symbolischen einführt. In der Allegorie ist der Verweischarakter, der im Symbol implizit vorliegt, explizit. Die Darstellung selbst steht im Modus des Verweisens. Thomas Metschmer: Ästhetik und Mimesis. In: Mimesis und Ausdruck. Hg. v. Thomas Metschmer. Köln 1999. S. 9-111, hier S. 22.

97 Auch de Man nimmt eine sprachphilosophische Unterscheidung von Symbol und Allegorie vor: Während im Symbol die Beziehung von Signifikat und Signifikant auf einer Affinität beruht, ist diese enge Bindung in der Allegorie aufgehoben. Das Symbol bietet noch die Möglichkeit einer Identität, im Gegensatz zur Allegorie, die durch ihre Distanz zum Ursprung stets eine Sprachform der Leere und Differenz ist, der die Sehnsucht eingeschrieben ist. Paul de Man: Rhetoric of Temporality. Baltimore 1993. S. 192, 207. Der wesentliche Unterschied zwischen den dekonstruktivistischen Theorien und Walter Benjamins Ansatz besteht nach Ansicht de Mans darin, dass in der Allegorie jegliche Bezüge zur Realität, zum Objekt, verlorengehen und die Allegorie damit in der Sphäre reiner Sprachlichkeit verbleibe. Nach de Man besteht in der Allegorie keine Verbindung zwischen Signifikat und Signifikant, sondern an die Stelle des Signifikats tritt ein anderer Signifikant. Demgegenüber strebt der Allegoriker in Benjamins Vorstellung wieder die Bildwelt Gottes an. Der Ursprung aller Bedeutungen liegt für ihn in Gott, auch wenn dieser nur als Leerstelle im Text zu erahnen ist [WB, I/1, S. 305f., 405].

scheinen die Dinge ständig in einem neuen Licht, die Welt wird verwandelt in erregende Schrift.[98]

> Wo die Romantik in dem Namen der Unendlichkeit, der Form und der Idee das vollendete Gebilde kritisch potenziert, da verwandelt mit einem Schlage der allegorische Tiefblick Dinge und Werke in erregende Schrift. [WB, I/1, S. 352] [99]

Wenn Übersetzen – wie noch dargestellt werden muss – den Versuch beinhaltet, die göttliche Benennung nachzuempfinden um sich langsam an sie heranzutasten, dann kann die Allegorie als Form der Übersetzung gelesen werden [WB, II/1, S. 151].[100] Diese Annäherung an die ‚schöpferische Sprache' Gottes vollzieht sich allein im Werden, im ständigen Verwerfen und Neugewinnen von Textfragmenten. So kann auch die Spannung zwischen zwei Bedeutungsebenen, die wesentliches Element der Allegorie ist, durch ein permanentes ‚über-setzen' zwar nicht aufgelöst, aber ausgetragen werden. So wie der Übersetzer und der Kritiker, muss auch der Allegoriker letztlich eine Schrift lesen, die unsichtbar bleibt.[101]

Der allegorische Text hat stets eine doppelte Bedeutung: Zum einen kann er wörtlich ausgelegt und ohne weiteres Nachdenken erschlossen werden, zum anderen lässt sich eine allegorische Bedeutung aber auch durch ein Erforschen der ‚Anders-Rede' erahnen.[102] Damit verbunden ist zugleich eine Suche nach der verborgenen Bedeutung; die allegorische Rede impliziert also immer auch das Unsagbare, das Unaussprechliche. Sie beinhaltet stets einen zweiten, entgegengesetzten Sinn, als systematische Anspielung einer Geschichte auf eine andere verweist sie auf eine Leerstelle.[103] Das allegorische Zeichenmodell impliziert, dass jedes Dargestellte ein bloßes Zeichenkonstrukt ist. Jede sprachliche Darstellung ist zugleich eine Meta-Reflexion über die Darstellbarkeit der Sprache selbst. Das Dargestellte, die Idee, kann also nur durch eine Überführung in die selbstreflexive Form aufbewahrt werden, weswegen mit jedem Text ein immanenter Text entsteht, der, wie noch zu zeigen sein wird, durch

---

98 Kahl spricht der Allegorie Benjamins sogar einen sakralen Aspekt zu, sie zeuge von der Präsenz Gottes. Er zieht eine Parallele zur Hieroglyphenschrift, denn in dem Moment, in dem sich die Schrift ihres sakralen Charakters entsinnt, drängt sie zum Bildlichen, zur Hieroglyphik. Michael Kahl: Allegorie bei Walter Benjamin und Paul de Man. In: Allegorie und Melancholie. Hg. v. William von Reijen. Frankfurt a.M. 1992. S. 295. Vgl. auch WB, I/1, S. 345, 351.

99 Dass die Allegorie-Konzeption Benjamins an die romantische Tradition anknüpft, kann hier nicht näher erläutert werden. Exemplarisch sei auf ein Zitat von Schlegel hingewiesen: „Das Höchste kann man eben, weil es unaussprechlich ist, nur allegorisch sagen." Friedrich Schlegel: Gespräch über die Poesie. In: Kritische Schriften II. Hg. v. Ernst Behler. Paderborn 1963. S. 324.

100 Vgl. hier vor allem Kapitel 2. Außerdem: Winfried Menninghaus: Walter Benjamins Theorie der Sprachmagie. S. 37.

101 Vgl. dazu Benjamins Ausführungen zur Interlinearversion. WB, IV/1, S. 21.

102 Etymologisch basiert ‚Allegorie' auf gr. allos und agoreuein, d.h. anders als auf dem Marktplatz, der Agora reden. Vgl. Kluge. Etymologisches Wörterbuch der deutschen Sprache. Bearbeitet v. Elmar Seebold. Berlin 1995. 23. Aufl. S. 27.

103 Vgl. Friedrich Schleiermacher: Hermeneutik. Hg. v. H. Kimmerle. Heidelberg 1974. S. 84.

eine magische Lektüre entziffert werden muss. In der Allegorie scheint eine Ahnung von der ‚reinen Sprache' auf, zugleich ist ihr aber das Bewusstsein von deren Unerreichbarkeit mitgegeben.[104]

> Denn nur dem Wissenden kann etwas als allegorisch sich darstellen. Andererseits aber ist es gerade das Sinnen, dem, wenn es nicht sowohl geduldig auf Wahrheit, denn unbedingt und zwanghaft mit unmittelbarem Tiefsinn aufs absolute Wissen geht, Dinge nach ihrem schlichten Wesen sich entziehen, um als rätselhafte allegorische Verweisungen und weiterhin als Staub vor ihm zu liegen. [WB, I/1, S. 403]

Der Intertext ist insoweit eine ideale Basis für eine allegorische Sprechweise, als mit seiner Verwendung nicht mehr Klarheit und Eindeutigkeit im Mittelpunkt stehen, sondern Mehrdeutigkeit und Offenheit.[105] Durch die Allegorie bzw. die ‚allegorische Intertextualität' löst sich das starre Textgefüge auf und tritt in Korrespondenz mit dem Prätext; Text und Prätext sind zwei Stimmen eines kontrapunktischen Satzes, die sich überlagern und durchkreuzen.[106] Während das symbolische Sprechen versucht, etwas ‚durch Sprache' mitzuteilen, handelt es sich bei dem allegorischen Sprechen eher um ein ‚Zeigen', statt um ein ‚Sagen'.[107]

In der Allegorie drängt die Schrift wieder zum Bild, die Funktion der Repräsentation wird abgelegt. Schrift transportiert keine Bedeutungen mehr, sondern stellt sich selbst her.[108] Bild meint hier allerdings nicht das Symbol, sondern die Konstellation. Der allegorische Text ist insofern ein selbstreferenzieller Text, da es das Ziel der Allegorie ist, dem Wort dazu zu verhelfen, wieder aus sich selbst heraus zu sprechen bzw. sich ‚in Sprache' mitzuteilen. Die Allegorie tritt als Figur des Lesens auf.

---

104 Bresemann macht darauf aufmerksam, dass die Logik der Allegorie der Logik des erhabenen Kunstwerks nach Kant entspricht, das ebenfalls als ‚Unform' wahrgenommen wird. Vera Bresemann: Ist die Moderne ein Trauerspiel? Das Erhabene bei Benjamin. In: Das Erhabene. Zwischen Grenzerfahrung und Größenwahn. Hg. v. Christine Pries. Weinheim 1989. S. 171-185, hier S. 179. Während das Erhabene letztlich von der Abwesenheit Gottes erzählt, verbindet sich mit der Disjunktion von Symbolisiertem und Symbolisierendem die Verneinung jeglicher Repräsentation. Benjamin führt diese beiden Elemente in der Allegorie zusammen, dadurch findet er mit der Allegorie eine Möglichkeit, die Abwesenheit des Absoluten in die Schrift einzuschreiben.

105 Steiner hebt hervor, dass Walter Benjamins Idee des barocken Trauerspiels auf der romantischen und barocken Anschauung des Lebens als Spiel basiert. Diese Annahme darf nicht dazu verleiten, der Form des Trauerspiels bloßen Spielcharakter zuzuschreiben, da ihm zuallererst eine existenzielle Sprachsuche, die aus der Melancholie herrührt, eigen ist. Zwar ist in der Allegorie der Gegensatz zweier Pole ein entscheidendes Kriterium, allerdings nicht im Sinne der Dekonstruktion, sondern eher in Form einer ‚Gegenrede'. Vgl. auch WB, I/1, S. 404f.; WB, I/3, S. 939. Uwe Steiner: Allegorie und Melancholie. S. 36.

106 Vgl. Gerhard Kurz: Metapher, Allegorie und Symbol. S. 64.

107 Der ursprüngliche Symbolcharakter der Sprache umfaßt allerdings nicht nur die Mitteilung des ‚Mitteilbaren', sondern auch die Mitteilung des ‚Nicht-Mitteilbaren'. Edzard Krückeberg: Der Begriff des Erzählens. S. 20.

108 Hirsch spricht in diesem Zusammenhang von einer ursprünglichen Präsentation anstatt von einer mitteilenden Repräsentation. Alfred Hirsch: Der Dialog der Sprachen. S. 147, 153.

## 1.4 Erinnerungsschreiben: Allegorie und Intertextualität

Mit dem Aufkommen der Moderne rückt auch die Intertextualität wieder stärker in den Blick. Man könnte geradezu von einem Überhang intertextueller Referenzen in modernen Texten sprechen. Mit dieser Fülle von intertextuellen Schreibweisen korrespondiert eine Fülle des Schreibens über Intertextualität. Doch was macht Intertextualität so interessant für die Moderne? Es ist gerade nicht die Demonstration von Wissen, wie dies noch in der Neuzeit der Fall war, die intertextuelle Verfahrensweisen virulent macht. Allenfalls ein Wissensüberschuss, der zu einem Rauschen auf der Textebene und damit zu einem Vorwissen im Sinne eines Nicht-mehr-Wissens führt, könnte ein Kriterium für die Anhäufung intertextueller Verweise in modernen Texten sein. Es steht also nicht mehr die Frage: was oder wer wird zitiert? im Mittelpunkt, sondern das Warum ist entscheidend; warum wird zitiert, warum wird vergangene Rede wiederholt? Letztlich geht es um die Frage nach der Poetologie der Intertextualität.[109] Deutlich wird dies auch an der Zunahme von unmarkierter Intertextualität.[110] Vorrangig ist also nicht eine Dechiffrierung bereits

---

[109] Es kann hier nicht darum gehen, die Theorie der ‚allegorischen Intertextualität' von anderen Intertextualitätstheorien abzugrenzen, dennoch sollen einige exemplarische Ansätze kurz genannt werden: Letztlich geht die Diskussion um Intertextualität aus Bachtins Modell der Dialogizität hervor, in dem allerdings noch stärker gesellschaftliche Aspekte eine Rolle spielen. Ihm geht es nicht nur um eine statische Zerlegung eines Textes, sondern Bachtin geht davon aus, dass die literarische Struktur nicht a priori existiert, sondern sich erst durch die Beziehung zu anderen Texten konstituiert. Dabei ist das literarische Wort zwar die sogenannte Minimaleinheit, aber nicht als feststehender Punkt zu verstehen, sondern als Übereinanderlagerung von verschiedenen Textebenen. Die poetische Sprache ist immer eine doppelte, jeder Text ist zwangsläufig eine Absorption und Transformation eines anderen Textes. Der Dialog ist dabei die einzig mögliche Sprachform. Wichtig ist außerdem die Annahme, dass es keine eindeutige Beziehung zwischen Signifikat und Signifikant gibt, das Zeichen ist immer schon Ausdruck einer wissenschaftlichen Abstraktion. Durch diesen intertextuellen Dialog bekommt das Wort zwei Bedeutungen, es wird ambivalent, da die ursprüngliche Bedeutungsebene erhalten bleibt. Michail M. Bachtin: Die Ästhetik des Wortes. Frankfurt a.M. 1979.
Vor allem Kristeva hat Bachtins Dialogizitätskonzept für eine Intertextualitätstheorie fruchtbar gemacht. Hier wird die Theorie durch die Annahme erweitert, dass alle Texte bereits Intertexte sind. Wenn ein Subjekt spricht, spricht es immer schon in einen Raum hinein, der bereits ein gesprochener ist. Damit zusammen hängt die Verabschiedung von dem herkömmlichen Autorbegriff. Intersubjektivität wird zur Intertextualität. Vgl. Julia Kristeva: Bachtin, das Wort, der Dialog und der Roman. S. 345-375.
Genettes Intertextualitätsbegriff ist letztlich historisch begründet. Er stellt die These auf, dass über alle Schriften bereits andere gelagert sind, die es aufzudecken gilt. Er unterscheidet zwischen Intertextualität, Paratextualität, Metatextualität, Hypertextualität und Architextualität. Vgl. Gérard Genette: Palimpsest. Frankfurt a.M. 1993. (frz. Original: Paris 1982).
Ein engerer Intertextualitätsbegriff geht davon aus, dass nur markierte Zitate im Text relevant sind. Ansätze, denen ein solches Intertextualitätsverständnis zugrunde liegt, sind geleitet von der Suche nach einer ursprünglichen Bedeutung, ein Prätext bzw. Urtext soll dingfest gemacht werden. Eine feste Bedeutung des zitierten Textes wird ausfindig gemacht und mit dem Folgetext verglichen. Dies führt zu einer hermeneutischen Interpretation des neuen Textes. Das Manko dieser Intertextualitätstheorien ist allerdings, dass die Dynamik des Bedeu-

tualität.[110] Vorrangig ist also nicht eine Dechiffrierung bereits geschriebener Texte und damit verbunden ein besseres Verständnis des neu entstandenen Textes, vielmehr stellt die Lektüre der Korrespondenzen zwischen vergangenen und gegenwärtigen Texten das innovative Potenzial der Intertextualität bereit.[111]

Nicht nur die Allegorie, sondern mit ihr auch die Intertextualität stehen im Zeichen einer Schwellenposition und sind damit adäquates Ausdrucksmittel der Moderne: Durch die Verfahrensweise der Destruktion und Montage, wie sie auch dem ‚Eingedenken‘ und der Allegorie eigen sind, steht die ‚allegorische Intertextualität' zunächst in der Tradition des Strukturalismus. Denn auch die strukturalistische Tätigkeit legt durch das Verfahren der Zerlegung und des Arrangements ihr Augenmerk weniger auf die instrumentelle Bedeutung, als vielmehr auf den Vorgang der Bedeutungskonstitution.[112] Damit verbunden ist die Einsicht in die Arbitrarität der Zeichen. Doch die ‚allegorische Intertextualität' verbleibt nicht auf der Ebene des Zeichenspiels, sondern löst mit ihrer

---

tungsprozesses verloren geht. Vgl. dazu die Studie von Ulrich Broich/Manfred Pfister: Intertextualität. Formen, Funktionen, anglistische Fallstudien. Tübingen 1985.

Eine vermittelnde Position nimmt Renate Lachmann ein, die sowohl die strukturalistische Debatte in ihre Theorie integriert als auch hermeneutische Aspekte berücksichtigt. Die Struktur des Textes steht fortan im Mittelpunkt des Interesses. Es wird zwischen drei Ebenen der Intertextualität unterschieden: Auf einer texttheoretischen Ebene geht der Ansatz davon aus, dass alle Texte Intertexte sind. Damit steht die Theorie in der Tradition von Kristeva, allerdings ist dieser Aspekt für Lachmann nur aus einer literaturtheoretischen Perspektive interessant. Auf der textdeskriptiven Ebene entwickelt sie Beschreibungskategorien, die z.B. markierte und unmarkierte Intertextualität untersuchen, d.h. die Beziehungen von Texten untereinander werden auf ihre Machart hin betrachtet. Durch eine ‚semantische Explosion' entsteht ein ‚impliziter Text', d.h. in jedem Text existieren Schnittstellen, an denen er mit anderen Prätexten in Verbindung steht. Dieser Kommunikationsprozess wird herausgearbeitet. Der Text, der durch die ‚semantische Explosion' entsteht, kann jedoch nicht dingfest gemacht werden, entscheidend ist der Akt der Lektüre und der Nachweis der Bedeutungsproduktion. Auf einer dritten Ebene, dem literaturkritischen Potential, werden herkömmliche Kategorien wie ‚Autor, Text und Leser' in Frage gestellt und diskutiert. Vgl. Renate Lachmann: Ebenen des Intertextualitätsbegriffs. In: Das Gespräch. (Poetik und Hermeneutik Bd. XI). Hg. v. Karlheinz Stierle/Rainer Warning. München 1984. S. 133-138. Lachmanns Ansatz bietet einen produktiven Mittelweg zwischen dem engen hermeneutischen Konzept und dem sehr offenen und weitgefassten Intertextualitätsbegriff von Kristeva.

Vgl. außerdem folgende Überblicksdarstellungen: Herman Meyer: Das Zitat in der Erzählkunst. Zur Geschichte und Poetik des europäischen Romans. Frankfurt a.M. 1961; Peter Stocker: Theorien der intertextuellen Lektüre. Modelle und Fallstudien. Paderborn/München/Wien/Zürich 1998; Dialog der Texte. Hamburger Kolloquium zur Intertextualität. Hg. v. W. Schmid/W.D. Stempel. Wien 1983.

110 Zur Unterscheidung von markierter und unmarkierter Intertextualität vgl. Manfred Pfister: Konzepte der Intertextualität. In: Ulrich Broich/Manfred Pfister: Intertextualität. Formen, Funktionen, anglistische Fallstudien. S.1-31.

111 Damit wendet sich die Theorie der ‚allegorischen Intertextualität' gegen eine traditionelle Quellen- und Einflussforschung. Auch der Nachweis von markierter oder unmarkierter Intertextualität ist nicht zwingend entscheidend für die poetologische Verfahrensweise der Intertextualität.

112 Vgl. hierzu vor allem Roland Barthes: Die strukturalistische Tätigkeit. In: Kursbuch, (5), 1966. S. 190-196.

Bewegung der Destruktion und Montage eine produktive Suche nach der ‚reinen Sprache' aus, die als Leerstelle stets mitgedacht ist. Somit distanziert sie sich nicht von einem Ursprungsdenken.

„Die Sprache gibt niemals bloße Zeichen" [WB, II/1, S. 150]. Dieser Satz wendet sich nicht nur ausdrücklich gegen eine Sprachauffassung, die Sprache als instrumentalisiertes Hilfsmittel benutzt, sondern er führt zugleich in den Kern der ‚allegorischen Intertextualität'. Instrumentelle Sinnverbindungen werden gelöst, aus der Kontinuität des Sprechaktes gehoben, um sie in einen neuen, ‚ausdruckslosen' Zusammenhang zu überführen, denn die Einsicht in die Arbitrarität der Zeichen resultiert aus dem Wissen über den Mitteilungscharakter der Sprache, der Mitteilung ‚durch Sprache'. Intertextuelles Sprechen ist also immer auch ein Nachdenken über zeichenhafte Repräsentation. Allerdings unterliegt dieses Nachdenken durchaus einem utopischen Potenzial, denn die Aufgabe der ‚allegorischen Intertextualität' ist es gerade, nicht in der ‚Krise der Zeichen' zu verharren, sondern Sprache durch die Bewegung der Destruktion und Montage in eine Mitteilung ‚in Sprache' zu übersetzen und somit eine Ahnung von der ‚reinen Sprache' aufscheinen zu lassen. Da diese Aktivität auch für Benjamins Allegorie-Begriff charakteristisch ist, liegt eine Verbindung zwischen seinem Allegorieverständnis und der Intertextualität nahe. Die Praxis des Zitierens kann als Form der Allegorie verstanden werden, welches eine Leerstelle – den Namen als Ausdruck der ‚reinen Sprache' – umkreist.

Das Zitat changiert allerdings nicht nur zwischen vergangenem und noch zu schreibendem Text, sondern auch zwischen vergangener Bedeutung und noch zu generierender Bedeutung. Insofern stellt sich in dem gegenwärtigen Text eine Bedeutungsvielfalt, eine Pluralität von Sinn her.[113] Diese Unentscheidbarkeit der Bedeutung reflektiert zugleich die Differenz von Signifikat und Signifikant mit. Somit bewegt sich die ‚allegorische Intertextualität', wie bereits für die Allegorie nachgewiesen, in der Schwebe zwischen Sinnanspruch und Sinnabbruch, zwischen der Absage an eine zeichenhafte Repräsentation und dem Wunsch nach Darstellbarkeit. Intertextuelles Sprechen vereint das Wissen um die instrumentalisierte Sprache, dem Wissen, dass jegliches Sprechen ein Mitteilen ‚durch Sprache' ist, mit dem Wunsch nach Transzendenz, nach einer Mitteilung ‚in Sprache'. Insofern ist die Sprache des Intertextes immer auch eine Sprache des Begehrens.[114]

Der Versuch der allegorischen intertextuellen Verfahrensweise liegt also darin, durch die Sprache hindurch wieder zur Sprache zu finden. Insofern wird die ‚allegorische Intertextualität' als poetologisches Mittel eingesetzt, um auf den Differenzcharakter der Sprache aufmerksam zu machen und um zugleich

---

[113] Vgl. Michael M. Bachtin: Die Ästhetik des Wortes. Frankfurt a.M. 1979.

[114] Vgl. hier auch Jacques Lacan, der die poetische Sprache an der Schwelle zwischen symbolischer und imaginärer Ordnung verortet und ihr eine Kompensationsleistung in bezug auf den Differenzcharakter der Sprache zuschreibt. Jacques Lacan: Das Spiegelstadium als Bildner der Ich-Funktion. In: ders.: Schriften. Hg. v. Norbert Haas. Berlin 1986. S. 61-71.

ein utopisches Potenzial entfalten zu können. Es handelt sich also um eine poetologische Verfahrensweise, die besonders in der Moderne – hier erfährt die Reflexion über die zeichenhafte Repräsentation einen Höhepunkt – ihren Einsatz findet. Aus der von der Allegorie hervorgerufenen Ambivalenzstruktur entsteht ein gegenwärtiger Textraum – der Intertext.

Benjamin macht vor allem in seinem Essay über Karl Kraus seine intertextuelle Vorgehensweise deutlich. Während das Zitat traditionell primär als das bestätigende Wort einer Autorität fungierte, als harmloses Element ausgefeilter Rhetorik, hebt Benjamin hervor, dass es bei Kraus im Zusammenhang mit der Satire steht, denn durch die Schreibweise Kraus' wird der destruktive und sinnentfremdende Charakter der Zitation deutlich. Ebenso wie die Allegorie die melancholischste aller poetischen Formen ist, so ist das Zitieren eine melancholische Lektüre; eine Lust an der Mortifikation [WB, II/1, S. 339]. Diesbezüglich wird der Zitierende von Benjamin als ein „Menschenfresser" bezeichnet [WB, II/1, 355].[115]

> Erst der Verzweifelnde entdeckte im Zitat die Kraft: nicht zu bewahren, sondern zu reinigen, aus dem Zusammenhang zu reißen, zu zerstören; die einzige, in der noch Hoffnung liegt, daß einiges aus diesem Zeitraum überdauert – weil man es nämlich aus ihm herausschlug. [WB, II/1, S. 365]

Die Zitation verharrt allerdings nicht in der bloßen Mortifikation, denn durch die allegorische Bewegung ist ihr durchaus ein utopisches Potenzial eigen. Gerade in Benjamins Kraus-Lektüre wird deutlich, dass der Zitierende nicht nur eine zerstörende Funktion innehat, sondern er macht gleichzeitig die Sprache zum Schauplatz für die ‚Heiligung des Namens durch den Vorgang des Zitierens' [WB, II/1, S. 359]. Durch die Zitation wird das Wort von seinem Panzer des Sinns befreit und an den Ursprung zurückgerufen, denn nur im Zitat ist die Sprache vollendet. Hier spiegelt sich die ‚Engelssprache' wider, in der alle Worte aus dem scheinbar harmonischen Zusammenhang des Sinns ‚aufgestört' werden, um dadurch in ihrem ursprünglichen Gehalt bestätigt zu werden.

> Im rettenden und strafenden Zitat erweist die Sprache sich als die Mater der Gerechtigkeit. Es ruft das Wort beim Namen auf, bricht es zerstörend aus dem Zusammenhang, eben damit aber ruft es dasselbe auch zurück an seinen Ursprung. Nicht ungereimt erscheint es, klingend, stimmig, in dem Gefüge eines neuen Textes. Als Reim versammelt es in seiner Aura das Ähnliche; als Name steht es einsam und ausdruckslos. Vor der Sprache weisen sich beide Reiche – Ursprung so wie Zerstörung – im Zitat aus. Und umgekehrt: nur wo sie sich durchdringen – im Zitat – ist sie vollendet. Es spiegelt sich in ihm die Engelssprache, in wel-

[115] Wie noch zu zeigen sein wird, geht mit der ‚allegorischen Intertextualität' auch eine veränderte Autorposition einher. Die Absage an einen instrumentellen Sinn verbindet sich mit der Absage an einen diesen Sinn transportierenden Sprecher. Insofern ist der Zitierende auch als „Menschenfresser" zu verstehen, als er die Aussage des Sprechers, die Ausdruck von Identität ist, zerstört. Vgl. hierzu die Schlussbetrachtung.

> cher alle Worte, aus dem idyllischen Zusammenhang des Sinnes aufgestört, zu Motti in dem Buch der Schöpfung geworden sind. [WB, II/1, S. 363]

Vor diesem Hintergrund hat der Vorgang des Zitierens immer auch mit dem Tod zu tun. Zitieren, ähnlich der Allegorese, ist demnach keine ursprüngliche Verfahrensweise, denn erst durch das Bewusstsein des Sündenfalls ist dem Text die Notwendigkeit des Zitats mitgegeben. Im Zitat spiegelt sich die Trauer über den Verlust des schönen Worts; es gibt Kunde von der Melancholie, weil es um die Trennung von Begriff und Ding weiß; ihm ist, gleich der Allegorie, die Geste der Trauer eigen.[116] Darüber hinaus ist das Zitieren insofern eine melancholische Lektüre, als das Zitat zwar aus dem Zusammenhang gerissen wird, aber dennoch mit seiner eigenen Vergangenheit verhaftet bleibt [WB, II/1, S. 339, 345].

Parallel zur Allegorie ist auch der ‚allegorischen Intertextualität' die Ambivalenz zwischen dem Wunsch nach Darstellbarkeit des ontologisch Letzten, der Sehnsucht nach der ‚reinen Sprache' und dem Wissen um dessen Unerreichbarkeit eingeschrieben. Die ‚reine Sprache‘ kann nur an der repräsentierenden Sprache präsentiert werden; dieses Dilemmas ist sich die ‚allegorische Intertextualität' bewusst. Demnach ist sie eine Rede und zugleich ‚Anders-Rede', die auch andere Sinnpotenziale mit einschließt. Die ‚allegorische Intertextualität' erzählt von der Indifferenz der Sprache, indem sie sich in die Differenz hineinbegibt, in den Zwischenraum der Zeit und in den Zwischenraum der Schrift. Gerade gewonnene Sinnkonstitutionen werden durch den fremden Text wieder zur Auflösung gebracht.

Einen produktiven Umgang mit dieser allegorischen Ambivalenz findet das intertextuelle Verfahren im ‚Eingedenken'. Durch die Konstellation des Erinnerns und Vergessens findet eine Vergegenwärtigung im Moment der Zitation statt. Durch die Doppelbewegung des Herauslesens und Hineinzitierens wird der gegenwärtige Text aufgestört, im Augenblick der Vergegenwärtigung erfolgt eine Konfrontation mit der vergangenen Rede. Dadurch vollzieht sich eine Erweiterung und Öffnung des neu entstandenen Textes. Diese Bewegung, die Benjamin für die Übersetzung nachgewiesen hat, kann auch auf die Intertextualität im Modus der Allegorie übertragen werden [WB, IV, S. 19f.].

Im Zitat wird versucht, eine Gegenwärtigkeit des Erinnerten herzustellen, allerdings immer in Gestalt einer zweiten Gegenwart. Das Ziel besteht nicht in einem bloßen Hervorholen der bereits geschriebenen Texte, sondern in der Reaktivierung des Vergangenen im neu entstandenen Text. Bei diesem Erinnern im Text handelt es sich folglich nicht um ein bloßes Abbilden des zitierten Textes; Voraussetzung ist eine Lektürehaltung, die den produktiven Akt

---

[116] Vgl. auch Bettine Menke: Das Nachleben im Zitat. S. 83. Günter konkretisiert den Sündenfall, indem sie davon ausgeht, dass im Zitat der verdrängte Faschismus zur Lesbarkeit gelange. Manuela Günter: Die Anatomie des Anti-Subjekts. S. 156.

der ‚Wieder-Holung' vollzieht.[117] Diese ‚Wieder-Holung' könnte man auch als Echo bezeichnen; der Laut, der sich im Echo verselbstständigt, erhält durch sein Vorliegen als bedeutungsloses Bruchstück seine ursprüngliche Materialität zurück. Daran anschließend wird eine neue Verbindung von Laut und Bedeutung möglich. Interessanterweise macht dies Benjamin ausgerechnet an einem Zitat deutlich:

> Wenn nun gerade das Echo, die eigentliche Domäne des freien Lautspiels, von Bedeutung sozusagen befallen wird, so mußte vollends dies als eine Offenbarung des Sprachlichen, wie jene Zeit es fühlte, sich erweisen. Dafür war denn auch eine Form vorgesehen. „Etwas sehr artiges und Beliebtes ist das Echo, das die letzten zwei oder drei Silben einer Strophe wiederholt, und zwar oft durch Weglassung eines Buchstabens so, daß es wie Antwort, Warnung oder Prophezeiung klingt." [WB, I/1, S. 384]

So gelesen kann die ‚allegorische Intertextualität' auch als ein produktives Echo verstanden werden.[118]

Der im ‚Eingedenken' hervorgerufene Zusammenschluss der Zeiten erzeugt eine gegenwärtige Textur, die sich zwischen Vergangenheit und Zukunft befindet. Intertextualität erzählt von der Korrespondenz der Zeiten untereinander und erzeugt ein utopisches Moment des Gegenwärtigen, in dem die Zeit aufgehoben scheint. Benjamin spricht bei diesem Gefüge von einer ‚Vergegenwärtigung'. Diese zweite Gegenwart, die erst in der Zitation durch Destruktion und Montage gewonnen werden kann, verhilft dem Erinnerten zu seiner Identität. Der erinnerte Text wird aus seinem instrumentellen, bedeutenden Zusammenhang herausgelöst, um in der jetzt entstehenden Textur als ‚reine Sprache' eine zweite Gegenwart zu erleben. Dadurch wird er seiner Vergänglichkeit entrissen. Zitieren erweist sich insofern immer auch als Form des Andenkens, des ‚Nach-Denkens' an die ‚reine Sprache'. Sprache erinnert und zitiert letztlich – indem sie vergangene Texte erinnert und zitiert – immer auch sich selbst. Durch den Vorgang der ‚allegorischen Intertextualität', die im Modus des ‚Eingedenkens' steht, wird Sprache selbstreferenziell. Diese Vergegenwärtigung – das Andenken im Zitat – bezeichnet Benjamin als einen Akt der Magie [WB, II/1, S. 331]. Es geht dabei nicht um das alleinige Erinnern eines Prätextes, sondern darüber hinaus um die verlorengegangene ‚Eineindeutigkeit' des ‚paradiesischen Wortes'. Der Zitierende ist dem Allegoriker in seiner Denkbewegung verwandt, da er die mitteilende Sinnebene des eigenen Textes zerstört, um eine Ahnung von der sich durch das ‚Eingedenken' herstellenden momentanen materialen Ebene zu erlangen. Der vergangene Text

---

[117] Menke macht darauf aufmerksam, dass diese zweite Gegenwart auch von der Lektürehaltung des Rezipienten abhängig ist. Bettine Menke: Das Nachleben im Zitat. S. 74ff.

[118] Vgl. hierzu auch Derridas Differenzierung zwischen einer Mimesis als bloßes Simulacrum und einer Mimesis im Sinne einer unvollkommenen Nachahmung. Jacques Derrida: Platons Pharmazie. In: ders.: La Dissémination. Wien 1995. S. 78ff. (frz. Original, Paris 1988)

wird also nicht ausgelöscht oder neu geschrieben, sondern er überdauert als Denkbruchstück.

Durch diese Lektürehaltung wird die Materialität des Zeichens wiedererinnert, denn durch das Zitieren werden alte, instrumentelle Bedeutungszusammenhänge zerstört; das Wort kann in seiner ursprünglichen Seinsweise entdeckt werden. Zitieren heißt demzufolge Sprache vergegenwärtigen. Sie gewinnt erst dadurch ihre ursprüngliche Identität zurück, indem sie, als zitierte, keine Mitteilungsfunktion mehr übernimmt. Durch die Erinnerung wird das Vergangene nicht bloß im Text manifestiert, sondern es wird zunächst ausgelöscht, um eine Ahnung davon vermitteln zu können, was es einmal war: ‚reine Sprache'.[119]

> Aus dem Sprachkreis des Namens, und nur aus ihm, erschließt sich das polemische Grundverfahren von Kraus: das Zitieren. Ein Wort zitieren heißt es beim Namen rufen. [WB, II/1, S. 362]

Die einen Scheinzusammenhang herstellende Bedeutung wird aufgebrochen; im Gefüge des neuen Textes erscheint das Zitat als ‚Reim', den Walter Benjamin als Aura bezeichnet. Das Bild des ‚Reims' funktioniert gleichzeitig als Name, als eine absolute Verdichtung bzw. Kristallisation.[120]

> Die Nähe aber, der das Wort nicht entfliehen kann, ist einzig der Reim. So wird das erotische Urverhältnis von Nähe und Ferne in seiner Sprache laut: als Reim und Name. Als Reim steigt die Sprache aus der kreatürlichen Welt herauf, als Name zieht sie alle Kreatur zu sich empor. [WB, II/1, S. 362]

So verhilft die Intertextualität, im Modus der Allegorie stehend, eine Ahnung von der ‚reinen Sprache' im Text aufscheinen zu lassen. Sie stellt den Versuch dar, dem Zeichen seine Selbstidentität zurückzugeben; die Darstellung selbst bringt erst das Dargestellte hervor. Prä- und Folgetext werden durch das Verfahren der ‚allegorischen Intertextualität' aufgebrochen und als Denkbruchstücke aufbewahrt. Der Mitteilungscharakter sowohl des zitierenden als auch des zitierten Textes wird durchkreuzt und die so neu montierten Satzfragmente überleben als Monaden.

---

119 Auch in der Photographie ist diese Bewegung möglich. Nach Benjamin gelingt es hier, kleinste Teile der Wirklichkeit als Fragmente zu isolieren und zu vergrößern. Daher kann das Foto Geheimnisse erzählen, die es in Sekundenbruchteilen des Ausschreitens festgehalten hat. Es handelt sich um das Aufeinanderprallen zweier gleicher, aber nicht gleichzeitiger Momente durch die reflexive Erinnerung, durch das ‚Eingedenken'. Zwar kommt es zum Verlust der Aura, an deren Stelle wird dann allerdings die Authentizität gesetzt. Vgl. dazu: Das Kunstwerk im Zeitalter seiner technischen Reproduzierbarkeit. WB, I/2, S. 431f.; Kleine Geschichte der Photographie. WB, II/1, S. 368.

120 Wohlfahrt macht darauf aufmerksam, dass es nicht um das Sprechen der ‚reinen Sprache' geht, sondern der Mensch kann nur versuchen, ihr zu ‚ent-sprechen'. Irving Wohlfahrt: ‚Immer radikal, niemals konsequent...'. Zur theologisch-politischen Standortbestimmung Walter Benjamins. In: Antike und Moderne. Zu Walter Benjamins ‚Passagen'. Hg. v. Norbert W. Bolz/Richard Faber. Würzburg 1986. S. 116-138, hier S. 120.

Gemäß Benjamins Übersetzungstheorie findet also keine Aneignung des Fremden oder des Vergangenen statt, sondern die verschiedenen Stimmen sind in ihrer Abwesenheit anwesend.[121] Jedes Denkbruchstück ist in der gegenwärtigen Textur aufgehoben und erzählt von seiner ehemaligen ‚Eineindeutigkeit'. Relevant ist nicht der sinnhafte Inhalt der Worte, sondern die Erzeugung von Konstellationen, in denen sich wahrhaftiges Sprechen als Fragment ereignet [WB, I/1, S. 208, 214].[122] Wahrhaftigkeit wird wieder zu einem Element der Sprache [WB, I/1, S. 208]. Seinem situativen Kontext entrissen, offenbart das Satzfragment seinen zweiten Charakter. Allegorie und Zitat sind daher immer schon ‚ein zweites Mal' [WB, II/2, S. 626].[123] Indem die Worte aus ihrer instrumentellen Verbindung befreit werden, findet eine Sinnentleerung statt. Zitate ‚nehmen die Überzeugung ab', dass sich der Gehalt der Sprache im Mitgeteilten erschöpft.[124]

> Zitate in meiner Arbeit sind wie Räuber am Weg, die bewaffnet hervorbrechen und dem Müßiggänger die Überzeugung abnehmen. [WB, IV/1, S. 138]

Es kommt allein darauf an, ‚wie die Worte gesetzt sind, das macht sie zum Begriff, nicht ihre Mitteilung'. In Benjamins Lesart sind Worte ‚Segel' [WB, V/1, S. 591]. Exemplarisch aufgezeigt hat er dieses Verfahren in seinem Passagen-Werk, in dem der Gedächtnisraum Paris als Zitatenraum fungiert.[125] Seine Arbeit beschreibend formuliert er:

---

121 Auch Bettine Menke bezeichnet Walter Benjamins Verfahren in Rekurs auf Lachmann als intertextuell. Allerdings geht sie davon aus, dass die punktuelle Identität eines Textes durch die Referenz auf andere Texte aufgegeben wird, es entstehe so ein völlig neues Textgebilde. Bettine Menke: Das Nachleben im Zitat. S. 74.f.

122 In dieser Hinsicht weist die ‚allegorische Intertextualität' Affinitäten zur Auslegung der Thora auf: Auch die Kabbalisten gehen nicht von einem mitteilbaren Sinn aus, stattdessen werden Strategien der Lektüre entwickelt, die den Sinn durchkreuzen. Schrift wird als Gewebe begriffen und wehrt sich gegen eine lineare Lektüre. Es geht einzig darum, den Namen Gottes zu offenbaren. Gershom Scholem: Der Sinn der Thora in der jüdischen Mystik. In: ders.: Zur Kabbala und ihrer Symbolik. Frankfurt a.M. 1995. S. 49-117, hier S. 56, 59, 103, 107-110.
Das Prinzip der Konstellation bezeichnet Benjamin im Zusammenhang mit der Dichtung Hölderlins als ‚Konstruktion des Gedichteten' [WB, II/1, S. 105f.].

123 Renate Lachmann spricht im Zusammenhang mit Intertextualität von der tiefen Lust der ‚Wieder-Holung', des ‚Wieder-Schreibens', denn durch den Verweis auf fremde Texte öffnet sich der eigene Text dem kulturellen Kontext. Renate Lachmann: Gedächtnis und Literatur. Frankfurt a.M. 1990. S. 354, 359. Diese Lust ist auch der ‚allegorischen Intertextualität' eigen.

124 Karl Kraus: Im dreißigsten Kriegsjahr. In: Die Fackel, 800; 805. S. 1. Zit. nach Josef Fürnkäs. Zitat und Zerstörung. Karl Kraus und Walter Benjamin. In: Verabschiedung der (Post)Moderne? Eine interdisziplinäre Debatte. Hg. v. Jacques Le Rider/Gérard Raulet. Tübingen 1987. S. 209-227, hier S. 212.

125 Bresemann spricht davon, dass im Passagen-Werk die Sprache in Erfahrung aufgelöst wird. Vera Bresemann: Ist die Moderne ein Trauerspiel? Das Erhabene bei Benjamin. S. 172.
Stierle macht darauf aufmerksam, dass die Passage ein Ort ist, der quer zu den etablierten und festgelegten Richtungen des Straßensystems der Stadt verläuft. Übertragen auf den Text, sieht er hierin ein Indiz für das Durchkreuzen des linearen Sinnsystems. Karlheinz Stierle: Walter Benjamin und die Erfahrung des Lesens. S. 240.

> Diese Arbeit muß die Kunst, ohne Anführungszeichen zu zitieren, zur höchsten Höhe entwickeln. Ihre Theorie hängt aufs engste mit der der Montage zusammen. [WB, V/1, S. 572]

> Methode dieser Arbeit: literarische Montage. Ich habe nichts zu sagen. Nur zu zeigen. [WB, V/1, S. 574]

Am Rande sei bemerkt, dass die ‚allegorische Intertextualität' nicht nur ein reines Textmodell ist, sondern auch Resultat aus der gesellschaftlichen Situation der Moderne. Dies veranschaulicht u.a. die starke Verbindung zwischen Text und Welt, Ästhetik und Gesellschaft in Benjamins Theorie. Geschichte schreiben heißt für Benjamin immer auch Geschichte zitieren, nicht nur weil durch das Zitat das Vergangene ‚wieder-geholt' wird, sondern vor allem, weil durch die zitierende Geschichtsschreibung die ‚Kulturgeschichte der Sieger' aufgebrochen werden kann. An die Stelle der Tradierbarkeit der Vergangenheit tritt ihre Zitierbarkeit.[126]

> Das Geschehen, das den Historiker umgibt und an dem er teil nimmt, wird als ein mit sympathetischer Tinte geschriebener Text seiner Darstellung zu Grunde liegen. Die Geschichte, die er dem Leser vorlegt, bildet gleichsam die Zitate in diesem Text und nur diese Zitate sind es, die auf eine jedermann lesbare Weise vorliegen. Geschichte schreiben heißt Geschichte zitieren. Im Begriff des Zitierens liegt aber, daß der jeweilige historische Gegenstand aus seinem Zusammenhange gerissen wird. [WB, V/1, S. 595]

Das Vergangene wird im Zitat vergegenwärtigt und kann ‚nach-leben'. Das bedeutet aber auch, dass der historische Gegenstand aus seinem Zusammenhang gerissen wird [WB, V, N 11,3]. Allein durch die Kraft des Zitierens, Vergangenheit aus dem Zusammenhang zu reißen und ihre Chronologie aufzustören, besteht die Hoffnung auf Tradierbarkeit [WB, II, 365f.]. Das Zitat ist einmal mehr auf die Poetologie der Allegorie verwiesen, da auch hier eine Ambivalenz zwischen Zerschlagen und Konservieren statthat. Die literarische Strategie der Schrift, eine Textur aus Bildern und Allegorien anzufertigen, durchbricht die scheinbare Chronologie der Zeit [WB, VII, S. 386]. Indem im Zitat Linearitäten und Kontinuitäten aufgebrochen werden, kommen mehrere Stimmen zu ihrem Recht. Nicht mehr nur die eine ‚Kulturgeschichte der Sieger' wird tradiert, sondern auch die anderen Geschichten können überliefert werden. Das Zitat zerlegt den Text bzw. die Vergangenheit in Polyphonie, es gibt nicht mehr nur eine autoritäre Stimme, die den Alleinanspruch auf Wahrheit erhebt [WB, II/1,S. 355f.].[127] Insofern stellt die zitierende Aneignung der

---

[126] Hannah Arendt: Walter Benjamin. Bertolt Brecht. S. 49.

[127] Es handelt sich dabei aber nicht um eine Polyphonie im Sinne postmoderner Theorien. Auch wenn die Form der ‚allegorischen Intertextualität' postmodernen Ansätzen gegenüber nicht unaufgeschlossen ist, so ist ihr aber dennoch eine moderne Ausrichtung eigen, da ihre Motivation die Suche nach der ‚reinen Sprache' ist.
Interessant scheint die Überlegung, ob nicht eine extreme Vielstimmigkeit, ein Zitatenüberfluss zu einem Rauschen auf der Textebene führt. Je vielstimmiger sich der Text gestaltet,

Vergangenheit für die Moderne eine neue Möglichkeit dar, mit ihrer eigenen Geschichte und damit mit ihrem Selbstverständnis umzugehen. In Form des Zitats manifestiert sich eine Humanität, die sich an der Zerstörung bewährt [WB, II/1, S. 366]. So ist nach Benjamins Auffassung auch die menschliche Erkenntnis nur fragmentarisch vorhanden. Der Erkennende ist zugleich ein Grübler, der die Bruchstücke aufsammelt: Er wird dadurch zum Allegoriker [WB, I/2, S. 676].

> Die sprachlichen Gebilde; so auch das Wort, teilen eine Mitteilbarkeit mit und symbolisieren eine Nicht-Mitteilbarkeit. Ein Wort teilt also nicht die Sache mit, die es scheinbar bezeichnet; sondern dasjenige, was es in Wahrheit bedeutet. So bezeichnet das Wort ‚Turm', nicht etwa ‚einen Turm' und ebensowenig ‚den Turm', sondern es bedeutet etwas und zwar ohne es zu bezeichnen. Das Wort ‚Turm' bedeutet etwas, das heißt nichts anderes als es teilt etwas mit. [WB, VI, S. 15f.]

Dies impliziert auch eine Absage an eine über die Zeit andauernde Wahrheit, denn das Wahrhafte stellt sich immer wieder neu her [WB, V/1, S. 578]. Wahrheit wird also nicht im Sinne einer Urteilsfindung verstanden, sondern als ‚Sein'.[128] Damit ist, wie Michel Foucault gezeigt hat, die Absage an die Macht der Signifikanten verbunden. Grundlage des Wahrheitsdiskurses sind letztlich die Zeichen, die wiederum einer Arbitrarität unterworfen sind. Demzufolge kann auch der Wahrheitsdiskurs kein absoluter sein. Die ‚allegorische Intertextualität' versucht also nicht nur eine Entsprechung für die ‚Krise der Repräsentation' zu finden, sondern sie erteilt auch der Macht des Wahrheitsdiskurses eine Absage. Die ‚allegorische Intertextualität' setzt ein in der gegenwärtigen Textur sich herstellendes Modell der Wahrhaftigkeit entgegen. Grundlage der so entstandenen Wahrhaftigkeit ist eine Erfahrung, die nicht allein dem aneigbaren Wissen zuzuordnen ist, sondern vor allem durch die Dichtung ermöglicht wird, d.h. Wahrhaftigkeit vollzieht sich im Moment des Lesens [WB, II/2, S. 428].

---

desto sinnentleerter ist er zugleich und desto mehr rauscht er, sinnhaftes Sprechen tritt in den Hintergrund. Insofern könnte Rauschen als ein Indiz für die Reinheit der Sprache gelesen werden. Rauschen als die Sprache, die nichts bedeutet.

„Am Reime erkennt das Kind, daß es auf den Kamm der Sprache gelangt ist, wo es das Rauschen aller Quellen im Ursprung vernimmt." [WB, II/1, S. 361]

Vgl. dazu auch Theodor W. Adorno: Die beschworene Sprache. In: ders.: Noten zur Literatur IV. Gesammelte Schriften. Bd. 2. S. 536-556. Außerdem: Roland Barthes: Das Rauschen der Sprache. Kritische Essays IV. Übersetzt v. Dieter Hornig. Frankfurt a.M. 1991.

128 Vgl. hierzu Foucault, der in seiner Ordnung des Diskurses den Willen zur Wahrheit in Frage stellt und statt dessen für ein Zulassen des Ereignisses und des Zufalls im Diskurs plädiert. Michel Foucault: L'ordre du discours. Paris 1972.

# 2. DER BEGRIFF DER ÜBERSETZUNG BEI WALTER BENJAMIN

Anhand von Benjamins Übersetzungskonzeption zeigt sich einmal mehr, dass die Moderne nicht in der ‚Krise der Repräsentation' verharrt, sondern ihr utopisches Potenzial durchaus verteidigt. Die Übersetzung bietet darüber hinaus eine wichtige Schnittstelle zwischen der poetologischen Strategie der Allegorie und der Form der ‚entstellten Ähnlichkeit'. Die gemeinsame Stoßrichtung aller dreier Modelle besteht im Ausstieg aus der Mitteilung ‚durch Sprache' und einer Hinwendung zur Mitteilung ‚in Sprache'. Während die Allegorie durch Destruktion und Montage die instrumentalisierte Sprache zu brechen und die Textur für eine ‚reine Sprache' zu öffnen sucht, versucht die ‚entstellte Ähnlichkeit' durch immer neue (Zeichen-)Konstellationen eine Ahnung von der ‚Namensprache' zu erlangen. Beiden ist das Bestreben eigen, von einer Sprachebene in eine nächst „höhere" zu ‚übersetzen', um so eine Annäherung an die ‚paradiesische Sprache' erreichen zu können. Insofern unterliegen sowohl die Allegorie als auch die ‚entstellte Ähnlichkeit' dem Prinzip der Übersetzung. Für die ‚allegorische Intertextualität' ergeben sich daraus drei Konsequenzen: Erstens ist die Allegorie das poetologische Grundmodell der intertextuellen Redeweise. Zweitens steht – wie noch zu zeigen sein wird – die ‚allegorische Intertextualität' als konkretes Textverfahren im Modus der ‚entstellten Ähnlichkeit', und drittens fungiert die Idee der Übersetzung als ontologischer Überbau für das Konzept der ‚entstellten Ähnlichkeit' und damit auch für das Prinzip der ‚allegorischen Intertextualität'.

Neben der Allegorie ist die Übersetzung eine Strategie, um ‚Richtung zu nehmen' auf die ‚reine, schöpferische Sprache', die nach dem Sündenfall nur noch als Leerstelle gedacht werden kann.[129] Dies veranschaulicht Benjamin in seiner Übersetzungstheorie, die er sowohl in seinem frühen Sprachaufsatz von 1916 als auch in seinem Einleitungskapitel zu den Baudelaire-Übertragungen entwickelt. Ihm geht es vor allem darum, das unterbrochene Gespräch zwischen der Sprache der Dinge und der des Menschen wiederaufzunehmen. Dieser Dialog ist für ihn der Ort der Übersetzung.[130]

Benjamin selbst hat ‚Die Aufgabe des Übersetzers' als einen der für ihn wichtigsten Aufsätze angesehen. Denn für ihn ist die Übersetzung kein sekun-

---

[129] Die Wendung ‚Richtung nehmen' stammt von Ingeborg Bachmann, die u.a. in ihren Frankfurter Vorlesungen zu der Bemühung aufruft, mit der alltäglichen Sprache ‚Richtung zu nehmen' auf die ‚schöne Sprache'. Ingeborg Bachmann: Frankfurter Vorlesungen. Probleme zeitgenössischer Dichtung. In: dies.: Werke. Bd. 4. Hg. v. Christine Koschel/Inge von Weidenbaum/Clemens Münster. München 1993. S. 182-275.

[130] Vgl. dazu WB, II/1, S. 152. Außerdem: Alfred Hirsch: Der Dialog der Sprachen. Studien zum Sprach- und Übersetzungsdenken Walter Benjamins und Jacques Derridas. München 1995.

däres Phänomen, sondern sie liegt in den „tiefsten Schichten der Sprachtheorie begründet“ [WB, II/1, S. 151]. Obwohl sich auch historische Anleihen – etwa bei Rudolf Pannwitz und Johann Wolfgang Goethe – finden lassen, hat Benjamin eine Anbindung an die sprachphilosophische Tradition nicht kenntlich gemacht.[131] Von Pannwitz hat er vor allem die Relevanz der Interlinearversion und die Anpassung an die Struktur und Sprache des Originals übernommen.[132] In diesem Sinne liest die Übersetzung die Geheimsprache zwischen den Zeilen, sie hört das Schweigen der ‚reinen Sprache' zwischen den einzelnen ‚unreinen Sprachen' heraus.[133] Durch Sprachreflexion soll dem ‚göttlichen' und ‚schöpferischen Wort' nachgetastet werden, welches in der menschlichen Sprache nicht präsent ist. Übersetzen heißt also wesentlich, die ‚Namensprache' erahnbar werden zu lassen.

Benjamin macht in seinem Aufsatz *Über Sprache überhaupt und über die Sprache des Menschen* deutlich, dass alle ‚höhere Sprache' auf der Übersetzung der ‚niederen Sprachen' basiert. Das Wort Gottes, in dem die Einheit der Sprache verbürgt ist, kann nur durch sich immer weiterentwickelnde Übersetzungen, durch ein fortschreitendes Verwandeln, erahnt werden. Durch eine unendliche Reflexionsleistung und die Arbeit an der Sprache unternimmt die Übersetzung stets einen Schritt von einer unvollkommenen zu einer vollkommeneren Sprache.[134] Zweierlei wird daran deutlich: Erstens ist die Übersetzung – ähnlich wie die Allegorie – eine nachträgliche, d.h. kulturell entworfene Strategie, die einen Weg sucht, mit dem Verlust der Eineindeutig-

---

131 Vgl. Walter Benjamin: Brief an Gershom Scholem. In: Gesammelte Briefe 1-4. Hg. v. Christoph Gödde/Henri Lonitz. Bd. 1. Frankfurt a.M. 1995. S. 891. Bröcker sieht in Benjamins Übersetzungstheorie keinerlei Affinitäten zu Theorien der Romantik, wie zum Beispiel der Humboldts, Schleiermachers oder Hölderlins. Sie würden ihm nur als Stütze und Autoritätsbeweis dienen. Bröcker verkennt damit die Wichtigkeit der Idee der Reflexion für Benjamins Übersetzungskonzeption, die er vor allem in seiner Studie über die Kunstkritik der Romantik deutlich macht [WB, I/1, S. 20-27]. Michael Bröcker: Die Grundlosigkeit der Wahrheit. S. 176.

132 Vgl. Friedmar Apel: Sprachbewegung. Eine historisch-poetologische Untersuchung zum Problem des Übersetzens. Heidelberg 1982. S. 169.

133 Hirsch ist der Ansicht, dass sich wichtige Anleihen in Benjamins Übersetzungskonzeption bei Goethe finden lassen. Nach Goethe gibt es drei Zeiträume der Übersetzung, er selbst sei dem dritten verpflichtet. Hier schließe sich die Übersetzung so sehr dem Original an, dass die Originalität der Nation des Übersetzers fast aufgegeben wird, das Fremde allerdings auch nicht mehr präsent sei und dadurch ein Drittes entstehe. Dieses Dritte sei das völlig Neue, das weder in der einen noch in der anderen Sprache seine Vermittlung erfährt; es sei in den ‚Ritzen', an den Grenzen der Sprache zu finden. Vgl. Johann Wolfgang Goethe: Noten und Abhandlungen zum besseren Verständnis des west-östlichen Divans. Hg. v. H. J. Störig. Darmstadt 1963. S. 35-37. Außerdem: Alfred Hirsch: Dialog der Sprachen. S. 308.

134 Die Übersetzungstheorie von Karl Kraus, dessen Schriften Benjamins Denken sehr nahe stehen, widerspricht Benjamin in einem entscheidendem Punkt: Hier ist die Einzelsprache nicht Scherbe eines ganzen Gefäßes, sondern selbst lebendig und autonom. Die jeweilige Einzelsprache muss demnach nicht unbedingt in eine höhere Sprache übersetzt werden, denn übersetzen heißt im Verständnis von Kraus: schöpferisch übersetzen, in das eigene Erlebnis übersetzen. Karl Kraus: Die Sprache. Werke. Bd. 2. Hg. v. Heinrich Fischer. München 1956. S. 573.

keit von Sprache umzugehen [WB, II/1, S. 152]. Zweitens ist auch die Übersetzung von einer Ambivalenz getragen, wie sie vor allem für die Moderne spezifisch ist: Übersetzung entsteht erst dort, wo Idee und Laut auseinandergehen, also erst in der Differenz von Signifikat und Signifikant, um dann aber aus dieser Differenz heraus auf die Indifferenz von Sprache hinzuweisen. Diese Bewegung scheint charakteristisch für die Moderne zu sein und erfasst damit auch Benjamins Konzept der Allegorie, Cassirers Symbol und Blumenbergs ‚absolute Metapher'. Die Übersetzung wird zu einem Versuch der Spracherlösung.[135] Für sie ist das Bestreben typisch, von einer Mitteilung ‚durch Sprache' in eine Mitteilung ‚in Sprache' zu übertragen, ein Anliegen, das konstitutiv für die moderne Poetik ist, die demnach immer im Modus der Übersetzung steht. Darüber hinaus wird die enge Bindung zwischen Übersetzung und ‚Eingedenken' deutlich, da der Übersetzung die Erinnerung an die ‚reine Sprache' eingeschrieben ist.[136] Dadurch bewegt sie sich zwischen Vergangenheit und Zukunft, zwischen einer bereits vergangenen und einer noch zu generierenden Sprache, womit sie gleichzeitig einen Ort der Schwelle zwischen Sagbarem und Unsagbarem darstellt.

> Für Empfängnis und Spontaneität zugleich, wie sie sich in dieser Einzigartigkeit der Bindung nur im sprachlichen Bereich finden, hat aber die Sprache ihr eigenes Wort, und dieses Wort gilt auch von jener Empfängnis des Namenlosen im Namen. Es ist die Übersetzung der Sprache der Dinge in die des Menschen. Es ist notwendig, den Begriff der Übersetzung in der tiefsten Schicht der Sprachtheorie zu begründen, denn er ist viel zu weittragend und gewaltig, um in irgendeiner Hinsicht nachträglich, wie bisweilen gemeint wird, abgehandelt werden zu können. Seine volle Bedeutung gewinnt er in der Einsicht, daß jede höhere Sprache (mit Ausnahme des Wortes Gottes) als Übersetzung aller anderen betrachtet werden kann. Mit dem erwähnten Verhältnis der Sprachen als dem von Medien verschiedener Dichte ist die Übersetzbarkeit der Sprachen ineinander gegeben. Die Übersetzung ist die Überführung der einen Sprache in die andere durch ein Kontinuum von Verwandlungen. Kontinua der Verwandlung, nicht abstrakte Gleichheits- und Ähnlichkeitsbezirke durchmißt die Übersetzung. Die Übersetzung der Sprache der Dinge in die des Menschen ist nicht nur Übersetzung des Stummen in das Lauthafte, sie ist die Übersetzung des Namenlosen in den Namen. [WB, II/1, S. 150f.]

Dabei fokussiert Benjamin nicht die Verständlichkeit des Originals in der Zielsprache, womit er sich zugleich von traditionellen Übersetzungskonzepti-

---

135 Friedmar Apel: Sprachbewegung. S. 174.

136 Menke ist der Ansicht, dass es in Benjamins Übersetzungskonzeption keine Ursprungssprache gebe. Sie geht davon aus, dass es sich um eine Bewegung von Sprache zu Sprache handelt, ohne einen Endpunkt ausmachen zu können. Bettine Menke: Sprachfiguren. Name – Allegorie – Bild nach Benjamin. München 1991. S. 114. Sie verkennt hier, dass Benjamins Überlegungen sehr wohl auf einen Ursprung insistieren, der allerdings nicht eindeutig fixiert werden kann. Das schließt jedoch nicht aus, dass die Vorstellung eines Ursprungs als Utopie und Ahnung im Text präsent ist.

onen absetzt, die um den Leser bzw. um eine Lesbarkeit des Originals bemüht sind.[137] Anstatt eine Ähnlichkeit mit dem Original anzustreben, muss die Übersetzung deutlich machen, dass sowohl Original als auch Übersetzung nur Bruchstücke einer bereits vergangenen ‚eineindeutigen' Sprache sind [WB, IV/1, S. 18]. Diesbezüglich ist jegliche Sprache bereits Übersetzung, da in ihr stets das Bewusstsein der Arbitrarität der Zeichen ruht. Indem die übersetzende Sprache ein Reflexionsmedium für die Zeichenhaftigkeit der Sprache ist, erinnert sie zugleich an das, was sie einmal war: ‚reine Sprache'. Von daher versteht Benjamin seine Übersetzungen nicht als Vermittlungen, sondern als den ‚Schulgang der Sprache selbst' [WB, II/1, S. 243].[138] So ist die wahre Übersetzung eine wörtliche Übersetzung, die sich nicht um eine Übertragung der Sinnebene bemüht. „Denn der Satz ist die Mauer vor der Sprache des Originals, Wörtlichkeit die Arkade." [WB, IV/1, S. 18]. Ähnlich wie bei der allegorischen Herangehensweise an Texte entzieht sich der Sinn bzw. die Bedeutung des Satzes auch durch eine wörtliche Übersetzung; die syntaktische Ebene wird aufgelöst. Dadurch kommt die Materialität der Sprache zum Tragen.[139] Denn auch in der Übersetzung gilt: „Im Anfang war das Wort." [WB, IV/1, S. 18]

> In dieser reinen Sprache, die nichts mehr meint und nichts mehr ausdrückt, sondern als ausdrucksloses und schöpferisches Wort das in allen Sprachen Gemeinte ist, trifft endlich alle Mitteilung, aller Sinn und alle Intention auf eine Schicht, in der sie zu erlöschen bestimmt sind. Und eben aus ihr bestätigt sich die Freiheit der Übersetzung zu einem neuen und höhern Rechte. Nicht aus dem Sinn der Mitteilung, von welchem zu emanzipieren gerade die Aufgabe der Treue ist, hat sie ihren Bestand. Freiheit vielmehr bewährt sich um der reinen Sprache willen an der eigenen. [WB, IV/1, S. 19]

---

[137] Auch Bröcker macht deutlich, dass es sich hier nicht um einen hermeneutischen Vorgang handelt. Michael Bröcker: Die Grundlosigkeit der Wahrheit. S. 179. Anders Opitz, der Benjamin völlig falsch versteht, wenn er die These aufstellt, es gelte durch die Übersetzung herauszufinden, was sich hinter der sprachlichen Mitteilung verbirgt. Aus diesem Grund scheint es für ihn gerechtfertigt, die Übersetzung mit der Interpretation in Zusammenhang zu bringen. Michael Opitz: ‚Das Wort grinst'. Überlegungen zu Benjamins Sprachtheorie. In: Namen, Texte, Stimmen – Walter Benjamins Sprachphilosophie. Hg. v. Thomas Regehly. Stuttgart 1993. S. 11-29, hier S. 17.

[138] De Man zufolge besteht ein wesentlicher Unterschied zwischen dem Dichter, der eine Bedeutung vermitteln will und dem Übersetzer, der um die Sprache an sich bemüht ist. Er bezeichnet die Übersetzung als eine Beziehung von Sprache auf Sprache, sie ist also selbstreferenziell und nicht auf ein außersprachliches System gerichtet. De Man verkennt hier, dass es gerade Benjamins Leistung ist, die Aufgabe des Schriftstellers mit der des Übersetzers zu verbinden. Paul de Man: Schlussfolgerungen: Walter Benjamins ‚Die Aufgabe des Übersetzers'. In: Übersetzung und Dekonstruktion. Hg. v. Alfred Hirsch. Frankfurt a.M. 1997. S. 182-231.

[139] Hirsch macht hier deutlich, dass durch eine Wort-für-Wort-Übersetzung eine Fragmentarisierung des Originals hervorgerufen wird, zugleich aber die Fremdheit des Ausgangstextes beibehalten wird. Dadurch kann die ‚Art des Meinens' aufrechterhalten werden, nur so kommt die ‚reine Sprache' zum Vorschein. Alfred Hirsch: Mimesis und Übersetzung. Anmerkung zum Status der Reproduktion in der Sprachphilosophie Walter Benjamins. In: Namen, Texte, Stimmen. S. 49-61, hier S. 55. Vgl. auch WB, IV/1, S. 19; 21.

Interessanterweise markiert Benjamin den Übergang von der Sinn- zur materialen Formebene mit einem Zitat: „Darin ... besteht das eigentliche Kunstgeheimnis des Meisters, daß er den Stoff durch die Form vertilgt...“ [WB, II/1, S. 125].[140] So ist das Ziel der Übersetzung die Loslösung des Wortes aus seinem instrumentellen Zusammenhang. Dadurch kann es, wie bereits an der allegorischen Bewegung verdeutlicht wurde, in eine zweite Gegenwart übertragen werden. Allegorie wie auch Übersetzung überführen Sprache von ihrer Sinn- zur Formebene. In Anknüpfung daran kann auch die ‚allegorische Intertextualität' in die Tradition der Übersetzung gestellt werden, da auch sie Bruchstücke aus dem Zusammenhang herauszitiert und diese in einen neuen Kontext überführt: Das Zitat markiert ebenfalls einen Übergang von der Sinn- zur Formebene und stellt damit auch einen Versuch der Spracherlösung dar.

Als Beispiel für eine besonders gelungene Übersetzung führt Benjamin die Sophokles-Übersetzungen Hölderlins an, weil hier die Harmonie der Sprache aufgehoben sei, da der Sinn nur noch angedeutet bzw. erahnt werde [WB, IV/1, S. 21].[141] Es handelt sich um ein „Stürzen des Sinns von Abgrund zu Abgrund. Aber es gibt ein Halten“ [WB, IV/1, S. 21]. Ziel der Übersetzung ist es, genau diese Haltepunkte im geschriebenen Text ausfindig zu machen.

Die Übersetzung macht das Original instabil und beweglich. Es handelt sich also nicht um ein Reproduzieren, sondern um ein ‚In-Bewegung-Setzen' des Originals. Die Aufgabe der Übersetzung ist es, das Original von der Bedeutung zu reinigen. Damit offenbart die Übersetzung keinen Inhalt, sondern sie stellt die Freiheit des Originals heraus [WB, IV/1, S. 9; 19].[142] Hieran wird deutlich, dass in der Übersetzung die ‚reine Sprache' präsenter ist als im Original, denn einzig in der Übersetzung erscheint das Original im Licht einer Sprache, in der das ‚Gemeinte' unmittelbar gegeben ist.[143] Durch die fremde syntaktische Art des Bezuges sprachlicher Ausdrücke aufeinander wird der Sinnzusammenhang gestört, es tritt etwas hervor, was nicht funktional für den

---

140 Es handelt sich hier um ein Schiller-Zitat aus den Briefen ‚Über die ästhetische Erziehung des Menschen'. Friedrich Schiller: Über die ästhetische Erziehung des Menschen, in einer Reihe von Briefen. Hg. v. Wolfgang Düsing. München 1981.

141 Außerdem sind für Benjamin die Hölderlin-Übersetzungen sowie die Gedichte Baudelaires Beispiele für eine allegorische Schreibweise. Zu diesem Zusammenhang vgl. Kapitel 1.3.

142 Carol Jacobs spricht davon, dass die Übersetzung die Aufgabe hat, das Echo des Originals zu erwecken. Carol Jacobs: Die Monstrosität der Übersetzung. In: Übersetzung und Dekonstruktion. Hg. v. Alfred Hirsch. Frankfurt a.M. 1997. S. 166-182, hier S. 172.

143 De Man begreift die Aufgabe des Übersetzers als eine doppeldeutige: Er versteht ‚Aufgabe' auch im Sinne einer Niederlage, der Erkenntnis, dass der Übersetzer nie die Sprache des Originals erreichen kann. De Man verwendet hier Benjamins Begriff des Originals in einem anderen Zusammenhang. Für Benjamin besteht die Aufgabe des Übersetzers darin, in eine nächst höhere Sprachebene zu übersetzen und sich gerade dadurch dem Original, welches in Gott verbürgt ist, zu nähern. Original heißt bei Benjamin nicht das Original der Dichtung. Paul de Man: Schlußfolgerungen. S. 192. Vgl. dazu auch Derrida, der den Vorgang des Übersetzens zugleich als Schuld und Pflicht begreift. Jacques Derrida: Babylonische Türme. Wege, Umwege, Abwege. In: Übersetzung und Dekonstruktion. S. 119-166, hier S. 129f. Außerdem: Jacques Derrida: Psyché. Inventions de l'autre. Paris 1987. S. 210.

Satzsinn ist. Das Fremde der anderen Sprache ist nicht mitteilbar, weil es ein ‚Zwischen' von ‚Gemeintem' und der ‚Art des Meinens' bzw. von Idee und Laut darstellt. Darüber hinaus ist aber das Fremde der anderen Sprache zugleich das Fremde der eigenen Sprache bzw. das, was in keiner Sprache mitteilbar ist. Nur durch die Konfrontation der Sprachen untereinander scheint die ‚reine Sprache' in der Übersetzung für einen kurzen Augenblick auf.[144]

> Jene reine Sprache, die in fremde gebannt ist, in der eigenen zu erlösen, die im Werk gefangene in der Umdichtung zu befreien, ist die Aufgabe des Übersetzers. Um ihretwillen bricht er morsche Schranken der eigenen Sprache: Luther, Voß, Hölderlin, George haben die Grenzen des Deutschen erweitert. - Was hiernach für das Verhältnis von Übersetzung und Original an Bedeutung dem Sinn verbleibt, läßt sich in einem Vergleich fassen. Wie die Tangente den Kreis flüchtig und nur in einem Punkte berührt und wie ihr wohl diese Berührung, nicht aber der Punkt, das Gesetz vorschreibt, nach dem sie weiter ins Unendliche ihre gerade Bahn zieht, so berührt die Übersetzung flüchtig und nur in dem unendlich kleinen Punkte des Sinnes das Original, um nach dem Gesetze der Treue in der Freiheit der Sprachbewegung ihre eigenste Bahn zu verfolgen. [WB, IV/1, S. 19f.]

Durch den Sündenfall sind sich alle Sprachen selbst fremd geworden, obwohl eine Verwandtschaft zwischen ihnen besteht [WB, IV/1, S. 12]. Diese Verwandtschaft der Sprachen untereinander wird von Benjamin als Konstellation der ‚unsinnlichen Ähnlichkeit' beschrieben, denn alle Sprachen haben – trotz der Verschiedenheit ihres Ausdrucks – einen gemeinsamen Fluchtpunkt: das tatsächlich ‚Gemeinte', die Übereinstimmung von Idee und Laut. Diese ist allerdings nur in Form der ‚unsinnlichen Ähnlichkeit' präsent, in der Vielheit der sprachlichen Annäherungen an diese Eineindeutigkeit. Erst aus der Mitte dieser Konstellation heraus, aus der Vielfalt der Sprachen ist für kurze Augenblicke eine Ahnung dieser Indifferenz zwischen Idee und Laut zu erlangen. Die Differenz der Sprachen wird produktiv umgewertet für das Erkennen der Indifferenz von Sprache. Übersetzung hat hier ihre wesentliche Aufgabe.

> Indessen bietet der Begriff der unsinnlichen Ähnlichkeit gewisse Handhaben. Ordnet man nämlich Wörter der verschiedenen Sprachen, die ein Gleiches bedeuten, um jenes Bedeutete als ihren Mittelpunkt, so wäre zu erforschen, wie sie alle – die miteinander oft nicht die geringste Ähnlichkeit besitzen mögen – ähnlich jenem Bedeuteten in ihrer Mitte sind. Jedoch ist diese Art von Ähnlichkeit nicht nur an den Verhältnissen der Wörter für gleiches in verschiedenen Sprachen zu erläutern. Wie sich denn überhaupt die Überlegung nicht aufs gesprochene Wort beschränken kann. Sie hat es vielmehr ganz genau so sehr mit dem Geschriebenen zu tun. Und da ist es beachtenswert, daß dieses – in manchen Fällen vielleicht prägnanter als das gesprochene – durch das Verhältnis seines Schriftbildes zu seinem Bedeuteten das Wesen der unsinnlichen Ähnlichkeit erhellt. Kurz, es ist unsinnliche Ähnlichkeit, die die Verspannungen nicht nur zwi-

---

[144] Vgl. dazu Fred Lönker: Der fremde Sinn: Überlegungen zu den Übersetzungskonzeptionen Schleiermachers und Benjamins. In: Proceedings of the XII$^{th}$ Congress of the International Comparative Literature Association. München 1988. S. 345-352, hier S. 349.

schen dem Gesprochenen und dem Gemeinten und gleichfalls zwischen dem Gesprochenen und Geschriebenen stiftet. [WB, II/1, S. 212]

Bei den einzelnen, den unergänzten Sprachen nämlich ist ihr Gemeintes niemals in relativer Selbständigkeit anzutreffen, wie bei den einzelnen Wörtern oder Sätzen, sondern vielmehr im steten Wandel begriffen, bis es aus der Harmonie all jener Arten des Meinens als die reine Sprache herauszutreten vermag. So lange bleibt es in den Sprachen verborgen. [WB, IV/1, S. 14]

Die endlichen Sprachen treten in ein Verhältnis zur ‚Namensprache', sie gruppieren sich um diese Leerstelle. Insofern sind die Sprachen verwandt in dem, was sie sagen wollen, aber nicht zu sagen in der Lage sind [WB, IV/1, S. 12]. Die Übersetzung versucht mit den Mitteln der endlichen Sprache auf die unendliche hinzuweisen; die Identität mit der ‚Namensprache' bleibt ihr dabei aber versagt. Die ‚reine Sprache' kann zwar nicht tatsächlich gesprochen werden, aber die Ankündigung dieses Text-Ortes offenbart sich im Moment der Übersetzung, da diese einen produktiven Zwischenraum entfaltet.[145]

Nach Benjamin kann der Übersetzer Sprache nur dann zu sich selbst zurückführen, wenn er sie zerstört. Ähnlich dem Übersetzer soll auch der Kritiker die in der Totalität des Werks eingebundene Idee von ihrer instrumentellen Einbindung befreien [WB, II/1, S. 75; 87]. Kritik wird im Sinne einer Reflexion verstanden, die den immanenten Aufbau eines Werkes transparent machen soll [WB, I/1, S. 119]. Beide – der Kritiker und der Übersetzer – machen die Idee transparent, indem sie einen Text durch das Schreiben eines anderen Textes, durch die Ergänzung einer anderen Sprache dechiffrieren. So entsteht der Wahrheitsgehalt des ersten Textes erst durch den Vollzug der Übersetzung, durch die Evozierung einer ‚unsinnlichen Ähnlichkeitskonstellation'. Sowohl für den Kritiker als auch für den Übersetzer wesentlich ist eine Lektüre des ‚Zwischen', eine Relation von ‚Noch-Nicht' und ‚Nicht-Mehr'. Gerade in diesem ‚Zwischen' ist der Wahrheitsgehalt des Textes verbürgt, ist die ‚Namensprache' präsent [WB, I/1, S. 26-35; 65-72; 103; 109].[146] Benjamin zeigt in seiner Arbeit über die Romantik, dass auch die Kritik stets in eine nächst höhere Sprachstufe übersetzt, weswegen er ihr eine schöpferische Kraft zu-

---

[145] Vgl. Gershom Scholem: Über einige Grundbegriffe des Judentums. S. 97.
Zum Gedächtniskonzept der Übersetzung vgl. Sigrid Weigel: Entstellte Ähnlichkeit. Walter Benjamins theoretische Schreibweise. Frankfurt a.M. 1997. S. 80f. Sie macht darauf aufmerksam, dass der Begriff der Lektüre aus der Übersetzung hervorgeht. Dieser Lektürehaltung ist das Original nur noch als Erinnerungsspur eingeschrieben.
Menke versteht die Übersetzung ebenso wie die Praxis des Zitierens als einen Modus des ‚Nach-Lebens', des ‚Über-Lebens' des Originals. Auch wenn Menke hier den Begriff des Originals nicht im Sinne Benjamins verwendet, da sie die zu übersetzende Schrift absolut setzt, sind ihre Überlegungen fruchtbar. Bettine Menke: Das Nachleben im Zitat. S. 87.

[146] Vgl. Alfred Hirsch: Der Dialog der Sprachen. S. 160.

spricht. Sie überführt von einer Reflexionsmonade in eine andere [WB, I/1, S. 51; 66].[147]

In seiner Ankündigung der Zeitschrift ‚Angelus Novus', deren Entstehung in die Zeit des Übersetzeraufsatzes fällt, zieht Benjamin eine Parallele zwischen dem Bild des Engels und dem der Übersetzung. Er beschreibt, wie nach einer talmudischen Legende die Engel jeden Augenblick in unzähligen Scharen auftreten können, um eine Hymne vor Gott zu singen, um danach wieder im Nichts zu verschwinden. Auch die Übersetzung soll nach Benjamin solch einen ephemeren Charakter annehmen [WB, II/1, S. 246]. Ihre schnell verfliegende Stimme gleicht der Sprache des Engels und ist immer auf ein Erahnen des Namens ausgerichtet [WB, IV/1, S. 11].[148]

In diesem Kontext ist ebenfalls signifikant, dass die Tätigkeit des Übersetzers der Schriftdeutung in der Kabbala sehr nahe steht. Das Verfahren in der Auslegung des Sohar besteht in einer auf die Spitze getriebenen Wörtlichkeit, in einem Ernstnehmen nicht des Sinnes, sondern des auf sich selbst gestellten Wortes. Durch diese extreme Wörtlichkeit findet ein Umschlag statt; Worte treten aus ihrem Sinnzusammenhang heraus, um in einem neuen Kontext eine für uns verschlossene Wirklichkeit der ‚reinen Sprache' zu offenbaren.[149] Insofern ist die Übersetzung ein ‚Zu-sich-selbst-Kommen' von Sprache. Die Übersetzung in eine andere Sprache stellt dabei nur eine Verschiebung dar, da das ‚Gemeinte' in allen Sprachen gleich ist.[150]

Im jüdischen Denken ist die Übersetzung eng mit dem Begriff der Offenbarung verbunden und die Offenbarung des geistigen Wesens zumeist mit dem Bild des Webens. Gleichzeitig wird die Offenbarung im Judentum als konkrete Mitteilung Gottes verstanden, denn durch sie findet gerade jene Dimension

[147] Auch Derrida versteht die Übersetzung als ein Moment des Wachstums des Originals, als eine Art Ergänzung. Er geht davon aus, dass die Übersetzung nicht auf eine Einheit der Sprache, eine Universalsprache abzielt, sondern auf die Sprachlichkeit der Sprache an sich. Durch diese Annahme befindet sich Derrida aber gerade nicht in Gegenposition zu Benjamin, da es auch ihm nicht um eine abstrakte Vorstellung von einer ‚allumfassenden Sprache' geht, sondern um die Kristallisationspunkte innerhalb der Sprache. Jacques Derrida: Babylonische Türme. S. 145.

[148] Erstaunlicherweise kommt dem Engel in allen religiösen Mythologien die Funktion des Übersetzers zu: Im Alten Testament sind mit ihm Visionen vom Anbruch der eschatologischen Zeit verbunden, im Neuen Testament gilt er als Dolmetscher der göttlichen Pläne, als Götterbote und als Interpret des Heilsgeschehens. Vgl. Sach. 1, 11; Lukas 1, 2.
Nach Bröcker ist die eigentliche Aufgabe des Übersetzers eine geschichtsphilosophische. Der Übersetzer gleicht seiner Ansicht nach dem Engel der Geschichte, der die Bruchstücke sammelt, um die Einheit, die durch den Prozess der Geschichte verlorengegangen ist, wiederherzustellen. Michael Bröcker: Die Grundlosigkeit der Wahrheit. S. 176. Diese Überlegung stimmt insofern, als Benjamin davon ausgeht, dass in der Übersetzung das Vergangene gegenwärtig ist [WB, IV/1, S. 13].

[149] Vgl. Gershom Scholem: Die Geheimnisse der Schöpfung. Ein Kapitel aus dem kabbalistischen Buche Sohar. Frankfurt a.M. 1971.

[150] Vgl. auch Winfried Menninghaus: Walter Benjamins Theorie der Sprachmagie. Frankfurt a.M. 1995. S. 53.

der Sprache Ausdruck, die sich nicht ‚durch', sondern ‚in Sprache' mitteilt.[151] Der heilige Text wird als ein wörtlicher Text verstanden, der damit zugleich absolut bedeutungsvoll bei gleichzeitiger Bedeutungsfreiheit ist. Sprache und Offenbarung fallen hier in eins. Diesem heiligen Text nachzutasten, der aus einer göttlichen, paradiesischen und damit ‚eineindeutigen Sprache' besteht, ist Aufgabe der Übersetzung, die eine Form der Sprachsuche darstellt. Es sollte deutlich werden, dass die Übersetzung für Benjamin Voraussetzung des poetischen Sprechens ist, eines selbstreferenziellen Sprechens, das nicht auf die Vermittlung von außersprachlichen Inhalten abzielt.

Wie bereits gezeigt, ist die ‚reine Sprache' nicht dingfest zu machen, vielmehr geht es um ein Erahnen derselben, was in kurzen schockhaften Augenblicken geschieht.[152] „Ja, diese Aufgabe: in der Übersetzung den Samen reiner Sprache zur Reife zu bringen, scheint niemals lösbar, in keiner Lösung bestimmbar" [WB, IV/1, S. 16]. Diese Suchbewegung ist – so wurde bereits angedeutet – bestimmend für die gesamte moderne Schreibpraxis und damit auch für die ‚allegorische Intertextualität'.[153] Die Ausrichtung auf die Utopie der Sprache: Darin besteht die Aufgabe der Dichtung, die sich als Übersetzung versteht.[154]

> Damit ist allerdings zugestanden, daß alle Übersetzung nur eine irgendwie vorläufige Art ist, sich mit der Fremdheit der Sprachen auseinanderzusetzen. Eine andere als zeitliche und vorläufige Lösung dieser Fremdheit, eine augenblickliche und endgültige, bleibt dem Menschen versagt oder ist jedenfalls unmittelbar

---

151 WB, II/1, S. 146. Außerdem: Gershom Scholem: Über einige Grundbegriffe des Judentums. Frankfurt a.M. 1996. S. 96.

152 Vgl. Mosès, der deutlich macht, dass es zwar um ein utopisches Ziel geht, um eine messianische Heilsvorstellung, allerdings nicht um die bloße Wiederherstellung des Ursprungs. Die Intention der Übersetzung ist vielmehr die Verwirklichung der utopischen Möglichkeiten, die ihre Kodierung im ursprünglichen Programm des menschlichen Schicksals erfahren. So vollzieht sich die Rückkehr zum Ursprung in Wahrheit durch die Bewegung des poetischen Erfindens. Stéphane Mosès: Die Metaphern des Ursprungs. In: ders.: Der Engel der Geschichte. S. 96 f.

153 Hirsch macht darauf aufmerksam, dass sowohl Benjamins als auch Derridas Übersetzungskonzeptionen auf ein sprachliches Werden abzielen. Im Werden, im Vollzug der Sprache entzieht sich das Nicht-Mitteilbare dem Zugriff, es ist immer eingebunden in den Prozess des Webens. Beide Autoren versuchen das Nicht-Mitteilbare in den ‚Ritzen', an den Rändern der sprachlichen Ordnung aufzuspüren. Derrida benutzt hierfür den Begriff der ‚Spur', die eine Verbindung zwischen dem Sagbaren und dem Unsagbaren herstellen soll. Benjamins Begriff der ‚Spur' ist darüber hinaus eine zeitliche Dimension eingeschrieben. Dort werden die Vergangenheit und die Gegenwart in Verbindung gesetzt. Alfred Hirsch: Dialog der Sprachen. S. 180.
Besonders Menke macht auf die Affinität zwischen Übersetzung und Intertextualität aufmerksam. Sie bezeichnet die Übersetzung als die Zitation der fremden Sprache in der eigenen, wodurch der Sinn aufgestört wird. Bettine Menke: Sprachfiguren. S. 379. Dieses Aufstören kann man auch mit Lachmanns Begriff der ‚semantischen Explosion' bezeichnen. Renate Lachmann: Ebenen des Intertextualitätsbegriffs. In: Das Gespräch. S. 133-138.

154 Die Wendung ‚Richtung nehmen' stammt von Ingeborg Bachmann aus ihren Frankfurter Poetikvorlesungen. Ingeborg Bachmann: Frankfurter Vorlesungen zur Poetik. In: dies.: Werke. Bd. 4. S. 193.

nicht anzustreben. [...] In ihr [der Übersetzung, S.W.] wächst das Original in einen gleichsam höheren und reineren Luftkreis der Sprache hinauf, in welchem es freilich nicht auf die Dauer zu leben vermag, wie es ihn auch bei weitem nicht in allen Teilen seiner Gestalt erreicht, auf den es aber dennoch in einer wunderbar eindringlichen Weise wenigsten hindeutet als auf den vorbestimmten, versagten Versöhnungs- und Erfüllungsbereich der Sprachen. [WB, IV/1, S. 14f.]

# 3. Mimesis und Intertextualität

In Betrachtung der Mimesis-Lehre Benjamins erschließt sich ein weiteres Mosaiksteinchen im Verständnis der ‚allegorischen Intertextualität'. Es konnte bereits gezeigt werden, dass die Intertextualität im Modus der Allegorie durch ihre Bewegung der Destruktion und Montage den Namen bzw. das ‚reine Wort' im gegenwärtig entstandenen Text aufscheinen lässt. Die mimetische Fähigkeit aber, die Benjamin in ‚sinnliche' und ‚unsinnliche Ähnlichkeiten' aufteilt, macht es dem Menschen erst möglich, diesen Namen lesen zu können.

Während die ‚sinnliche Ähnlichkeit' eine unmittelbare Identität zwischen Ich, Welt und Sprache ausdrückt, handelt es sich bei der ‚unsinnlichen Ähnlichkeit' um die kulturelle Wiederholung dieser ‚sinnlichen Ähnlichkeit'. Das Erkennen von Ähnlichkeiten – welches allein in der Sprache stattfindet – tritt an die Stelle von tatsächlichen Ähnlichkeiten. Wie zu zeigen sein wird, fungiert Cassirers symbolische Form auch als ‚unsinnliche Ähnlichkeit', in der die ‚sinnliche Ähnlichkeit' stets aufgehoben bleibt.[155] Die kulturell erzeugten ‚unsinnlichen Ähnlichkeiten' erinnern sowohl in Benjamins als auch in Cassirers Denken an den verlorengegangenen Ursprung der Sprache – bei Cassirer an den Mythos als letzten Urgrund – und sind somit immer auch Schauplatz des Gedächtnisses. Nach Benjamin stellt insbesondere die poetische Sprache ein Reservat von ‚unsinnlichen Ähnlichkeiten' bereit und erinnert demnach an die in der Sprache verborgene Materialität; sie weiß um ihre eigene Zeichenhaftigkeit und verweist auf andere Möglichkeiten der Bedeutungskonstitution. Im Bewusstsein des Auseinanderfallens von Begriff und Ding gelingt es durch die Konstellation der ‚unsinnlichen Ähnlichkeit', die letztlich aus der allegorischen Bewegung hervorgeht, den Namen als Leerstelle zu umkreisen und die ‚sinnliche Ähnlichkeit' in Form einer zweiten Gegenwart kulturell zu wiederholen. Durch die Ähnlichkeit der Sprachen untereinander – die in ihrem Gesamt die Konstellation der ‚unsinnlichen Ähnlichkeit' ergeben – kann auf den Namen in seiner Unerreichbarkeit hingewiesen werden. Die Zeichen, die um die Ähnlichkeit von Laut und Idee bemüht sind, sind dabei selbst nur Formen der Ähnlichkeit, insofern die Welt als ‚unsinnliche Welt' verstanden wird, die ein unendliches Buch von Ähnlichkeiten hervorbringt, um an die ‚sinnliche Ähnlichkeit' erinnern zu können.

‚Reine Sprache' ist also nicht dingfest zu machen, ihr kann nur in der Form der Entstellung entsprochen werden. Begriffe fungieren demzufolge als Konstellationen bzw. Konfigurationen. Die poetische Form dieser Konstellationen ist die Allegorie und mit ihr die ‚allegorische Intertextualität', die als eine Möglichkeit zur Hervorbringung der ‚sinnlichen Ähnlichkeit' in der Konstel-

---

[155] Vgl. dazu das Kapitel ‚Sinn und Sinnlichkeit'.

lation der ‚unsinnlichen Ähnlichkeit' vorgestellt werden soll. Dabei ist aufzuzeigen, wie letztere vor allem in der Moderne konstitutiv wird und es nicht mehr so sehr um die tatsächliche Übereinstimmung von Idee und Laut geht, sondern vielmehr um die Hervorbringung dieser Konstellationen, die die sinnliche Übereinstimmung zum Fluchtpunkt haben. Darüber hinaus soll deutlich werden, dass durch dieses nach-mimetische Vermögen der ‚unsinnlichen Ähnlichkeit' die Welt in Bildern erzählt werden kann. Somit wird erstens wiederum ein Übergang von der Sinn- zur Formebene vollzogen, zweitens aber auch die in der Sprache selbst liegende Bildlichkeit hervorgebracht. Das Bemühen um ‚Spracherlösung' erfordert damit keinen Medienwechsel mehr von der Schrift zum Bild, sondern diese erfolgt durch die Arbeit mit der Sprache selbst, durch eine ‚Konkretion' in der Sprache.

## 3.1 Benjamins Mimesis-Konzept

Der Begriff der Mimesis zieht sich wie ein roter Faden durch die Texte Walter Benjamins. Nicht nur in den beiden Studien *Lehre vom Ähnlichen* und *Über das mimetische Vermögen* setzt sich Benjamin mit dem Problem der Mimesis auseinander, bereits in *Goethes Wahlverwandtschaften*, dem *Übersetzeraufsatz* und auch in dem kurzen Text *Über das Programm der kommenden Philosophie* finden seine Überlegungen ihren Niederschlag. Mit dem Begriff der Mimesis thematisiert Benjamin zunächst einmal einen Modus der Darstellung, in dem sich Erfahrung manifestiert.[156] Durch die mimetische Kraft ist der Mensch in der Lage, sich mit seiner Umwelt auseinander zu setzen und Erfahrungen im ‚Stande des Ähnlichseins' zu sammeln. Im Bereich des Mimetischen liegt im Gegensatz zum Semiotischen noch keine strikte Trennung zwischen Bezeichnetem und Bezeichnendem vor [WB, III, S. 457]. Vielmehr geht es um das Herstellen von Ähnlichkeiten, die nicht bedeuten [WB, VI, S. 127]. Mimetische und adamitische Sprache gehören bei Benjamin demselben Vorstellungsbereich an. Benjamins Rekurs auf Hofmannsthal zeigt, dass es um ein ‚Lesen vor aller Sprache', ein ‚Lesen dessen, was nie geschrieben wurde' geht

[156] Indem sich die mimetische Erfahrung vom gesellschaftlichen Praxiszusammenhang löst und sich in das Exil des Schönen zurückzieht, wird sie – nach Schwarz – zur ästhetischen Erfahrung. Ulrich Schwarz: Rettende Kritik und antizipierte Utopie. Zum geschichtlichen Gehalt ästhetischer Erfahrung in den Theorien von Jan Mukarovský, Walter Benjamin und Theodor W. Adorno. München 1981. S. 169. Auch nach Adorno ist die Kunst das Organ der Mimesis. Theodor W. Adorno: Ästhetische Theorie. Frankfurt a.M. 1973. S. 86, 169.

[WB, II/1, S. 213].[157] Das mimetische Vermögen bildet also den Ursprung der Schrift und des Lesens, d.h. der Sprache überhaupt.[158] Damit überschreitet Benjamin die Demarkationslinie zwischen Physis und Bedeutung [WB, I/1, S. 343], was erklärt, warum Benjamin das Prinzip der Ähnlichkeit mit dem Totemismus in Verwandtschaft setzt [WB, II/3, S. 957]. Dieser ist nach Scholem von einer Nicht-Repräsentierbarkeit des Namens Gottes gekennzeichnet. Der Name Gottes ist allein im unendlichen Spiel der Buchstaben des Alphabets präsent.[159] Insofern ist die eigentliche Aufgabe des mimetischen Verhaltens das Aufsuchen der ‚reinen Sprache' [WB, VI, S. 192]. Hieraus resultiert die Frage nach einer Schrift vor der Sprache, die diese ‚stumme Ordnung' verbürgt.[160]

Begreift man Mimesis nicht als bloße Abbildlichkeit, wird deutlich, dass der Begriff der Ähnlichkeit bereits im Modus der Übersetzung steht. Der Zwischenraum, der durch die Mimesis erarbeitet wird, markiert die nicht fixierbare Relation zwischen Dargestelltem und Darstellung:[161] Ein Pendeln also zwischen dem unaufhebbaren Gegensatz von Präsentation und Repräsentation.[162] Mithin kann dieses ‚Nie-Geschriebene', diese ‚stumme Ordnung', nur als Schrift an einer zeichenhaften Konstellation lesbar werden. ‚Reine Sprache' wird demgemäß allein in den Zwischenräumen des Semiotischen erahnbar. Daher appelliert Schrift immer an ein mimetisches Vermögen, an ein Lesen vor aller Sprache, aus den Eingeweiden, den Sternen und den Tänzen.[163]

---

157 Hugo v. Hofmannsthal: Der Tor und der Tod. Dramen I. Sämtliche Werke III. Frankfurt a.M. 1982. S. 80. Vgl. auch Lang, der hier die Wiederkehr der Schrift als Spur vermutet. Tilman Lang: Mimetisches oder semiologisches Vermögen? Studien zu Walter Benjamins Begriff der Mimesis. Göttingen 1998. S. 105.

158 Hierin ist Benjamins Theorie den Überlegungen Herders verwandt: Nach Herder basiert die Ausdrucks- und Bedeutungsfunktion der Sprache auf ihrem mimetischen Charakter. Für Herder sind die mimetischen Momente allerdings onomatopoetischer Natur. Johann Gottfried Herder: Abhandlungen über den Ursprung der Sprache. In: Sämtliche Werke. Hg. v. B. Suphan. Berlin 1877-1913. S. 5, 33, 47.

159 Gershom Scholem: Der Name Gottes und die Sprachtheorie der Kabbala. In: Judaica 3. Frankfurt a.M. 1987. S. 7-70, hier S. 32f.

160 Vgl. Hans Blumenberg: Die Lesbarkeit der Welt. Frankfurt a.M. 1986. S. 372ff.

161 Vgl. Winfried Menninghaus: Walter Benjamins Sprachmagie. S. 64.

162 Nach Lang kann eine Vermittlung zwischen der Welt der Sprache und der Welt der Dinge nur in einem Dritten, einem ‚tertium' stattfinden, das sowohl die Ordnung der Wörter als auch die Ordnung der Dinge teilt. Dieses ‚tertium' ist für ihn der Ort der Mimesis. Tilman Lang: Mimetisches oder semiologisches Vermögen? S. 13. Vgl. auch Lacoue-Labarthé, der Mimesis als ein Schwingen zwischen Wahrheit und Schein versteht. Philippe Lacoue-Labarthé: Typography, Mimesis, Philosophy, Politics. Cambridge/Mass. 1989. S. 63.

163 Vgl. auch Mosès, der Sterne als astronomische Metaphern des Ursprungs liest. Stéphane Mosès: Ideen, Name, Sterne. Zu Walter Benjamins Metaphorik des Ursprungs. In: Für Walter Benjamin. Dokumente, Essays, ein Entwurf. Eine Publikation des Arbeitskreises selbständiger Kultur-Institute e.v. Bonn. Hg. v. Ingrid und Konrad Scheurmann. Frankfurt a.M. 1992. S. 183.
Die Verbindung von Stern, Schrift, Lesen und Sprache besitzt mystisch-theologische Wurzeln: Im Judentum wird eine Textgenese praktiziert, in der jeder Buchstabe in Bezug zu Gott

> Diese Seite der Sprache wie der Schrift läuft aber nicht beziehungslos neben der anderen, der semiotischen einher. Alles Mimetische der Sprache kann vielmehr, der Flamme ähnlich, nur an einer Art von Träger in Erscheinung treten. Dieser Träger ist das Semiotische. So ist der Sinnzusammenhang der Wörter oder der Sätze der Träger, an dem erst, blitzartig, die Ähnlichkeit in Erscheinung tritt. [...] Nicht unwahrscheinlich, daß die Schnelligkeit des Schreibens und des Lesens die Verschmelzung des Semiotischen im Sprachbereiche steigert. [WB, II/1, S. 213]

Sprache im Modus der Mimesis erinnert also immer auch an sich selbst, an eine Sprache vor aller sprachlichen Repräsentation, d.h. mimetische Sprache steht immer in der Tradition des ‚Eingedenkens'. Schon hier lässt sich eine Verwandtschaft zwischen dem Prinzip der Mimesis und der Allegorie feststellen, denn auch die Allegorie und mit ihr die ‚allegorische Intertextualität' erinnern im Modus des ‚Eingedenkens' immer auch an die Sprache selbst. Die Allegorie versucht durch Destruktion und Montage eine Annäherung an die ‚schöpferische Sprache' und erinnert als Form ‚unsinnlicher Ähnlichkeit' an die ‚sinnliche Ähnlichkeit'.[164]

Die erste Materie, an der sich das mimetische Vermögen versucht, ist der Körper. In einer Art magischer Praxis ahmen archaische Völker im rituellen Tanz Tiere nach, um die vom ‚realen Tier' ausgehende Gefahr zu bannen.[165] Insofern kann der Ursprung der Mimesis als eine körperliche Verrichtung betrachtet werden.[166] In Benjamins Verständnis zeichnen sich vor allem Kafkas Texte durch einen Kodex von Gebärden aus, in denen der eigene Körper zum Ausdruck kommt [WB, II/2, S. 418, 424, 431].[167] Jede Form mimetischen Verhaltens wird also auf die Ausdrucksbewegungen des Körpers zurückge-

---

gebracht wird. Vgl. dazu Gershom Scholem: Die Geheimnisse der Schöpfung, zu einem Kapitel aus der Sohar. Berlin 1995.

[164] Anders Bub, der der Mimesis eine Symbiose zwischen erkennenden Menschen und der Natur zuspricht, die der Sprache wiederum mimetische Ausdrucksmöglichkeiten eröffnet, versteht er die Allegorie als willkürliche Verfügung über sprachliche Zeichen, da es sich hier um eine frei gesetzte Beziehung zwischen Bedeutetem und Bedeuteten handelt. Stefan Bub: Sinnenlust des Beschreibens. Mimetische und allegorische Gestaltung in der Prosa Walter Benjamins. Würzburg 1993. S. 15.

[165] Vgl. Arnold Gehlen: Urmensch und Spätkultur. Philosophische Ergebnisse und Aussagen. Bonn 1956. S. 233. Gehlen bezeichnet diese Form der Darstellung jedoch als prämagisch, als zweckfrei darstellendes Verhalten. Außerdem: Dieter Jähring: Weltgeschichte: Kunst-Geschichte. Zum Verhältnis von Vergangenheitserkenntnis und Veränderung. Köln 1975. S. 26.

[166] Auch nach Aristoteles ist der Gegenstand der Mimesis die Welt menschlicher Handlungen. Diese werden erst in einem zweiten Schritt durch die Sprache vermittelt. Insofern ist das, was die Literatur nachahmt, nicht als solches gegeben, sondern es entsteht im Akt der Nachahmung – hier des Lesens. Aristoteles: Poetik. 1449 b 26.

[167] Vgl. dazu auch Gerhard Neumann: Nachrichten vom Pontus. In: Franz Kafkas Schriftverkehr. Hg. v. Wolf Kittler/Gerhard Neumann. Freiburg i. Br. 1990. S. 164-199. Auch Adorno leitet das mimetische Vermögen der Moderne von der archaischen Mimesis ab. Er spricht vom magischen Charakter der archaischen Mimesis. Theodor W. Adorno: Ästhetische Theorie. S. 484.

führt; Körper und Sprache stehen zunächst in unmittelbarer Korrespondenz.[168] Ähnlichkeitsbeziehungen manifestieren sich daher zunächst in der Sprache des Körpers.[169] Dementsprechend kann Sprache als Fortführung der mimischen Ausdrucksbewegungen des Körpers gelten [WB, III, S. 478].

> Die Erkenntnis, daß die erste Materie, an der sich das mimetische Vermögen versucht hat, der menschliche Körper ist, wäre mit größerem Nachdruck, als es bisher geschehen ist, für die Urgeschichte der Künste fruchtbar zu machen. So sollte man sich fragen, ob die früheste Mimesis der Objekte in der tänzerischen und bildnerischen Darstellung nicht weitgehend auf der Mimesis der Verrichtungen beruht, in denen der primitive Mensch zu diesen Objekten in Beziehung trat. Vielleicht zeichnet der Mensch der Steinzeit das Elentier nur darum so unvergleichlich, weil die Hand, die den Stift führte, sich noch des Bogens erinnerte, mit dem sie das Tier erlegt hat. [WB, VI, S. 127]

Besonders in der *Berliner Kindheit* macht Benjamin deutlich, dass Mimesis stark von der Erfahrung bestimmt ist und aus der körperlichen Präsenz heraus agiert. Wenn sich das Kind als Windmühle inszeniert, ist die Unterscheidung zwischen Wahrnehmendem und Wahrgenommenem aufgehoben, ‚hinter einer Tür wird das Kind selbst zur Tür' [WB, IV, S. 253].[170] Dieses Oszillieren wird von Benjamin als Schwellenerfahrung beschrieben, als ein Zwischen von einerseits einem Aufgehen in der Welt der Analogien, andererseits einem Eintritt in die arbiträre Zeichenordnung [WB, Briefe, S. 694]. Infolge der geheimnisvollen mimetischen Kraft bilden sich strukturelle Ähnlichkeiten zwischen den Menschen und den Dingen heraus [WB,I/1, S. 206]. Dinge werden nicht benannt, sondern es entsteht ein unmittelbarer Zusammenhang zwischen Ich, Welt und Sprache. Somit ermöglicht die mimetische Fähigkeit den Zugang zur Welt und erlaubt eine partielle Aufhebung der Subjekt/Objekt-Dualität.[171]

---

[168] Vgl. hier auch Cassirer, der den Bereich des mimischen Ausdrucks als Bereich der unmittelbaren Sprache als ein auf den Körper bezogenes, versteht. Er weist u.a. auf den ursprünglichen Zusammenhang der sprachlichen Ausdruckswelt mit der Gebärdensprache hin. EC, PSF II, S. 216.

[169] Adorno versteht den Begriff der Mimesis als Mimikry im mythisch-archaischen Zusammenhang. Theodor W. Adorno/Max Horkheimer: Dialektik der Aufklärung. Philosophische Fragmente. Frankfurt a.M. 1969. S. 205ff. Vgl. dazu auch Lang, der Benjamins Mimesis-Lehre ebenfalls als Mimikry liest, im Sinne einer Anverwandlung an biologisch-anthropologische Prozesse. Tilman Lang: Mimetisches oder semiologisches Vermögen? S. 109.

[170] Nach Menninghaus ist die mimetische Nachahmung bei Walter Benjamin keine imitative Wiedergabe, sondern von einer Wechselseitigkeit bestimmt, die zwar von Projektionen auf den Gegenstand ausgeht, aber dennoch an der Eigengesetzlichkeit von Subjekt und Objekt festhalte. Winfried Menninghaus: Walter Benjamins Sprachmagie. S. 63.

[171] Auch Adorno bezeichnet die Mimesis als eine ‚Stellung zur Realität' diesseits der fixen Gegenüberstellung von Subjekt und Objekt. Damit ist die Mimesis der Gegenpol zur instrumentellen Realität. Theodor W. Adorno: Ästhetische Theorie. S. 169. Vgl. auch Theodor W. Adorno: Charakteristik Walter Benjamins. In: ders.: Über Walter Benjamin. Aufsätze, Artikel, Briefe. Hg. v. Rolf Tiedemann. Frankfurt a.M. 1990. S. 24. (erstmals 1950 in der Neuen Rundschau erschienen) Vgl. hier auch Wulf, der davon ausgeht, dass durch die mimetische Kraft eine Selbstauflösung des Subjekts und eine Angleichung an die Natur stattfinden kann.

Durch die Fähigkeit sich ähnlich zu machen, erweitert das Kind seine Subjektgrenzen, Sprache wird noch nicht in ihrer Zeichenfunktion eingesetzt, vielmehr praktiziert das Kind einen physiognomischen Zugang zur Sprache.[172] Das mimetische Vermögen ist durch eine Ich-Erweiterung und eine Gleichstellung zwischen Subjekt, Objekt und Sprache gekennzeichnet.[173] Die Mimesis zwischen Ich und Welt stellt demnach kein intentionales Verhältnis dar, sondern ein wechselseitiges Erzeugen und Empfangen [WB, VII, S. 23]. Die körperliche Ausdrucksgebärde des Kindes unterläuft im Akt der Nachahmung die Differenz zwischen Idee und Laut. Übertragen auf die Sprache bedeutet dies eine absolute Verschmelzung von sprechendem Subjekt und gesprochener Sprache. Sprache wird so gestaltet, dass sie das, wovon sie spricht, selbst mimetisch hervorbringt. Durch die Ähnlichkeitsbeziehung zwischen erzählendem Körper und erzählter Sprache verweist Sprache auf ihre eigene Materialität. Gemäß dem Diktum: „Nach Ihnen, liebste Sprache. Die hat den Vortritt. Nicht nur vor dem Sinn. Auch vor dem Ich“ [WB, II/1, S. 296] erzählt *Die Mummerehlen* aus der *Berliner Kindheit* von der ‚Legende des chinesischen Malers' als einer Legende von der Mitteilung ‚in Sprache':[174]

> Von allem aber, was ich wiedergab, war mir das China-Porzellan am liebsten. Ein bunter Schorf bedeckte jene Vasen, Gefäße, Teller, Dosen, die gewiß nur billige Exportartikel waren. Mich fesselten sie dennoch so, als hätte ich damals die Geschichte schon gekannt, die mich nach so viel Jahren noch einmal zum Werk der Mummerehlen hingeleitet. Sie stammt aus China und erzählt von einem alten Maler, der den Freunden sein neuestes Bild zu sehen gab. Ein Park war darauf dargestellt, ein schmaler Weg am Wasser und durch einen Baumschlag hin, der lief vor einer kleinen Türe aus, die hinten in ein Häuschen Einlaß bot. Wie sich die Freunde aber nach dem Maler umsahen, war der fort und in dem Bild. Da wandelte er auf dem schmalen Weg zur Tür, stand vor ihr still, kehrte sich um, lächelte und verschwand in ihrem Spalt. So war auch ich bei meinen Näpfen und den Pinseln auf einmal ins Bild entstellt. Ich ähnelte dem Porzellan, in das ich mit einer Farbenwolke Einzug hielt. [WB, IV/1, S. 262f.][175]

---

Gunter Gebauer/Christoph Wulf: Mimesis. Kultur – Kunst – Gesellschaft. Reinbek bei Hamburg 1992.

[172] Vgl. Lacoue-Labarthé, der zeigt, dass die absolute Subjektlosigkeit, die Gabe nichts zu sein, die Bedingung der Mimesis ist. Lacoue-Labarthé: Paradox and Mimesis. In: ders.: Typography. Mimesis. Philosophy. Politics. S. 248-266.

[173] Wulf vergleicht das mimetische Vermögen mit Benjamins Begriff der Aura. Aura setze eine mimetische Fähigkeit voraus, da sich die Aura über eine vorsprachliche, leiblich-sinnliche Beziehung des Menschen zur Welt definiere. Die Trennung zwischen Subjekt und Objekt ist hier ebenfalls für einen Moment aufgehoben. Gunter Gebauer/Christoph Wulf: Mimesis. S. 385.

[174] Die ‚Lehre vom Ähnlichen‘ ist während der Studien zur ‚Berliner Kindheit' entstanden [Briefe, 39]. Dies unterstreicht nochmals die zentrale Bedeutung der Erinnerung für die ‚Lehre vom Ähnlichen'. Vgl. Michael Bröcker, der eine Verbindung zwischen Mimesis und Erinnerung herstellt. Michael Bröcker: Walter Benjamins Versuch ‚Über das mimetische Vermögen'. In: global benjamin. Bd. 1. S. 274.

[175] Interessanterweise erzählt auch Bloch die Legende in fast identischer Weise. Ernst Bloch: Spuren. Frankfurt a.M. 1983. S. 155f.

Ähnlichkeiten werden nicht durch Vergleiche in die Dinge hineingetragen bzw. durch das Subjekt gestiftet, sondern sie sind – wie im Fragment *Zur Astrologie* dargelegt – Auswirkungen einer eigenen in ihnen selbst wirkenden mimetischen Kraft. Mimesis misslingt, wenn sie als ein bewusstes Verhalten eingefordert wird, stattdessen erscheint Ähnlichkeit nur in der Totalität des Lebens, im Zusammenhang des Ichs mit der Welt. Das Ich kann dabei nicht als selbsttätiges Subjekt gedacht werden.[176]

> Man geht weiter und sucht sich klar zu machen, daß diese Ähnlichkeiten nicht nur durch zufällige Vergleiche unsererseits in die Dinge hineingetragen werden, sondern daß sie alle – wie die Ähnlichkeit zwischen Eltern und Kindern – Auswirkungen einer eigens in ihnen wirkenden, einer mimetischen Kraft sind. Und ferner: daß die Gegenstände nicht nur, die Objekte, dieser mimetischen Kraft ohne Zahl sind, sondern daß dies gleicherweise von den Subjekten, von den mimetischen Zentren gilt, deren jedes Wesen eine Mehrzahl besitzen könnte. [WB, VI, S. 192]

Es handelt sich also um ‚natürliche Korrespondenzen' [WB, II/1, S. 205], sogenannte Mitteilungen der Dinge, auf die der Mensch antwortet, indem er sie nachahmt bzw. selbst Ähnlichkeiten produziert. Die Dinge teilen sich dem Menschen in Ähnlichkeiten mit: Insofern ist die Sprache der Ähnlichkeiten eine Mitteilung ‚in Sprache'. „Die Mitteilung der Materie in ihrer magischen Gemeinschaft erfolgt durch Ähnlichkeit", so Benjamin in *Antithetisches über Wort und Name* [WB, VII/2, S. 795]. Derart sind die Dinge untereinander ähnlich aufgrund ihres gleichen Ursprungs in Gottes Wort, d.h. jedes Herstellen von Ähnlichkeiten ist ein Wunsch nach Übersetzung bzw. Annäherung an das ‚schöpferische Wort Gottes'. Folglich kann das Übersetzen des in den Dingen ausgesprochenen Namens in das menschliche Wort als ein mimetischer Vorgang bezeichnet werden. Dieses unmittelbare Ergreifen von Ähnlichkeiten ist gegenüber dem bewussten und reflexiven Erkennen von Ähnlichkeiten, wie dies später im Modus der ‚unsinnlichen Ähnlichkeit' geschieht, noch ursprünglich [WB, II/3, S. 956].

Die Natur selbst erzeugt also Ähnlichkeiten, die der Mensch im Prozess der Lektüre zu entziffern versucht. Exemplarisch dargestellt ist dieser Prozess im Denkbild *Das Pult*, in dem sich das Kind mit dem Pult in einer verschworenen Gemeinschaft – wie in einem Gehäuse – befindet.[177] Beim Versuch ähnlich zu werden, beginnt es mit der Lektüre.

---

[176] Vgl. hier auch WB, VII/2, S. 793 und II/1, S. 261.

[177] Kaffenberger sieht hier eine Parallele zu Dürers ‚Melencolia I'; das Bild hat Benjamin 1913 zum ersten Mal gesehen. Kaffenberger geht davon aus, dass Benjamin dessen Ikonographie auf das Denkbild ‚Das Pult' projiziert hat. Der Ausdruck ‚im Gehäuse' lege darüber hinaus die Verbindung zu Dürers ‚Hieronymus im Gehäuse' nahe. Helmut Kaffenberger: Aspekte von Bildlichkeit in Benjamins Denkbildern. In: global benjamin. Bd. 1 S. 449-478, hier S. 473. Außerdem korrespondiert das Denkbild ‚Das Pult' mit Benjamins ‚Trauerspielbuch', in dem er die ‚Melencolia I' als Antizipation des Barock versteht [WB, I/1, S. 319f.].

> So hatte das Pult zwar mit der Schulbank Ähnlichkeit. Doch umso besser, daß ich dennoch dort geborgen war und Raum für Dinge hatte, von denen sie nicht wissen darf. Das Pult und ich, wir hielten gegen sie zusammen. Und ich hatte es nach ödem Schultag, kaum zurückgewonnen, so gab es frische Kräfte an mich ab. Nicht nur zu Hause durfte ich mich fühlen, nein im Gehäuse, wie nur einer der Kleriker, die auf den mittelalterlichen Bildern in ihrem Betstuhl oder Schreibepult gleichwie in einem Panzer zu sehen sind. In diesem Bau begann ich ‚Soll und Haben' und ‚Zwei Städte'. Ich suchte mir die stillste Zeit am Tag und diesen abgeschiedensten von allen Plätzen. Danach schlug ich die erste Seite auf und war dabei so feierlich gestimmt wie jemand, der den Fuß auf einen neuen Erdteil setzt. [WB, IV/1,S.281f.]

Das Urbild des Wohnens ist die Matrix oder das Gehäuse; dasjenige, von dem man die Figur dessen ablesen kann, der es bewohnt. Lesen wird so zur anatomischen Tätigkeit, da der Abdruck des Bewohners im Raum ablesbar wird wie der Abdruck einer Schnecke im Haus. Es gibt keinen Unterschied mehr zwischen Bewohner und bewohntem Raum, beide sind nunmehr mimetischer Ausdruck einer Sache [WB, II, S. 196; V/1, S. 291f.].

Das ultimative mimetische Genie findet sich demnach in der Erlernung der Sprache, weil hier noch aus der Zirkulation der Zeichen herausgetreten werden kann. Jeder Buchstabe und jedes Wort liegt herausgesprengt aus dem Zusammenhang – wie durch die Allegorie bearbeitet – als Monade vor, die mimetisch angeeignet werden können.

> Wenn aber wirklich das mimetische Genie eine lebensbestimmende Kraft der Alten gewesen ist, dann ist es kaum anders möglich [,] als den Vollbesitz dieser Gabe, die vollendetste Auffassung insbesondere der kosmischen Sinnesgestalt dem Neugebornen beizulegen, der ja noch heute, in seinen ersten Lebensjahren vor aller Augen [das] äußerste mimetische Genie in der Erlernung der Sprache erweist. [WB, VI/1, S. 193]

Das Kind, das sich jedes einzelnen Buchstabens sinnlich zu vergewissern sucht, nimmt jeden Buchstaben und jedes Wort in seiner Materialität wahr. Das mimetische Vermögen ermöglicht ihm eine nicht-begriffliche Erkenntnis. Erst langsam tritt der Lesen-Lernende in die symbolische Ordnung ein und erwirbt nun auch den instrumentellen Gebrauch von Sprache. Die sinnliche Ähnlichkeit des Kindes mit der Sprache geht im Prozess des Lesenlernens verloren und kann nur noch in Gestalt der ‚unsinnlichen Ähnlichkeit', erinnert werden.

> Die Sehnsucht, die er [der Lesekasten, S.W.] mir erweckt, beweist, wie sehr er eins mit meiner Kindheit gewesen ist. Was ich in Wahrheit in ihm suche, ist sie selbst: die ganze Kindheit, wie sie in dem Griff gelegen hat, mit dem die Hand die Lettern in die Leiste schob, in der sie sich zu Wörtern reihen sollten. Die Hand kann den Griff noch träumen, aber nie mehr erwachen, um ihn wirklich zu vollziehen. So kann ich davon träumen, wie ich einmal das Gehen lernte. Doch das hilft mir nichts. Nun kann ich gehen; gehen lernen nicht mehr. [WB, IV/1, S. 267]

Das Zeichnen der Buchstaben kann vielleicht als letzte Erinnerung an die Fähigkeit der Produktion von Ähnlichkeiten verstanden werden, denn hier steht der Buchstabe nicht im Dienst eines Wortes oder einer Mitteilung, sondern ist allein in seiner Materialität präsent. Auch die Allegorie und mit ihr die ‚allegorische Intertextualität' versuchen durch das Prinzip der Destruktion und Montage dieser Materialität eingedenk zu bleiben. Indem sie Begriffe aus ihrem instrumentellen Zusammenhang herauslösen, erinnern sie an den Prozess des Lesenlernens, bei dem jeder Buchstabe noch mit einer unmittelbaren körperlichen Präsenz aufgeladen war. Auf diese Weise ist die Geschichte des mimetischen Vermögens mit der Entstehung und Entwicklung der Schrift verbunden.

Demzufolge ist die Gabe der Produktion und Erkennung von Ähnlichkeiten einem historischen Wandel unterworfen [WB, II/1, S. 211]. Wie bereits erläutert, geht die Gabe, Ähnlichkeiten zu produzieren über in die Fähigkeit, Ähnlichkeiten zu erkennen. Erst im 10. Buch des Staates bei Platon wird Mimesis auf die Nachahmung von Gegenständen bezogen. Ursprünglich wurde mit der mimetischen Kraft die tänzerische Aufführung – insbesondere die tänzerische Darstellung eines Mythos – also eine körperliche Verrichtung, assoziiert.[178] Mimesis, die eine Einheit des menschlichen Ausdrucks garantiert, ermöglicht eine Integration der Sprache in die menschliche Ausdrucksbewegung des Körpers. Sprache ist Ausdruck und nicht Bezeichnung.

Auch Cassirer versteht Kratylos als Vertreter der vorplatonischen Mimesislehre, der Sprache als Ausdruck, als mimische Form und nicht als Bezeichnung versteht.[179] Sprache fungiert hier noch als emotionales Zeichen des Affekts. Worte gehen auf die mimisch-körperliche Geste zurück und sind nicht Träger einer instrumentalisierten Sprache.

> Mimische Bewegung ist eine Einheit zwischen Innen und Außen: Geistigem und Leiblichen. Es ist kein Übergang, keine Übersetzung zwischen Zeichen und Bezeichnetem notwendig, da der Affekt und seine Äußerung in einem zeitlich untrennbaren Akt gegeben sind. [EC, PSF, I, S. 124]

In seiner Arbeit über die Sprachphilosophie stellt Benjamin die körperlichen Ausdrucksgebärden – Mimik und Gestik – als Substrat der Sprache vor; die Wurzeln des sprachlichen und tänzerischen Ausdrucksvermögens finden sich demzufolge in ein und demselben mimetischen Vermögen [WB, II, S. 478]. Es besteht hier noch ein unmittelbarer Zusammenhang zwischen Körper und Sprache.

Diese Einheit löst sich im Zuge der Instrumentalisierung von Sprache auf, Sprache fungiert nunmehr als Repräsentationsmodell und verliert ihren ursprünglichen mimisch-gestischen Gehalt. Sie ist nicht mehr an den Körper gebunden, sondern an den Logos. Bei Platon findet eine epochale Verschiebung

---

[178] Vgl. Hermann Koller: Die Mimesis in der Antike. Bern 1954. S. 38, 119.

[179] Wieder aufgenommen wird die vorplatonische Mimesislehre zum Beispiel bei Vico, Hamann und Rousseau.

in der Sprachtheorie statt: Von nun an steht der Zusammenhang zwischen einem ausdrückenden Subjekt und einem es repräsentierenden Zeichen im Mittelpunkt. Damit erfolgt eine Trennung zwischen Subjekt und Objekt. An diese Wandlung des Mimesis-Begriffs ist zugleich die Entstehung des Abbildes bzw. des Nachbildes gekoppelt.[180] Das Abbild fungiert fortan als Zeichen und ist damit der Repräsentationslogik unterworfen [EC, PSF, I, S. 64].[181] Das System der Ähnlichkeiten wird durch das System der Zeichen abgelöst.

Einen ähnlichen Prozess beschreibt Foucault in seiner *Ordnung der Dinge* für den Übergang vom 16. ins 17. Jahrhundert. Während in der Renaissance jegliches Wissen noch nicht von der Natur getrennt ist, entsteht in der französischen Klassik eine neue Art der Wahrnehmung, in der das sinnliche mimetische Kontinuum des Wissens zerbricht.[182] Im 16. Jahrhundert gruppieren sich Buchstaben und Silben noch nach dem Prinzip der Ähnlichkeit bzw. den Korrespondenzlinien in der Welt. Sprache wird als natürliches System verstanden, in dem die Dinge selbst verborgen liegen. Dieses Prinzip der Welterfahrung, welches sich auf das Konzept der Ähnlichkeit begründet, ist vor jeder Subjekt-Objekt-Dualität angesiedelt. Auch nach Foucault ist die Sprache der Ähnlichkeit jene Sprache, die einst Gott, Adam und den Tieren gemeinsam war. Insofern bedeutet das Auslöschen der Ähnlichkeit auch das Auslöschen der adamitischen Sprache.[183]

In der ternären Ordnung – so Foucault weiter – sind das Bezeichnete und das Bezeichnende durch eine Konjunktur verbunden; es besteht ein nicht-arbiträrer Zusammenhang zwischen Sprache und Welt, der im 16. Jahrhundert auf Ähnlichkeiten beruht. Die binäre Zeichenordnung hingegen trennt Sprache und Welt und beschränkt sie auf ihre arbiträre Repräsentationsfunktion. Es findet ein Verlust der Sinnlichkeit statt, die der mimetische Kosmos noch innehatte, eine Ordnung der Differenzen bildet sich heraus.[184] Im 17. Jahrhundert tritt die Welt in die Ordnung der Repräsentation ein, die Zeichenstruktur wird

---

[180] Auch Cassirer zeichnet diese Entwicklung nach, indem er die Wandlung von der Ausdrucks- zur Bedeutungsfunktion der Sprache beschreibt. Vgl. dazu das Kapitel ‚Sprache als symbolische Form'.

[181] Vgl. auch Koller, der die Entdeckung des Symbolcharakters der Sprache als große platonische Tat versteht. Damit ist zugleich eine Vergleichbarkeit zwischen der Mimesis in der Malerei und der Sprache gewährleistet. Hermann Koller: Die Mimesis in der Antike. S. 53. Schwarz wirft Platon eine Funktionalisierung der Kunst in einer entmythologisierten Welt vor, in einer Gesellschaft, die sich scheinbar vom Mythos gelöst hat. Platon unterdrücke Kunst unter dem Begriff der Nachahmung. Ullrich Schwarz: Rettende Kritik und antizipierte Utopie. S. 145.

[182] Michel Foucault: Die Ordnung der Dinge. S. 46ff.

[183] Ebd. S. 63. Zur Korrespondenz von Foucault und Benjamin vgl. u.a. Barbara Kleiner: Sprache und Entfremdung. S. 16; Winfried Menninghaus: Walter Benjamins Sprachmagie. S. 72f.; Torsten Meiffert: Dar Archiv und die Erfahrung. S. 56; Nicholas Pethes: Mnemotechnik. S. 151; Sigrid Weigel: Entstellte Ähnlichkeit. Vgl. auch Barck, der den Rhythmus der schreibenden Geste als mimetisches Potenzial der Schrift gegenüber dem Takt der Wahrnehmung im Sinne Freuds versteht. Karlheinz Barck: Schrift/Schreiben als Transgression. S. 20.

[184] Michel Foucault: Die Ordnung der Dinge. S. 74.

arbiträr, wodurch die sprachliche Erkenntnis zugleich an Sinnlichkeit verliert. Ähnlichkeiten hören auf eine Form des Wissens zu sein, sie werden in den Bereich der Magie verlagert. Das Denken tritt in die Epoche der wissenschaftlichen Ordnung ein, was ein Mehr an Klassifikation und Einteilung bedeutet.[185] So beinhaltet die Ablösung des mimetischen Weltverhältnisses durch den Logozentrismus nicht nur einen Gewinn an Vernunft und Aufklärung, sondern auch einen Verlust an Unmittelbarkeit. Die Reduktion der Sprache auf ihren instrumentellen Charakter ist die Folge [WB, II/2, S. 209]. Die Zerstörung der sinnlich-mimetischen Erfahrung entqualifiziert die Dinge zu verdinglichten Objekten. Das Bezeichnete und das Bezeichnende gehören fortan zwei verschiedenen Ordnungen an. Sowohl Benjamin als auch Foucault verstehen das Verstummen der Natur als Folge dieser Entwicklung. Die Vielfalt der sinnlichen Konkretheit wird auf abstrakte Identitäten, die jenseits des Raumes liegen, reduziert. Damit einher geht ein neues Subjekt-Objekt-Verhältnis, das nicht mehr länger auf einem Sinnkontinuum aufbaut, sondern sich auf Herrschaft und Hierarchie begründet. Allerdings wird die Poesie – nach Foucault – im 17. Jahrhundert zu einer Art ‚Gegendiskurs', in dem das Prinzip der Ähnlichkeiten überlebt. Ein in der Ähnlichkeit entstelltes Bild der Welt bildet den Gegenpol zu der repräsentativen Sprache.

> Man kann in einem bestimmten Sinne sagen, daß die Literatur, so wie sie sich gebildet und als solche an der Schwelle des modernen Zeitalters sich bezeichnet hat, das Wiedererscheinen des lebendigen Seins der Sprache dort offenbart, wo man es nicht erwartet hätte. Im siebzehnten und achtzehnten Jahrhundert wurden die eigene Existenz der Sprache, ihre alte Festigkeit einer in die Welt eingeschriebenen Sache in dem Funktionieren von Repräsentation aufgelöst. Jede Sprache galt als Diskurs. Die Kunst der Sprache war eine Art, Zeichen zu geben, gleichzeitig etwas zu bedeuten und um diese bedeutete Sache Zeichen zu disponieren: eine Art also, zu benennen und dann in einer gleichzeitig demonstrativen und dekorativen Verdopplung diesen Namen zu umfangen, ihn einzuschließen und ihn zu verbergen, ihn seinerseits durch andere Namen zu bezeichnen, die dessen aufgeschobene Präsenz, sein zweites Zeichen, seine Figur, sein rhetorischer Apparat waren. Während des ganzen neunzehnten Jahrhunderts und bis in unsere Zeit – von Hölderlin zu Mallarmé, zu Antonin Artaud – hat die Literatur nun aber nur in ihrer Autonomie existiert, von jeder andern Sprache durch einen tiefen Einschnitt nur sich losgelöst, indem sie eine Art ‚Gegendiskurs' bildete und indem sie so von der repräsentativen oder bedeutenden Funktion der Sprache zu jenem rohen Sein zurückging, das seit dem sechzehnten Jahrhundert vergessen war.[186]

Sprache wird hier nicht mehr länger als Zeichen, sondern als mimetische Aktivität verstanden. Nach Foucault verweigert die Poesie die bezeichnende Funktion von Sprache; sie wird selbstreferenziell. Der hier beschriebene geschichtliche Verlauf kann im Sinne Benjamins als Übergang von einer ‚sinnli-

---

[185] Ebd. S. 87.
[186] Ebd. S. 76.

chen' zu einer ‚unsinnlichen Ähnlichkeit' verstanden werden. Allein die Poesie leistet Widerstand gegen diese Instrumentalisierung und erinnert als ‚unsinnliche Ähnlichkeit' an die ‚sinnliche Ähnlichkeit' der Sprache. In der ‚unsinnlichen Ähnlichkeit' überdauert – in der Form der Entstellung – ein Rest dieser ehemaligen Fähigkeit, sich ähnlich zu verhalten. Im Moment der Lektüre erhält sich etwas von dem alten Brauch des Lesens von Sternenkonstellationen.

## 3.2 Sinnliche und unsinnliche Ähnlichkeiten

> Denn offenbar scheint doch die Merkwelt des modernen Menschen sehr viel weniger von jenen magischen Korrespondenzen zu enthalten als die der alten Völker oder auch der Primitiven. Die Frage ist nur die: ob es sich um ein Absterben des mimetischen Vermögens oder aber vielleicht um eine mit ihm stattgehabte Verwandlung handelt. [WB, II/1, S. 206]

Wie hier bereits anklingt, erweitert Benjamin seine Mimesis-Theorie um den Begriff der ‚unsinnlichen Ähnlichkeit', die im Bereich der menschlichen Sprache angesiedelt ist. Der dargestellte Übergang von der ‚sinnlichen' zur ‚unsinnlichen Ähnlichkeit' stellt einen zentralen Punkt im Verständnis der ‚allegorischen Intertextualität' dar. Inhaltlich schließt das Prinzip der ‚unsinnlichen Ähnlichkeit' an den *Übersetzeraufsatz* an, da es auch hier um die Konstellation von Wörtern geht, die in verschiedenen Sprachen ein Gleiches bedeuten. Unsinnlich deshalb, weil die Ähnlichkeiten nicht mehr unmittelbar hervortreten, sondern von nun an im Zeichen verborgen sind [WB, II/1, S. 208]. In der ‚unsinnlichen Ähnlichkeit' wird durch eine Konstellation von Wörtern, die ein Schriftbild erzeugen, eine Ähnlichkeit zu ihrem Bedeuteten, dem Namen, in ihrer Mitte hergestellt. Es geht also darum, mithilfe der ‚unsinnlichen Ähnlichkeit' Entsprechungen für die nicht darstellbare Idee, letztlich für das Unsagbare, zu finden. Demzufolge ist die ‚unsinnliche Ähnlichkeit' an der Schwelle zwischen Sagbarem und Unsagbarem beheimatet. Die Schrift ist, neben der Sprache, ein ‚Archiv unsinnlicher Ähnlichkeiten', ‚unsinnlicher Korrespondenzen' geworden [II/1, S. 208]. Die Beschreibung von Sternenkonstellationen fungiert dabei als Ausgangspunkt für die ‚Lehre vom Ähnlichen', was besonders für die Moderne eine enge Verbundenheit zu einer Theorie der Schrift nahelegt.[187] Bereits bekannt ist, dass die Entwicklung des

---

[187] Vor allem in Texten der Moderne werden Sternenkonstellationen als Metapher für die Bewegung der Schrift oder Sprache eingesetzt. U.a. in den Dichtungen Ingeborg Bachmanns, Paul Celans oder Stéphane Mallarmés. Vgl. außerdem: Maurice Blanchot: Der Gesang der Sire-

Individuums parallel zur Ausbildung des mimetischen Vermögens verläuft. Während die Gabe der Mimesis den Menschen in der vorsymbolischen Zeit noch gänzlich eigen war, ist sie jetzt nur noch ungebrochen im Kind erhalten, da es – noch außerhalb der symbolischen Ordnung stehend – in seinem Spiel nicht nur Subjekte, sondern auch Objekte nachahmen kann, wie die Windmühle oder die Eisenbahn. Die Gabe der Wahrnehmung von Ähnlichkeiten ist somit nur noch ein schwaches Rudiment des ehemaligen Wunsches, sich ähnlich zu machen [WB, VII/2, S.792]. Wenn auch ursprüngliche Ähnlichkeitskonstellationen nicht mehr vorhanden sind, können sie in der Sprache in Form von ‚unsinnlichen Ähnlichkeiten' als Leerstelle dennoch erhalten bleiben. Um den Begriff der ‚unsinnlichen Ähnlichkeit' zu erläutern, weist Benjamin auf die durch die Handschrift erzeugten Bilder hin, die das Unbewusste des Schreibprozesses zum Ausdruck bringen [WB, III, S. 135].[188] Jeder semantischen Seite der Sprache ist zugleich ihre ‚sinnliche Ähnlichkeit' und die Materialität der Sprache mitgegeben; diese kann allerdings nur noch in den Zwischenräumen der Schrift oder in der Erinnerung offenbart werden.

Benjamin unterscheidet zwischen dem Ausdruckscharakter und der Darstellungsfunktion der Sprache. Diese Unterscheidung wird auch von Cassirer getroffen, der die Entwicklung der symbolischen Form in einem dreifachen Stufengang beschreibt: Ausdrucks, Darstellungs- und Bedeutungsfunktion. Während der Ausdruckscharakter der Sprache sowohl bei Benjamin als auch bei Cassirer an die Unmittelbarkeit des sprachlichen Ausdrucks, an die mimetische Kraft der Sprache gebunden ist, bildet die semantische Seite der Sprache ihre Darstellungsfunktion [WB, III, S. 479f.].[189] Obwohl der Ausdruckscharakter der Sprache mit dem Eintritt in die ‚symbolische Ordnung' mehr und mehr in die Darstellungsfunktion übergeht, bleibt ein Rest des Ausdruckscharakters doch erhalten. Dieser Rest des mimetischen Vermögens tritt erst dann blitzartig an seinem Träger – dem Semiotischen bzw. bei Cassirer in der ‚symbolischen Form' – in Erscheinung.[190] Für Benjamin ist die ‚unsinnliche Ähnlichkeit', analog zur symbolischen Form Cassirers, die Form, an der sich diese Verbindung blitzartig vollziehen kann. Das Verhalten des Menschen schlägt von der Wahrnehmung ‚sinnlicher Ähnlichkeiten' in das Produzieren ‚unsinnlicher Ähnlichkeiten' um. Während ursprünglich die magischen Korrespondenzen noch zur Merkwelt des Menschen gehörten, können Ähnlichkeiten heute nur noch als ‚unsinnliche' überdauern.

---

nen. Das Buch, der Himmel. Wien 1982. S. 86ff.; Hans Blumenberg: Die Lesbarkeit der Welt. Der Himmel als Buch, das Buch im Himmel. Frankfurt a.M. 1986. S. 22ff.

188 Vgl. auch Bröcker, der auf die Parallele zu Anja und Georg Mendelssohn bzw. deren Buch ‚Der Mensch in seiner Handschrift' hinweist, das Benjamin mit großer Begeisterung besprochen hat. Michael Bröcker: Walter Benjamins Versuch ‚Über das mimetische Vermögen'. S. 277.

189 Nach Menke ist die Unmittelbarkeit eine sekundäre Eigenschaft, die sich erst durch das Verlassen des dualen Systems einstellt. Bettine Menke: Name – Allegorie – Sprachfiguren. S. 42.

190 Wie auch das Mimetische nur am Semiotischen erscheint, so stellen sich auch die Ideen nur im Begriff dar [WB, I, S. 214].

Benjamin und Cassirer möchten nicht zwei Sprachpole strikt polarisieren. Vielmehr sehen sie den Zeichencharakter der Sprache als Träger des Nicht-Mitteilbaren bzw. das Semiotische als Träger des Mimetischen an; eine für die Moderne typische Konstellation. Benjamin beschreibt hier einen nachparadiesischen Zustand, es geht also darum, mit den Bedingungen des ‚Möglichen das Unmögliche zu erreichen'. In einem gegenwärtigen Moment werden Ähnlichkeiten durch die Vermittlung zwischen Semiotischem und Mimetischem erkennbar.[191] Die Konstellation von Ähnlichkeiten ist demzufolge genauso flüchtig wie Gestirnkonstellationen [WB, II, S. 206 u. 956].

> Die Schrift ist so, neben der Sprache, ein Archiv unsinnlicher Ähnlichkeiten, unsinnlicher Korrespondenzen geworden. Diese Seite der Sprache wie der Schrift läuft aber nicht beziehungslos neben der anderen, der semiotischen einher. Alles Mimetische der Sprache kann vielmehr, der Flamme ähnlich, nur an einer Art von Träger in Erscheinung treten. Dieser Träger ist das Semiotische. So ist der Sinnzusammenhang der Wörter oder der Sätze der Träger, an dem erst, blitzartig, die Ähnlichkeit in Erscheinung tritt. Denn ihre Erzeugung durch den Menschen ist – ebenso wie ihre Wahrnehmung durch ihn – in vielen und zumal den wichtigen Fällen an ein Aufblitzen gebunden. Sie huscht vorbei. Nicht unwahrscheinlich, daß die Schnelligkeit des Schreibens und des Lesens die Verschmelzung des Semiotischen im Sprachbereiche steigert. [WB, II/1, S. 213]

Insofern stellt die enge Verbindung zwischen Semiotischem und Mimetischem den Bereich der ‚unsinnlichen Ähnlichkeit' dar. Die mimetische Leistung der Sprache besteht demnach darin, eine kurzzeitige Einheit zwischen Gegenstandsbezug und Ausdruck herzustellen; in diesem Moment der Einheit erinnert die ‚unsinnliche Ähnlichkeit' an die ‚sinnlichen Ähnlichkeiten'. Im Prozess dieses Erinnerungsschreibens wird die Bewegung der Schrift zum Ereignis des Textes. Primär interessiert nicht die Abbildung eines vorgängig Erlebten, sondern die Produktion eines gegenwärtigen Textraums als Herstellung eines ähnlichen Mikrokosmos. Diese Bewegung ist auch der ‚allegorischen Intertextualiät' eigen, die kein bloßes Abschreiben des Vergangenen praktiziert, sondern durch den Zusammenschluss der Zeiten und der Ähnlichkeiten der Texte untereinander eine neue gegenwärtige Textur herstellt. Ähnlichkeiten bewirken eine Textur, die nicht als Projektionsfläche für inhaltliche Äußerungen dient, sondern in der vielmehr ein Übergang von der Sinn- zur Formebene stattfindet.[192] Hiermit liegt die mimetische Leistung der ‚unsinnlichen Ähnlichkeit' weniger im Aufweisen tatsächlicher Ähnlichkeiten als in der Wieder-

---

[191] Vgl. auch Bettine Menke, die die Ähnlichkeit des lesenden Blicks ebenfalls an den Augenblick bindet. Bettine Menke: Magie des Lesens – Raum der Schrift. Über Lektüre und Konstellationen in Walter Benjamins Lehre(n) vom Ähnlichen. In: Namen, Texte, Stimmen. Walter Benjamins Sprachphilosophie. Hg. v. Thomas Regehly. Stuttgart 1993. S. 109-139, hier S. 118.

[192] Derrida bezeichnet die Textur als Struktur ohne Sinnzentrierung, der ein integrativer Bestandteil fehlt. Der Sinn einer Bedeutung erschließt sich demnach durch ihre Strukturierung. Jacques Derrida: Kraft und Bedeutung. In: ders.: Die Schrift und die Differenz. Frankfurt a.M. 1976. S. 9-53.

gabe von Prozessen, die diese Ähnlichkeiten erzeugen [WB, II/1, S. 204]. Nicht die Nachahmung des Vergangenen also ist entscheidend, sondern die Transparenz der Ähnlichkeit des Geschriebenen zum bereits Vorhandenen. Das Schreiben der Erinnerung unterhält Ähnlichkeit zu vergangenen Texten, insoweit es sowohl Produktion von Ähnlichkeiten wie Dispersion des Zeichens in einen Schriftraum als Geste des Vergessens ist. Die Möglichkeit des Wiedererscheinens verlorengegangener Ähnlichkeiten ist im Moment des ‚Eingedenkens' gegeben. Eine Erinnerungsspur wird evoziert, die einem Modell nicht-abbildlicher Ähnlichkeit entspringt.[193] Jegliche Sprache steht im Stande der ‚unsinnlichen Ähnlichkeit', da sie niemals eine Einheit zwischen Zeichen und Ding hervorbringen kann. Einzig in der Form der Entstellung, in der Anordnung der Sprachen bzw. der Texte untereinander, kann an diese ursprüngliche Sprache der Ähnlichkeit erinnert werden. Die überhistorische Verwandtschaft der Sprachen untereinander beruht also darin, dass in jeder Sprache zwar dasselbe gemeint ist, dass die ‚reine Sprache' aber nur in der Summe der sich in den einzelnen Sprachen ergänzenden Dimensionen erreichbar ist. Diese Anordnung der Sprachen untereinander funktioniert gemäß dem Prinzip der Übersetzung, da auch die Übersetzung der einen Sprache in die andere immer eine Übersetzung von der einen Sprachebene in die nächsthöhere Ebene bedeutet.[194] Übersetzung steht also immer im Dienst einer Annäherung an die ‚schöpferische Sprache Gottes', die auch in der Konstellation der ähnlichen Sprachen untereinander in ihrer Mitte aufscheinen soll. Jedes Ding, jedes Verhältnis kann auf ein beliebiges anderes hindeuten [WB, I/1, S. 350]. Sprache tritt also generell als ‚unsinnliche Ähnlichkeit' auf und ist daher stets auch Übersetzung [WB, IV/1, S. 13]. Unterstrichen wird diese Feststellung durch die enge Verbundenheit von Benjamins Übersetzeraufsatz mit seinem Text *Über das mimetische Vermögen*:

> Indessen bietet der Begriff der unsinnlichen Ähnlichkeit gewisse Handhaben. Ordnet man nämlich Wörter der verschiedenen Sprachen, die ein Gleiches bedeuten, um jenes Bedeutete als ihren Mittelpunkt, so wäre zu erforschen, wie sie alle – die miteinander oft nicht die geringste Ähnlichkeit besitzen mögen – ähnlich jenem Bedeuteten in ihrer Mitte sind. Jedoch ist diese Art von Ähnlichkeit nicht nur an den Verhältnissen der Wörter für gleiches in verschiedenen Sprachen zu erläutern. Wie sich denn überhaupt die Überlegung nicht aufs gesprochene Wort beschränken kann. Sie hat es vielmehr ganz genau so sehr mit dem Geschriebenen zu tun. Und da ist es beachtenswert, daß dieses – in manchen Fällen vielleicht prägnanter als das gesprochene – durch das Verhältnis seines Schriftbildes zu seinem Bedeuteten das Wesen der unsinnlichen Ähnlichkeit erhellt. Kurz, es ist unsinnliche Ähnlichkeit, die die Verspannungen nicht nur zwischen dem Gesprochenen und dem Gemeinten und gleichfalls zwischen dem Gesprochenen und Geschriebenen stiftet. [WB, II/1, S. 212]

---

[193] Vgl. auch Sigrid Weigel: Entstellte Ähnlichkeit. S. 202.

[194] Im Rekurs auf Freuds Begriff der Entstellung bezeichnet Lang das mimetische Vermögen als Übersetzung ohne Original. Tilmann Lang: Mimetisches oder semiologisches Vermögen? S. 151.

> Bei den einzelnen, den unergänzten Sprachen nämlich ist ihr Gemeintes niemals in relativer Selbständigkeit anzutreffen, wie bei den einzelnen Wörtern oder Sätzen, sondern vielmehr im steten Wandel begriffen, bis es aus der Harmonie all jener Arten des Meinens als die reine Sprache herauszutreten vermag. So lange bleibt es in den Sprachen verborgen. [WB, IV/1, S. 14]

Demnach besteht nicht allein zwischen den Worten ein Verhältnis der Ähnlichkeiten untereinander, sondern auch zwischen den Worten der verschiedenen Sprachen in bezug auf ihr Gemeintes. Dieses Gemeinte entsteht erst im Zuge der wechselseitigen Ergänzung der ‚Arten des Meinens', d.h. das Gemeinte erscheint im Moment der Übersetzung. Hier stürzt der Sinn ‚von Abgrund zu Abgrund', und die Diskrepanz zwischen Signifikat und Signifikant tritt noch deutlicher hervor [WB, IV/1, S. 21]. Gemäß der ‚unsinnlichen Ähnlichkeit' als Form der Übersetzung offenbart sich die ‚reine Sprache' in der Konstellation.

Bezieht man Benjamins Plädoyer für eine Wörtlichkeit mit ein, die sich gegen eine synthetische Leistung syntaktischer Sinnproduktionen wendet, stellt sich erneut eine Verbindung zur Allegorie bzw. zur ‚allegorischen Intertextualität' her [WB, IV/1, S. 17f.]. Ziel der allegorischen Lektüre ist gerade das Aufbrechen solcher instrumentalisierten Sinnzusammenhänge und das Erzeugen einer fragmentierten Wörtlichkeit, die der Materialität der Worte entspricht. Übersetzen bedeutet also keinesfalls das Aufschlüsseln eines fremden Sinns, sondern vielmehr das Herstellen eines Puzzles bzw. eines Maßes der Anschließbarkeit an ein Anderes. Dieses Maß der Anschließbarkeit folgt dem Prinzip der ‚unsinnlichen Ähnlichkeit'. Demzufolge setzt sich die ‚unsinnliche Ähnlichkeit' und mit ihr die ‚allegorische Intertextualität' nicht nur mit der wechselseitigen Fremdheit der Sprachen auseinander, sondern auch mit der Fremdheit innerhalb der Sprache. Jegliche Sprache spricht vor dem Hintergrund dieser verlorengegangenen Ähnlichkeit. Der Verlust der Eineindeutigkeit der Sprache wird durch die Konstellation von ‚unsinnlichen Ähnlichkeiten' kompensiert [WB, II/1, S. 208]. Dies verdeutlicht, dass jeder Sprache die Erinnerung mitgegeben ist, die gleichzeitig Ausdruck der Differenzfunktion von Sprache ist.[195] Indem die ‚unsinnliche Ähnlichkeit' als Verbindungsweg zwischen den einzelnen Wörtern auftritt, verweist sie zugleich auf die Unlesbarkeit bzw. auf die Zwischenräume der Sprache [WB, II/1, S. 205 u. 112]. Damit widersetzt sie sich der Sprache als verabredetes System von Zeichen und, mehr noch, fungiert sie als Prinzip der Räumlichkeit, die auf die Materialität des Textes hinweist.

Die gesellschaftliche Dominanz der Zeichenfunktion der Sprache verdrängt zwar die mimetische Funktion, löscht sie aber nicht völlig aus. Gerade in der Durchbrechung der instrumentellen Funktion von Sprache kann die mimeti-

---

[195] Nach Foucault trägt einzig das Hebräische gleichsam aus Ruinen die Markierungen der ursprünglichen Bezeichnungen, insofern habe es die Erinnerung an die Ähnlichkeit nicht verloren. Michel Foucault: Die Ordnung der Dinge. S. 67f.

sche Kraft der Sprache wiederholt werden. Diese produktive Kraft der Zerstörung ist vor allem der poetischen Sprache eigen und mit ihr der ‚allegorischen Intertextualität' als poetologische Verfahrensweise.[196] Hinter der semantischen Hülle, die durch die poetische Sprache aufgesprengt wird, liegt die mimetische Funktion der Sprache verborgen.[197] So kann die Ebene der bloßen Faktizität der instrumentellen Sprache überstiegen und der sinnliche Charakter der Sprache wieder erfahrbar gemacht werden. An dem semantisch repräsentierten Gegenstand tritt blitzartig die Materialität der Sprache in Erscheinung, es kommt zu einer Reaktualisierung der gesamten sprachlichen Energie.[198] Die poetische Sprache erinnert im Medium des Semiotischen an die Sprache der ‚sinnlichen Ähnlichkeiten', denn im Vergessen manifestiert sich für Benjamin der Widerstand gegen die symbolische Ordnung. So ist etwa ‚Odradek' aus Kafkas *Die Sorge des Hausvaters* eine Form, die die Dinge in der Vergangenheit annehmen. Sie sind entstellt [WB, II/2, S. 431].[199] Entstellung ist somit eine Figur der Dialektik von Vergessen und Erinnern. Sie ruft eine Aufmerksamkeit hervor, die nach Benjamin das ‚natürliche Gebet der Seele' genannt werden kann [WB, II/2, S. 432]. Die Entstellung evoziert also eine Erinnerung in Form eines flüchtigen Augenblicks, in dem in einem kurzen Zeitmoment die Ähnlichkeit von Zeichen und Ding im Medium der semantischen Sprache in Erscheinung tritt.

> Der Augenblick der Geburt, der hier entscheiden soll, ist aber ein Nu. Das lenkt den Blick auf eine andere Eigentümlichkeit im Bereiche der Ähnlichkeit. Ihre Wahrnehmung ist in jedem Falle an ein Aufblitzen gebunden. Sie huscht vorbei, ist vielleicht wiederzugewinnen, aber kann nicht eigentlich wie andere Wahrnehmungen festgehalten werden. Sie bietet sich dem Auge ebenso flüchtig, vorübergehend wie eine Gestirnkonstellation. Die Wahrnehmung von Ähnlichkeiten scheint also an ein Zeitmoment gebunden. [WB, II/1, S. 206f.]

---

196 Hierin folgt die vorliegende Argumentation Julia Kristeva, die von zwei grundsätzlichen Kategorien des Sprachlichen ausgeht: dem Semiotischen und dem Symbolischen. Das Semiotische befindet sich in einem leeren Raum oder ‚chora', der durch zwei thetische Setzungen, dem Spiegelstadium und der symbolischen Kastration durchkreuzt wird. Dadurch entsteht u.a. das sprachliche System. Im Prozess der Sinngebung durchbricht das Semiotische permanent das Symbolische und stellt dies in Frage. Dies ist im besonderen im Bereich der poetischen Sprache der Fall, da hier ein Primat auf dem Semiotischen liegt. Insofern durchkreuzt die poetische Sprache die symbolische Ordnung der Sprache. Julia Kristeva: Das Semiotische und das Symbolische. In: dies.: Die Revolution der poetischen Sprache. S. 32-114. Vgl. auch Lacan, auf den sich Kristeva in ihrer Analyse stützt. Jaqcues Lacan: Das Spiegelstadium als Bildner der Ich-Funktion. S. 61ff.

197 Nach Schwarz ist hierzu ein physiognomischer Blick notwendig, der in der Lage ist, den Ausdruck der Sprache wiederzuerkennen. Ullrich Schwarz: Rettende Kritik und antizipierte Utopie. S. 103.

198 Vgl. hierzu Ullrich Schwarz, der in der Einheit von Ausdrucks- und Darstellungsvermögen auch eine Aufhebung der Subjekt und Objekt-Dualität sieht. Ullrich Schwarz: Rettende Kritik und antizipierte Utopie. S. 87.

199 Vgl. Drügh, der darauf aufmerksam macht, dass das Vergessene zur kollektiven Erfahrung wird und nicht an das Subjekt gebunden ist. Heinz J. Drügh: Anders-Rede. S. 318. Dazu: WB, II/2, S. 430.

Die ‚unsinnliche Ähnlichkeit' als System von Zeichen, das in seiner sichtbaren Ausprägung keine unmittelbare mimetische Qualität mehr besitzt, ist also in der Lage, in flüchtigen Momenten auf ein verborgenes mimetisches Vermögen zu verweisen.[200] Diese Flüchtigkeit bezeichnet einen Moment der Geistesgegenwart, der zugleich ein Moment der Abwesenheit von Geist ist: „Im Augenblick der Gefahr sich gehen lassen" als absolute Präsenz [WB, I/3, S. 1244; VI, S. 207]. Die in diesem Modus stehende Erinnerungsleistung sucht die Nischen der mimetischen Sprache auf, indem sie sich auf die Tiefe der Schrift, auf unendlich erscheinende verdichtete Bilder einlässt, die Ausdruck einer endlosen Rede sind.[201] Das so von der Vergangenheit konstruierte Bild verharrt in einer Schwebeposition, einem Zwischenraum von ‚sinnlicher und unsinn-licher Ähnlichkeit'.

Wie bereits gezeigt, ist das Prinzip der Ähnlichkeit einem Entwicklungsschema unterworfen; die ursprüngliche Fähigkeit, Ähnliches wahrzunehmen und körperlich auszudrücken, nimmt zwar mit dem Fortschreiten der Zivilisation ab, geht aber dann auf die Sprache über [WB, II/2, S. 208].[202] Ursprünglich ist die Gabe der Erkennung von Ähnlichkeiten ein Rudiment des ehemaligen Wunsches, sich ähnlich zu verhalten. Diese Vorstellung resultiert aus der magischen Adaption des Menschen an eine als übermächtig empfundene Natur; insofern ist die vorgenannte Gabe ein Rest jenes mythischen Weltempfindens. Das Mimetische der Sprache kann nunmehr an etwas Fremdem, dem Semiotischen, in Erscheinung treten.[203]

> Der Hinweis auf den astrologischen Bereich mag einen ersten Anhaltspunkt für das gewähren, was unter dem Begriff einer unsinnlichen Ähnlichkeit zu verstehen ist. In unserem Dasein findet sich zwar nicht mehr, was einmal möglich machte, von einer solchen Ähnlichkeit zu sprechen, vor allem: sie hervorzurufen. Jedoch auch wir besitzen einen Kanon, nach dem das, was unsinnliche Ähnlichkeit bedeutet, sich einer Klärung näherführen läßt. Und dieser Kanon ist die Sprache. [WB, II/1, S. 211]

---

[200] Vgl. hier Weigel, die das Prinzip der ‚entstellten Ähnlichkeit' als sprachliche Erscheinungsform der ‚unsinnlichen Ähnlichkeit' einführt. Die ‚entstellte Ähnlichkeit' gehört nach Weigel dem sichtbaren Dasein an und ist die nicht flüchtige Variante der Erscheinung einer Ähnlichkeit. Der Begriff der ‚Entstellung' umfasst die von Freud untersuchten verschiedenen Modalitäten der Traumarbeit. Der Dialektik von mimetischer und semiotischer Sprache entspricht die Beziehung zwischen Ähnlichkeit und Entstellung. Es bleibt aber offen, ob die Ähnlichkeit entstellt worden oder ob die entstellte Welt in den Stand der Ähnlichkeit getreten ist. Sigrid Weigel: Entstellte Ähnlichkeit. S. 10.

[201] Vgl. Peter Szondi: Hoffnung im Vergangenen. Über Walter Benjamin. In: ders.: Satz und Gegensatz. Sechs Essays. Frankfurt a.M. 1964. S. 79-98.

[202] Nach Horkheimer lassen sich zwei Arten der Mimesis unterscheiden: Eine unbewusste und eine bewusste Nachahmung. Zunächst fungiert der Körper als Organ mimetischen Ausdrucks, erst später wird diese Art von Mimesis in rationale Beziehungen überführt. Max Horkheimer: Zur Kritik der instrumentellen Vernunft. Frankfurt a.M. 1967. S. 112.

[203] Habermas sieht in dem mimetischen Vermögen allerdings den ‚Quell' für das semantische Potenzial, aus dem die Menschen schöpfen, um die Welt mit Sinn aufzuladen, um sie dadurch erfahrbar zu machen. Jürgen Habermas: Bewußtmachende und rettende Kritik. In: ders.: Philosophisch politische Profile. Frankfurt a.M. 1973.

Die ‚unsinnliche Ähnlichkeit' wird demzufolge nicht durch unmittelbare Anschauung zugänglich, sondern durch den Akt des Lesens [WB, II/1, S. 213]. Teile des mimetischen Vermögens sind an die Schrift und die Sprache als Archiv ‚unsinnlicher Ähnlichkeiten' abgegeben worden. Im Prozess des Lesens und Schreibens müssen diese ehemaligen Ähnlichkeiten wiederholt werden. Poetische Sprache steht durch ihre sprachreflexive Leistung folglich immer im Modus der ‚unsinnlichen Ähnlichkeit' und ist als solche auch stets eine Erinnerungsleistung. Die ‚unsinnliche Ähnlichkeit' erinnert als Sprache an die Fähigkeit sich ähnlich zu machen. ‚Sinnliche Ähnlichkeiten' werden in die Sprache übertragen und leben dort als ‚unsinnliche Ähnlichkeiten' weiter. Vorstellbar wird dies als ein Netz ‚unsinnlicher Ähnlichkeiten', das sich durch unendliche Verweisungszusammenhänge über jegliche wahrnehmbare Welt zieht.[204] Dabei verweisen alle Elemente untereinander aufeinander.[205]

Derartig kann der Verlust des mimetischen Vermögens durch eine Transformation auf die Schrift, auf die Sprache kompensiert werden. Damit erlangt die Theorie des mimetischen Vermögens den Grad einer Sprachtheorie. Schrift wird zu einer Verräumlichung der Wahrnehmung; es lassen sich im Stand der ‚unsinnlichen Ähnlichkeit' Spuren der ursprünglichen Doppelbedeutung des Lesens nachweisen: eines wahrnehmenden Lesens und eines Herauslesens.

Indem Sprache an ihre eigene Sinnlichkeit und an ihre ursprüngliche mimetische Kraft erinnert, entsinnt sie sich immer auch ihrer selbst. Das Paradox, das besonders in der Moderne zum Tragen kommt, besteht gerade darin, dass am Semiotischen, im Moment der Differenz von Zeichen und Bezeichnetem, die ‚reine Sprache' erinnert werden kann. Diese Ambivalenz als allegorische Grunderfahrung liegt auch dem Prinzip der ‚unsinnlichen Ähnlichkeit' zugrunde. Ein Satz, der nach dem Prinzip der Ähnlichkeit erzeugt ist, kann mit einem Mal auch völlig anders gelesen werden. Durch die permanente Neu-Lektüre im Stande des Ähnlichseins wird der instrumentelle Sinn stets untergraben; Lesen öffnet sich für den Akt des Lesens selbst.

> Zumal bei Kindern fördert dieses Spiel die schönsten Funde. Ihnen nämlich sind Wörter noch wie Höhlen, zwischen denen sie seltsame Verbindungswege kennen. Doch nun vergegenwärtige man sich die Umkehrung des Spieles, sehe einen gegebenen Satz so an, als wäre er nach dessen Regel konstruiert. Mit einem Schlage müßte er ein fremdes, erregendes Gesicht für uns gewinnen. Ein Teil von solcher Sicht liegt aber wirklich in dem Akt des Lesens eingeschlossen. Nicht nur das Volk liest so Romane – nämlich der Namen oder Formeln wegen,

---

[204] Schwarz hebt hervor, dass diese Verweisungen nichts Gegenständliches repräsentieren, insofern sind sie unsinnlich. Es handele sich vielmehr um eine changierende Vermittlung zwischen menschlichem Sinn und gegenständlicher Umwelt. Ullrich Schwarz: Rettende Kritik und antizipierte Utopie. S. 102.

[205] Vgl. Schwarz, der davon ausgeht, dass der Mensch im Stand der ‚unsinnlichen Ähnlichkeit' an den Dingen eine auf den Menschen bezogene Lesbarkeit erkennen kann. Ullrich Schwarz: ebd. S. 84.

> die ihm aus dem Text entgegenspringen; auch der Gebildete liegt lesend auf der Lauer nach Wendungen und Worten, und der Sinn ist nur der Hintergrund, auf dem der Schatten ruht, den sie wie Relieffiguren werfen. Greifbar wird das zumal an solchen Texten, die man die heiligen nennt. [...] Und wirklich haben Sätze, die ein Kind im Spiele aus den Wörtern schlägt, mit denen heiliger Texte mehr Verwandtschaft als mit der Umgangssprache der Erwachsenen. [WB, IV/1, S. 433]

In diesem Punkt nimmt die ‚allegorische Intertextualität' eine wichtige Funktion ein, indem sie den Erinnerungsraum, die Schwellenposition zwischen der ‚unsinnlichen Ähnlichkeit' und der ‚sinnlichen Ähnlichkeit' bereitstellt. Dies vollzieht sich durch das Aufbrechen von Mitteilungen ‚durch Sprache' und durch die Zerlegung in ihre Bestandteile, so dass Sprache an ihre ehemalige Materialität erinnert.[206] Durch die allegorische Bewegung der Destruktion und Montage entstehen allererst Konstellationen, die einen Wieder-Eintritt der ‚sinnlichen Ähnlichkeit' in die Sprache in Form der ‚unsinnlichen Ähnlichkeit' ermöglichen. Von daher erinnert die Allegorie an das mimetische Vermögen in Gestalt der ‚unsinnlichen Ähnlichkeit'. Durch das Konzept der Allegorie entsteht eine Konstellation, die in ihrer Mitte für kurze Augenblicke die ‚reine Sprache' erahnen lässt. So steht die ‚allegorische Intertextualität' als Form der ‚unsinnlichen Ähnlichkeit' einmal mehr im Modus des ‚Eingedenkens'. Im Bereich des Darstellbaren bewahrt sie das Undarstellbare auf. Die mimetische Begabung, einst Instrument okkulter Praxis und Indiz für die magische Seite der Sprache, findet im Produzieren von ‚unsinnlichen Ähnlichkeiten' Eingang in die Sprache [WB, II/1, S. 213]. So erinnert die ‚unsinnliche Ähnlichkeit' und mit ihr die ‚allegorische Intertextualität' nicht nur an die mimetische Qualität der Sprache, sondern verhilft auch der Magie der Sprache zu einer ‚zweiten Gegenwart'; dies ist im weiteren noch aufzuzeigen.

---

[206] Vgl. auch Novalis: Heinrich von Ofterdingen. In: ders.: Schriften. Bd. 1. Hg. v. Paul Kluckhorn und Richard Samuel. Stuttgart 1966. S. 264. Novalis' Einsiedler trifft auf ein Buch, welches in einer fremden Sprache verfasst ist und von dem er kein Wort verstehen kann, dessen Bilder ihm aber dennoch seltsam bekannt vorkommen. Der Einsiedler praktiziert hier ebenfalls ein ‚Lesen vor aller Sprache', da er Sprache nicht in einem instrumentalisierten Zusammenhang liest, sondern sie als ein Bild in ihrer Materialität wahrnimmt.

## 3.3 Allegorische Intertextualität und Mimesis

Ziel des Schreibens ist das Erscheinen einer im Stande der Ähnlichkeit entstellten Welt, so Benjamin in seinem Aufsatz ‚Zum Bilde Prousts' [WB, II/1, S. 314]. Die ‚allegorische Intertextualität' verfolgt genau dieses Ziel.

Wie bereits dargestellt, ist Zeit, die im Modus des ‚Eingedenkens' steht, gleich einer Karte graphisch vorstellbar. Lineare Zusammenhänge werden aufgebrochen und in Konstellationen übersetzt. Vergangenheit hat also bildliche, keine zeitliche Präsenz. Auch der Sprechakt, bisher auf die lineare zeitliche Abfolge des Gesprochenen angewiesen, wird fragmentiert und in ein diskontinuierliches Verhältnis gesetzt. Text und Prätext treten in einen Dialog, der einen neuen Zeit- und Textraum entstehen lässt. Ziel dieser Fragmentierung ist das Aufbrechen instrumentalisierter Bedeutungsebenen zugunsten einer Materialität der Sprache. Konstellationen entstehen, die durch ihre bildhafte Präsenz an die ‚reine Sprache' erinnern. Diese Konstellationen sind demzufolge Resultat einer sprachlichen Leistung, die über ihre eigene Sprachlichkeit und damit ihre Zeichenhaftigkeit reflektiert. Eine Sprache also, die aus der Melancholie hervorgeht, um in einer ‚zweiten Gegenwart' über sich selbst hinauszuwachsen. Das Erzeugen einer solchen ‚zweiten Gegenwart', hier der ‚unsinnlichen Ähnlichkeit', ist die spezifische Leistung der ‚allegorischen Intertextualität'. Durch das allegorische Verfahren produziert die Intertextualität einen ‚zweiten' Text, der der Materialität der Sprache und damit der mimetischen Qualität eingedenk bleibt. Insofern kann das Entstehen der ‚unsinnlichen Ähnlichkeit' als Konsequenz aus der allegorischen Bewegung, als Resultat der ‚allegorischen Intertextualität' gelesen werden. Schrift und Lektüre stehen immer im Stande der ‚unsinnlichen Ähnlichkeit', da die ehemalige Fähigkeit sich ähnlich zu machen nur noch in der Sprache erinnert werden kann. Das Zitat stellt einen mimisch-mimetischen Akt dar [WB, II/1, S. 347]. Von der bloßen Imitation und dem Simulacrum unterscheiden sich die mimetischen Texte im Sinne der ‚unsinnlichen Ähnlichkeit' allerdings durch ihre Differenz. Diese Differenz zwischen Zeichen und Bezeichnetem, zwischen ‚sinnlicher und unsinnlicher Ähnlichkeit' wird durch die spezifische Leistung des ‚Eingedenkens' bzw. durch die ‚allegorische Tätigkeit', die die ‚unsinnliche' mit der ‚sinnlichen Ähnlichkeit' verbindet, stets mitreflektiert.[207] Die in der Kindheit

---

[207] In dem Aufsatz ‚Lehre vom Ähnlichen' werden die Grundlagen des Sprachaufsatzes von 1916 nicht reformuliert oder revidiert, sondern fortgeführt und ergänzt. Die ursprüngliche Konzeption der Allegorie wird um den Begriff der Ähnlichkeit erweitert. Vgl. hier auch Michael Bröcker: Walter Benjamins Versuch ‚Über das mimetische Vermögen'. In: global benjamin. Bd. 1. S. 273. Anders einige Forschungsbeiträge, die in den Texten von 1933 eine materialistische Revision der frühen Sprachtheorie sehen. Barbara Kleiner: Emergenz der Schrift. In: Was nie geschrieben wurde, lesen. S. 208-227.; Tilman Lang: Mimetisches oder semiologisches Vermögen?; Winfried Menninghaus: Walter Benjamins Sprachmagie.

statthabende Angleichung des Subjekts an die Dinge wird im Zitat erinnert und als ein ‚Zweites' im Gedächtnis wiederholt [WB, VII/2, S. 792].[208] Allerdings geht es nicht um die Herstellung eines Gleichen, sondern um die Erzeugung eines Ähnlichen. Insofern ist auch die ‚unsinnliche Ähnlichkeit' – ebenso wie das Zitat – immer schon ein ‚zweites Mal'. Folglich repräsentieren Ähnlichkeitskonstellationen auch keine vergangene Schrift, sondern sie erinnern an einen verlorenen Sprachzustand. Sprache im Zeichen der Mimesis ist nicht nur Sprache des Gedächtnisses, sondern zugleich Gedächtnis der Sprache. Diese beiden Prozesse interagieren miteinander, das Gedächtnis der Sprache kann für die Entzifferung der Gedächtnisspuren ‚in Sprache' nutzbar gemacht werden.[209] Mimesis im Modus der ‚unsinnlichen Ähnlichkeit' untersteht dem Prozess der Wiedervergegenwärtigung, der Vergegenwärtigung eines Abwesenden. Die sich im Zitat ereignende Wiederholung ist eng verbunden mit der Lesbarkeit bzw. Lektürehaltung und geht über die bloße Imitation hinaus. Lesbarkeit meint hier gerade eine Lektüre im Modus des ‚Eingedenkens', wie sie die ‚allegorische Intertextualität' praktiziert. Es geht also um ein produktives Wiederholen der ‚sinnlichen Ähnlichkeit' im Moment einer zweiten Gegenwart. Wenngleich Benjamins Ähnlichkeitskonzeption und Derridas ‚différance' zwei verschiedene Stoßrichtungen verfolgen, so sei hier dennoch auf Derrida verwiesen, der in Anlehnung an Platons Begriff des ‚Pharmakon' Mimesis als Heilmittel und Gift zugleich versteht. Das Pharmakon wird vom Körper aufgenommen und verhält sich mimetisch zur Krankheit, es zielt durch das Prinzip der Ähnlichkeit auf die Heilung ab. Als solches Heilmittel gehört es in die Welt der Täuschung. Übertragen auf die Schrift bedeutet dies, dass die Nachahmung der ‚Namensprache' immer zugleich auch eine Täuschung ist, da ihr die Differenz zu jener eingeschrieben ist.[210] Nach Derrida ist nur ei-

---

Scholem ordnet die Texte von 1933 inhaltlich den frühen sprachtheoretischen Positionen zu und wertet den Wegfall metaphysischer Vokabeln als ‚marxistische Weltbetrachtung' und sieht hierin sein ‚Janusgesicht'. Gershom Scholem: Geschichte einer Freundschaft. S. 259.

[208] Bröcker stellt hier eine Verbindung zu Lichtenberg her, wenn er davon ausgeht, dass der Gehalt des Lebens in den erinnerten Bildern aufgehoben ist. Michael Bröcker: Walter Benjamins Versuch ‚Über das mimetische Vermögen'. S. 274.

[209] Vgl. Weigel, die daraus eine ‚Schrift der Dinge' als Konstellation von Ähnlichkeiten ableitet, die verschieden ist von der ‚Sprache der Dinge', der sogenannten ‚paradiesischen Sprache'. Die ‚entstellte Ähnlichkeit' markiert dabei die Differenz zwischen der ‚Schrift der Dinge' und der ‚Sprache der Dinge'. Die Berührung dieser beiden Schriften kommt durch den ‚allegorischen Blick' zustande. Sigrid Weigel: Entstellte Ähnlichkeit. S. 51, 85.

[210] Kleiner zeigt den Unterschied zwischen Derridas Begriff der ‚différance' und Benjamins ‚Ähnlichkeit' auf und macht deutlich, dass beide völlig verschiedene Stoßrichtungen haben. Während die ‚différance' die Vielfalt der (gesprochenen) Welt durch beständige Neugenerierungen von Unterschieden und Differenzen zwischen den Signifikanten herausarbeitet, zielt Benjamins ‚Lehre vom Ähnlichen' auf die ursprüngliche kategoriale Ungeschiedenheit zwischen Ding und Zeichen ab. Barbara Kleiner: Emergenz der Schrift. In: ‚Was nie geschrieben wurde, lesen'. S. 208-227.

Vgl. außerdem folgende Forschungsliteratur: Bettine Menke: Magie des Lesens – Raum der Schrift. Über Lektüre und Konstellation in Benjamins Lehre(n) vom Ähnlichen. In: Namen, Texte, Stimmen. S. 109-139; dies.: Sprachfiguren; dies.: Das Nachleben im Zitat; Michael ne Mimesis, die unvollkommen nachahmt, die also über ihre Differenz reflektiert und eine ‚zweite Gegenwart' ausbildet, eine produktive Mimesis.[211] Als solche ist die ‚unsinnliche Ähnlichkeit' eine produktive Mimesis, da sie anhand der Differenz an das Konzept der ‚reinen Sprache' erinnert. So kann auch die ‚allegorische Intertextualität', die in der Konstellation eines fragmentierten Erinnerungstextes an die Materialität der Sprache erinnert, als ‚zweite Gegenwart' der ‚Namensprache' und somit auch als produktives Echo verstanden werden.[212] Die allegorische Lektüre, die durch Destruktion und Montage die Mitteilungen ‚durch Sprache' aufbricht, erinnert im Stand der ‚unsinnlichen Ähnlichkeit' an eine ehemals ‚sinnliche Ähnlichkeit' bzw. an eine Mitteilung ‚in Sprache'. Indem durch den Vorgang des Zitierens instrumentalisierte Bedeutungszusammenhänge aufgebrochen werden, kann das Wort in seiner sinnlichen und zugleich körpergebundenen Präsenz in der Erinnerung erscheinen. ‚Allegorische Intertextualität' im Zeichen der Mimesis untersteht demzufolge dem Prozess der Wiedervergegenwärtigung. Als solche ist sie grenzüberschreitend – sie sprengt nicht nur die Grenzen der Zeit, sondern auch jene der Bedeutungskonstitution. Durch die allegorische Bewegung wird eine ‚unsinnliche Ähnlichkeit' hergestellt, die zwar noch in der symbolischen Ordnung verweilt, aber dennoch stets die thetischen Setzungen infrage stellt und als solche zugleich die Mitteilungen ‚durch Sprache' unterminiert. Nicht nur in Anschluss an Kristeva, sondern auch mit Bezug auf Benjamins Übersetzungstheorie kann die ‚allegorische Intertextualität' als Vorgang der Transposition verstanden werden.[213] Sie fungiert als poetologische Verfah-

---

Opitz: Lesen und Flanieren. Über das Lesen von Städten, vom Flanieren in Büchern. In: Aber ein Sturm weht vom Paradiese her. Texte zu Walter Benjamin. Leipzig 1992. S. 162-181; Gerhard Wagner: Dialektische Kontraste. Walter Benjamin über die mimetische Konkurrenz von Schrift- und Bildkultur. In: Weimarer Beiträge, (43), 4, 1997, S. 485-502; Sigrid Weigel: Entstellte Ähnlichkeit; dies.: Passagen und Spuren des Leib- und Bildraums in Benjamins Schriften. In: Leib- und Bildraum. Lektüren nach Benjamin. Hg. v. Sigrid Weigel. Köln 1992. S. 49-65.

211 Jacques Derrida: Platons Pharmazie. In: ders.: La Dissémination. S. 78ff.
Nach Adorno ist der Mimesis-Begriff ursprünglich ontologisch-anthropologisch verankert. Er entwickelt ein dialektisches Mimesis-Konzept, da echte Mimesis auf das Nicht-Identische der gegebenen Dinge abziele. Es handele sich insofern um eine ungegenständliche Nachahmung, da nicht die Imitation eines Wirklichen im Mittelpunkt steht, sondern die Vorwegnahme eines ‚An-sich-Seins'. In diesem Zusammenhang verwendet Adorno den Begriff des ‚Vorahnens', das Gebiet solcher Mimesis ist für ihn die Kunst. Theodor W. Adorno/Max Horkheimer: Dialektik der Aufklärung. S. 75; Theodor W. Adorno: Ästhetische Theorie. Frankfurt a.M. 1970. S. 121.

212 In den Künsten ist die Poiesis als menschliche Produktionskraft die Bedingung von Mimesis. Insofern setzt die mimetische Sprache die allegorische Tätigkeit voraus.
Tsunekawa macht darauf aufmerksam, dass der Laut, der sich im Echo verselbständigt, eine andere Bedeutung als die von dem ursprünglichen Laut ausgehende erhält. Takao Tsunekawa: Konfiguratives Denken und Allegorie. In: global benjamin. Bd. 1. S. 191-203, hier S. 192.

213 Nach Kristeva befindet sich das Semiotische in einem leeren Raum (chora), der durch zwei thetische Setzungen – das Spiegelstadium und die symbolische Kastration – vom Symbolischen überlagert wird. Durch diese Überlagerung entsteht Sprache und sexuelle Differenz. Im Prozess der Sinngebung durchbricht das Semiotische permanent das Symbolische und stellt

rensweise, die einen Zwischenraum eröffnet, der an der semantischen Seite der Sprache die ‚reine Sprache' aufleuchten lässt. Sie erinnert in der Differenz an die Indifferenz und erprobt einen steten Übergang bzw. eine stete Übersetzung von einem Zeichensystem in ein anderes.

Die ‚allegorische Intertextualität' reißt immer wieder neue Textfragmente aus ihrem Zusammenhang und ordnet sie um ‚ein Gleiches in ihrer Mitte' an. Der Zitierende wird zum Sammler, der die Wörter zitierend zu einer Konstellation fernab jeglicher instrumentalisierter Bedeutung zusammenstellt. Durch das zitierende Einstellen des Textfragmentes in eine neue Konstellation, die keinen Anspruch auf Totalität anmeldet, wird das Wort mit sich selbst identisch, es erinnert seine ‚sinnliche Ähnlichkeit'. Mit jedem zitierten Wort verschiebt sich die Sammlung und stellt sich neu zusammen. So kann durch das Erzeugen einer Konstellation gemäß der ‚unsinnlichen Ähnlichkeit' bzw. durch den Akt des Zitierens die Idee an sich erahnt werden. Erst im Zitat, in der Konfiguration, ist die Idee bzw. die ‚reine Sprache' als Abwesende präsent [WB, I/1, S. 216f.].

„Ein Wort zitieren, heißt es beim Namen rufen" [WB, II/1, S. 363]; insofern wird durch das Zitat das Wort zu seinem sinnlichen Ursprung zurückgerufen und als Bedeutungsloses zur ‚reinen Sprache'.[214] Der traditionelle Zeichenbegriff, der Ausdruck einer Hierarchie ist und eine Ordnung von Signifikat und Signifikant impliziert, wird verabschiedet. Eine Bewegung ‚in Sprache', eine Sprache in Konstellationen, die sich um ein ‚Gleiches in ihrer Mitte' ansiedelt, ist zugleich eine Sprache, die als Medium des Verweises von einem Signifikanten auf andere Signifikanten fungiert. Dadurch lässt sie den Signifikat in seiner Mitte blitzartig aufscheinen, ohne ihn tatsächlich dingfest machen zu können.[215] Somit ist Mimesis auf eine intertextuelle Beziehung der Texte untereinander bezogen. Jeder Text steht in einem mimetischen Verhältnis zu anderen Texten. Die durch die ‚allegorische Intertextualität' aus dem instrumen-

---

die Setzungen in Frage. Transposition bezeichnet hier den Übergang von einem Zeichensystem in ein anderes bzw. die Transformation und Neuartikulierung der thetischen Setzung. Bei Kristeva ist allerdings immer eine Bedeutungsänderung mitintendiert, da mit der Transposition eine Neuartikulierung des Thetischen, also der bedeutungssetzenden Instanz verbunden ist. Julia Kristeva: Die Revolution der poetischen Sprache. Gerade auch für die Medialität erweist sich das Konzept der Transposition als wegweisend, Genette verwendet diesen Begriff fast synonym mit Transformation, seine wichtigste hypertextuelle Praxis. Gérad Genette: Palimpsestes. La Littérature au Second Degré. Paris 1982.

214 Nach Menke verbürgt das ‚schöpferische Wort' keinen Zusammenhang von Name und Ding, sondern es steht für eine Verwandtschaft der Sprachen untereinander bzw. für eine gemeinsame Sprachlichkeit. In der vorliegenden Arbeit wird allerdings davon ausgegangen, dass das ‚schöpferische Wort Gottes' als letztgültiger Bezugspunkt verstanden wird und somit Verbindlichkeit für alle Sprachen besitzt. Die Sprachen untereinander verweisen demzufolge im Moment der Konstellation auf diesen Bezugspunkt. Bettine Menke: Name – Allegorie – Sprachfiguren. S. 104.

215 Vgl. hier Menke, die mit Derrida argumentiert, wenn sie davon ausgeht, dass Sprache als ein Raum von unendlichen Zusammenhängen konzipiert ist, und die Bedeutung dann Resultat eines vorübergehenden Effektes ist. Bettine Menke: Name – Allegorie – Sprachfiguren. S. 41.

talisierten Zusammenhang herausgerissenen Bezeichnungen verweisen untereinander aufeinander, um dann in kurzen Augenblicken das Bezeichnete erahnen zu lassen. Die durch die ‚allegorische Intertextualität' entstandenen Konstellationen im Modus der ‚unsinnlichen Ähnlichkeiten' erinnern an die Fähigkeit sich ähnlich zu machen und damit zugleich an eine Mitteilung ‚in Sprache', indem sie die ‚reine Sprache' als Leerstelle in ihren Text einschreiben. Insofern ist die ‚unsinnliche Ähnlichkeit' Resultat aus der allegorischen Bewegung. Durch das Verweisungssystem der ‚unsinnlichen Ähnlichkeit' wird das repräsentationslogische System verabschiedet.[216] Bezieht man den Übersetzungsgedanken Benjamins mit ein, wird deutlich, dass sich das Mimetische gerade erst im Bereich des Semantischen entdecken lässt. Die „vollkommene Erzählung" nämlich, im Sinne einer ‚reinen Sprache', ist in der Erzählung selbst verborgen und wird erst durch die permanente Nacherzählung bzw. die Erzählungen, die um ein ‚Gleiches in ihrer Mitte' angeordnet sind, zum Vorschein gebracht. Dadurch tritt die Nacherzählung im Zeichen der ‚unsinnlichen Ähnlichkeit' immer auch in Form der Übersetzung in Erscheinung, denn in der menschlichen Sprache sind die Worte und Namen immer nur relativ erfahrbar, niemals jedoch in ihrer reinen, von Gott gegebenen, ‚schöpferischen' Ausprägung. Sprache ist demnach stets eine Anordnung von Relationen und Konstellationen, die die Erfahrung des Ähnlichen im Medium der Erinnerung einem rauschhaften Miteinander von Erzähltem und Wiedererzähltem gleichen lassen.

> Die Erscheinungen der Superposition, der Überdeckung, die beim Haschisch auftreten, unter dem Begriffe der Ähnlichkeit zu fassen. Wenn wir sagen, ein Gesicht sei dem anderen ähnlich, so heißt das, gewisse Züge dieses zweiten Gesichts erscheinen uns in dem ersten, ohne daß das erste aufhört zu sein, was es war. Die Möglichkeiten derart in Erscheinung zu treten sind aber keinem Kriterium unterworfen und daher unbegrenzt. Die Kategorie der Ähnlichkeit, d[ie] für das wache Bewußtsein nur eine sehr eingeschränkte Bedeutung hat, bekommt in der Welt des Haschisch eine uneingeschränkte. [...] Selbst ein Satz bekommt unter diesen Umständen ein Gesicht (ganz zu schweigen vom einzelnen Wort) und dieses Gesicht sieht dem des ihm entgegengesetzten Satzes ähnlich. [WB, VI/1, S. 526]

---

[216] Menke wendet hier eine dekonstruktive Lektüre an, indem sie auf das bloße Zeichenspiel abhebt. Sie bezeichnet die ‚Magie des Namens' als das Andere, außerhalb des Zeichens stehende und geht davon aus, dass Sprache keinen Inhalt hat, der vor der Sprache als Medium existierte, da wir uns eine völlige Abwesenheit des Namens nicht vorstellen können. Daher bezeichnet Menke Sprache als Diskursphänomen und negiert ihre Materialität. Es sollte jedoch nicht verkannt werden, dass das Herstellen von Konstellationen einem utopischen Verfahren gleichkommt, welches den Namen in seiner Mitte eingeschrieben hat. Darüber hinaus kann auch Menke sich nicht von einem repräsentations-logischen Modell lösen, wenn sie das Andere des Namens einführt und davon ausgeht, dass in der entwendeten Präsenz der Sprache das aufgehoben ist, was sie nicht sagt. Bettine Menke: Name – Allegorie – Sprachfiguren. S. 35, 38.

Durch diese Art von Nachleben der ‚sinnlichen Ähnlichkeit' in der ‚unsinnlichen Ähnlichkeit' erweist sich die ‚unsinnliche Ähnlichkeit' als eine spezifisch moderne Form. Mit ihr wird eine sprachliche Ausdrucksform gefunden, die erstens mit der Differenz zwischen Bedeutetem und Bedeutendem produktiv umgehen kann, und in der zweitens der metaphysische Wunsch nach einer Identität des Zeichens mit dem Bezeichneten aufgehoben bleibt.[217] Worte und Dinge sind demzufolge Bestandteile eines gemeinsamen Kontinuums [WB, II/1, S. 151].[218] In der Sprache kehrt in entstellter Form ein verlorener Zusammenhang zwischen dem Körper und den Dingen wieder [WB, VI, S. 127]. Die ‚unsinnliche Ähnlichkeit' kann als Lesen einer ursprünglichen Mimesis bzw. als Eintritt der Mimesis in die Sprache verstanden werden. Aus der kindlichen Mimesiserfahrung herausgewachsen, wird nun der erwachsene Leser zum Allegoriker. Die Allegorie setzt gerade dort ein, wo der Verweisungszusammenhang aufgebrochen ist, die mimetische Qualität abnimmt und Verweisungen jenseits primärer Verweisungen entstehen. In seinen Haschisch-Notizen verwendet Benjamin immer wieder das Bild des Webens und des Netzes, um Ähnlichkeitserfahrungen zu beschreiben [WB, VI, S. 614]. Einmal mehr wird also der Zusammenhang zwischen intertextueller Vorgehensweise, die ein solches (Erinnerungs-)Netz von Texten herstellt, und der mimetischen Erfahrung deutlich.

Analogien können nunmehr durch Reflexion, durch die spezifische Leistung der Allegorie, wiederholt werden. Die Allegorie löst die mimetische Erfahrung ab und wiederholt sie zugleich auf einer reflektierten Ebene. Insofern fungiert die Allegorie hier als ‚unsinnliche Ähnlichkeit'.[219] Gerade die ‚allegorische Intertextualität', die durch den Akt des Zitierens ein produktives ‚Eingedenken' betreibt, kann als solche nach-mimetische Leistung verstanden werden. Die Kontinuität des Geschichtsverlaufs wird aufgebrochen, indem der erinnerte Text in Bilder zerfällt. So gehen die erinnerten Gegenstände nicht als Objekte, sondern als ‚Namen' in die Sprache ein. In diesem Sinne wird die Sprache den Dingen ähnlich und ist ein Produkt der Mimesis. Im Zitat spiegelt sich nach Benjamin die ‚Engelssprache', denn durch den Vorgang des Zitierens werden die Worte an ihren Ursprung zurückgerufen, indem sie an ihre eigene Materialität erinnern: sie werden zum Reim bzw. zum Namen. Diese

---

[217] Nach Lang zeichnet sich die mimetische Seite der Sprache durch eine Ablehnung der Bezeichnung aus, stattdessen sind die Dinge selbst bezeichnend. Damit sei eine Bezeichnung vor der Repräsentation angesprochen. Tilman Lang: Mimetisches oder semiologisches Vermögen? S. 12.

[218] Vgl. Gasché, der diese Zeichenebene als Ausgangspunkt einer ‚radikalen Semiologie' beschrieben hat, die die Differenz zwischen der Geschlossenheit der Sprache und der Welt der außersprachlichen Dinge aufbrechen kann, um so an die Grenze des Ungedachten zu gelangen. Rodolphe Gasché: Das wilde Denken und die Ökonomie der Repräsentation. In: Orte wilden Denkens. Hg. v. Wolf Lepenies/Joachim Ritter. Frankfurt a.M. 1970. S. 306-384, hier S. 365.

[219] Anders Bub, der die allegorische und die mimetische Erfahrung gegeneinander ausspielt. Stefan Bub: Sinnenlust des Beschreibens. S. 20.

‚Namensprache' wiederum unterliegt dem Gesetz der Ähnlichkeit, denn sie versucht durch eine produktive Mimesis – im Sinne einer zweiten Gegenwart – eine Annäherung an die ‚reine Sprache' zu erreichen.

> Im rettenden und strafenden Zitat erweist sich die Sprache als Mater der Gerechtigkeit. Es ruft das Wort beim Namen auf, bricht es zerstörend aus dem Zusammenhang, eben damit ruft es dasselbe auch zurück an seinen Ursprung. Nicht ungereimt erscheint es, klingend, stimmig, in dem Gefüge eines neuen Textes. Als Reim versammelt es in seiner Aura das Ähnliche; als Name steht es einsam und ausdruckslos. Vor der Sprache weisen sich beide Reiche – Ursprung so wie Zerstörung – im Zitat aus. Und umgekehrt: nur wo sie sich durchdringen – im Zitat ist sie vollendet. Es spiegelt sich in ihm die Engelssprache, in welcher alle Worte, aus dem idyllischen Zusammenhang des Sinnes aufgestört, zu Motti in dem Buch der Schöpfung geworden sind. [WB, II/1, S. 363]

Ein produktives ‚Eingedenken' versteht sich somit als Wahrnehmung der in der Sprache selbst verborgenen Ähnlichkeiten. Diese Wahrnehmung geschieht plötzlich; einem ‚Chock' gleich stößt sie dem sich Erinnernden zu [WB, II/1, S. 206]. Erinnern ist demzufolge kein intentionaler Akt, sondern vielmehr an Ähnlichkeiten bzw. Korrespondenzen zwischen Vergangenheit und Gegenwart gebunden. Ähnlichkeiten sind in diesem Sinne ein ‚Geschenk', das den ‚Beschenkten' so tief trifft, dass er ‚erschrickt' [WB, IV/1, S. 112]. Diese Ähnlichkeiten, die ‚chockartig' hervorbrechen, verflüchtigen sich genauso schnell wieder, als seien sie Essenzen [WB, II/1, S. 209].[220] Die mimetische Feststellung von Konstellationen und Korrespondenzen ist eine für einen kurzen Moment arretierte Bewegung, die von sich aus nie zu ihrem Ende gelangt [WB, II/1, S. 314]. Diese aufblitzende Ähnlichkeit kann nur im Lesen vernommen werden, [WB, II/1, S. 210] denn allein das mimetische Lesen im Sinne der ‚unsinnlichen Ähnlichkeit' ist in der Lage, die Spannung zwischen Geschriebenem und Gemeintem zu entziffern [WB, II/1, S. 208]. Die Ambivalenz der Worte, wie sie durch die ‚allegorische Intertextualität' zum Vorschein gebracht wird, schließt immer auch andere und zugleich bestehende Sinnpotenziale mit ein. Das, was gelesen wird, hängt also aufs engste mit dem ‚Wie des Lesens' zusammen.

Durch ein Lesen in Konfigurationen wird das instrumentalisierte Sprechen aufgebrochen und die Ordnung des Profanen gestört. Zugleich kann durch das Allegoriekonzept der ursprüngliche Zusammenhang zwischen Idee und Ding in immer wieder neuen überraschenden Konstellationen erahnt werden. Eine solche Transparenz des metaphysischen Wunsches ist im sprachlichen Prinzip der ‚unsinnlichen Ähnlichkeit' präsent. Insofern funktioniert die Allegorie als Form der ‚unsinnlichen Ähnlichkeit'. Die Grundstruktur allegorischer Darstellung ist demnach der Verweis der Zeichen untereinander aufeinander, also das

[220] Da die Ähnlichkeit diesen flüchtigen Charakter hat, kann sie – nach Lang – immer nur die Spuren des bereits Vergangenen nachzeichnen; jede Wiederholung ist dann eine Wiederholung der Wiederholung. Tilman Lang: Mimetisches oder semiologisches Vermögen? S. 151.

Prinzip der ‚unsinnlichen Ähnlichkeit'. Um die Unendlichkeit der Idee bewahren zu können, müssen die Zeichenbeziehungen vervielfältigt werden, wie dies auch der Übersetzung eigen ist. Die mangelnde Eineindeutigkeit zwischen Zeichen und Idee wird potenziert durch die Beziehung der Zeichen auf andere Zeichen.

Es konnte bereits gezeigt werden, dass die Übersetzung von einer Sprache in eine andere Sprache zugleich eine Übersetzung von einem Sprachniveau in das nächst höhere bedeutet, also eine Annäherung an die ‚reine Sprache' darstellt. Erst ein unendliches Zeichenspiel in Form der Übersetzung oder der ‚unsinnlichen Ähnlichkeit' kann die metaphysische Grundidee aufbewahren. Interessanterweise erfolgt der Verweis auf eine messianische Welt, auf einen erweiterten Schriftbegriff bei Benjamin vielfach intertextuell.[221] Gerade in Stücken, in denen es um den Bereich der Ähnlichkeitserfahrungen geht, führt er eine Reihe von Selbstzitaten an.[222] Vor allem zitiert Benjamin gerade dort, wo er den Ausdruckscharakter der Sprache besonders betonen und die Gabe der Produktion von Ähnlichkeiten erklären will. Er hebt hervor, dass der Tanz als mimische Ausdrucksbewegung des Körpers Ähnlichkeiten herstellt: „Die Tänzerin, heißt es bei Mallarmé, ist nicht eine Frau, sondern eine Metapher, die aus den elementaren Formen unseres Daseins einen Aspekt zum Ausdruck bringen kann: Schwert, Becher, Blume oder andere." [WB, III, S. 478][223] So wird durch den Vorgang des Zitierens ein Gegengewicht zu der Dominanz der Darstellungsfunktion gegeben. Ähnlichkeitserfahrungen vollziehen sich gerade im Akt des Lesens und Schreibens bzw. des Zitierens. In dieser Hinsicht stellt die ‚allegorische Intertextualität' eine Möglichkeit der produktiven Wiederholung der mimetischen Erfahrung dar.

Die Verweisstruktur der Zeichen untereinander aufeinander endet demnach nicht in einem bloßen Spiel. Vielmehr ist sie Ausdruck der Suche nach der ‚reinen Sprache'. Die Allegorie stellt die poetische Grundstruktur sowohl für die Übersetzung als auch für die ‚unsinnliche Ähnlichkeit' bereit und ist somit Fundament der ‚allegorischen Intertextualität'. Alle Konzepte haben – wie im folgenden noch ausgeführt werden soll – einen gemeinsamen Fluchtpunkt: sie überführen in die Form verdichteter Schrift.[224]

---

[221] Vgl. z.B. auch WB, I/3, S. 1238. Hier zitiert Benjamin Octavio Paz, *Los Kijos del limo.*

[222] Dies trifft zu auf etwa die ‚Lehre vom Ähnlichen' [WB, II/1, S. 210] und die ‚Mummerehlen', auf Teile aus der Pariser Fassung der ‚Berliner Kindheit' [WB, IV/1, S. 261] oder das Stück ‚Farben' – ebenfalls aus der Pariser Fassung der ‚Berliner Kindheit' [WB, IV/1, S. 263] – die ‚Aussicht ins Kinderbuch' [WB, VII/2, S. 609] und der ‚Regenbogen. Gespräch über die Phantasie' [VII/1, S. 19-26].

[223] Schwarz bemerkt an dieser Stelle, dass es Benjamin nicht um ein Ausspielen von Darstellungs- und Ausdrucksfunktion gehe, da Sprache und Tanz den gleichen Ursprung in der körperlich-mimischen Ausdrucksbewegung haben. Ullrich Schwarz: Rettende Kritik und antizipierte Utopie. S. 82.

[224] Hier ist vor allem das Prinzip des ‚pars pro toto' von Ernst Cassirer von Interesse, das veranschaulicht, dass sich in einzelnen bedeutungsfreien Bruchstücken dennoch das Gesamt des Weltgeschehens kristallisiert. Vgl. dazu das Kapitel 5.2.1.a.

# 4. Die immanente Bildlichkeit der poetischen Sprache: Allegorische Intertextualität als magische Lektürepraxis

Dem Bild wird neben einer sinnlichen Qualität, die ihm Unmittelbarkeit verleiht, eine Abbildfunktion zugesprochen. Beide Zuschreibungen sind mit einer Problematik verbunden, die nicht erst in der Moderne zu vielen Auseinandersetzungen geführt hat. Diese betrifft sowohl den allgemeinen philosophisch-erkenntnistheoretischen Begriff als auch die Bildlichkeit der Kunst. Während in der philosophischen Tradition das Bild zunächst als Medium gilt, durch dessen Vermittlungsleistung die Distanz zwischen Subjekt und Objekt überbrückt werden soll, wird in der bildenden Kunst das Bild als Abbild eines Objektiven, der Wirklichkeit der Ideen oder der empirischen Erfahrung verstanden. In der beginnenden Moderne allerdings wird zunehmend die Empirie in Frage gestellt und damit auch die Abbildfunktion des Bildes grundsätzlich skeptisch betrachtet. Die Welt der Empirie wird zur Welt der Unwirklichkeit, der das Bild als Verweis auf das Wahrhafte bzw. auf das Absolute gegenübergestellt wird. Dagegen rückt in der Moderne die Autonomie des Bildes in den Blick, da die Wirklichkeit nicht mehr länger als Autorität in Frage kommt.[225] Diese Autonomie hat zwei grundsätzliche Folgen: Einerseits führt sie zu einem Verlust der Vermittlungsfunktion zwischen Innen und Außen, zwischen Mensch und Welt, das Bild wird zu einer unabhängigen Größe. Andererseits führt die Autonomie aber auch zu einer Polarisierung von Schrift und Bild, vor allem dann, wenn die Schrift – gerade in Abkehr von ihrer Tradition der Mündlichkeit – auf ihre Mitteilungsfunktion verwiesen als Repräsentantin der

[225] Wann die Autonomisierung der Bildlichkeit ihren Anfang genommen hat, ist vielfach diskutiert worden. Sicherlich ist dies nicht ein Phänomen der Moderne, wie viele Forschungsbeiträge behauptet haben Vgl.: Bildlichkeit. Hg. v. Volker Bohn. Frankfurt a.M. 1990. Darin die Einleitung von Jürgen Blasius. S. 7-17. Für Ernst Cassirer manifestiert sich bereits in der individualisierenden Orientierung der Portraitmalerei in der Renaissance der Gedanke von der Autonomie der Kunst. Hier gehe es um eine eigenwillige Auslegung des Mimesis-Prinzips. Vgl. auch den Beitrag von Christel Meier und Uwe Ruberg, welche die zur Autonomie drängende Entwicklung beider Künste, der Schrift und des Bildes, in der Neuzeit ansiedeln. In: Text und Bild. Aspekte des Zusammenwirkens zweier Künste in Mittelalter und früher Neuzeit. Hg. v. Christel Meier/Uwe Ruberg. Wiesbaden 1980. S. 9-19. Das die Freiheit vom Gebot der Mimesis keineswegs einen Verlust an Tradition bedeutet, macht Klaus Discherl deutlich. Bildliche und textliche Elemente erlangen zwar eine ungeahnte Verfügbarkeit, zugleich jedoch arbeitet Discherl heraus, dass nicht selten die Rückkehr an den Ursprung des Gebrauchs von Sprache und Zeichen das Resultat ist. Damit gehe die Hoffnung einher, den auratischen Akt- und Dingcharakter zurück zu gewinnen, welcher der Kunst im vormimetischen Zeitalter sehr viel stärker innewohnte. Klaus Discherl: Elemente einer Geschichte des Dialogs von Bild und Text. In: Bild und Text. S. 15-26.

Wirklichkeit gedacht wird. Bildlichkeit als das rein Ästhetische wird damit zum interessanten Gegenpol der Sprache, die – eingebunden in ihren Verweisungszusammenhang – ihren Zufluchtsort außerhalb ihrer selbst sucht: hier, dem Bild. In der Differenz von Zeichen und Bezeichnetem wird das Bild zur Utopia, an dem sich die Sprache abarbeitet.[226]

Nicht erst die Literatur der Moderne entwickelt ein Bewusstsein von einem grundsätzlichen Mangel an Authentizität von Sprache und unternimmt den Versuch, die Bildlichkeit in die Schrift hineinzuholen, um dadurch jenen Mangel zu kompensieren. Bereits der Manierismus bzw. die barocken Emblemata können als Versuch gelesen werden, in der Korrespondenz von Schrift und Bild eine über die Illustration hinausweisende Ebene zu eröffnen.[227] Der Dialog ist allerdings nur eine Form des Mit- bzw. Gegeneinanders der beiden Künste. Gerade im Wandel der Gewichtung beider Künste und der unterschiedlichen Formen des Bezugs aufeinander lässt sich die historische Neuorientierung des ‚Bild-Text-Diskurses' nachvollziehen.[228]

---

[226] Vgl. Lessings Laokoon. Hier wird die bereits von Leonardo da Vinci verfochtene Trennung von Dichtung und Malerei aufgrund des grundsätzlichen Unterschieds von Sukzessivität und Simultaneität aufgemacht. Lessing spricht von ‚fortschreitender' und ‚stehender Handlung'. Gotthold Ephraim Lessing. Laokoon oder über die Grenzen der Malerei und Poesie. In: Werke und Briefe in zwölf Bänden. Hg. v. Wilfried Barner. Bd. 5/2. Werke von 1766-1769. Frankfurt a.M. 1990. S. 11-349. Diese Trennung versucht die Moderne sowohl von der Dichtung als auch von der bildenden Kunst her zu überwinden. Man denke an Apollinaires visuelle Poesie oder an Max Ernst, der Text und Bild in ein spannungsvolles Verhältnis zueinander setzt, das bis zur Aufhebung der Unterscheidung von Sprachlichem und Graphischen geht. Ein weiteres Beispiel ist das Nebeneinander von verschiedenen Zeitebenen, das fast programmatisch für moderne Literatur ist, in der bildenden Kunst wird dagegen die Bewegung in die Darstellung integriert. Ein frühes Beispiel ist Francisco Goyas Bildserie ‚Los Caprichos' (1799).

[227] Vgl. hier vor allem das einschlägige Lehrbuch zum Barock von Dirk Niefanger: Barock. Lehrbuch Germanistik. Stuttgart 2000. Hier insbesondere die Seiten 70-74. Weiterhin: Ernst Osterkamp: Emblematik. In: Die Literatur des 17. Jahrhunderts. Hg. v. Albert Meier. München 1999, S. 233-254; Text und Bild, Bild und Text. (DFG-Symposion 1988). Hg. v. Wolfgang Harms. Stuttgart 1990; Gottfried Willems: Anschaulichkeit. Zur Theorie und Geschichte der Wort-Bild Beziehungen und des literarischen Darstellungsstils. Tübingen 1989; Gustav René Hocke: Manierismus. Die Welt als Labyrinth. Manierismus in der Literatur und Kunst. München 1991; Emblemata: Handbuch zur Sinnbildkunst des 16. u. 17. Jhs. Hg. v. Arthur Henkel/Albrecht Schöne. Stuttgart 1965.

[228] Im Mittelalter gibt es zahlreiche Zeugnisse der Kombinatorik von Text und Bild, doch zumeist überwiegt eines der beiden Medien in der Sinndetermination. Statt eines Dialogs, wie er für spätere Epochen kennzeichnend wird, finden sich hier noch eher Monologe in unterschiedlichen Medien. Daraus zu schließen, dass die Medien keine innere Bezüglichkeit aufweisen, wäre allerdings falsch. Vielmehr ist zu untersuchen, inwiefern die beiden Medien gerade in ihrer Trennung voneinander aufeinander bezogen sind. Literatur und Bildende Kunst sind schon allein durch ihren Wirklichkeitsbezug miteinander verbunden. Darüber hinaus kennt bereits die Spätantike verschiedene Mischformen von Malerei und Dichtung, wie z.B. das Bildgedicht. An die Stelle des Nebeneinanders von Text und Bild tritt in der frühen Neuzeit ein eher rivalisierendes Gegeneinander, wodurch die unterschiedlichen Ausdruckspotenziale der Künste zum Tragen kommen. In der Forschung ist zwar einerseits davon die Rede, dass sich in der Renaissance eine ganze Reihe von Grammatiken zur Malerei finden lassen, wie z.B. Albertis Malereitraktat ‚De pictura libri tres' (1435), die zumeist ein rheto-

Immer dort, wo die fehlende Eineindeutigkeit des Wortes beklagt wird, die Differenz von Zeichen und Bezeichnetem hervortritt, entsteht eine Leerstelle, die zu füllen oder zumindest zu überbrücken, man sich von dem Bild erhofft.[229] Dem Bild wird somit ein ursprünglicher Charakter zugesprochen, welcher der nachparadiesischen Sprache abhanden gekommen zu sein scheint. All diese Bemühungen sind allerdings durch einen Medienwechsel gekennzeichnet, der eine grundsätzliche Trennung von Schrift und Bild voraussetzt.

Im Folgenden soll gezeigt werden, dass der Schrift, respektive der poetischen Schrift, eine immanente Bildlichkeit innewohnt, die es hervorzubringen gilt. Insbesondere Benjamins Bild-Begriff, der Sprache an die Grenze des Unsagbaren bringt, macht deutlich, dass Sprache nicht über sich hinausweisen muss, um die Leerstelle des ‚reinen Wortes' zu füllen, sondern gerade im Rückzug auf sich selbst, auf ihre Selbstreferenzialität, diese Leerstelle umkreist und damit der ‚sinnliche Charakter'[230] der Sprache wiedergeholt werden kann. Der Fluchtpunkt liegt also nicht außerhalb der Sprache, sondern in ihr selbst. Bildlichkeit meint in diesem Zusammenhang nicht ein vor- oder außersprachliches Phänomen, sondern bezeichnet vielmehr jene der Sprache inne-

---

rikgesteuertes Gestalten von Bildern zum Ausgangspunkt haben und damit die Malerei in Analogie zur Literatur arbeitet. Dieser Annahme steht jedoch andererseits die These von der ästhetischen Emanzipation der Bildenden Kunst gegenüber. Während im Barock von einer Verwandtschaft der Künste zugunsten einer Sprachbildlichkeit oder Bildsprachlichkeit ausgegangen wird, die ihre Ausprägung in den Epigrammen und Emblemen findet, wird spätestens mit Lessings ‚Laokoon' die Trennung der Künste ausgerufen. Dennoch bietet die Raum-Zeitlichkeit von Lessings Modell einen wichtigen Ansatzpunkt in der Lehre von der ‚wechselseitigen Erhellung der Künste'. Gerade für die Kunst der Moderne ist dieser Blickwinkel besonders aufschlussreich, z.B. im Hinblick auf die Verräumlichungstendenzen der Dichtung (Konkrete Poesie, Imagismus) und den Verzeitlichungstrategien der Malerei (Futurismus) Vgl. u.a. folgende Sammelbände: Bild und Text im Dialog. Hg. v. Klaus Discherl. Passau 1993; Literatur und Bildende Kunst. Ein Handbuch zur Theorie und Praxis eines komparatistischen Grenzgebiets. Hg. v. Ulrich Weisstein. Berlin 1992; Texte – Image. Bild – Text. Hg. v. Sybil Dümchen/Michael Nerlich. Berlin 1990; Text und Bild. Aspekte des Zusammenwirkens zweier Künste in Mittelalter und früher Neuzeit. Hg. v. Christel Meier/Uwe Ruberg. Wiesbaden 1980.

229 Um nur einige Beispiele dieses Versuches zu nennen: Literarische Werke, die ein wirklich vorhandenes oder frei erfundenes Kunstwerk beschreiben, sog. Bildgedichte; in der erzählenden Prosa entspricht dies dem ‚optischen Zitat'. Außerdem die ‚Visuelle Poesie', die ihre Bezugspunkte unmittelbar nachahmt, dazu zählen auch die ‚Calligrammes' von Apollinaires, des weiteren kalligraphisch ausgerichtete Werke wie Mallarmés ‚Un Coup de Dés'. Der Imagismus, der durch die Verwendung von ‚Sprachbildern' wie Allegorie, Metapher, Symbol oder durch die Einbeziehung von Farbattributen wie bei Rimbaud an die Sinne des Lesers appelliert. Vgl. außerdem zahlreiche Werke, die eine fiktive oder historische Gestalt eines Malers oder Bildhauers zum Gegenstand haben wie z.B. Virginia Woolfs ‚To the Lighthouse'. Oskar Kokoschka oder Gertrude Stein liefern mit ihrem expressionistischen oder kubistischen Anspruch an die Literatur weitere Beispiele. Außerdem gibt es zahlreiche Korrespondenzen durch die gleichzeitige Entstehung von literarischem Manifest und der Herausbildung eines Kunststils in der bildenden Kunst, so André Bretons ‚Manifeste du Surréalisme'.

230 Zum Begriff der ‚Sinnlichkeit' vgl. erstens Benjamins Unterscheidung von ‚sinnlicher' und ‚unsinnlicher Ähnlichkeit' und zweitens Ernst Cassirers Unterscheidung zwischen Sinn und Sinnlichkeit. Dazu Kapitel ‚Sinn und Sinnlichkeit'.

wohnenden Kräfte, die aufgrund der Inanspruchnahme durch die bloße Mitteilungsfunktion verborgen sind. Darüber hinaus soll deutlich gemacht werden, daß besonders in der Moderne poetische Strategien entwickelt werden, um diese immanente Bildlichkeit der Sprache in den Blick zu rücken. Eine dieser Strategien ist die ‚allegorische Intertextualität'.

Walter Benjamins Bild-Theorien weisen die vielfältigsten Perspektiven auf, doch seine Vorstellungen vom ‚Denkbild', vom ‚Traumbild', den Bildern der Geschichte oder der Erinnerung haben alle einen Fluchtpunkt: Sie beziehen sich auf die Bildlichkeit im ursprünglichen und buchstäblichen Sinne. Bild wird als Konstellation in einem System verschiedener Ähnlichkeiten verstanden. Der wörtliche Sinn des Wortes ‚Bild' rekurriert nicht auf eine materielle bildliche Darstellung, sondern bezeichnet eine abstrakte seelische Ähnlichkeit, wie dies die Übersetzung der Worte ‚zelem' (hebr.), ‚eikon' (griech.) und ‚imago' (lat.) bestätigen. Für die Talmudisten beispielsweise bezieht sich ‚Zelem' auf das ursprüngliche Sein, d.h. Bild ist dasjenige, was das Wesen eines Dings ausmacht.[231] Die Beziehung zwischen dem Bild und seinem Ähnlichen ist dabei von geistiger Natur, da sich alles letztlich auf das Göttliche bezieht, das als Unendliches keine körperliche Präsenz besitzt.[232] Einmal mehr wird deutlich, dass das Bild ein sich augenblicklich herstellendes Resultat einer unendlichen Reflexion ist, die sich letztlich auf den Gedanken der Übersetzung gründet. Die Ähnlichkeiten der Zeichen untereinander als Konstellation der ‚Arten des Meines' lassen gleich einem ‚chock' – als Resultat der Übersetzung – die Ähnlichkeit mit dem ‚schöpferischen Wort Gottes' – der ‚reinen Sprache' – im Bild aufblitzen. Der Bildbegriff geht also vor die Repräsentation zurück. Bild meint hier im ursprünglichen Sinne die ‚sinnliche Ähnlichkeit' zwischen Idee und Ausdruck, zwischen Zeichen und Bezeichnetem. Das Erzeugen von Ähnlichkeiten steht allerdings nicht länger im Dienst von wie auch immer gearteten Nachahmungskonzepten, die alle an den Repräsentationsgedanken gebunden sind, sondern ‚sinnliche Ähnlichkeit' wird als eine Form der prämagischen Mimesis verstanden, als eine Synthese von Subjekt und Objekt, von Natur und Kultur. Wie noch zu zeigen sein wird, liegt hierin das besondere Potenzial von Benjamins Bilddenken begründet: Bildlichkeit ist eine in der Sprache selbst liegende Dimension, die vor allem durch die poetische Redeweise entfaltet werden kann. Das Bild wird auf diese Weise zum utopischen Fluchtpunkt der Sprache, der darin besteht, in der äußersten sprachlichen Konkretion eine Übereinstimmung von Laut und Gestalt zu erreichen, also eine Erinnerung an die ‚Namensprache' zu gewährleisten. Damit wäre ein Medienwechsel von der Schrift zum Bild überflüssig, da die Grenzüberschreitung

---

[231] Moses Ben Maimon: Führer der Unschlüssigen. Bd. 1. Übers. u. komm. v. Adolf Weiss. Hamburg 1972. S. 27ff. Zit. nach W.J.T. Mitchell: Was ist ein Bild? In: Bildlichkeit. Internationale Beiträge zur Poetik. Hg. v. Volker Bohn. Frankfurt a.M. 1990. S. 17-69.

[232] Vgl. hierzu Die Bibel: I. Moses, 1, 26.

hin zu einem authentischen Sprechen in der Sprache selbst vollzogen werden könnte und nicht des bildlichen oder musikalischen Ausdrucks bedarf.[233]

Wie auch Cassirer verdeutlicht, ist im Bild die identische Ähnlichkeit des Einen mit dem Ganzen ausgedrückt. Gemäß dem Prinzip des ‚pars pro toto' fungiert das Bild nicht als Abbild, sondern präsentiert die Idee des Ganzen in einem dem Ganzen identischen Teil – dem Bild. Diese Tatsache erteilt nicht nur der Repräsentationslogik eine Absage, sondern entwirft zugleich neue Dimensionen der Darstellbarkeit.

> Der Name ist, mythisch genommen, niemals ein bloß konventionelles Zeichen für ein Ding, sondern ein realer Teil desselben – und ein Teil der nach dem mythisch-magischen Grundsatz des ‚pars pro toto' das Ganze nicht nur vertritt, sondern wirklich ‚ist'. [...] Und ebenso wird die Ähnlichkeit hier niemals als bloße Beziehung, die etwa nur in unserem subjektiven Denken ihren Ursprung hätte, aufgefasst, sondern alsbald auf eine reale Identität zurückgedeutet: Dinge könnten nicht als ähnlich erscheinen, ohne in ihrem Wesen irgendwie eins zu sein. [EC, WWS, S. 24]

> Hier drückt demnach das Wort nicht als bloß konventionelles Symbol den Inhalt der Anschauung aus, sondern es verschmilzt mit ihm zu einer unlöslichen Einheit. Der Inhalt der Anschauung geht in das Wort nicht nur in irgendeiner Weise ein, sondern er geht in ihm auf. Was einmal im Wort oder Namen festgehalten ist, das erscheint nunmehr nicht nur als ein Wirkliches, sondern geradezu als das Wirkliche. Die Spannung zwischen dem bloßen ‚Zeichen' und dem ‚Bezeichneten' hört auf: an die Stelle des mehr oder minder gemessenen Ausdrucks ist ein Verhältnis der Identität, der völligen Deckung zwischen Bild und Sache, zwischen den Namen und den Gegenstand getreten. [EC, WWS, S. 123f.]

Verknüpft man die Überlegungen Cassirers mit denen Benjamins, wird deutlich, dass das Bild nicht als Zeichensorte fungiert, sondern als grundlegendes Prinzip. Da die ‚sinnliche Ähnlichkeit', wie bereits verdeutlicht, nur im Medium der ‚unsinnlichen Ähnlichkeit' wiederholt werden kann, stellt das Bild eine eigentümliche Schwellenposition dar. Insofern fungiert das Bild als Ort des Zwischenraumes zwischen ‚sinnlicher' und ‚unsinnlicher Ähnlichkeit'.[234] Der

---

[233] Vgl. auch Pfotenhauer, der den Medienwechsel Schrift-Bild als das „ikonisch Andere der Sprache in der Sprache" bezeichnet. Dieser Medienwechsel schaffe einen semiotischen Überschuss über die auf Konsistenz und Wahrscheinlichkeit ausgerichtete Geschichte hinaus. Der Augenblick bzw. die visuelle Räumlichkeit des Bildes treten an die Stelle der Kontinuität und halten die Geschichte an, damit entlasten sie – so Pfotenhauer – von dem Gesetz der Mimesis. Die so verstandene Bildlichkeit konkretisiert sich nach Pfotenhauer vornehmlich in novellistischen Augenblicken. Helmut Pfotenhauer: Bild versus Geschichte. Thesen zur Funktion des novellistischen Augenblicks in Goethes Romanen. Vortrag vor dem Graduiertenkolleg ‚Klassizismus und Romantik'. Giessen 2000.

[234] Auch nach Cassirer erscheint in jedem Bild ein geistiger Gehalt, der an und für sich über alles Sinnliche hinausweist. Zwar ist das Angewiesensein des menschlichen Diskurses auf Bilder und Zeichen gegenüber dem göttlichen und urbildlichen Diskurs nur ein Ausdruck des Mangels, dem die ‚reine Unmittelbarkeit' verschlossen bleibt. Allerdings ermöglicht das Bewusstsein dieser Differenz nach Cassirer die Erschaffung geistiger Welten als symbolische Formen, welche die Vollendung des Geistes als Form weitertreiben [EC, PSF, I, S. 40, 42f.].

so entstandene Zwischenraum verweist auf die Materialität der Sprache; indem das Bild als Drittes fungiert, lässt es an der semantischen Seite der Sprache die ‚reine Sprache' erahnen. Wie bereits gezeigt, ist es gerade die Allegorie und mit ihr die ‚allegorische Intertextualität', welche die ‚unsinnliche Ähnlichkeit' hervorbringen. Wenn man davon ausgeht, dass die ‚unsinnliche Ähnlichkeit' im Bewusstsein der allegorischen Konzeption an sich schon eine Schwellenposition darstellt, indem sie die Differenz zur ‚sinnlichen Ähnlichkeit' mitdenkt, ist Bild gerade dasjenige, welches an dieser Schwelle beheimatet ist. Deshalb lässt es die ‚sinnliche Ähnlichkeit' bzw. die Präsenz der ‚reinen Sprache' an der Konstellation der ‚unsinnlichen Ähnlichkeit' aufscheinen. Durch diese Differenz erteilt das Schreiben im Bild der Repräsentation eine Absage. Insofern markiert das Bild die Grenze zwischen Sagbarem und Unsagbarem und zwischen Darstellung und Dargestelltem.[235] Indem das Bild diese Grenze markiert, ist zwischen Sprache und Bild im Moment der Schwellenposition nicht mehr zu unterscheiden.[236]

> Das Leben schien nur lebenswert, wo die Schwelle, die zwischen Wachen und Schlaf ist, in jedem ausgetreten war, wie von Tritten massenhafter hin und wider flutender Bilder, die Sprache, nur sie selbst, wo Laut und Bild und Bild und Laut mit automatischer Exaktheit derart glücklich ineinandergriffen, daß für den Groschen 'Sinn' kein Spalt mehr übrigblieb. Bild und Sprache haben den Vortritt. [...] [WB, II/1, S. 296]

Indem Sprache durch die allegorische Bewegung ihrer immanenten Bildlichkeit eingedenk ist, erinnert sie zugleich an ihre eigene Materialität; insofern wird sie – wie nachgewiesen werden soll – selbstreferenziell.

Einmal mehr wird deutlich, dass die ‚allegorische Intertextualität' eine Suchbewegung darstellt, der die ‚reine Sprache' – im Sinne Benjamins der ‚Name' – als Fluchtpunkt eingeschrieben ist. Diese Konstellation kreist um eine Leerstelle, das ‚schöpferische Wort' bzw. das Unsagbare, und sucht immer wieder nach Kristallisationspunkten im Text:[237] „Ja in der Analyse des kleinen Einzelmoments den Kristall des Totalgeschehens zu entdecken" [WB, V/1, S. 575]. Diese Kristallisationspunkte werden ausgemacht im Aufeinanderpral-

---

[235] Vgl. dazu auch Deuber-Mankowsky, die ebenfalls auf die Schwelleposition hinweist und deutlich macht, dass Bild nicht als neue Unmittelbarkeit oder Anschauung des Absoluten im mystischen Nu verstanden werden kann. Astrid Deuber-Mankowsky: Der frühe Walter Benjamin und Hermann Cohen. Jüdische Werte, Kritische Philosophie, vergängliche Erfahrung. Berlin 2000. S. 90.

[236] Schwarz macht deutlich, dass das Bild als Möglichkeitsraum fungiert, damit werde es allegorisch, da es auf das ‚Noch-Nicht' verweist. Ullrich Schwarz: Rettende Kritik und antizipierte Utopie. S. 164.

[237] In diesem Sinne kann man auch Celans Bild des ‚Atemkristalls' verstehen. Vgl. dazu das Gedicht ‚Weggebeizt': „[...] Tief / in der Zeitenschrunde, / beim / Wabeneis / wartet, ein Atemkristall, / dein unumstößliches / Zeugnis." Paul Celan: Gesammelte Werke. Bd. 2. Frankfurt a.M. 1986. S. 31.

len der verschiedenen Textebenen im Zitat. Die Schwelle zwischen ‚Noch-Nicht' und ‚Nicht-Mehr' ist dabei Voraussetzung für die Entstehung des Bildes und damit für das Aufscheinen der ‚reinen Sprache' [WB, I/2, S. 704].[238] Im Bild werden die Ebenen des konkreten Erlebens, der Anschauung und der Abstraktion vereinigt, da Bilder die Zeichen durchdringen, indem sie sie auflösen [WB, V/1, S. 500]. Insofern leisten Bilder Widerstand gegen die Ratio bzw. gegen feste Bedeutungserwartungen und überschreiten so die Grenzen des Gegenständlichen. Wie bereits gezeigt, findet durch die allegorische Bewegung eine Aufstörung des instrumentellen Sprechens statt, ein Übergang von der Sinn- zur Formebene wird vollzogen, denn die Materialität der Sprache erschließt sich gerade in der dem Ding bzw. Wort eigenen Form. Es geht also darum, ‚den Sinn vor dem Verstehen zu behüten, um dadurch dem Missbrauch der Worte entgegenzuwirken' [WB, II/1, S. 93].

Das Aufscheinen des Namens in der Konstellation der ‚unsinnlichen Ähnlichkeit' geschieht in kurzen schockhaften Augenblicken, denn die Bildlichkeit der Sprache entsteht durch eine spezifische Erinnerungsleistung im Sinne des ‚Eingedenkens', wie sie die ‚allegorische Intertextualität' praktiziert. Diese Augenblicke bezeichnet Benjamin als ‚Dialektik im Stillstand', materialisiert in einer Monade, in welcher der Gehalt des Vergangenen mit dem Gegenwärtigen blitzhaft zusammentrifft und eine Ahnung von dem Ursprung in der Gegenwart vermittelt. Nur in diesem Augenblick wird die vollendete Zeit vergegenwärtigt. Demzufolge ist Bild dasjenige, worin das Gewesene mit dem Gegenwärtigen in eine kurzzeitige Konstellation eintritt. Die Beziehung der Zeiten untereinander verläuft nicht linear, sondern bildlich und der Ort, an dem man diese Bilder antrifft, ist die Sprache. Während das erlebte Ereignis noch endlich ist, weil es in die Sphäre des Erlebens eingeschlossen ist, ist das Erinnerte grenzenlos. In der ‚Dialektik im Stillstand', die eine Konzentration im utopischen Augenblick erfährt, in einer kurzzeitigen Aufhebung der Grenze zwischen ursprünglicher Zeit und Jetztzeit, befindet sich gleichzeitig das Asyl von Sprache. Der Name offenbart sich dort, wo die Dialektik von Jetzt und Gewesenem ihren Stillstand hat [WB, I/2, S. 682]. Dieser utopische Augenblick ist ein eigener ästhetischer Zustand. Gerade dort, wo es keinen anderen diskursiven Ausdruck mehr gibt, kann die Konzentration auf die immanente Bildlichkeit der Sprache die Materialität der Sprache aufscheinen lassen [WB, V/1, S. 595].

> Nicht so ist es, daß das Vergangene sein Licht auf das Gegenwärtige oder das Gegenwärtige sein Licht auf das Vergangene wirft, sondern Bild ist dasjenige, worin das Gewesene mit dem Jetzt blitzhaft zu einer Konstellation zusammen-

[238] Interessanterweise lassen sich Parallelen zwischen dem Zitatbegriff Benjamins und dem Goethes nachweisen. Zitate erzeugen nach Goethe immer ein zweideutiges Doppelgesicht, man muss im Umgang mit denselben auf ein einfaches Verstehen verzichten. Der Sinn überrascht und berührt immer wieder neu bzw. auf vielfache Weise. Johann Wolfgang Goethe: Aus meinem Leben. Dichtung und Wahrheit. In: Goethes Werke. Hamburger Ausgabe. Bd. 9 u. 10. Kommentar: Erich Trunz. S. 554f.

> tritt. Mit anderen Worten: Bild ist Dialektik im Stillstand. Denn während die Beziehung der Gegenwart zur Vergangenheit eine rein zeitliche ist, ist die des Gewesenen zum Jetzt eine dialektische: nicht zeitlicher, sondern bildlicher Natur. Nur dialektische Bilder sind echt geschichtliche, d.h. nicht archaische Bilder. Das gelesene Bild, will sagen das Bild im Jetzt der Erkennbarkeit trägt im höchsten Grade den Stempel des kritischen gefährlichen Moments, welcher allem Lesen zugrunde liegt. [WB, V/1, S. 578]

Mit seiner Theorie der Lesbarkeit von Bildern und dem Verweis auf dialektische Bilder als gelesene, betrachtet Benjamin Bilder nicht unter dem Aspekt der Repräsentation, sondern unter dem der Schrift.[239] Benjamins Bildbegriff distanziert sich insoweit von traditionellen Bildvorstellungen, als hier der Ort, an dem das Bild anzutreffen ist, die Sprache ist. Es zeichnet sich durch ein kritisches Moment aus, dem Moment der Lesbarkeit.[240] Die Lesbarkeit des Bildes, die an das ‚Jetzt der Erkennbarkeit' gebunden ist, besitzt keine sprachlich konstituierte Bedeutung, sondern findet nur in kurzen blitzhaften Momenten statt. Im Bild als Ort der Schwelle ereignet sich ein spontaner, sich jedesmal neu herstellender Zusammenschluss der Zeiten. Bild wird hier verstanden als ‚memoire involontaire', als etwas, das wir nie sahen, bevor wir uns nicht erinnerten [WB, II/3, S. 1064]. Dadurch ist dem Bild etwas Ursprüngliches zueigen, was es vom bloßen Abbild unterscheidet; demzufolge geht Benjamin nicht von einem materiellen Bildbegriff aus. Der Ort, an dem diese kurzzeitigen Bilder entstehen, ist die Sprache. Insofern fordert die Lesbarkeit des Bildes eine aktive Lektürehaltung heraus, die wiederum durch die ‚allegorische Intertextualität' mit der Bewegung der Destruktion und Montage und dem produktiven ‚Eingedenken' erfolgt. Die allegorische Lektüre ist also in der Lage, diese Bilder zu lesen bzw. sie in kurzen Augenblicken zuallererst hervorzubringen. Wenn Benjamin hier von geschichtlichen und gerade nicht von archaischen Bildern spricht, bedeutet das zugleich, dass diese Bilder vermittelte – d.h. in der Auseinandersetzung der ‚sinnlichen' mit der ‚unsinnlichen Ähnlichkeit' entstandene – Bilder sind. So verstandene Bildlichkeit ist ein Ereignis, nicht Verbildlichung. Bilder vermitteln in der Konstellation der ‚unsinnlichen Ähnlichkeit' zwischen zwei Objekten durch die ‚sinnliche Ähnlichkeit', die sie mit beiden in sich selbst finden [WB, II/3, S. 956].[241] In der ‚unsinnlichen' bzw. geistig-reflektierten Vermittlung von ‚sinnlichen Ähnlichkeiten', im unendlichen Übersetzungsprozess erscheint für einen kurzen Augenblick das Bild als Schwelle und Ereignis der Annäherung zugleich. Die

---

[239] Drügh weist ebenfalls darauf hin, dass das zu lesende Bild nicht als Objekt verstanden werden kann, welches repräsentiert werden soll. Heinz J. Drügh. Anders-Rede. S. 418.

[240] Nach Menke entzieht sich das, was im Bild abgebildet scheint, der Sichtbarkeit bzw. es ist nicht existent. Dieses Entziehen sei ein textuelles, da es sich zugleich ereignet. Bettine Menke: Bild – Textualität. Benjamins schriftliche Bilder. In: Der Entzug der Bilder. Visuelle Realitäten. Hg. v. Michael Wetzel/Herta Wolf. München 1994. S. 47-67, hier S. 51.

[241] Vgl. hier nochmals das Prinzip des ‚pars pro toto' von Ernst Cassirer in dem Kapitel ‚pars pro toto oder das Prinzip der Namensprache'.

Distanz zwischen Subjekt und Objekt wird überbrückt.[242] Eine Theorie der Bildlichkeit gibt demzufolge immer auch Aufschluss darüber, wie das Eine zum Zeichen des Anderen werden kann.[243] In einem ‚Universum der Verschränkungen', von Vergangenem und Gegenwärtigem, von Beziehungen und Verweisungen, kurz von Ähnlichkeiten, entstehen diese Bilder [II/1, S. 320]. Insofern ist Ähnlichkeit Bild.

> Die Ähnlichkeit des Einen mit dem Andern, mit der wir rechnen, die im Wachen uns beschäftigt, umspielt nur die tiefere Traumwelt, in der, was vorgeht, nie identisch, sondern ähnlich: sich selber undurchschaubar ähnlich, auftaucht. Kinder kennen ein Wahrzeichen dieser Welt, den Strumpf, der die Struktur der Traumwelt hat, wenn er im Wäschekasten eingerollt, ‚Tasche' und ‚Mitgebrachtes' zugleich ist. Und wie sie sich selbst nicht ersättigen können, dies beides: Tasche und was drin ist in einem Griff in etwas Drittes zu verwandeln: in den Strumpf, so war Proust unersättlich, die Attrappe, das Ich, mit einem Griffe zu entleeren, um immer wieder jenes Dritte: das Bild, das seine Neugier, nein, sein Heimweh stillte, einzubringen. Zerfetzt vom Heimweh lag er auf dem Bett, Heimweh nach dem Stand der Ähnlichkeit entstellten Welt, in der das wahre sürrealistische Gesicht des Daseins, zum Durchbruch kommt. Ihr gehört an, was bei Proust geschieht, und wie behutsam und vornehm es auftaucht. Nämlich nie isoliert pathetisch und visionär, sondern angekündigt und vielfach gestützt eine gebrechliche kostbare Wirklichkeit tragend: das Bild. [WB, II/1, S. 314]

Benjamins Bildgedanke kulminiert hier in der Idee des Strumpfes, der sowohl Verpackung und Geschenk, Innen und Außen, Verhülltes und Verhüllendes ist. In dieser Eigenschaft markiert er also eine Schwelle, da er zugleich Form und Inhalt präsentiert und damit Darstellung und Nicht-Darstellbarkeit vereint.[244] Wenn Benjamin Bild als etwas ‚Drittes' bezeichnet, meint er nicht Abbildlichkeit, sondern einen Ort des Zwischenraumes, an dem die Figuren der ‚unsinnlichen Ähnlichkeit', also der menschlichen Sprache, mit denen der ‚sinnlichen Ähnlichkeit', der ‚schöpferischen Sprache', zusammentreffen.[245] Bild dementiert damit zugleich seine eigene Konsistenz als Bild, indem es Ausdruck einer ‚gebrechlichen Wirklichkeit', eines oszillierenden ‚Dritten' ist. Das Bild verweigert also seinen eigenen Anspruch auf Endgültigkeit [WB, I/3,

---

[242] Vgl. Jean Bazaine: Notizen zur Malerei der Gegenwart. Frankfurt a.M. 1959. S. 17. Lang macht darauf aufmerksam, dass die Opposition Subjekt/Objekt zu einem logischen Raum wird, dadurch können Bilder eine autonome Wirklichkeit für sich beanspruchen, was als Vermittlung gedacht war, wird zum Ursprung. Tilman Lang: Mimetisches oder semiologisches Vermögen. S. 161.

[243] Vgl. Michel Foucault: Die Ordnung der Dinge. S. 46f.

[244] Nach Menke markiert hier das Bild zugleich seine Nicht-Darstellbarkeit, seine illusorische Konstruktion. Insofern würden hier Bildnis und Bildnisverbot zusammenfallen. Bettine Menke: Bild – Textualität. S. 50.

[245] Nach Weigel sind Bilder in Benjamins Denken nicht Gegenstand, sondern Matrix seiner Theoriebildung. Sigrid Weigel: Entstellte Ähnlichkeit. S. 16. Anders Deuber-Mankowsky, die darauf hinweist, dass jedes Bild bereits Abbild sei, da aufgrund des alttestamentarischen Bilderverbots kein Bild als Urbild fungieren dürfe. Astrid Deuber-Mankowsky: Der frühe Walter Benjamin und Hermann Cohen. S. 99.

S. 1165]. Jede Geschlossenheit des Bildes zu einer Bedeutung oder instrumentellen Lesbarkeit wird zerstört und lesend stets fortentwickelt.[246] Bild bezeichnet also immer nur eine kurzzeitige Zäsur in der Denkbewegung [WB, V/1, S. 595]. Diese Zäsur geschieht hier aber nicht nur in der sich herstellenden Bedeutung, an der Schwelle zwischen Darstellbarkeit und Nicht-Darstellbarkeit, sondern auch an der Grenze zwischen Erinnern und Vergessen. Das Erinnerte wird zugleich in der Erinnerungsarbeit aufgelöst, um dann als ‚zweite Gegenwart' wiederholt werden zu können. Dies machen die ‚Rätselbilder' aus der *Berliner Kindheit um neunzehnhundert* deutlich, in denen zeitüberschreitende Dimensionen thematisiert werden. Ein Ereignis in der Vergangenheit besitzt zukunftsweisende Referenzen, die letztlich erinnert werden mit der Feststellung, dass sie sich so nicht erfüllt haben. Das Bild kann noch immer nicht entziffert werden, es bleibt als Schwellenposition erhalten [WB, IV, S. 254f.]. Durch seinen Aufenthalt im Zwischenraum der Schrift und der Zeit verhindert das Bild seine Arretierung zu einer instrumentellen Bedeutung. Demzufolge sind Texte, welche die immanente Bildlichkeit der Sprache hervorbringen, selbst eine Art Passage, ein Ort der Schwelle, indem sie vorgefundene Denkfiguren sprachlich-mimetisch umarbeiten. Die Bildlichkeit der Sprache ist also immer Ausdruck der Differenz, denn nur im Moment des Auseinanderfallens von Begriff und Ding, von Signifikat und Signifikant, entsteht ein Bewusstsein von der Materialität der Sprache. Gerade die moderne Sprache, die diese Differenz immer mitdenkt, ist eine Sprache, welche die Bildlichkeit hervorbringt und damit Richtung nimmt auf die Indifferenz von Sprache. Denn wie bereits gezeigt, ist die Bildlichkeit der Sprache an der Schwelle zwischen einer Mitteilung ‚durch Sprache' und einer Mitteilung ‚in Sprache' beheimatet. Als solche ist sie Resultat einer allegorischen Lektüre, denn die ‚allegorische Intertextualität' markiert die Schwelle zwischen Vergangenheit und Gegenwart, zwischen Text und Text und somit auch zwischen Bedeutetem und Bedeutendem. Ein so verstandenes Bilddenken ist zugleich immer auch ein Bildbegehren, da es sich nach der Materialität der Sprache sehnt.[247]

Die Erprobung des Bilddenkens in der Sprache findet nach Benjamin vor allem im ‚Gespräch' – also im Dialog der Stimmen oder Texte – statt, mit dem er eine andere ‚wahrhafte' Sprache verbindet; eine Sprache jenseits des Gesagten. Gerade hier findet er seine Forderung erfüllt, dass innerhalb der Sprache auf das Unsagbare in der Sprache verwiesen werden müsse.

---

[246] Nach Menke liegt die Identität des Bildes in der Verweigerung seiner Identität begründet. Bettine Menke: Bild – Textualität. S. 62.

[247] Vgl. auch WB, II/1, S. 314. Hier beschreibt Benjamin das Begehren nach einer ‚gebrechlichen, kostbaren Wirklichkeit', die ‚Sehnsucht' und ‚Neugier', an der Proust sein Heimweh gestillt habe. Zum Begriff des Begehrens vgl. Lacan, der den Wunsch nach Übertritt von der symbolischen Ordnung in den Bereich des Imaginären als die spezifische Leistung der poetischen Sprache bezeichnet hat. Jaqcues Lacan: Das Spiegelstadium als Bilder der Ich-Funktion. S. 61f.

> Das Gespräch strebt zum Schweigen und der Hörende ist eher der Schweigende. Sinn empfängt der Sprechende von ihm, der Schweigende ist die ungefaßte Quelle des Sinns. Das Gespräch hebt die Worte zu ihm als die Fassenden, die Krüge. Der Sprechende senkt die Erinnerung seiner Kraft in Worte und sucht Formen, in denen der Hörende sich offenbart. Denn der Sprechende spricht um sich bekehren zu lassen. Er versteht den Hörenden trotz seiner eigenen Worte: daß einer ihm gegenüber ist, dessen Züge unauslöschlich ernst und gut sind, während der Sprechende die Sprache lästert. [...]
>
> Wer spricht geht in den Lauschenden ein. Das Schweigen gebiert sich also selber aus dem Gespräche. Jeder Große hat nur ein Gespräch, an dessen Rande wartet die schweigende Größe. Im Schweigen wurde die Kraft neu: der Hörende führte das Gespräch zum Rande der Sprache und der Sprechende erschuf das Schweigen einer neuen Sprache, er, ihr erster Lauscher. [WB, II/1, S. 91f.]

Hier zeigt sich, dass gerade im Moment der Dialogizität, des Gesprächs mit bereits geschriebenen Texten, das instrumentelle Kontinuum der Sprache aufgebrochen und durch die Ergänzung der zweiten Stimme, des Hörenden oder Aufnehmenden, an die Schwelle der Unsagbarkeit getreten werden kann. Interessanterweise setzt Walter Benjamin ein Zitat an die Stelle des Versuchs, diese Schwellenposition, das Aufscheinen des ‚Namens' im Moment der Bildlichkeit, zu beschreiben. Den Augenblick des ‚Mittags', an dem die Zeit stillsteht und die Dinge sich in ihrer Materialität zeigen, macht er mit Nietzsches Worten aus *Zarathustra* deutlich [WB, IV/1, S. 428].[248] Durch diesen intertextuellen Dialog wird das Wort – hier das zitierte Wort – zum Namen in der Unmittelbarkeit des Jetzt und Hier. Eine Aura entsteht, so wie sie Benjamin versteht: als ‚Ferne, so nah sie sein mag', hervorgerufen durch die ‚allegorische Intertextualität', die im utopischen Augenblick des zitierten Namens eine kurze Stillstellung evoziert [WB, I/2, S. 440]. Diese Sehnsucht nach dem ‚göttlichen Namen' findet vor allem in dem Denkbild *In der Sonne* seinen Ausdruck [WB, IV/1, S. 417- 420].

> Siebzehn Arten von Feigen gibt es, wie es heißt auf der Insel. Ihre Namen – sagt sich der Mann, der in der Sonne seinen Weg macht – müßte man kennen. Ja man müßte die Gräser und die Tiere nicht allein gesehen haben, die der Insel Gesicht, Laut und Geruch geben, die Schichtungen des Gebirges und die Arten des Bodens, der vom staubigen Gelb bis zum violetten Braun geht, mit den breiten Zinnoberflächen dazwischen – sondern vor allem ihren Namen müsste man wissen. Ist nicht jeder Erdstrich Gesetz einer nie wiederkehrenden Begegnung von Gewächsen und Tieren und also jede Ortsbezeichnung eine Chiffre, hinter welcher Flora und Fauna ein erstes und ein letztes Mal aufeinandertreffen? Aber der Bauer hat ja den Schlüssel der Chiffreschrift. Er kennt die Namen. Dennoch ist es ihm nicht gegeben, über seinen Sitz etwas auszusagen. Sollten die Namen ihn wortkarg machen? Dann fällt die Fülle des Worts nur dem zu, der das Wissen ohne die Namen hat, die Fülle des Schweigens aber dem, der nichts hat als sie? [WB, IV/1, S. 417]

---

[248] Vgl. Friedrich Nietzsche: Werke Bd. I. Hg. v. Karl Schlechta. München 1967. S. 996.

Der Name ist hier ausschließlich an die bildhafte Wahrnehmung der Dinge gebunden. Der Bauer, der die Namen kennt, ist allerdings schweigsam, da der ‚Besitz' derselben schweigsam macht, denn der Name entzieht sich der diskursiven Mitteilung.

Indem das zitierte fremde Wort aus seiner natürlichen Sprachbewegung herausgerissen und zu einem starren Gebilde wird, ist es für einen Moment arretiertes Bild, ohne Sinn, gleich einer ‚kleinen linguistischen Grabkammer' [WB, VI, S. 418].[249] Das Bild evoziert den Namen, da es durch die allegorische Bewegung in unmittelbaren Augenblicken die ‚sinnliche Ähnlichkeit' zum ‚schöpferischen Wort' erahnen lässt, die danach sofort der Vergänglichkeit preisgegeben wird. Das Aufblitzen der mimetischen Bilder in den ‚unsinnlichen Korrespondenzen' ist zugleich der Augenblick ihrer Lesbarkeit, der Augenblick des Übergangs von einer Faktizität der Schrift zu einer Schrift im Bild [WB, II/1, S.209]. Insofern bewahrt die Bildlichkeit der Schrift die Erinnerung an einen ursprünglichen Zugang zur Welt, in der die Materialität des Textes mitberücksichtigt wird. Die Erinnerung an die Fähigkeit ‚sinnliche Ähnlichkeiten' wahrzunehmen und zu produzieren, liegt in der Zeichnung der Buchstaben verborgen. Wie bereits deutlich gemacht, besinnt sich die Praxis der ‚allegorischen Intertextualität' gerade auf diese materiale Buchstäblichkeit, die noch an einen körperlichen Akt gebunden ist.[250] Die Praxis des Zitierens versetzt somit das Wort ins Bild.[251]

Benjamin veranschaulicht dies in seinem Denkbild *Mummerehlen.* Hier wird ein intertextueller Bezug zur *Ilias* bzw. zur Geschichte vom Schilde Achills hergestellt. Das Bild des Schildes wird durch die Zitation zum Realraum, d.h. der Text, das Wort, hat keine repräsentationslogische Form mehr, sondern durch den Bildcharakter wird Sprache in den Stand der Ähnlichkeit erhoben. Die Wirklichkeit wird präsentiert. Durch ein intertextuelles Sprechen findet ein Übergang von der Repräsentation zur Präsentation statt. Der Maler in dem Denkbild *Mummerehlen* tritt in den sich öffnenden Bildraum hinein [WB, IV/1, S. 260f.].[252]

---

[249] Auch Bröcker macht darauf aufmerksam, dass sich der Gehalt eines Bildes allein auf nichtprädikative Weise veranschaulicht. Michael Bröcker: Die Grundlosigkeit der Wahrheit. S. 151.

[250] Anders Pethes, der davon ausgeht, dass die Schrift zu ihrem bildlichen Ursprung nur unter Verlust ihrer Ähnlichkeit zurückkehrt. Nicolas Pethes: Mnemotechnik. S. 152.

[251] Stiegler zeigt, dass der Name als Bild funktioniert, da er eine Konstellation von Vergangenheit und Zukunft erzeugt. Der Eigenname fungiert hier als Erinnerungsspur. Bernd Stiegler: Die Aufgabe des Namens. S. 73. Benjamin bringt den Bereich des Namens mit dem Ähnlichen in Verbindung, insofern ist er auch Gegenstand der Mimesis [WB, V/2, S. 1038].

[252] Nach Weigel sind im totalen Bildraum Distanz und Grenze zwischen Subjekt und Bild aufgehoben, das Subjekt geht selbst in den Bildraum ein, so wird der Bildraum zugleich zum Leibraum. Den Zusammenfall von Leib- und Bildraum beschreibt sie als Vorgang der Einverleibung, der mit einem Fehlen von Distanz und Konstruktion einhergeht. Lesender und Entziffernder sind nicht mehr voneinander zu unterscheiden. Das Subjekt wird zum Teil der imaginierten Szene. Sigrid Weigel: Entstellte Ähnlichkeit. S. 116f.

Karl Kraus bezeichnet das Zitieren auch als ein Photographieren.[253] Die Schrift, die hier für Augenblicke zu einem Bild arretiert, erfordert eine neue Art des Lesens: Während das ‚profane Lesen' die Linearität der Sinnzusammenhänge erfasst, erahnt das ‚magische Lesen' auch das Ungeschriebene zwischen den Zeilen. Der ‚magische Leser' ist in der Lage, ein Bild zu lesen, das ihm aus dem Zusammenhang entgegentritt. Er liest die Schrift und kann plötzlich dahinter das Bild fixieren. Eine Form des Lesens wird durch eine andere zum Stillstand gebracht und ersetzt.[254] So wie die ‚sinnliche Ähnlichkeit' der Sprache nur noch blitzartig an ihrem semantischen Träger, der ‚unsinnlichen Ähnlichkeit' in Erscheinung treten kann, so kann auch die Magie der Sprache nur an der Zeichenseite der Schrift hervortreten [WB, II/1, S. 208]. Um ein magisches Lesen praktizieren zu können, muss das profane Lesen dem Schema der simulierten Entfremdung folgen, d.h. in den Horizont des Vergessens gestellt werden, „denn Lesen lernen kann ich nur einmal" [WB, IV/1, S. 267]. So geht das Prinzip der magischen Lektüre vor den Prozess des Lesen Lernens zurück und nimmt die Worte in ihrer Materialität wahr, rein von jeglicher Sinnverbindung. „Was mir die ersten Bücher gewesen sind, das zu erinnern muß ich jedes andere Wissen um Bücher allererst vergessen haben" [WB, VI. S. 514]. Dieses erste Wissen um Bücher ist ein der Sprache innewohnendes Prinzip, fern von jeglicher Gegenständlichkeit. Die Formierung des Sinns aus der Materialität des Geschriebenen heraus, muss demzufolge vergessen werden. Dabei handelt es sich um ein zweifaches Vergessen: Ein Vergessen muss vergessen werden, wenn Zusammenhänge erinnert werden sollen, die im Zuge der Instrumentalisierung von Sprache vergessen worden sind.[255] Gerade die kindliche Leseerfahrung, die stark vom sinnlichen Erfassen der Sprache geprägt ist, bezeichnet Benjamin als Form der magischen Lektüre. Das Kind, welches sich in einen ‚Sturm von farbigen und streitenden Lettern' begibt, wird selbst zum integralen Bestandteil des Textuniversums [WB, IV/1, S. 103, 113]. Das Kind verirrt sich in einem Leselabyrinth, in dem die Ähnlichkeiten der Worte untereinander auf einer anderen als der semantischen Ebene relevant werden.[256] Demzufolge kann die magische Lektürepraxis auch als ein Le-

---

[253] Karl Kraus: Die Fackel. 400-403. S. 46. Zit. nach Josef Fürnkäs. Zitat und Zerstörung. S. 213. Vgl. auch Bergson, der die virtuelle Aufbewahrung vergangener Eindrücke mit einer nicht entwickelten Fotoplatte vergleicht und den Erinnerungsprozess in Analogie zur Fokussierung des Fotoapparates bringt. Henri Bergson: Materie und Gedächtnis. Eine Abhandlung über die Beziehung zwischen Körper und Geist. Hamburg 1991. S. 24, 128.

[254] Auch Flusser beschreibt den Übergang vom magischen Bild, dessen Bedeutungselemente simultan präsent sind, zur begrifflich-rationalen Schrift, deren Bedeutungselemente linear verlaufen. In der Gegenwart erleben wir nach Flusser eine Re-Magisierung und Re-Mythisierung, da die Begrifflichkeit jetzt in die Bilder wandert, hier in die konzeptuellen Bilder des Computers. Villem Flusser: Für eine Philosophie der Fotografie. Göttingen 1994.

[255] Vgl. hier auch Tilman Lang: Mimetisches oder semiologisches Vermögen. S. 228.

[256] Vgl. hierzu Eco, der das Lesen im Labyrinth als ein Lesen ohne Zentrum, ohne Peripherie und ohne Ausgang bezeichnet. Seine Mitte bleibt rätselhaft. Umberto Eco: Nachschrift zum Namen der Rose. München 1984. S.65. Lang beschreibt das Lesen im Labyrinth als unendliches Zeichenspiel: Ein Signifikant bezieht sich auf das Signifikat eines anderen Signifikanten,

sen des Mimetischen, im Sinne Cassirers des Ausdruckscharakters der Sprache, verstanden werden, indem es die semantische Kommunikabilität negiert. Die Mimesis als Ort der sinnlichen Korrespondenzen ist zugleich der Ort der Magie; in der ‚unsinnlichen Ähnlichkeit' wird also nicht nur die mimetische Seite der Sprache erinnert, sondern zugleich auch die Magie der Sprache.[257] In die von der Sprache erzeugten ‚unsinnlichen Ähnlichkeiten' sind demzufolge magische Korrespondenzen eingegangen [WB, II/1, S. 206]. Die ursprüngliche Fähigkeit des Menschen, sich ähnlich zu machen und magische Korrespondenzen in Form von Sternenkonstellationen zu entziffern, weicht der ‚unsinnlichen Ähnlichkeit' in der Sprache. Insofern ist der historische Erfahrungsgehalt der ‚unsinnlichen Ähnlichkeit' das Magische selbst [WB, II/1, S. 208, 211]. Wie bereits gezeigt, bringt die ‚allegorische Intertextualität' durch Destruktion und Montage die ‚unsinnlichen Ähnlichkeiten' erst hervor und bleibt damit der magischen Seite der Sprache eingedenk. Schrift wiederholt also auf einer semantischen Ebene durch die intertextuelle Bewegung die Magie der Sprache. Sprache erinnert so an ihre eigene Materialität, sie wird sinnlich und zugleich ambivalent; Texte erscheinen als Ordnungen im Raum, in dem sich einzelne Elemente durch ihre Zuordnung zueinander und nicht durch ihre Zeichenhaftigkeit bestimmen. Das sinnliche ‚Mummen in Worte' kann als Versuch der Annäherung an unbekannte und unverständliche Silben gelesen werden [WB, IV/1, S. 261]. Dieser kindlichen Form des Lesens bleibt die magische Lektüre eingedenk, indem sie an die Zeit vor dem Eintritt in die symbolische Ordnung erinnert. Sie nimmt wahr, dass in jeder Lesbarkeit zugleich die Unlesbarkeit verborgen liegt.[258] Sprachmagie ist eine Kraft, die ohne ein instrumentelles Anliegen auftritt und unmittelbar wirklichkeitsmächtig ist, indem sie Ausdruck der Identität von Wort und Ding ist.[259] Hier korres-

---

welches selbst wieder zum Signifikanten wird. Tilman Lang: Mimetisches oder semiologisches Vermögen. S. 253. Außerdem: Heinrich Kaulen: Lesen im Labyrinth. In: Neue Rundschau 1, 1982, S. 34-59; Bettine Menke: Sprachfiguren. S. 266-282.

[257] Vgl. auch Bloch, der die Erfahrung des Ähnlichen ebenfalls mit der magischen Seite der Sprache in Verbindung bringt. Ernst Bloch: Spuren. S. 66f.

[258] Die Form des ‚magischen Lesens' – als Lektüre zwischen den Zeilen – gibt Anlass zu einigen dekonstruktivistischen Interpretationen: Menke bemerkt, dass jede Lektüre zugleich eine andere ausschließt. Bettine Menke: Sprachfiguren. S. 124. Kristeva geht davon aus, dass die Aufgabe des Semiologen darin bestehe, jeden Text bzw. das Endliche eines jeden Textes auf seine Unendlichkeit hin zu lesen. Dies könne geschehen, indem die Bedeutung aufgedeckt wird, die sich innerhalb des Verknüpfungssystems der Sprache ableiten lässt. Julia Kristeva: Zu einer Semiologie der Paragramme. S. 163f.
Auch Culler spricht von Vexierbildern, die sich im Akt der Lektüre herstellen lassen, um damit alle anderen gleichzeitig auszuschließen. Jonathan Culler: Dekonstruktion. Reinbek bei Hamburg 1988. S. 95-257. Allerdings können diese eher phänomenologischen Ansätze dem metaphysisch orientierten Denken Benjamins nicht gerecht werden.

[259] Vgl. Menke, die die magische Unmittelbarkeit als mediale Unmittelbarkeit versteht. Nach Benjamin ist das Mediale die Unmittelbarkeit der Sprache bzw. in aller Mitteilung die dichterische Seite der Sprache, die man auch magisch nennen darf [WB, VI S. 26]. Bettine Menke: Sprachfiguren. S. 32. Außerdem: Winfried Menninghaus: Walter Benjamins Sprachmagie; Tilman Lang: Mimetisches oder semiologisches Vermögen. S. 35.

pondiert Benjamins Theorie der magischen Lektüre mit Blumenbergs Begriff des Lesens von ‚Urkunden' oder ‚Relikten', die keine Mitteilungen kennen [HB, LW, S. 20, 373]. Im magischen Lesen emanzipiert sich das Wort von jeder Sinnverbindung, es wird zum Ding, das allegorisch ausgebeutet werden kann [WB, I/1, S. 381]. Die Theorie des magischen Lesens entspricht dem Modell des Palimpsests, in dem ein bereits vergangener Text in der Schrift der gegenwärtigen Textur zu entziffern ist [WB, I/1, S. 125].[260] So wird die Schriftbildlichkeit zur Form des magischen Lesens. Der Name tritt als magische Gemeinschaft mit den Dingen auf, insofern ist die magische Seite der Sprache der unendliche immanente Zusammenhang der Sprache [WB, II/1, S. 147]. Demzufolge sind Bilder bei Benjamin vor allem als gelesene präsent, d.h. sie sind Ereignis und Folge einer Verdichtung von Zeichenbezügen, Spuren und Korrespondenzen. Sie gehen aus der Textur als solcher hervor und lassen sich allein an der Schwelle zur Mitteilung ‚in Sprache' finden [WB, V/1, S. 577]. In dem Zusammenhang ist eine Engführung von Bildlichkeit und Allegorie festzustellen.[261] In Bezug auf Johann Wilhelm Ritter bemerkt Benjamin, dass alles Bild nur Schriftbild sei. Damit trifft er den Kern des Allegorischen [WB, I/1, S. 388]. Wenn also Benjamin davon ausgeht, dass alles Bild immer schon Schrift ist und dem allegorischen Bereich zugehört, erhebt er zugleich Einspruch gegen die Lehre vom natürlichen Bild-Zeichen, die in den Theorien des 18. Jahrhunderts den bloßen Schriftzeichen gegenübergestellt wurden. Damit erteilt Benjamin der Differenz von Schrift und Bild im herkömmlichen Sinne eine Absage. Bild ist demnach etwas in der Schrift bereits Vorhandenes, was durch die allegorische Bewegung bzw. durch die ‚allegorische Intertextualität' zuerst zum Vorschein gebracht werden kann. Die Schwellenposition und Differenz, die sich im Bild ausdrückt, ist also Gehalt der poetischen Sprache. Insofern lässt die Bildlichkeit der Sprache, Sprache zu sich selbst kommen bzw. bringt die Materialität derselben allererst hervor. Die allegorische Bewegung, die Ausdruck dieser Ambivalenz ist, bringt demnach die immanente Bildlichkeit der Sprache zum Ausdruck. Schrift wird unter dem Blick des Allegorikers zum Bild und kann dadurch aus sich selbst heraus sprechen, ohne als Zeichen einer Mitteilung zu fungieren [WB, I/1, S. 383, 388]. Einmal mehr wird deutlich, dass nach Benjamin echte Bilder immer dialekti-

---

[260] Vgl. hier auch Hölderlins Übersetzungskonzept in seiner Antigonä-Bearbeitung. Er stellt drei verschiedene Übersetzungsebenen palimpsestartig nebeneinander, um die Unerreichbarkeit des Originals zu demonstrieren. Insofern kann seine Übersetzungskonzeption auch als tragische Theorie bezeichnet werden. Friedrich Hölderlin: Antigonä. In: ders.: Sämtliche Werke und Briefe. Bd. 2. Hyperion, Empedokles, Aufsätze, Übersetzungen. Hg. v. Jochen Schmidt. Frankfurt a.M. 1994. Vgl. dazu: Stephan Wackwitz: Friedrich Hölderlin. Stuttgart 1996. S. 98-116.

[261] Vgl. hier auch Barthes, der dem Bild einen Zeichenüberschuss zuspricht, einen Überschuss an potenziellen Bedeutungen, der jeden objektiven wissenschaftlichen Zugriff übersteigt. Dieser bildliche Surplus bietet die Möglichkeit, das Bild stets neu oder anders, d.h. allegorisch zu lesen. Barthes Analyse bezieht sich dabei vor allem auf den Film. Roland Barthes. Der dritte Sinn. S. 63.

sche Bilder sind, da sie an der Zäsur der Denkbewegung erscheinen, an der Schwelle zwischen Text und Text bzw. zwischen den Ähnlichkeitsbeziehungen oder den verschiedenen Übersetzungsebenen.[262] Gerade die ‚Lehre vom Ähnlichen' betont diese magische Seite der Sprache, die letztlich nach Benjamin von dem Mimetischen der Sprache ersetzt wird [WB, II/1, S. 208]. Während in der ‚Lehre vom Ähnlichen' Mimesis und Magie mehr oder weniger synonym gebraucht werden, geht die Magie in der zweiten Fassung – in ‚Über das mimetische Vermögen' – in die mimetische Kraft der Sprache über.[263] Diese Ähnlichkeit des Einen mit dem Anderen ist nur im Lesen zugänglich, einem Lesen, welches das, was ‚nie geschrieben wurde', zu entziffern in der Lage ist. Insofern ist dem magischen Lesen das Mimetische, die ‚sinnliche Ähnlichkeit' der Sprache, zugänglich. Dieses ‚magische Lesen' erprobt der Zitierende, er versucht zwischen den Texten zu lesen.[264] Der magische Leser nimmt eine Lektüre der Ähnlichkeiten vor, er liest die ‚sinnliche Ähnlichkeit' durch die Schrift der ‚unsinnlichen Ähnlichkeit' hindurch. Insofern gleicht der magische Leser einem Sternendeuter, der die Konstellationen am Himmel entdeckt.

Exemplarisch vorgeführt wird dieser magische Akt des Lesens in Benjamins Denkbild des Lesekastens [WB, IV/1, S. 267]. Der einzelne Buchstabe wird durch die Kombination im magischen Augenblick zu einem neuen Wort, zur ‚reinen Sprache'. Walter Benjamin bezeichnet diese neue Sprache auch als ‚Schnee'.[265]

> Beim Lesen – denn es haben auch die Worte zu diesem Maskenball sich eingefunden, sind mit von der Partie und wirbeln, tönende Schneeflocken, durcheinander. [WB, IV/2, S. 609]

> Es [das lesende Kind, S.W.] ist unsäglich betroffen von dem Geschehen und den gewechselten Worten und wenn es aufsteht, ist es über und über beschneit vom Gelesenen. [WB, IV/1, S. 113]

---

262 Allgemein können Bilder als Unterbrechung einer Kontinuität von Zusammenhängen betrachtet werden. Derrida bezeichnet diesen Vorgang in Anlehnung an Barthes Begriff des ‚punctum' als „offene Unterbrechung". Jacques Derrida: Die Tode des Roland Barthes. In: Roland Barthes. Hg. v. Hans-Horst Henschen. München 1988. S. 31-75.

263 Vgl. Gershom Scholem: Geschichte einer Freundschaft. S. 260.

264 Menke weist darauf hin, dass für Benjamin das Ornament als der Ursprung von Nachahmung und Darstellung gilt, da es als bloß zeichnende Linie nichts ‚ab-bildet'. Diese Linie bestimmt allein die Fläche der Darstellung, nicht aber die Darstellung an sich [WB, II/2, S. 958]. In diesem Sinne kann auch die Allegorie als eine ornamentale Form verstanden werden. Bettine Menke: Sprachfiguren. S. 113.
Für Weigel ist diese Art des Lesens, die Erzeugung von Bildern in der Sprache, ein Indiz für die produktive Lektürehaltung des Subjektes. Sie rechtfertigt damit ihre These, dass Sprache letztlich etwas Gemachtes, etwas sich im Augenblick herstellendes ist. Sie übersieht aber dadurch, dass Benjamin zwar den produktiven Akt der Lektüre mit einbezieht, die Ausrichtung allerdings nicht beliebig, sondern auf das ‚göttliche Wort' abgestimmt ist. Sigrid Weigel: Entstellte Ähnlichkeit. S. 41.

265 Vgl. dazu auch die Schneemetaphorik Paul Celans, zum Beispiel in dem Gedicht ‚Schneepart'. Paul Celan: Gesammelte Werke. Bd. 2. S. 345.

Hier wird deutlich, dass der ursprüngliche Akt des Lesens, das ‚magische Lesen', allein der Macht der Wörter entspringt. Zwar ist diese Ursprünglichkeit nicht mehr zu erreichen, dennoch gilt es, sich daran zu erinnern, indem die Worte aus ihrem instrumentellen Zusammenhang befreit und in ihrer Wörtlichkeit ernst genommen werden. Der Vorgang der allegorischen Zitation ist eine Form dieser Erinnerung. Im Zitat wird Sprache sich ihrer Schwellenposition bewusst und das Wort bleibt seiner immanenten Bildlichkeit eingedenk. Es kann durch die ‚allegorische Intertextualität' aus dem instrumentellen Bedeutungszusammenhang herausgeholt werden und aufhören, bloßer Mitteilung zu dienen: Es wird magisch.

Gleiches gilt für den Satz: ‚Was nie geschrieben wurde, lesen'. Benjamin beschreibt das ‚magische Lesen' mit diesen Worten aus Hugo von Hofmannsthals ‚Der Tor und der Tod'.[266] Die magische Lektüre, praktiziert durch die ‚allegorische Intertextualität', macht deutlich, dass gerade durch die Montage von Zitaten die Magie, die ‚sinnliche Ähnlichkeit', in Form einer Produktion von ‚unsinnlichen Ähnlichkeiten' wiederholt werden kann.

> Es ist ein Wechseln und Vertauschen; nichts bleibt und nichts verschwindet. Aus diesem Weben aber lösen mit einmal sich Namen, wortlos treten sie in den Schreitenden ein, und während seine Lippen sie formen, erkennt er sie. [WB, IV/1, S. 420]

In einem Brief an Buber schreibt Benjamin, dass die Vermittlung von Inhalten der Sprache äußerlich sei [WB, Briefe, S. 127].[267] Der intentionale Charakter der Sprache tritt hinter seine magische Exekutive zurück [WB, VI, S. 418]. In dem Moment, in dem der Lesende die Wörter nicht mehr nur in ihrer Zeichenfunktion wahrnimmt und sie als Vermittler von Gedanken begreift, verwandelt sich der Text in ein Gewebe. Der Sinn der Worte tritt wie ihr Schatten in den Hintergrund. Das Wort emanzipiert sich von der instrumentellen Sinnverbindung, es hat als zitierte Sprache aufgehört, der bloßen Mitteilung zu dienen und stellt sich so in seiner Würde in den ‚Rang der Götter' [WB, I/1, S. 381f].[268]

Als Bedeutungslose wird Sprache durch den Vorgang des Zitierens selbstreferenziell, sie bezeichnet nichts außer sich selbst.[269] Diese Selbstrefe-

---

[266] Vgl. auch Derrida, der dieser Art der Lektüre ein Lesen zuspricht, welches das, was in den vorhandenen Büchern schon immer zwischen den Zeilen stand, hervorbringt. Jacques Derrida: Gramma-tologie. S. 155.

[267] Dies gilt vor allem für die ‚heiligen Texte'. [WB, IV/1, S. 432f.]

[268] In diesem Zusammenhang macht Benjamin auch seine Affinität zu Theorien der Romantik deutlich. Seiner Ansicht nach ist es wesentliches Verdienst der Romantik, durch die zunehmende Autonomie des Kunstwerks eine Unabhängigkeit, auch der Sprache, von äußeren Zwecksetzungen und Instrumentalisierungen erreicht zu haben. Als entscheidendes Kriterium wird der immanente Aufbau der Sprache verstanden. Die Erkenntnis bezieht sich also auf das autonome Bildungsgesetz der Form, welches als Organ des künstlerischen Ausdrucks fungiert [WB, I/1, S. 71f.].

[269] Menke liefert eine etwas andere Interpretation der Selbstreferenzialität der Sprache: Sie geht davon aus, dass die Unendlichkeit der Sprache in ihrer absoluten Medialität begründet liegt.

renzialität ist allein in der Offenbarung des Namens präsent.[270] Der Name zeugt also, indem er nichts mitteilt, von der ‚reinen Sprache' [WB, IV/1, S. 21]. Der Inhalt der Sprache kommt allein in der Form zum Ausdruck. In der Offenbarung des Namens findet also eine Vereinigung von Form und Inhalt, von Wesen und Ding in der Weise statt, dass Sprache sich selbst mitteilen kann. Dies ist nach Benjamin die Magie der Sprache [WB, II/1, S. 146]. Offenbarung wird in dem Sinne verstanden, dass sich in der Sprache auch das zeigt, was nicht sprachlich fixiert werden kann [WB, II/1, S. 147].[271] Offenbarung heißt also restlose Mitteilbarkeit, da der Gegenstand des Textes die Sprache selbst ist. Das hat zur Folge, dass der Text eine ‚autoreflexive Grundkonstellation' freilegt, da ein restlos mitteilbarer Text zugleich ein Text ist, der die Mitteilbarkeit selbst zum Gegenstand hat.[272]

Auch in der Kabbala wird der Name als selbstreferenzielles Zeichen verstanden, da er ausschließlich sich selbst mitteilt.[273] Hier zeigt sich die Dialektik von Magie und Mystik als eine Dialektik von Form und Inhalt. Magie bezeichnet nicht die an transzendentale Inhalte gebundene Form der sprachlichen Wahrnehmung, sondern fungiert hier als die Form der ‚reinen Sprache'. Die Mystik ist ihre inhaltliche Komponente. Das Geheimnis der Mystik offenbart sich allerdings nur im Alltäglichen, in der ‚profanen Erleuchtung' [WB, II/1, S. 307]. Die Magie der Form ist notwendig, um die Mystik in den alltäglichen

---

Danach gibt es das ‚göttliche Wort' nicht, insofern kann Sprache auch keine Ahnung geben von dem Unsagbaren. Selbstreferenzialität versteht sie nicht wie Walter Benjamin als Mitteilung ‚in Sprache', sondern als Verweis, dass das Unendliche in der Sprache selbst begründet liegt und es sich um ein unendliches Spiel von Bedeutungen handelt. Bettine Menke: Sprachfiguren. S. 54.

Günter bringt den Begriff Selbstreferenzialität dahingehend mit Benjamin in Verbindung, dass sie auf die zahlreichen Selbstzitate, vor allem in der ‚Berliner Kindheit', hinweist. Sie zeigt textimmanent, dass viele Fragmente bereits vor der ersten Publikation veröffentlicht wurden und dann in diesen Text hineinmontiert wurden. Damit wird ihrer Ansicht nach deutlich, dass sogar die eigene Vergangenheit zitierbar geworden ist. Die erste Person Singular wird jetzt zum Zitat. Dies ist aber gerade ein Indiz dafür, dass sowohl der Text als auch das Subjekt vor dem Vergessen bewahrt werden können. Manuela Günter: Die Anatomie des Anti-Subjekts. S. 139.

[270] Anders Menke, die Offenbarung hier nicht als Ahnung einer ‚reinen Sprache', sondern als absolute Unabhängigkeit zwischen Signifikat und Signifikant versteht. Bettine Menke: Sprachfiguren. S. 56.

Der Ansatz der ‚allegorischen Intertextualität' demonstriert allerdings, dass zwar zunächst eine Unabhängigkeit zwischen Signifikat und Signifikant hergestellt und der Sinn destruiert wird, um die Instrumentalisierung aufzubrechen. Aber in einem zweiten Schritt geht es dennoch darum, durch eine sich schockartig einstellende Erkenntnis die Offenbarung, den Namen, in den Text einzuschreiben. Bettine Menke: Sprachfiguren. S. 56.

[271] Menninghaus macht darauf aufmerksam, dass hier Offenbarung abstrakt gebraucht wird und nicht im bloßen Bezug auf das Göttliche. Winfried Menninghaus: Walter Benjamins Sprachmagie. S. 24.

[272] Vgl. dazu Bernd Stiegler: Die Aufgabe des Namens. S. 24.

[273] Gershom Scholem: Der Name Gottes und die Sprachtheorie der Kabbala. In: Judaica 3. S. 19.

Bereich der Sprache zu holen.[274] Die ‚reine Sprache' kann sich also nur in dieser Dialektik von Magie und Mystik konstituieren.[275]

Wenn sich das Wort Gottes ausschließlich in der Materie manifestiert, dann ist der Name, den Gott den Dingen gegeben hat also nicht Repräsentant, sondern reines Sein. Der Name bezeichnet nicht die Bedeutung eines Dinges, sondern das ‚Geschehen', welches Benjamin die ‚Erfahrung' nennt. Während die Bedeutung eine Kontinuität voraussetzt, tritt die Erfahrung des Bildes und mit ihm die des Namens aus dem Zusammenhang heraus, es findet eine Zäsur statt, die Zeit steht still. Um die Offenbarung erfahren zu können, muss also das Zeichen von seinem instrumentellen Sinn befreit werden, denn ‚Dichtung entsteht erst dort, wo das Zeichen nicht mehr unter dem Druck einer Aufgabe steht' [WB, I/1, S. 159]. Da diese Befreiung mit der Form der Allegorie in Zusammenhang steht, kann man auf der Textebene davon sprechen, dass die ‚allegorische Intertextualität' als eine poetologische Form fungiert, die die Offenbarung zum Ausdruck bringt. Insofern markiert die ‚allegorische Intertextualität' den Übergang von der Sinn- zur Formebene, den Übergang von einer Mitteilung ‚durch Sprache' zu einer Mitteilung ‚in Sprache': Die ‚allegorische Intertextualität' fungiert als selbstreferenzielles Erzählmodell und bringt als solche die immanente Bildlichkeit der Sprache hervor.

---

274 Auch Weigel macht darauf aufmerksam, dass die Magie der Sprache nur durch etwas Fremdes, das Semiotische bzw. Mitteilbare zum Vorschein kommen kann. Im Akt des Lesens werden Ähnlichkeiten produziert, die das Magische, welches sich hinter dem Mitteilbaren verbirgt, blitzartig offenbart. Sigrid Weigel: Entstellte Ähnlichkeit. S. 92. Dazu: [Vgl. WB, II/1, S. 208]

275 Menninghaus spricht an dieser Stelle von einer magisch-mystischen Erfahrung. Winfried Menninghaus: Walter Benjamins Sprachmagie. S. 198.

# B) DAS SYMBOL

# 5. WEGE DER MODERNE: DIE KULTURPHILOSOPHIE ERNST CASSIRERS

## 5.1 Die symbolischen Formen

Der zweite Teil der Untersuchung wendet sich Ernst Cassirers *Philosophie der symbolischen Formen* zu. Dies geschieht zunächst aus zwei Gründen. Zum einen findet die Verfahrensweise der ‚allegorischen Intertextualität' eine interessante Erweiterung durch die Lektüre von Cassirers Texten. Zum anderen kann anhand seiner Kulturphilosophie die These von der Neubewertung der Sprachkrise der Moderne gestärkt werden. Seine Texte – in den Zusammenhang der ‚allegorischen Intertextualität' gestellt – geben Aufschluss darüber, wie erst an der semantischen Seite der Sprache die Indifferenz von Sprache wiederentdeckt werden kann. Erst aus der kulturellen Distanz heraus ist der Ursprung der Existenz und damit auch der Sprache erkennbar. In diesem Sinne untermauert die Lektüre der symbolischen Formen die Reflexion über Benjamins Mimesis-Konzept und weist zugleich auf Blumenbergs *Arbeit am Mythos* voraus. Dessen Hauptthese zielt darauf, dass die Leerstelle des Ursprungs allein durch die poetische Potenzierung depotenziert und damit erfahrbar gemacht werden kann. Insofern ist Cassirers Symbolphilosophie hier sowohl für die Lektüre Benjamins und Blumenbergs als auch für das Anliegen der ‚allegorischen Intertextualität' von zentraler Bedeutung.

Ernst Cassirers *Philosophie der symbolischen Formen* beschränkt sich nicht nur auf sein dreibändiges Werk, sondern entwirft ein Bild seines Denkens überhaupt. Indem die verschiedenen Bereiche der menschlichen Kulturtätigkeit als ein einziges System der Symbolbildung verstanden werden, ist die *Philosophie der symbolischen Formen* zugleich eine Geschichte der Moderne.[276] Bezogen auf den Ansatz der vorliegenden Untersuchung soll anhand von Cassirers Texten beschrieben werden, wie die Moderne durch die Fähigkeit zur (Selbst-)Reflexion ihr produktives Potenzial entfaltet, indem sie die Leerstelle der ‚reinen Sprache' bearbeitet und ihr so durch eine ästhetische Reflexion eine zweite Gegenwart im Eingedenken verschafft.

---

[276] Hier zeigt sich Cassirers Wende von der Erkenntnistheorie zur Kulturphilosophie. Erste Anfänge dieser Wende lassen sich bereits in ‚Zur Einsteinschen Relativitätstheorie' (1921) und in ‚Idee und Gestalt' (1921) ausmachen.

Vor allem die Bibliothek Aby Warburgs und der Kreis um denselben hatten großen Einfluss auf das Denken Cassirers.[277] Allein die Anordnung der Bibliothek fordert den Leser auf, so Cassirer, sich Gedanken über eine Theorie der Symbolisierung zu machen, denn sämtliche Texte seien um einen gemeinsamen ideellen Mittelpunkt gruppiert.[278] Warburg und Cassirer verbindet letztlich das Interesse für die Wiederkehr des Archaischen in der Moderne, allerdings auf einer wiederholenden und reflektierenden Ebene. Dies zeigt sich unter anderem an Warburgs Plan, die aus der Antike überlieferten und in der Moderne fortwährenden Ausdrucksgebärden zum Thema Mnemosyne zu illustrieren, da in diesen Gebärden archaische Impulse zu entziffern seien. Bereits am Eingang, der mit dem Namen ‚Mnemosyne' überschrieben ist, macht sich die kulturwissenschaftliche Ausrichtung der Bibliothek bemerkbar.

Cassirer legt großen Wert auf einen bewussten Umgang mit Vergangenheit. Er versteht die Symbolisierung als Moment der Kategorisierung, um auf dieser Grundlage memorieren zu können [EC, WWS, S. 107]. Dies setzt ein Denken in Konstellationen voraus, ein Denken, das einem Ereignischarakter verpflichtet ist. Wie bereits für Benjamins Texte nachgewiesen, lässt sich auch in der Symbolphilosophie ein produktives Eingedenken feststellen, das die verschiedenen Zeitperspektiven im Moment der Gegenwärtigkeit miteinander verbindet. So ist u.a. der Zusammenschluss von Sinn und Sinnlichkeit in der symbolischen Form nicht nur ein Zusammendenken zweier verschiedener Seinsweisen, sondern auch Ausdruck der Verbindung von Vergangenem und Zukünftigem.

Seinen anschaulichen Ausdruck findet dieser Zusammenschluss in der Bibliothek Warburgs, die fast ausschließlich aus Fragmenten besteht, die der Spannung zwischen der Welt rationaler Erfahrung und der Welt magischer Kräfte verpflichtet ist.[279] Laut einem Vortrag von Warburg sollte die Bibliothek den Schnittpunkt darstellen zwischen der Entwicklung von der mythischen hin zur wissenschaftlichen Weltauffassung einerseits und der Wiederkehr des Verdrängten andererseits. Diese „gedächtnismäßige Gestaltung" des Schnittpunkts, der Schwelle, ist allein der Kunst vorbehalten und evoziert ein spezifisches „Bildgedächtnis", so Warburg weiter.[280] Besonders der Zwischenbereich zwischen den verschiedenen Künsten und Wissenschaften, zwischen den historischen Epochen, hat Warburg am meisten interessiert. Denn erst in der Spannung und Paradoxie, im Lösen von Bilderrätseln, lässt sich ein pro-

---

277 Vgl. dazu auch die Bemerkungen in PSF II, S. XIII; WWS, S. 171.

278 Habermas vergleicht Warburgs Bibliothek mit einem unvollendeten Plan zur Erstellung eines Atlanten, der dem kollektiven Gedächtnis nachspüren sollte und damit in Zusammenhang mit Walter Benjamins Passagenwerk steht. Jürgen Habermas: Die befreiende Kraft der symbolischen Formen. In: Ernst Cassirer. Werk und Wirkung. S. 84.

279 Vgl. hierzu die Ausführungen des langjährigen Mitarbeiters Fritz Saxl. Fritz Saxl: Warburgs Mnemosyne-Atlas. In: Aby M. Warburg: Ausgewählte Schriften und Würdigungen. Hg. v. D. Wuttke. Baden Baden 1980. S. 313ff.

280 Aby Warburg: Heidnisch-Antike Weissagung in Wort und Bild zu Luthers Zeiten (1920). In: Aby M. Warburg: Ausgewählte Schriften. S. 199ff.

duktives Potenzial ausmachen.[281] So folgt auch die Bibliothek keiner chronologischen Katalogisierung, vielmehr ist die Anordnung der Bücher einem dynamischen Konzept verpflichtet, in dem das eine Buch das Verlangen nach dem anderen hervorrufen soll. Warburg baut hier auf die Produktivität der Nachbarschaft, die auf Umwegigkeit und Ähnlichkeit im Denken beruht. Er selbst beschreibt die Bibliothek als Labyrinth, das einem „sozialen Gedächtnis" verpflichtet sei.[282] So entwirft die Bibliothek die Suche nach einem kulturellen Gedächtnis, die Suche nach einem Grund aller Gestaltung. In dem Moment, wo sich der Ursprung der Gestaltung entzieht und sich als Leerstelle zu erkennen gibt, setzt sich die Textbewegung umso nachdrücklicher durch.

> Unter dem dunkel surrenden Flügelschlag des Vogels Greif erträumten wir – zwischen Ergreifen und Ergriffensein – den Begriff vom Bewußtsein.[283]

Voraussetzung für das Kategorisieren und Memorieren ist das Herstellen von Verweisungen, die sich gemäß Benjamins Konzept als ‚unsinnliche Ähnlichkeit' beschreiben lassen.[284] Die Architektonik von Cassirers Symbolphilosophie ist ähnlich wie die Konstellation der Bibliothek aufgebaut; sie ist diesem Bild der Leseanordnung verpflichtet. Das Hauptziel der symbolischen Formen ist die Charakterisierung und Herstellung dieser Verweisungszusammenhänge, denn das sinnliche Sehen eines Bildes schließt zugleich eine bestimmte Auswertung und Kontextualisierung mit ein, es wird in einen Gesamtzusammenhang gestellt, indem es zuallererst Sinn erhält. Dieser Gedanke ist vergleichbar mit der Nachbarschaft der Bücher, die je einen eigenen geistigen Gehalt besitzen, zwischen denen aber vermittelt werden soll. Jedes Bewusstseinselement – jedes Buch – besteht aus einer Kombination von präsentiertem anschaulichem Moment und seiner Einbettung in einen repräsentativen Rahmen.

> Das ‚Sehen' eines Bildes schließt also immer eine ganz bestimmte Auswertung desselben in sich: wir schauen es nicht in der Art an, wie es sich uns unmittelbar gibt, sondern wir stellen es in den Kontext der räumlichen Gesamterfahrung ein und geben ihm hierdurch erst seinen charakteristischen Sinn. [EC, PSF I, S. 182]

Voraussetzung dieser Vorgehensweise ist die in der Moderne virulente Trennung von Repräsentant und Repräsentat bzw. von Zeichen und Bezeichnetem. Erst aus dieser Unterscheidung geht die Welt des Raumes und der reinen Anschauung hervor. Nach Cassirer gibt es keine unmittelbare Wahrnehmung mehr, sondern diese ist immer schon durchsetzt mit Akten der Sinngebung,

---

[281] Vgl. hierzu auch die Würdigung von Edgar Wind, 1931, die zwei Jahre nach Warburgs Tod entstanden ist: „Gerade weil es sich ihm um die Aufweisung von Spannungen handelte, spielen die Zwischenstufen die größte Rolle." Edgar Wind: Würdigung Aby Warburgs. In: Aby M. Warburg: Ausgewählte Schriften. Ebd. S. 3f.

[282] ebd. S. 307.

[283] So ein Fragment Aby Warburgs, das sich im Notizbuch Mnemosyne-Überschriften von 1928 findet. Zit. nach Ernst H. Gomrich: Aby Warburg. Eine intellektuelle Biographie. Frankfurt a.M. 1984. S. 404.

[284] Vgl. dazu Kapitel 3.2.

denn im Moment der Wahrnehmung werden eine stoffliche und eine Formkomponente zueinander in Beziehung gesetzt [EC, WWS, S. 214]. Einmal mehr wird deutlich, dass Welt nur in ihrer zweiten wiederholenden Gegenwart erfahrbar ist. Zwar hat nach Cassirer jeglicher Inhalt der Kultur eine „ursprüngliche Tat des Geistes“ zur Voraussetzung, an diese ursprüngliche Form kann allerdings nur vermittelt durch die kulturelle Einbindung erinnert werden [EC, PSF I, S. 11].[285] So ist Wirklichkeit nur in Bildwelten zugänglich, die sich der Mensch mittels der Symboltätigkeit selbst entwirft.[286]

> Dieser Akt der ‚Rekognition' ist notwendig an die Form der ‚Repräsentation' gebunden und setzt sie voraus. Nur dort, wo es gelingt, eine Totalerscheinung in eines ihrer Momente gleichsam zusammenzudrängen, sie symbolisch zu konzentrieren, sie im Einzelmoment und an ihm prägnant zu haben – nur dort heben wir sie aus dem Strome des zeitlichen Werdens heraus. Jetzt erst gewinnt ihr Dasein, das zunächst immer nur einen einzelnen Zeitpunkt angehörte und in ihm wie gefangen schien, eine Art von Dauer: denn nun wird es möglich, in dem einfachen, sozusagen punktuellen ‚Hier' und ‚Jetzt' der Erlebnisgegenwart ein anderes, ein ‚Nicht-Hier' und ‚Nicht-Jetzt', wiederzufinden. Alles was wir die ‚Identität' von Begriffen und Bedeutungen, oder was wir ‚Konstanz' von Dingen oder Eigenschaften nennen, wurzelt in diesem Grundakte des Wiederfindens. [EC, PSF III, S. 133]

Erst durch die Umsetzung und Wiedererinnerung der sinnlichen Erfahrung in eine sinnhafte symbolische Form, ist Sinnlichkeit – und damit die ursprüngliche Einheit von Idee und Gestalt – tatsächlich erfahrbar. Kulturelle Bedeutung entsteht letztlich durch die Bindung der „Energie des Geistes“ an ein sinnliches Zeichen [EC, WWS, S. 175]. Demnach sind kulturelle Texte – insbesondere aber poetische Texte – immer auch Erinnerungs- oder Gedächtniszeichen des Menschen, d.h. die symbolische Tätigkeit ist stets eine Erinnerungsarbeit [EC, LKW, S. 126]. In Auseinandersetzung mit bereits Vergangenem werden die Pole Sinn und Sinnlichkeit permanent neu verhandelt.

Bereits hier deutet sich an, dass das Konzept der ‚allegorischen Intertextualität' in den Kontext der ‚Symbolischen Formen' eingeordnet werden kann und damit auch ein Zusammenschluss von Cassirers und Benjamins Philosophie versucht werden kann. Die Sinnlichkeit und Präsenz der nach Benjamin ‚reinen Sprache' wird – vermittelt durch die bedeutungsgebende Kraft der sprachlichen bzw. kulturellen Zeichen – wiedererinnert, um ihr so Dauer ver-

---

[285] Paetzold sieht hier Cassirers Plan begründet, Erkenntnistheorie und Semiotik zur Deckung zu bringen. Heinz Paetzold: Die Realität der symbolischen Formen. Die Kulturphilosophie Ernst Cassirers im Kontext. Darmstadt 1994.

[286] Cassirer führt hier Kants Prinzip der ‚Kopernikanischen Wende' weiter, wonach für Cassirer die Kategorien des Gegenstandsbewusstseins nicht nur in der theoretisch-intellektuellen Sphäre vorhanden sind, sondern auch in vorwissenschaftlichen Schichten. Untersucht werden Objektivierungsprozesse, welche die Vielfalt der Sinneseindrücke zu geistigen Einheiten zusammenfassen. Dabei ist die so entstandene Objektivität des Weltbildes ein Ausdruck des ‚pars pro toto', d.h. in dem Einzelnen der Form ist bereits das Ganze mitgegeben. Vgl. die Rezeption Kants bei EC, PSF II, S. 40-43.

leihen zu können. Die Grenzen der Präsentation und Repräsentation verschieben sich dadurch und heben sich im Moment der Anschauung auf. Wichtig ist, dass die Symbolphilosophie davon ausgeht, dass alle Objektivität und sämtliche gegenständliche Anschauung nur in der Form selbst gegeben ist. Daher ist die Anschauung eines Objektes ‚von außen' nicht möglich; dem stellt Cassirer eine Anschauung ‚von innen' gegenüber, die eine immanente Bedeutung konstituiert [EC, WWS, S. 209]. Einmal mehr zeigt sich, dass hier ein neuer Repräsentationsbegriff entfaltet wird, welcher der Immanenz verpflichtet ist und im Prinzip des ‚pars pro toto' zum vollen Ausdruck gelangt.[287] Darüber hinaus ist zu verdeutlichen, dass die ‚allegorische Intertextualität' eine Wiederholung der mythischen Rede im Sinne Cassirers darstellt, denn folgt man der Argumentation der ‚symbolischen Formen', besteht eine nie abreißende Verbindung zwischen Mythos und Sprache. Die Bildkraft des Mythos ist stets in der Sprache aufgehoben, insbesondere in der poetischen.

Zwar geht Cassirer von einer Sphäre aus, die unabhängig von der menschlichen Gestaltung existiert; diese Sphäre ist aber nicht erfahrbar. Dagegen ist Wirklichkeit nur durch die permanente Gestaltung einer symbolischen Welt wahrnehmbar. Kein Gegenstand kann als solcher betrachtet werden, sondern er tritt uns immer im Rahmen einer bestimmten Strukturierung entgegen. Nur in dieser Konstellation *ist* der Gegenstand, deshalb kann seine Erkenntnis symbolisch genannt werden. Jegliche symbolische Form schiebt sich zwischen den Menschen und seine Wirklichkeit, sie markiert damit aber nicht nur eine Distanz, sondern sie schafft zugleich die einzige Möglichkeit der Vermittlung, durch welche das geistige Sein für den Menschen erst fassbar wird [EC, WWS, S. 176]. Das Allgemeine trifft sich in kurzen Augenblicken mit dem Besonderen in einer geistigen Mitte und durchdringt sich wechselseitig zu einer wahrhaft konkreten Einheit [EC, WWS, S. 177]. So liegt die Leistung der symbolischen Formen gerade in der Vermittlung von Innen und Außen, von Ich und Wirklichkeit, denn erst durch eine gegenseitige Abgrenzung findet deren Bestimmung statt. Ich und Welt sind demzufolge keine bereits vorhandenen Größen, sondern die verschiedenen symbolischen Formen setzen diese Grenze je auf eigene Art und Weise beständig neu, um ihr Verhältnis stets anders zu formulieren.[288] Sprache, Kunst und Mythos sind als symbolische Formen Ausdruck der Selbsttätigkeit des Geistes in dem Sinne, als sich das Ich ein Gegenüber, eine Projektion schafft, um sich selbst anschauen zu können [EC, PSF II, S. 259]. Durch das Ineinander der verschiedenen symbolischen Formen, die auch als Bildwelten bezeichnet werden können, entsteht ein Gesamtbild der Wirklichkeit [EC, LKW, S. 33; PSF III, S. VI].

[287] Vgl. dazu das Kapitel 5.2.1a.

[288] Welche Konsequenzen diese Grenzsetzung auf das Problem der Autorschaft hat, muss noch diskutiert werden. Vgl. dazu die Schlussbemerkung.

Um die Entstehung eines kulturellen Textes zu garantieren und um überhaupt als Erfahrungsweise bestehen zu können, durchlaufen alle symbolischen Formen einen dreifachen Stufengang. Cassirer versteht diesen Prozess zugleich als semiotische Entwicklung, da es sich je um eine spezifische Relation von Zeichen und Bezeichnetem handelt. Auf einer ersten mimetischen Stufe geht es um eine möglichst genaue und vollständige Wiedergabe, in der Zeichen und Bezeichnetes eine unmittelbare Einheit bilden. In der analogischen Phase, die eine subjektive Denkleistung voraussetzt, wird immer noch eine lautliche Entsprechung zum Zeichen gesucht. Erst auf der abstrakten Stufe wird auf jede Form der Nachahmung verzichtet, die Funktion der Bedeutung tritt in reiner Selbstständigkeit hervor. Erst hier bildet sich die echte symbolische Form aus [EC, WWS, S. 178-182].[289] Obwohl es sich um eine Entwicklung hin zum Zeichen handelt, wird doch die Sinnlichkeit des Materials, des sprachlichen Materials, nie verlassen. Sprache ist demgemäß auch in ihrer semiotischen Funktion stets an ihre Materialität rückgebunden, denn nach Cassirer wird gerade durch die Zeichenhaftigkeit der Materialität eine zweite Gegenwart in der kulturellen Textur gegeben.[290]

> Dies ist die Leistung, die wir in den einzelnen ‚symbolischen Formen', die wir in der Sprache, im Mythos, in der Kunst sich vollziehen sehen. Jede dieser Formen nimmt vom Sinnlichen nicht nur ihren Ausgang, sondern sie bleibt auch ständig im Kreise des Sinnlichen beschlossen. Sie wendet sich nicht gegen das sinnliche Material, sondern lebt und schafft in ihm selbst. Und damit vereinen sich Gegensätze, die der abstrakten metaphysischen Betrachtung als unvereinbar erscheinen mussten. So wird in der Sprache der reine Bedeutungsgehalt der Begriffe, als ein Etwas, das allgemein und unwandelbar sein soll, dem flüchtigen Element des Lautes anvertraut, von dem wie von keinem anderen zu gelten scheint, dass es immer nur wird, aber niemals ist. [EC, WWS, S. 178]

Zwar ist die Symbolisierung zugleich auch eine Entfernung von der unmittelbaren Wirklichkeit, dennoch kann diese Unmittelbarkeit nur in der kulturellen Form überhaupt wahrgenommen werden. Insofern ist die Entwicklung zur symbolischen Form zugleich als Bewegung weg als auch als Bewegung hin zu einem wie auch immer gearteten Ursprung zu verstehen. Nur durch die symbolischen Formen kann Wirklichkeit sichtbar gemacht werden; die Frage lautet infolgedessen nicht mehr: Wie verhalten sich die symbolischen Formen zu einem absoluten Sein, das hinter ihnen steht? Vielmehr stehen ihre wechselsei-

---

[289] Cassirer könnte sich hier auf Vischer bezogen haben, der drei Stufen in der Entwicklung des Symbolischen unterscheidet: Erstens das Mythische, bei dem eine Identifikation von Bild und Bedeutung vorliegt, zweitens das Allegorische, in der die Beziehung zwischen Zeichen und Bedeutung logisch erschlossen werden kann und drittens das Symbolische als „leihender Akt", der den schon vollzogenen Akt der Schöpfung wiederholt. Fr. Th. Vischer: Ästhetik oder Wissenschaft vom Schönen (1846). Hg. v. Robert Vischer. Hildesheim 2004.

[290] Anders Naumann, die davon ausgeht, dass in der Symbolphilosophie eine naiv-realistische Weltsicht gebrochen wird. So entsteht eine Leerstelle, die durch die Beweglichkeit der Begriffe, die keinen festen Ort im Sprach- und Philosophiesystem besitzen, hervorgerufen wird. Barbara Naumann: Philosophie und Poetik des Symbols. S. 44.

tige Ergänzung und Bedingung, die Konstellationen, die sie erzeugen und in die sie eintreten im Mittelpunkt. Symbolische Formen sind demnach keine bloßen Nachbildungen, sondern selbst ‚Quelle der Erzeugung' [EC, WWS, S. 79].

Die besondere Leistung Cassirers besteht nun darin, die in der Moderne virulente Differenz zwischen Idee und Gestalt nicht als Verlusterfahrung zu verstehen, sondern gerade darauf aufbauend seine Kulturphilosophie zu formulieren. Die Symbolphilosophie bietet damit ein Gegengewicht zu der für die Moderne angenommenen Melancholie, die aus dieser Differenz resultiert. Mit seiner Symbolphilosophie fordert Cassirer eine experimentelle Fortsetzung der Moderne, ein Neuschreiben, das sich die Möglichkeit zur Revision vorbehält. Damit bietet Cassirers Kulturphilosophie Möglichkeiten, um in der Kultur der Gegenwart emanzipatorisch und progressiv zu verfahren. Die besondere Stärke des Ansatzes liegt im Aufzeigen der Ambivalenz, dem Stellen einer Diagnose, aus der heraus eine produktive Kraft entfaltet werden kann. Der eine universale Sinn bricht sich in der Pluralität der symbolischen Formen und erteilt ihm so eine Absage.[291] Die sogenannte Krise der Moderne, die Durchbrechung des „technologischen Schleiers", kann nach Cassirer nur dann überwunden werden, wenn die mythischen Energien in Kunst und Religion aktiv gebunden werden. Zu zeigen gilt, wie gerade die ‚allegorische Intertextualität' als Möglichkeit verstanden werden kann, den Mythos in der poetischen Sprache zu binden, um so einen Beitrag zur Überwindung der Erkenntnis- und Sprachkrise der Moderne zu leisten. Immer wieder hebt Cassirer die positive Kraft des Gestaltens und Bildens vor allem des Mythos und der Sprache hervor und nimmt damit eine Neubewertung der Moderne vor, indem er den symbolischen Formen gerade keinen Ausdruck von Mangel zuweist. Das Zeichen ist keine zufällige Hülle des Gedankens, sondern sein wesentliches Organ. An dieser Stelle lässt sich eine deutliche Parallele zu Benjamins Unterscheidung von ‚sinnlicher und unsinnlicher Ähnlichkeit' feststellen: So wie auch die ‚sinnliche Ähnlichkeit' in der ‚unsinnlichen' zur Darstellung kommt, also an ihrem Träger – der kulturellen Sprache – in Erscheinung tritt, so findet nach Cassirer auch das Denken gerade in der Symbolik und Semiotik einen Halt [EC, PSF I, S. 18f].

Aus diesem Grund kann Cassirer Sprache und Mythos als eigenständige Weisen der Weltwahrnehmung einführen, die für sich betrachtet bereits wahr sind, denn Sprache und Mythos besitzen eine ihnen inhärente Bedeutung und fungieren nicht nur als bloßes Verweisungsmittel auf eine ihnen außerhalb lie-

---

[291] Vgl. auch Paetzold, der hier von Anzeichen der Postmoderne spricht. An dieser Stelle muss allerdings nochmals betont werden, dass es sich bei Cassirers Symbolphilosophie um eine Kultur der Moderne handelt, die stets einem Ursprungsdenken verpflichtet bleibt. Ein nicht dingfest zu machender Ursprung wird als Leerstelle mitgedacht und durch die Sinnkomponente und den „Mutterboden Mythos" mit in die Kultur der Moderne hineingeholt. Vgl. Heinz Paetzold: Mythos und Moderne. In: Kulturkritik nach Ernst Cassirer. Hg. v. Enno Rudolph/Bernd-Olaf Küppers. Hamburg 1995. S. 172.

gende Wahrheit. Diese immanente Bedeutung oder Materialität erlangt ihre Darstellbarkeit durch ihren Träger, die jeweilige symbolische Form. Durch den selbstreferenziellen Verweis auf ihr je eigenes Sein wird dem repräsentativen Modell, das von einem Verweis auf einem außerhalb ihrer selbst liegenden Ursprung ausgeht, eine Absage erteilt.

> Gegen diese Selbstauflösung des Geistes gibt es schließlich nur eine Rettung: [...] Statt den Gehalt, den Sinn, die Wahrheit der geistigen Formen an etwas anderem zu messen, daß sich in ihnen unmittelbar abspiegelt, müssen wir in diesen Formen selber den Maßstab und das Kriterium ihrer Wahrheit, ihrer inneren Bedeutsamkeit entdecken. Statt sie als bloße Nachbilder zu verstehen, müssen wir in jeder von ihnen eine spontane Regel der Erzeugung erkennen; eine ursprüngliche Weise und Richtung des Gestaltens, die mehr ist als der bloße Abdruck von etwas, das uns von vornherein in fester Seinsgestaltung gegeben ist. Unter diesem Gesichtspunkt betrachtet, wird der Mythos, wird die Kunst, werden die Sprache und die Erkenntnis zu Symbolen: nicht in dem Sinne, dass sie ein vorhandenes Wirkliches in der Form eines Bildes [...] bezeichnen, sondern in dem Sinne, dass jede von ihnen eine eigene Welt des Sinnes erschafft und aus sich hervorgehen lässt. In ihnen stellt sich die Selbstentfaltung des Geistes dar, kraft deren es für ihn alleine eine Wirklichkeit, ein bestimmtes und gegliedertes Sein gibt. Nicht Nachahmung dieser Wirklichkeit, sondern Organe derselben sind jetzt die einzelnen symbolischen Formen, sofern nur durch sie Wirkliches zum Gegenstand der geistigen Schau gemacht werden kann. Die Frage, was das Seiende an sich, außerhalb dieser Sichtbarkeit und Sichtbarmachung sein und wie es beschaffen sein möge: diese Frage muß jetzt verstummen. [EC, WWS, S. 79]

Die Annahme einer Autonomie und Selbstreferenzialität der symbolischen Formen entfaltet das utopische Potenzial der in der Sprache und dem Mythos selbst liegenden Kraft. Allerdings kann dieses Potenzial nur in Auseinandersetzung mit Welt hervorgebracht werden, d.h. nur in der Spannung zwischen Idee und Gestalt respektive Sinn und Sinnlichkeit.

So ist jeder elementare, sinnliche Inhalt von einer Differenz zwischen dem Inhalt der Erscheinung als solcher und ihrer darstellenden Funktion getragen. Insofern weist jeder Inhalt bereits über sich selbst hinaus und bildet eine Einheit von Präsenz und Repräsentanz [EC, PSF III, S. 149]. Die Zerlegung der phänomenalen Wirklichkeit in präsentative und repräsentative Momente kann nach Cassirer als das Grundelement des Bewusstseins verstanden werden: Bewusstsein als ein Hin- und Herbewegen vom Darstellenden zum Dargestellten.

> Nur im Hin und Her vom ‚Darstellenden' zum ‚Dargestellten', und von diesem wieder zu jenem zurück, resultiert ein Wissen vom Ich und ein Wissen von ideellen, wie reellen Gegenständen. Hier erfassen wir den eigentlichen Pulsschlag des Bewusstseins, dessen Geheimnis eben darin besteht, daß in ihm ein Schlag tausend Verbindungen schlägt. Es gibt keine bewusste Wahrnehmung, die bloßes ‚Datum', die ein lediglich Gegebenes und in dieser Gegebenheit Abzuspiegelndes wäre. [EC, PSF III, 236]

Diese Bewegung stellt nicht nur den Bezug zwischen präsentativen und repräsentativen Momenten her, sondern sie schafft auch einen Bezug zum Gesamtsystem, dem sie angehören. Erst durch die Herstellung dieser Beziehung des Einzelnen auf das Ganze gewinnt das Einzelne seine Identität. Als Momente desselben Bewusstseins stehen beide Teile in einem umfassenden Verweisungszusammenhang – des wechselseitigen Aufeinanderbezogenseins – der letztlich durch die symbolischen Formen hergestellt wird.[292] Darüber hinaus entscheidet erst der ideelle Zusammenhang, den das einzelne Symbol mit anderen Symbolen bildet, über die Funktion des Symbols selbst [EC, PSF I, S. 16]. Für sich allein betrachtet, ist das Symbol demnach noch keine symbolische Form, symbolische Bedeutung entsteht erst innerhalb eines Bezugsnetzes verschiedener symbolischer Formen, vergleichbar mit Benjamins Prinzip der ‚unsinnlichen Ähnlichkeit'. Die einzelnen Momente, aus denen Wirklichkeit entsteht, stehen nicht für sich allein, sondern sie befinden sich im Verhältnis der „Mitsetzung" [EC, PSF III, S. 334, 222]. Zeichen und damit die symbolischen Formen bestehen aus Relationen; in dieser Vermittlungsleistung liegt gerade ihre Selbstständigkeit begründet. Symbole sind also keine sekundären Zeichen, die etwas repräsentieren. Begriffe werden nach Cassirer immer relational bestimmt und verbinden verschiedene Elemente miteinander, um so ihre symbolische Bedeutung zu generieren [EC, Substanz und Funktion, S. 34].[293] Wichtig dabei ist, dass zwischen den Elementen eine Ähnlichkeitsbeziehung vorliegt; die Wahrnehmung dieser Ähnlichkeit ist wiederum von der Perspektive abhängig.

Insofern können diese primären Sinnesdaten, die sich durch eine ‚sinnliche Ähnlichkeit' auszeichnen, nicht von dem Ganzen der kulturellen Wahrnehmung isoliert werden. Das Gesehene erscheint in einer bestimmten Weise der Sicht; allerdings hängen diese Sichtweisen alle miteinander zusammen und beziehen sich wiederum auf das Gesehene selbst, da sie hier eine gemeinsame Basis haben. Diese Basis ist nicht ein an sich seiender absoluter Träger, vielmehr stellt sie eine Art Konkretisierung dar, die nur im Medium der Wahrnehmung erscheint und dort geistige Energie freisetzt. Diese Konkretisierung macht zugleich einen allgemeinen Sinnzusammenhang transparent [EC, WWS, S. 213]. Bedeutung entsteht also immer aus mehreren Sinn-Momenten, d.h. Sinn ist immer von einer Mehrfachstruktur bestimmt. Folglich besteht auch zwischen dem Symbol und dem Symbolisierten ein korrelatives Verhältnis. Schließlich überwinden Symbole die Dualität von Signifikat und Signifikant. Sie sind nicht das Eine oder das Andere, sondern sie stellen das Eine im Anderen dar und umgekehrt.

---

[292] Vgl. hier auch Oskar Schwemmer: Ernst Cassirer. S. 104. Schwemmer stellt vor allem den Bezug zu Saussure her.

[293] Vgl. die etymologische Bedeutung des Begriffs ‚Symbol': ‚symballein' als das Zusammenwerfen oder -denken. Art. Symbol. In: Kluge: Etymologisches Wörterbuch der deutschen Sprache. Bearbeitet v. Elmar Seebold. Berlin. 23. Aufl. 1995.

> Immer wieder sind wir im Laufe unserer Untersuchungen zu der Einsicht geführt worden, dass der echte und wahrhafte Begriff des Symbolischen sich den herkömmlichen metaphysischen Einteilungen und Dualismen nicht fügt, sondern das er ihren Rahmen sprengt. Das Symbolische gehört niemals dem Diesseits oder Jenseits, dem Gebiet der Immanenz oder Transzendenz an: sondern sein Wert besteht eben darin, dass es diese Gegensätze, die einer metaphysischen Zweiweltentheorie entstammen, überwindet. Es ist nicht das Eine oder das Andere, sondern es stellt das Eine im Anderen und das Andere im Einen dar. [EC, PSF III, S. 447]

Jedes Zeichen erhält seinen Stellenwert erst aus dem Kontext heraus, in dem es steht [EC, PSF I, S. 17; Substanzbegriff und Symbolbegriff, S. 15].[294] Die Konstellation wird zum Grundzug der Präsentation und löst ein repräsentatives Modell ab. Durch permanente Metamorphosen und Übersetzungen gelangt das Symbol erst zu einer momentanen Bedeutung. Auf diesem beweglichen Hintergrund bildet sich dann die Symbolisierung als Bleibendes ab, indem sie sich selbst Gestalt und Dauer verleiht. Demnach werden symbolische Systeme bei Cassirer als dynamische vorgestellt und nicht als Repräsentationsmodelle.[295] Dies zeigt sich etwa daran, dass Cassirer eine eindeutige Definition des Symbolischen umgeht und stattdessen mehrere Umschreibungen liefert [PSF I, S. 16, 17]. Gerade die Vieldeutigkeit tritt als Kennzeichen des Symbols auf. Im ursprünglichen Wortsinn meint Vieldeutigkeit stets ein Zusammenhalten zweier getrennter Bereiche um des Wiedererkennens willen. Diese Trennung wird im Symbol kurzzeitig aufgehoben, als solches ist es eindeutig; allerdings nur in Bezug auf die verabredete Wiederherstellung der Gemeinsamkeit, es besitzt keine Eindeutigkeit im Hinblick auf seine Bedeutung. Seine Eindeutigkeit ist daher von ikonischer, d.h. bildlicher Natur, die einen großen Bedeutungsspielraum offen lässt. Diese geheime Dialektik des Symbols von unmittelbarer Evidenz bei gleichzeitiger Vieldeutigkeit verbindet es mit Benjamins Allegorie.[296] Auch in Benjamins Allegorie-Konzept wird aufbauend auf dem Bewusstsein der Vieldeutigkeit des Zeichens Bezug genommen auf die Eineindeutigkeit der Sprache.

Die Theorie der symbolischen Formen stellt gerade keine dogmatische Lehre vom Wesen der Objekte auf, sondern sie untersucht die Arten der Objektivierung, wie sie in der Kunst, dem Mythos und der Sprache stattfinden [EC, WWS, S. 209]. Erkenntnis im Sinne Cassirers ist stets ein Prozess und kann demzufolge nicht als Produkt verstanden werden [EC, PSF III, S. VII].

---

[294] An einigen Stellen gebraucht Cassirer die Begriffe ‚Zeichen' und ‚Symbol' synonym. Auch Naumann weist darauf hin, dass das Symbol und der Begriff auf einer gemeinsamen Ebene angesiedelt sind. Barbara Naumann: Philosophie und Poetik des Symbols. S. 136.

[295] Vgl. auch EC: Versuch über den Menschen. S. 65.

[296] Der Gegensatz von Allegorie und Symbol ist hier ein relativer und kein absoluter. Vgl. dazu Heinz Gockel: Mythos und Poesie. Zum Mythosbegriff in Aufklärung und Frühromantik. Frankfurt a.M. 1981. S. 9f. Auch Schlegel setzt im Bereich des Mythischen Symbol und Allegorie in eins: Friedrich Schlegel: Gespräch über die Poesie. S. 324.

> Wie das geistige Sein nicht anders als in der Form des Werdens angeschaut werden kann, wo wird andererseits alles geistige Werden, sofern es philosophisch erfaßt und durchdrungen wird, damit in die Form des Seins gehoben. Soll das Leben des Geistes sich nicht in die bloße Zeitform, in der es sich abspielt, auflösen, soll es nicht in ihr zerfließen, so muß sich auf dem beweglichen Hintergrunde des Geschehens ein anderes, Bleibendes reflektieren, das in sich Gestalt und Dauer hat. [EC, WWS, S. 171f.]

Somit kann es auch keine denkunabhängige Wahrheit geben, ein Bestand an ewigen Wahrheiten wird demzufolge negiert. Alles Wissen und damit auch das Erkennen von Wahrheit geht für Cassirer in der Gesamtheit der Sinneswahrnehmungen auf [EC, G+L, S. 209]. Trotzdem gibt die Erkenntnis das Streben nach letztgültiger Wahrheit nicht auf, sie versteht die Suche vielmehr als stete Aufgabe [EC, ZMP, S. 190f., LKW, S. 30]. Hier wird nochmals deutlich, dass Cassirers Symbolphilosophie im Denken der Moderne verankert ist.

So ist den symbolischen Formen eine bedeutungsgebende Funktion inne, eine nicht bloß nachbildende, sondern eine ursprünglich-bildende, welche die Unmöglichkeit unmittelbarer Erkenntnis zur Voraussetzung hat. Mit Kant geht Cassirer davon aus, dass die Erkenntnis des Dings an sich nicht möglich ist, daher folgt die *Philosophie der symbolischen Formen* einer indirekten Zugangsweise, vermittelt über die Herstellung von Verweisungen und Konstellationen [EC, PSF I, S. 9, 6].[297] Der Mensch entwickelt sein Selbstverständnis gerade durch den Gebrauch von Symbolen, die ein Zwischenreich zwischen Mensch und Welt, zwischen den verschiedenen Bild-Welten bilden. Insofern kann das Symbolsystem als ein Drittes oder auch als Schwelle gelesen werden [EC, VM, S. 49; PSF I, S. 48]. Mithilfe der Symbole erarbeitet sich der Mensch nicht nur eine Erkenntnis von Welt, sondern auch eine Vorstellung seiner selbst; eine Vorstellung von seinem eigenen Ursprung, der für ihn nicht direkt einsehbar ist. Hier finden sich bereits erste Parallelen zu Blumenberg, der ebenfalls davon ausgeht, dass der Ursprung als solcher nicht erkennbar ist und aufgrund dessen auf umwegige Art und Weise, durch die Metapher und die Arbeit am Mythos, erfahrbar gemacht werden muss.

Wie erwähnt, ist das Verhältnis zwischen Gegenstand und Begriff stets ein symbolisches, da der Gegenstand selbst bereits in ein System symbolischer Prozesse eingebettet ist. Allerdings entfaltet sich gerade aus dieser Vermittlung das produktive Potenzial des Gestaltens, die Idee und Gegenstand zum Ausdruck bringen kann. Im Nachvollzug dieser Einbettung in ein Gesamtsystem der Konstellationen wird das sinnliche Material zum Ausdruck gebracht,

---

297 Für Kant sind Symbole „indirekte Darstellungen des Begriffs", sie werden immer dort konstruiert, wenn eine direkte Darstellung nicht möglich ist. Immanuel Kant: Kritik der Urteilskraft. (Philosophische Bibliothek Bd. 39 a). Hg. v. Karl Vorländer. Hamburg 1974. B 256.
Dazu Winfried Menninghaus: Darstellung. F.G. Klopstocks Eröffnung eines neuen Paradigmas. In: Was heißt Darstellen? Hg. v. Hart Nibbrig. Frankfurt a.M. 1994. S. 216.
Naumann spricht hier von einer Preisgabe der „Einheit des Ursprungs" zugunsten einer Betrachtungsweise der Vermittlung. Barbara Naumann: Philosophie und Poetik des Symbols: Cassirer und Goethe. München 1998. S. 17.

indem es an ein freies Spiel des Geistes gebunden ist. Anders als vielfach für die Moderne angenommen, entgeht Cassirers Symbolsystem der Instrumentalisierung von Begriffen durch das Aufzeigen der zunächst paradoxen Möglichkeit, im zeichenhaften symbolischen Ausdruck ein Sinnlich-Materiales aufheben zu können.

> Unter einer ‚symbolischen Form' soll jede Energie des Geistes verstanden werden, durch welche ein geistiger Bedeutungsgehalt an ein konkretes sinnliches Zeichen geknüpft und diesem Zeichen innerlich zugeeignet wird. In diesem Sinne tritt uns die Sprache, tritt uns die mythisch-religiöse Welt und die Kunst als je eine besondere symbolische Form entgegen. Denn in ihnen allen prägt sich das Grundphänomen aus, daß unser Bewusstsein sich nicht damit begnügt, den Eindruck des Äußeren zu empfangen, sondern daß es jeden Eindruck mit einer freien Tätigkeit des Ausdrucks verknüpft und durchdringt. Eine Welt selbstgeschaffener Zeichen und Bilder tritt dem, was wir die objektive Wirklichkeit der Dinge nennen, gegenüber und behauptet sich gegen sie in selbständiger Fülle und ursprünglicher Kraft. [EC, WWS, S. 175f.]

Die freie Kraft des Bildens tritt der als objektiv erfahrenen Welt entgegen und bewahrt in ihr die Sinnlichkeit des Seins. Symbole bilden also nicht eine bereits gegebene Wirklichkeit ab, sondern sie entwerfen sie allererst.[298]

Ein abschließender Hinweis gilt den erstaunlichen Ähnlichkeiten im Kulturverständnis von Cassirer und Warburg, denn nicht nur die Bibliothek Warburgs hatte entscheidenden Einfluss auf das Denken Cassirers und seine Idee der Symbolphilosophie. Warburg versteht das bewusste Distanzschaffen zwischen sich und der Außenwelt als kulturellen Akt. Der dadurch entstandene Zwischenraum kann daran anschließend künstlerisch gestaltet werden, um diesem Distanzbewusstsein schließlich eine soziale Dauerfunktion verleihen zu können.[299] Nach Cassirer werden die über die Sinnesreize laufenden Kontakte mit der Außenwelt symbolisch zu etwas Sinnhaftem verarbeitet. Dies ist konstitutiv für die menschliche Existenz und bildet den Grundzug für das humane Dasein. Sprache, Mythos und Kunst sind alle an der Distanzierung beteiligt und damit Träger der kulturellen Leistung. So kann die objektivierende Kraft der symbolischen Formen die archaische Urangst und Unmittelbarkeit bewäl-

---

[298] Damit knüpft Cassirer in seiner ‚Philosophie der symbolischen Formen' im Wesentlichen an zwei Traditionen an, die er zu vermitteln sucht: die Wissenschaft und die Ästhetik. In Auseinandersetzung mit Heinrich Hertz' ‚Prinzipien der Mechanik' (1894) beschreibt Cassirer, dass die Naturwissenschaften nicht mit vorgegebenen Größen operieren, vielmehr würden sie innere „Scheinbilder" und „Symbole" der äußeren Dinge herstellen. Begriffe gewinnen nur insofern einen Wert, als sie für die Erkenntnis wichtig sind [EC, PSF I, S. 6; EP IV, 115-118]. Im Bereich der Ästhetik ist für ihn vor allem Goethe von Interesse, da dieser nach Cassirer eine Verlagerung der transzendenten Form in die Wirklichkeit vornimmt. Goethes Vermittlung des Allgemeinen mit dem Besonderen dient Cassirer als Vorbild für seine ‚symbolischen Formen', die den Gegensatz von Transzendenz und Weltlichkeit durch die Schaffung eines neuen Kulturbegriffs überwinden sollen. Das Eine kommt im Anderen wechselseitig zur Darstellung [EC, PSF III, S. 447].

[299] Vgl. hier auch Ernst H. Gombrich: Aby Warburg. Eine intellektuelle Biographie. Frankfurt a.M. 1979. S. 382.

tigen.[300] Dies verdeutlicht, dass Cassirers Symbolisierungsprozess im Spannungsfeld zwischen Mythos und Aufklärung angesiedelt ist. Gemeinsam ist Warburg und Cassirer letztlich die Vorstellung von einer ästhetisch gestalteten Welt, die in eine gesellschaftliche Form überführt werden soll. So bilden die symbolischen Formen einen Spannungsbogen zwischen der Vergangenheit – der mythischen Erfahrungswelt – und der Zukunft als ethisches Programm. Hiermit knüpft Cassirer allerdings nicht an die historische Aufklärung an, vielmehr weist sein Aufklärungsbegriff auf den von Adorno und Horkheimer aus der ‚Dialektik der Aufklärung' voraus, indem erst in der Auseinandersetzung und Einbeziehung des Mythos der bürgerliche Aufklärungsbegriff überwunden werden kann.[301] Die wahrhafte Aufklärung ist nach Cassirer die Rückbindung des Symbolischen an den sinnlichen Ausdruck des Mythischen.

### 5.1.1 Symbolische Prägnanz

Obwohl Cassirer der symbolischen Prägnanz nur ein schmales Kapitel innerhalb des dritten Bandes seiner Philosophie der symbolischen Formen gewidmet hat, handelt es sich hier um ein überaus tragendes Element seiner Philosophie, von dem aus die Richtung bzw. Idee der symbolischen Form verdeutlicht werden kann. Innerhalb eines kulturellen Systems setzt Cassirer erstaunlicherweise ein metaphysisches Phänomen, das als reflexiver Ursprung fungiert und damit seine Theorie zu einer Transzendentalphilosophie werden lässt.[302] Die symbolische Prägnanz ist für Cassirer ein „wesensmäßig Erstes", da sie eine selbstständige autonome Beziehung darstellt, ohne die es keine Vorstellung vom Objekt oder Subjekt geben würde [EC, PSF III, S. 236, 274]. Die symbolische Prägnanz ist die Bedingung der Möglichkeit von Bedeutung, denn letztlich stützen sich die symbolischen Formen auf eine Zeichengebung, die eine fundamentalere Art der Bedeutung voraussetzt – eine Bedeutung, die bereits vor der instrumentellen Setzung der Zeichen wirksam ist.[303] Dieses natürliche Sein wird in der symbolischen Form wiedererinnert, konkretisiert in der symbolischen Prägnanz.

> Auf die natürliche Symbolik, auf jene Darstellung des Bewusstseinsganzen, die schon in jedem einzelnem Moment und Fragment des Bewusstseins notwendig

---

[300] Inwieweit die symbolischen Formen auch als eine Arbeit am Mythos im Sinne Blumenbergs verstanden werden können, muss an späterer Stelle noch diskutiert werden. Vgl. dazu das Kapitel 7.

[301] Max Horkheimer/Theodor W. Adorno: Dialektik der Aufklärung. Philosophische Fragmente. Frankfurt a.M. 1969.

[302] Auch Krois bezeichnet die symbolische Prägnanz als das Transzendentale in Cassirers Symbolphilosophie. John M. Krois: Problematik, Eigenart und Aktualität der Cassirerschen Philosophie der symbolischen Formen. In.: Über Ernst Cassirers Philosophie der symbolischen Formen. Hg. v. Hans-Jürg Braun/Helmut Holzhey/Ernst Wolfgang Orth. Frankfurt a.M. 1988. S. 15-44, hier S. 23.

[303] Vgl. dazu auch John M. Krois: ebd. S. 22.

> enthalten oder mindestens angelegt ist, müssen wir zurückgehen, wenn wir die künstliche Symbolik, wenn wir die willkürlichen Zeichen begreifen wollen, die sich das Bewusstsein in der Sprache, in der Kunst, im Mythos erschafft. Die Kraft und Leistung dieser mittelbaren Zeichen bliebe ein Rätsel, wenn sie nicht in einem ursprünglichen, im Wesen des Bewusstseins selbst gegründeten geistigen Verfahren ihre letzte Wurzel hätte. Daß ein Sinnlich-Einzelnes, wie es z.B. der physische Sprachlaut ist, zum Träger einer rein geistigen Bedeutung werden kann – dies wird zuletzt nur dadurch verständlich, daß die Grundfunktion des Bedeutens selbst schon vor der Setzung des einzelnen Zeichens vorhanden und wirksam ist, so daß sie in dieser Setzung nicht erst geschaffen, sondern nur fixiert, nur auf den Einzelfall angewandt wird. [EC, PSF I, S. 41f.]

Demgemäß hat Cassirer in seinem Nachlass die symbolische Prägnanz als „Ur- oder Basisphänomen" bezeichnet.[304] Damit benennt sie Beginn- bzw. Ausgangspunkt der menschlichen Erfahrung, denn die Aktivität des Symbolerzeugens beginnt mit der symbolischen Prägnanz. Zwar ist diese nach Cassirer die Grundfunktion des Bedeutens, sie lässt sich aber im Unterschied zur symbolischen Form nicht als Akt der kulturellen Interpretation begreifen und damit weder auf reproduktive noch auf intellektuelle Prozesse zurückführen [EC, PSF III, S. 274f.].[305]

Wie bereits verdeutlicht, findet in der symbolischen Form eine Bewahrung von Sinnlichkeit im Sinn statt, d.h. jegliche geistige Funktion ist rückgebunden an ihre Ausdrucksfunktion.[306] Das Bild, in dem sich dieser kulturelle Zusammenschluss zwischen Sinn und Sinnlichkeit entlädt, ist die Unmittelbarkeit der symbolischen Prägnanz. Bringt man nun die im ersten Teil anhand von Benjamins Texten erarbeiteten Thesen mit denen Cassirers in Verbindung, zeigt sich, dass in der Konstellation der ‚unsinnlichen Ähnlichkeit', die, wie bereits erläutert, auch durch die symbolische Form hergestellt wird, die symbolische Prägnanz als sinnliches Bild hervortritt. Als solches wiederholt die symbolische Prägnanz die Idee des Namens aus der mythischen Rede im kulturellen Sprechen. So spielt sich die Dynamik der Kultur zwischen den beiden Polen der symbolischen Prägnanz und der symbolischen Formung ab.[307] Allerdings fungiert die symbolische Prägnanz nicht als Abbild des Namens, sondern gemäß dem Prinzip des ‚pars pro toto' präsentiert sie den Namen aus der

[304] Diesen Hinweis verdanke ich Oswald Schwemmer: Der Werkbegriff in der Metaphysik der symbolischen Formen. Zu Cassirers Konzeption eines vierten Bandes der ‚Philosophie der symbolischen Formen'. In: Internationale Zeitschrift für Philosophie, (2), 1992. S. 226-259, hier S. 233. Anders Naumann, die Cassirers Idee des ‚Urphänomens' mit Derridas als differenziell gedachten Ursprung liest. Barbara Naumann: Philosophie und Poetik des Symbols. S. 102ff.

[305] Anders Paetzold, der davon ausgeht, dass jegliches menschliches Wahrnehmungserlebnis bereits strukturiert und organisiert vorliegt. Prägnanz versteht er als Prägung oder Formung, die allen menschlichen Erfahrungen zugrunde liegt. Ernst Paetzold: Ernst Cassirer zur Einführung. S. 45.

[306] Nach Dubach ist zwar in jedem Geistigen Sinnliches enthalten, umgekehrt schließt aber nicht jedes Sinnliche Sinn in sich. Ernst Dubach: Symbolische Prägnanz. S. 76.

[307] Vgl. Ernst Paetzold: Mythos und Moderne. S. 165.

Konstellation der ‚unsinnlichen Ähnlichkeit' heraus, indem sie als Element der absoluten Verdichtung und Konkretion auftritt. Als solche ist sie stets symbolisch und unterliegt dem Prinzip der Ähnlichkeit, da sie als Teil über sich selbst auf ein mit dem Teil identischem Ganzen verweist [EC, PSF III, S. 274]. Aus diesem Grund kann die symbolische Prägnanz zugleich als Abstraktion und Verdichtung der Anschauung verstanden werden [EC, PSF III, S. 224]; als solche ist sie ein Ort der Schwelle und vergleichbar mit dem auf Benjamin aufbauenden Prinzip der ‚immanenten Bildlichkeit'. Auch diese ist Ausdruck der Schwelle zwischen Sinn und Sinnlichkeit, zwischen ‚sinnlicher' und ‚unsinnlicher Ähnlichkeit' bzw. zwischen Idee und Laut und nimmt in Gestalt eines dritten Mediums Rekurs auf die Materialität der Sprache.[308]

> Wir suchen diese Wechselbestimmung dadurch zum Ausdruck zu bringen, daß wir für sie den Begriff und Terminus der symbolischen Prägnanz einführen. Unter symbolischer Prägnanz soll also die Art verstanden werden, in der ein Wahrnehmungserlebnis, als sinnliches Erlebnis, zugleich einen bestimmten nichtanschaulichen Sinn in sich fasst und ihn zur unmittelbaren konkreten Darstellung bringt. Hier handelt es sich nicht um bloß perzeptive Gegebenheiten, denen später irgendwelche apperzeptive Akte aufgepfropft wären, durch die sie gedeutet, beurteilt und umgebildet würden. Vielmehr ist es die Wahrnehmung selbst, die kraft ihrer eigenen immanenten Gliederung eine Art von geistiger Artikulation gewinnt – die, als in sich gefügte, auch einer bestimmten Sinnfügung angehört. In ihrer vollen Aktualität, in ihrer Ganzheit und Lebendigkeit, ist sie zugleich ein Leben im Sinn. Sie wird nicht erst nachträglich in diese Sphäre aufgenommen, sondern sie erscheint gewissermaßen als in sie hineingeboren. Diese ideelle Verwobenheit, diese Bezogenheit des einzelnen, hier und jetzt gegebenen Wahrnehmungsphänomens auf ein charakteristisches Sinn-Ganzes, soll der Ausdruck der Prägnanz bezeichnen. [EC, PSF III, S, 235]

Cassirers symbolische Prägnanz ist demnach Ausdruck der Wechselbeziehung von Darstellendem und Dargestelltem; somit stehen sich Bild und Begriff – auch in der symbolischen Form – fortan nicht mehr diametral gegenüber [EC, PSF III, S. 236f.].[309]

Indem die symbolische Prägnanz den Zusammenschluss von Sinn und Sinnlichkeit in der symbolischen Form – gemäß Benjamins ‚choc' – im kurzzeitig aufblitzenden Bild erahnen lässt, ist sie unhintergehbare Instanz, die dennoch einer Dynamik unterworfen ist.[310] Insofern ist die symbolische Prägnanz ein relationaler Begriff, denn der Grad der Genauigkeit hängt von dem symbolischen Medium ab; symbolische Prägnanz und symbolische Form ste-

---

308 Vgl. dazu Kapitel 4.

309 Naumann geht davon aus, dass Bild und Begriff durch die symbolische Prägnanz gleichursprünglich werden. Barbara Naumann: Philosophie und Poetik des Symbols. S. 136.

310 Vgl. Krois, der die symbolische Prägnanz als wichtigstes Phänomen innerhalb der symbolischen Formen versteht. John M. Krois: Problematik, Eigenart und Aktualität der Cassirerschen Philosophie der symbolischen Formen. S. 22.

hen in einem korrelativen Verhältnis zueinander [EC, WWS, S. 175].[311] So ist die Sinnerfüllung des Sinnlichen an das Moment der Form gebunden, diese Form wiederum beruht auf einer Aktivität des Geistes.[312] Stoff und Form sind im Wahrnehmungserlebnis stets aufeinander bezogen [EC, PSF III, S. 231]. Zwar sind beide unabhängig voneinander existierende Größen, aber dennoch für sich selbst variabel. Hier wird deutlich, dass Sinn nur in der sinnlichen Form wahrgenommen werden kann, aus der heraus er erst seine Bedeutung erhält [EC, PSF III, S. 232ff].

Jedes sinnliche Erlebnis enthält stets eine Art von Sinn, durch das es symbolisch prägnant wird. Durch die Bezogenheit eines einzelnen Wahrnehmungsphänomens auf ein charakteristisches Sinn-Ganzes in der Prägnanz, erlangt die Wahrnehmung selbst die Kraft zur Artikulation. Erst in dieser Bezogenheit kann die Vielfalt und der Zusammenhang des Bewusstseins hervorgebracht werden, denn die symbolische Prägnanz entzieht der Erscheinung nichts von ihrer konkreten Fülle, vielmehr formt sie diese Fülle zu einer festen, in sich geschlossenen Form [EC, PSF III, S. 235, 237].

### 5.1.2 Sinn und Sinnlichkeit

Cassirers Forderung nach einer Analyse aller Formen, die eine Spontaneität des menschlichen Geistes bekunden, schließt immer die sinnlich-materielle Qualität der kulturellen Zeichen mit ein. Die spezifische Leistung der symbolischen Formen ist es, die verschiedenen Weisen der menschlichen Erfahrung als Modalitäten symbolischer Aktivität zu rekonstruieren. Alle menschliche Erfahrung wird als Sinngebung innerhalb eines sinnlichen Substrats verstanden. Im Symbolischen sind Sinn und Sinnlichkeit in der Weise vereint, dass im Sinnlichen zugleich Sinn gegeben ist, denn aller Sinn muss sich im Medium des Sinnlichen darstellen und verkörpern.[313] D.h. aber umgekehrt, dass das Sinnliche nur in seiner Bindung an Sinn erfahrbar ist. Dabei wird die Antinomie von passiver Sinnlichkeit und aktiver Sinngebung in Cassirers Philosophie überwunden. Insofern ist das Symbolische Immanenz und Transzendenz zugleich; in ihm äußert sich ein übergeordneter Sinn in anschaulicher Gestalt [PSF III, S. 449]. Symbolische Formen entwickeln sich zwar aus der konkreten sinnlichen Anschauung heraus, zeichnen sich aber dann durch die Fähig-

[311] Paetzold verdeutlicht, dass die symbolische Prägnanz durch eine vorgreifende Perspektive des Sinns gesteuert wird, diese ist abhängig von dem jeweiligen symbolischen Medium, welches die Vernetzung der Wahrnehmungserlebnisse ermöglicht. Ernst Paetzold: Mythos und Moderne. S. 164.

[312] Anders John M. Krois: Symbolic Forms and History. London 1987. S. 54, 56.

[313] Hier bezieht sich Cassirer auf Kants Dichotomie von Sinnlichkeit und Begrifflichkeit, die Cassirer insofern weiterführt, als für ihn der Begriff nur eine Form unter anderen ist, die Sinn annehmen kann. Die Modalität der kategorialen und anschaulichen Form färbt sich – anders als bei Kant – dem jeweiligen Sinngebiet entsprechend. Vgl. dazu EC, PSF I, S. 7, 29; PSF II, S. 78; S+F, S. 369, 411.

keit zur Transzendenz aus. Transzendenz muss demzufolge als immanentes, als aus sich selbst heraus entwickelndes Prinzip, verstanden werden.

> Denn zwischen dem Sinnlichen und Geistigen knüpft sich hier eine neue Form der Wechselbeziehung und der Korrelation. Der metaphysische Dualismus beider erscheint überbrückt, sofern sich zeigen lässt, daß gerade die reine Funktion des Geistigen selbst im Sinnlichen ihre konkrete Erfüllung suchen muß, und daß sie sie hier zuletzt allein zu finden vermag. [EC, PSF I, S. 19]

Nur in der Gesamtheit des Sinnlichen ist die Offenbarung des Geistigen gewährleistet, das Geistige greift demzufolge nicht von außen in das Sinnliche ein, sondern entwickelt sich aus ihm heraus [EC, PSF II, S. 309]. Über der sinnhaften Wahrnehmung bleibt die Bildwelt des Sinnlichen stets bestehen, diese Bildwelt ist trotz ihrer Verankerung im Sinnlichen zugleich geistig geformt. D.h. sie stellt eine Zwischenstufe zwischen Geistigem und Sinnlichem dar und ist somit Ausdruck der Schwelle [EC, PSF I, S. 20]. In jedem sprachlichen Zeichen, in jedem mythischen Bild erscheint ein geistiger Gehalt in der Form des Sinnlichen. Insofern sind Mythos, Sprache und Kunst immer Ausdruck der Schwelle zwischen Sinn und Sinnlichkeit [EC, PSF I, S. 42]. Mit Kant fordert Cassirer eine dritte Sphäre der Vermittlung, in der Sinn und Sinnlichkeit überein kommen. Diese Vermittlung wird als „transzendentales Schema“ vorgestellt, das sowohl intellektuell als auch sinnlich ist, sowohl Abstraktion als auch Konkretion [EC, PSF I, S. 152]. Hier wird deutlich, dass dieses „transzendentale Schema“ in Cassirers Prinzip der ‚symbolischen Prägnanz’ seinen Niederschlag findet, denn auch diese bildet eine solche Schwellenposition aus und stellt damit, wie bereits erwähnt, das transzendentale Moment in Cassirers Philosophie dar.

Aber auch das Prinzip der ‚allegorischen Intertextualität’, das mit Benjamins Idee der ‚unsinnlichen Ähnlichkeit’ korrespondiert, ist Ausdruck dieser Schwelle. In der Vermittlung von ‚unsinnlicher und sinnlicher Ähnlichkeit’ – hervorgerufen durch das intertextuelle Sprechen – wird eine immanente Bildlichkeit erzeugt, die die Präsenz der ‚reinen Sprache’ – ausgedrückt in einer ‚sinnlichen Ähnlichkeit’ – an der Konstellation der ‚unsinnlichen Ähnlichkeit’ erahnen lässt. So wird die ‚Namensprache’ an ihrem Träger, der ‚unsinnlichen Ähnlichkeit’ präsentiert, wie auch in Cassirers Vorstellung die Sinnlichkeit in der sinnhaften symbolischen Form eine zweite Gegenwart erhält.

Der Gehalt des Geistes erschließt sich also nur in seiner sinnlichen Äußerung. Bereits in der Form liegt die Präsenz des Inhalts begründet [EC, PSF III, S. 198f.]. Erst in der Einheit von Stoff und Form, in der Vermittlung von Präsenz und Repräsentanz erhält die Idee oder der Gegenstand seine konkrete Bestimmtheit [EC, WWS, S. 233]. Um das abstrakt Geistige ausdrücken zu können, muss es materialisiert werden, d.h. in eine sinnlich-konkrete Ausdrucksform gebracht werden. Diese Ausdrucksform hat allerdings stets eine doppelte Funktion: Präsentation von Inhalt bei gleichzeitiger Bearbeitung des Materials. Anhand dieser Doppelfunktion wird deutlich, dass bereits die Sinnlichkeit eine kulturelle Leistung darstellt und nicht rein vor-geistig gedacht werden kann. Sinnlichkeit besitzt selbst eine Sinnerfüllung fernab von theoretisch-wissenschaftlicher Erkenntnis; sie ist in sich selbst sinnerfüllt [EC, PSF III, S. 71, 109].

Im Symbol gelangt schließlich ein Sinnliches zur Darstellung eines Sinns, insofern ist das Symbol selbst ein Sinnliches, das als Zeichen fungiert. Jede symbolische Form nimmt vom Sinnlichen nicht nur ihren Ausgang, sondern sie bleibt beständig in ihm beschlossen [EC, WWS, S. 177]. Sie wendet sich nicht gegen das sinnliche Material, sondern sie ‚lebt und schafft in ihm'. Denn erst durch die symbolische Form nimmt die Unmittelbarkeit des Lebens die Kraft des Geistes an [EC, WWS, S. 202].

Durch die Wechselbeziehung von Sinn und Sinnlichkeit wird aber noch etwas anderes deutlich: In allen symbolischen Formen ist letztlich der Mythos aufgehoben und wird in kulturelle Zeichen transformiert, um ihm eine Spur und zweite Gegenwart zu verschaffen, denn im mythischen Denkzusammenhang kommt nach Cassirer das Sinnliche am reinsten zum Ausdruck.

## 5.2 Sprache, Mythos und Kunst

Durch Cassirers Vorstellung von einer symbolischen Transformation des Sinnlichen, der sinnlichen Erfahrung in Sinn, wird der einzelne Eindruck isoliert und die Wahrnehmung konzentriert sich in einem Punkt. Somit ist die Erfahrung an den Augenblick gebunden, die sich schließlich im mythischen Bild entlädt und dort eine Objektivierung erfährt [EC, WWS, S. 105]. Ungeordnete und als bedrohlich empfundene Welterfahrung wird in kulturelle Form überführt. Sprache und Mythos sind zwar getrennte symbolische Systeme, letztlich sind sie aber auf einen gemeinsamen Ursprung zurückzuführen und leisten auch gemeinsame Arbeit: Während der Mythos die Produktion einer bildhaften Sinnfülle gewährleistet, fungiert die Sprache als Garantin der Erschließung von Welt.[314]

Hervorzuheben ist, dass das Symbolische nicht auf reine Begriffszeichen beschränkt ist. Zwar bildet die Welt der Zeichen und die Bildwelt des Mythos eine je eigene Dimension der Darstellung, aber erst in ihrer Gesamtheit und in ihrem Zusammenwirken konstituieren sie einen geistigen Sehraum. Der Mythos ist demnach dem Zeichen der Erkenntnis nicht einfach gegenübergestellt

[314] Langer macht darauf aufmerksam, dass Sprache und Mythos in derselben geistigen Entwicklungsphase des Menschen entstanden sind und – trotz ihrer materialen Verschiedenheit – analoge formale Eigentümlichkeiten besitzen. Susanne K. Langer: Cassirers Philosophie der Sprache und des Mythos. In: Ernst Cassirer. Hg. v. Paul Arthur Schilpp. Hamburg 1966. S. 263-281, hier S. 265.

[EC, PSF III, S. 56f.]. Dies verdeutlicht, dass die Symbolfunktion nicht ausschließlich auf der Ebene des begrifflichen und abstrakten Wissens angesiedelt ist. Anders als die verschieden Phasen, welche die symbolischen Formen durchlaufen, spricht Cassirer auch von den unterschiedlichen Sinndimensionen der symbolischen Formen. Er unterscheidet die Ausdrucks-, Darstellungs-, und Bedeutungsfunktion. Doch bezeichnet Cassirer damit nicht Entwicklungsschritte, die alle Formen absolvieren müssen, sein Ziel sind vielmehr geistige Zuordnungen, ideelle Orientierungen, innerhalb deren die Stelle der symbolischen Formen markiert wird [EC, STS, S. 11; PSF III, S. 53]. Die Ausdruckswahrnehmung geht letztlich auf eine vor-mythische, vor-logische oder vorästhetische Wahrheit zurück. Sie bildet den gemeinsamen Boden, dem alle Gestaltungen entspringen und auch verhaftet bleiben. Durch das Moment der Entäußerung gehen die Ausdrucksmerkmale langsam in objektive Merkmale wie Dingbestimmungen und Eigenschaften über, so findet eine Annäherung an die Welt der Darstellung und Bedeutung statt.[315] Mit Goethe bezeichnet Cassirer die Ausdrucksfunktion als ein „Urphänomen“, das sich allerdings auch im Aufbau des theoretischen Bewusstseins als solches noch erhält. Die Ausdrucksfunktion sichert den Zugang und Fortbestand der inneren Erfahrung. Sie kennt noch keine Differenz von Bild und Sache, Subjekt und Objekt sowie Signifikat und Signifikant, sie dient als Garantin der Indifferenz von Sinn und Sinnlichkeit; als solche ist sie Mittel der Intensivierung [EC, PSF III, S. 74, 95-109, 117; VM, S. 123f.]. Es handelt sich um ein primäres Wirklichkeitsbewusstsein, welches die Realität des mythischen Weltbildes ausmacht. Der Mythos ist von der Ausdrucksfunktion noch völlig eingenommen [EC, PSF III. S. 125]. Durch die Erkenntnisleistung werden dann in der Bedeutungsfunktion die reinen Beziehungen aus dieser konkreten Wirklichkeit der Dinge herausgehoben, um sie in die Allgemeinheit der Form zu überführen. An die Stelle des Verhältnisses von Begriff und Anschauung, wie es in der Darstellungsfunktion zu finden ist, tritt hier ein kritisches und reflektiertes Bewusstsein. Ein unmittelbarer Bezug zur empirischen Dingwelt existiert nicht mehr, sondern die Beziehungen werden frei gewählt. Dabei machen die Zeichen diese Beziehungen transparent und nachvollziehbar. Aller Ausdruck und alles Anschaulich-Repräsentative der Darstellungsfunktion ist hier überwunden in der Gewinnung reiner Bedeutungszeichen, die in ein freies Spiel miteinander treten.

Mythos und Kunst werden von Cassirer als Ausdrucksfunktionen bezeichnet, Sprache als Darstellungs- und Wissenschaft als Bedeutungsfunktion. Aber

[315] Habermas ordnet der Ausdrucksfunktion den Übergang eines sinnlichen Eindrucks in ein Bild zu, der Bedeutungsfunktion die begriffsbildende Tendenz und in der Darstellungsfunktion sieht er einen Ausgleich beider Bereiche gegeben. Die Darstellungsfunktion sei der Bereich der alltäglichen Sprache und damit der lebensweltlichen Orientierung. Die Stufen sinnlicher Ausdruck, anschauliche Darstellung und reine Bedeutung entsprechen nach Habermas dem Prozess allmählicher Dekontextualisierung. Jürgen Habermas: Die befreiende Kraft der symbolischen Formen. S. 95.

erst in der Trias von Ausdrucks-, Darstellungs- und Bedeutungsfunktion stellt sich uns Wirklichkeit dar. Alle drei Ebenen sind nur dann präsent, wenn sie sich betätigen, insofern kann ihr reines Dasein auch nicht dingfest gemacht bzw. beschrieben werden.

> [...] alle diese Akte des Ausdrückens, des Darstellens und des Bedeutens [sind] sich selber nicht unmittelbar gegenwärtig [..], sondern [...] nirgends anders als im Ganzen ihrer Leistung sichtbar [...]. Sie sind nur, indem sie sich betätigen, und indem sie in ihrer Tat von sich selbst Kunde geben. [EC, PSF III, S. 118]

Sprache, Mythos und Kunst zeichnen sich nicht durch eine Verwendung symbolischer Formen aus, sondern sie sind als Ganzes betrachtet selbst eine symbolische Erfassung der Welt und bringen das hervor, was als Welt bezeichnet werden kann [EC, WWS, S. 175]. Demzufolge sind symbolische Formen nicht Nachahmung von Wirklichkeit, sondern deren Organe [EC, WWS, S. 79]. Das Symbol wird als Moment verstanden, das sich in jeder geistigen Grundform wieder findet. Aufgabe der Philosophie ist es, das Weltbild von einer einseitigen verdinglichten Sichtweise zu befreien, aus diesem Grund sollen verschiedene Grundformen des Verstehens von Welt voneinander abgegrenzt werden [EC, PSF I, S. V]. Dieses Verstehen von Welt geht letztlich auf die Konstitution von Bedeutung zurück. Daher fragt Cassirer in seiner Philosophie nach den Bedingungen der Möglichkeit von Bedeutung. Bedeutungsgenerierung ist an die Sprache gebunden, somit ist das Vorhandensein von Sprache ein zentrales Moment in den symbolischen Formen [EC, PSF I, S. 267].

Dennoch können alle symbolischen Formen als Entwicklungen aus dem Mythos heraus verstanden werden, ihr ‚gemeinsamer Boden' bleibt – gerade auch in der kulturellen Ausdifferenzierung der Moderne – der Mythos [EC, WWS, S. 112; Essay on Man, S. 168].[316] Die Herstellung eines kulturellen Textes ist eine unumgängliche Logik. Demzufolge fordert Cassirer auch keine normative Rückkehr zum Mythos. Allerdings sind insbesondere in der Kunst – und hier vor allem in der poetischen Sprache – mythische Energien wirksam. Diese werden reflexiv gebrochen und kulturell geformt. Auf diese Weise entsteht eine neue Struktur, die der symbolischen Form, die sich durch eine spezifische Ästhetik auszeichnet, in der Verbindung von Sinn und Sinnlichkeit bzw. von Kultur und Mythos. Wirklichkeit entsteht also erst durch den schöpferischen Umgang mit dem Sinnmaterial.

---

[316] Paetzold mach hier darauf aufmerksam, dass Cassirer in seinem ‚Myth of the State' auch auf die Gefahr des Missbrauchs der Mythisierung hingewiesen hat. Vor allem die Verbindung von Mythos und Technik stellt eine Bedrohung für die Moderne dar. Die Technologie führt zu einer linearen Entwicklung, die synchrone Prozesse, wie sie für die Symbolphilosophie konstitutiv sind, außer acht lässt. In ‚Myth of the State' zeigt Cassirer, wie eine Totalisierung aufgrund der affektiven Bindung des Individuums an Ritualisierungen hergestellt werden kann [EC, Myth of the State, S. 218f.] Vgl. auch Heinz Paetzold: Mythos und Moderne. In: Kulturkritik nach Ernst Cassirer. Hg. v. Enno Rudolph/Bernd-Olaf Küppers. Hamburg 1995. S. 170.

Letztlich ist diese Art des Umgangs mit Welt eine ‚Arbeit am Mythos' im Sinne Blumenbergs, da das Sinnmaterial stets an den Ausdruck des Mythos rückgekoppelt ist. Schließlich gehen alle symbolischen Formen auf eine „letzte Urschicht des Wirklichen" zurück, die sich in der symbolischen Form zugleich verhüllt und enthüllt [EC, PSF III, S. 3]. Jegliche Inhalte des Geistes, erscheinen sie auch noch so autonom, sind schließlich mit dem Mythos verbunden. Der Mythos wiederum entwickelt sich aus dem ausdrucksmäßigen Verstehen.

> Es offenbart sich [...] ein Gesetz, das für alle symbolischen Formen in gleicher Weise gilt und das ihre Entwicklung wesentlich bestimmt. Sie alle treten nicht sogleich als gesonderte, für sich seiende und für sich erkennbare Gestaltungen hervor, sondern sie lösen sich erst ganz allmählich von dem gemeinsamen Mutterboden des Mythos los. Alle Inhalte des Geistes, so sehr wir ihnen systematisch ein eigenes Gebiet zuweisen und ihnen ein eigenes autonomes ‚Prinzip' zugrunde legen müssen, sind uns rein tatsächlich nur in dieser Verflechtung gegeben. Das theoretische und das praktische und das ästhetische Bewusstsein, die Welt der Sprache und der Erkenntnis, der Kunst, des Rechts und der Sittlichkeit, die Grundformen der Gemeinschaft und die des Staates: sie alle sind ursprünglich noch wie gebunden im mythisch-religiösen Bewusstsein. So stark ist dieser Zusammenhang, daß dort, wo er sich zu lockern beginnt, die Welt des Geistes von einem völligem Zerfall bedroht erscheint; daß die einzelnen Formen, indem sie aus dem Ganzen herausstreben und sich ihm mit dem Anspruch auf spezifische Eigentümlichkeit gegenüberstellen, damit vielmehr sich selbst zu entwurzeln und einen Teil ihres eigenen Wesens aufzugeben scheinen. Erst allmählich werden wir darüber belehrt, daß eben diese Selbstaufgabe ein notwendiges Moment in ihrer Selbstentfaltung darstellt, daß die Negation den Keim zu einer neuen Position in sich schließt, daß die Trennung selbst zur Grundlage einer neuen Verknüpfung wird, die aus andersartigen Voraussetzungen erwächst. [EC, WWS, S. 112]

D.h. die Architektonik der symbolischen Formen ist eine zentrifugale, sich aus der Mitte des Mythos herausentwickelnde.[317] Dabei muss bereits an dieser Stelle darauf hingewiesen werden, dass Cassirer implizit zwischen einem sogenannten ‚Ur-Mythos' oder „Mutterboden Mythos" und der ‚symbolischen Form des Mythos' unterscheidet. Während dieser ‚Urmythos' nur als Leerstelle gedacht werden kann, ist die ‚symbolische Form des Mythos' bereits eine kulturelle Überführung dieses ‚Urmythos'. Hier lassen sich – wie an späterer Stelle noch ausgeführt werden soll – deutliche Parallelen zu Blumenberg nachweisen, der auch zwischen der ‚Arbeit am Mythos' als kultureller Tätig-

[317] Blumenberg stellt hier eine Unstimmigkeit in der Theorie Cassirers fest: Einerseits veranschlagt Cassirer die Eigenständigkeit der Teilsysteme Sprache, Mythos, Kunst etc. als symbolische Formen, andererseits spricht er immer wieder von der durchgehenden Intentionalität des Gesamtsystems der symbolischen Formen. Hans Blumenberg: Ernst Cassirer gedenkend. S. 165. Diese Paradoxie löst sich auf, wenn man das Prinzip der mythischen Metapher mit einbezieht. Alle symbolischen Formen sind für sich eigenständige, aber ähnliche Teile des Gesamtsystems der symbolischen Weltwahrnehmung, die alle untereinander gemäß dem Prinzip des ‚pars pro toto' Ausdruck von Identität mit dem Gesamtsystem sind.

keit und der Leerstelle des absoluten Beginns unterscheidet, die wegen ihrer Unvorstellbarkeit als Mythos gedacht werden muss. Auch wenn es nach Cassirer für die kulturelle Entwicklung unerlässlich ist, die Basis dieses ‚Ur-Mythos' zu verlassen, so findet er doch vor allem in der Sprache und in der Kunst ein stetes Eingedenken. Sprache und Kunst können, wie noch zu zeigen sein wird, als zweite Gegenwart des Mythos verstanden werden, die dem Mythos in der kulturellen Welt eine Dauer verleihen. Diese Dauer ist allerdings nur mit den Mitteln der Sprache zu erreichen, insofern kommt derselben eine besondere Stellung innerhalb der Gesamtheit der symbolischen Formen zu.

Trotz ihrer Verbundenheit mit anderen symbolischen Formen besitzt jede symbolische Form eine eigenständige, von anderen Formen unterschiedene Struktur, dadurch hat sie auch eine je eigene Geschichte. Das Erfassen der Charakteristik dieser Einzelbereiche entzieht sich jedoch der Logik und damit auch der Geschichtslogik; d.h. jede symbolische Form ist ein eigenes Organ zum Weltverständnis und hat neben dem Logos seinen Bestand. Die symbolischen Formen sind nicht unterschiedliche Weisen der Auffassung ein und desselben Sachverhalts, sondern sie sind unterschiedliche Wege der Selbstoffenbarung des Geistes.

### 5.2.1 Der Mythos als symbolische Form

Vor der Differenzierung von Zeichen und Bezeichneten bildete die Welt nach Cassirer ein Ganzes mythischer Kräfte und Wirkungen. Der Mythos wird als erste Erkenntnis von Welt verstanden und gibt zugleich das früheste Zeugnis einer ästhetischen Phantasie. Mythische Gebilde sind nach Cassirer Ausdruck echter geistiger Aktionen, die aus der unmittelbaren Beziehung zwischen Bestand und Bild, zwischen Gehalt und Zeichen resultieren [EC, PSF II, S. 30].[318] Die mythische Welt ist demzufolge rein in den Ausdruckserlebnissen fundiert und nicht an darstellungs- oder bedeutungsgebende Akte gebunden [PSF III, S. 80]. Fernab vom logischen Darstellungs- oder Zeichensinn sind Erscheinung und Wirklichkeit eins und bilden ein unmittelbares Dasein. Auch die Anfänge philosophischen Denkens befinden sich für Cassirer noch zwischen dem mythischen und philosophischen Diskurs. Der Begriff ‚αρχη' markiert – ähnlich Platons Prinzip der ‚chora' – zugleich Übergang und Grenze zwischen mythischer und philosophischer Denkweise als ein Bereich, der an beiden Prinzipien teilhat. Während aber Platon Mythos und Logos voneinander abgrenzt, macht Cassirer mit Vico deutlich, dass der „echte und wahrhafte Einheitsbegriff des Geistes" nur in der Trias von Sprache, Kunst und Mythos er-

[318] Für Krois ist der Mythos bei Cassirer eine spezifische Lebensform, die eine bestimmte Art des Anschauens und Denkens voraussetzt. Die philosophische Bedeutung des Mythos liegt für Krois demnach auch im kulturellen und intersubjektiven Charakter der Erfahrung. John M. Krois: Mythos bei Ernst Cassirer. In: Philosophie und Mythos. Hg. v. Heinz Poser. S. 200. Vgl. auch EC, PSF III, S. 104f.

reicht werden kann [EC, PSF II, S. 6; PSF I, S. 91f.].[319] Wichtiger noch als der Vorstellungsinhalt des Mythos ist seine Funktionsausübung, denn der Mythos bestimmt die Geschichte der Menschheit mit, nicht umgekehrt [EC, PSF I, S. 8].

Anhand zahlreicher Zitate und in expliziter wie impliziter Auseinandersetzung mit den unterschiedlichsten Mythostheorien versucht Cassirer eine Bestimmung des Mythos als symbolische Form, wobei er keine tatsächliche Definition liefert. Die Methode, die sich in der spezifischen Schreibweise widerspiegelt, ist konstitutiv für Cassirers Denken. Argumente werden induktiv in Auseinandersetzung mit anderen Mythostheorien entfaltet. Insofern stellt er keine neue Theorie auf und umgeht damit einer Klassifikation, die dem Konzept des Mythos widersprechen würde. Denn der Mythos unterscheidet sich von der Logik, indem er den Gegenstand nicht bestimmt – also keine signifizierende Funktion hat – sondern durch Verknüpfung und Reihung aus dem Fluss der Eindrücke bzw. aus den Erfahrungen und Gestaltungen, implizit Begriffe herauslöst.[320] Der Begriff im mythischen Denken gehört, wie noch weiter ausgeführt werden soll, einer ganz besonderen Zeichensorte an – einer Zeichensorte, die sich der herkömmlichen festschreibenden Bezeichnung entzieht. Stattdessen ist der Begriff im mythischen Denken ein Produkt der Ähnlichkeiten der Dinge untereinander und ein Resultat aus den Vorbedingungen, die diese Ähnlichkeiten zuallererst möglich machen.[321]

> Eine schärfere Analyse [...] lehrt, daß die sinnlichen Elemente je nach dem Gesichtspunkt, unter dem sie betrachtet werden, in ganz verschiedener Weise zu Ähnlichkeitskreisen zusammengefasst werden können. An sich ist nichts gleich oder ungleich, ähnlich oder unähnlich – das Denken macht es erst dazu. Dieses bildet somit nicht einfach eine an sich bestehende Ähnlichkeit der Dinge in der Form des Begriffs nach – sondern es bestimmt vielmehr, durch die Richtlinien der Vergleichung und Zusammenfassung, die es aufstellt, selbst erst, was als ähnlich, was als unähnlich zu gelten hat. Der Begriff ist mit anderen Worten nicht sowohl das Produkt der Ähnlichkeit der Dinge, als er vielmehr die Vorbedingung für die bewusste Setzung der Ähnlichkeit zwischen ihnen bildet. [EC, WWS, S. 10]

---

319 Jamme geht davon aus, dass der Gegensatz zwischen Mythos und Logos aufgehoben wird, wenn der Mythos als symbolische Form gedacht wird. Christoph Jamme: Gott an hat ein Gewand. Grenzen und Perspektiven philosophischer Mythos-Theorien der Gegenwart. Frankfurt a.M. 1991. S. 171.

320 Den Mythos als symbolische Form verstehen, heißt nach Krois, ihn als bestimmte Form der Erfahrung zu interpretieren. Die Vielheit der Erfahrungen wird durch die Spontaneität des Geistes zusammengefasst. John M. Krois: Cassirer. Symbolic Forms and History. London 1987. S. 202f.

321 Paetzold weist darauf hin, dass diese Ähnlichkeitsbeziehungen nicht durch eine analytische Zergliederung mit anschließender logischer Verbindung zustande kommen, sondern letztlich das Resultat spontaner Sinnzusammenhänge sind. Heinz Paetzold: Die Realität der symbolischen Formen. S. 89.

Eine Annäherung an den Mythos bzw. an das mythische Bewusstseins erfolgt nach Cassirer nur durch die vergleichende Mythen- und damit Rezeptionsforschung, womit sein Ansatz deutliche Parallelen zu Blumenbergs *Arbeit am Mythos* aufweist. Da kein Anfangs- und Endpunkt des Mythos auszumachen ist, wird der Mythos nur im Verlauf seiner Erscheinungsformen nachvollziehbar. Obwohl der Mythos sich nicht auf einen konkreten Ursprung zurückführen lässt und dieser letztlich immer als Leerstelle erhalten bleibt, nimmt er doch Bezug auf einen einheitlichen Blickpunkt des Bewusstseins, von dem aus Natur und Seele, das innere und das äußere Sein in einer neuen Gestalt erscheinen [EC, PSF II, S. 27]. Insofern ist die symbolische Form des Mythos immer schon eine Übersetzung oder Transformation eines ‚Ur-Mythos'; vor allem die Art der Transformation steht im Mittelpunkt der Betrachtung. Der Mythos kann daher nicht auf einer rein inhaltlichen Ebene untersucht werden; gefragt wird vielmehr nach einem charakteristischen geistigen Gebilde, das den Mythos ausmacht, da dieser nicht als Konglomerat willkürlicher Vorstellungen zu verstehen ist, sondern die einzelnen Motive des Mythos werden in einem formgebenden Moment – also in der symbolischen Form – sichtbar gemacht [EC, PSF II, S. 27f; PSF I, S. 29f.].

Hier wird einmal mehr deutlich, dass Cassirer im Sinne Blumenbergs *Arbeit am Mythos* verfährt: Anhand der Rezeption wird die mythische Struktur herausgearbeitet, in unendlichen Übersetzungsmomenten kann schließlich eine Ahnung von dem ‚Ur-Mythos' erlangt werden, der jedoch nie ausfindig zu machen ist. Der Mythos als symbolische Form setzt einen bestimmten Vorstellungsinhalt in die Form des Berichts um, in die Erzählung. Durch die symbolische Form des Mythos kann demzufolge die Herkunft bzw. der Ursprung der Vorstellung nicht letztgültig geklärt werden, sie liefert nur mögliche Explikationen und Fragmentierungen durch eine narrative Überführung des Dargestellten in eine zeitlich erfahrbare Begebenheit [EC, WWS, S. 23]. Damit ist der Mythos bzw. hier die symbolische Form des Mythos immer schon Narration. Entscheidend ist, dass die einzelnen Mythen gleich einem Mosaik in eine unmittelbar sinnliche Verwandtschaft treten, um erst in ihrer Verbindung Sein präsentieren zu können. Cassirer lässt hier seine Idee aus einer Fülle von Zitaten heraus entstehen, was umso mehr seine immanente Methode verdeutlicht [EC, WWS, S. 23].

Zwar fragt die symbolische Form des Mythos nach dem ‚Warum' der Dinge, da sie von dem Bestreben getragen ist, den ‚letzten Ursprung' zu entdecken, sie kann aber dennoch nicht bis zu ihm durchdringen, weil sie nicht über sich selbst, über ein konkretes Dasein hinausgehen kann. Hier spricht Cassirer von der ‚Dialektik des mythischen Bewusstseins', da der Mythos stets über sich selbst hinausweist, ohne dies jedoch einlösen zu können [EC, PSF II, S. 286].[322] Insofern hat die symbolische Form des Mythos verweisende Struk-

[322] Vor allem die Religion ist von diesem dialektischen Bewusstsein getragen, sie bedient sich der sinnlichen Bilder, um sie zugleich hinter sich lassen zu können [EC, PSF II, S. 286].

tur – gemäß Benjamins Prinzip der ‚unsinnlichen Ähnlichkeit'. Im Mythos werden Gegenwart und Vergangenheit, Sinn und Sinnlichkeit ununterscheidbar; im Moment der Gegenwärtigkeit wird das Weltganze aus seinen Einzelteilen heraus erklärt, diese Einzelteile werden dann durch den Mythos zueinander in Beziehung gesetzt. Je weiter das mythische Denken fortschreitet, umso komplexer wird das nun entstehende Bild [EC, WWS, S. 36]. Letztlich stellt die symbolische Form des Mythos unsinnliche bzw. kulturell geformte Ähnlichkeitsbeziehungen her und verweist so auf das Wesen, den Ursprung der Dinge. Indem sie diese Übergänge – zwischen Vergangenheit und Zukunft, zwischen Idee und Gestalt bzw. Sinn und Sinnlichkeit – beschreibt, erzeugt sie beständig Schwellenpositionen. Dadurch ist die Form des Mythos als solche selbst ein Ort der Schwelle.[323]

Wie bereits für Benjamin nachgewiesen, ist auch die ‚unsinnliche Ähnlichkeit' und mit ihr die ‚allegorische Intertextualität' ein Schwellenort, da sie die Differenz zur ‚sinnlichen Ähnlichkeit' mitdenkt. Hierin begründet sich ein Anknüpfungspunkt von symbolischer Form des Mythos und ‚allegorischer Intertextualität', da beide über ähnliche strukturelle Gegebenheiten verfügen. Darüber hinaus wird nochmals deutlich, dass die von Benjamin hergestellte Korrespondenz von ‚unsinnlicher und sinnlicher Ähnlichkeit' mit Cassirers Wechselwirksamkeit zwischen Sinn und Sinnlichkeit korreliert. Sowohl Sinnlichkeit als auch ‚sinnliche Ähnlichkeit' treten an der Konstellation ihres jeweiligen Trägers – dem Sinn oder der ‚unsinnlichen Ähnlichkeit – in Erscheinung.

Mit Kant verdeutlicht Cassirer, dass erst durch die Anschauung, durch das Einfügen der Dinge in einen Gesamtzusammenhang, eine Vorstellung von den Dingen erreicht werden kann. Sein ist also immer nur im Verhältnis erfahrbar. Auch das mythische Denken bedarf dieser Konstellationen, wobei im Mythischen ein Vorrang des Räumlichen vor dem Zeitlichen besteht. Die Ähnlich-

---

[323] Heinrich siedelt den Mythos an der Grenze zwischen ‚erster und zweiter Natur' an, damit gehört er in den Bereich der Geschichte kultureller Lebensformen und ist Ausdruck einer Schwellenerfahrung. Jeder Mythos ist bereits Bearbeitung, techné der Natur. Klaus Heinrich: anthropomorphe. Zum Problem des Anthropomorphismus in der Religionsphilosophie. Frankfurt a.M. 1986. S. 154.
Vgl. Lévi-Strauss, der den Mythos im Bereich des Transzendentalen ansiedelt, da er sowohl eine Schwelle zwischen den Zeiten als auch zwischen der sprachlichen und lautlichen Äußerung bzw. zwischen Signifikat und Signifikant darstellt. Der Mythos ist nach Lévi-Strauss zugleich in der Sprache und jenseits von Sprache, er gehört der langue und der parole an. Analog zur Sprache entsteht mythische Bedeutsamkeit nur in der Konstellation, denn auch in der Sprache generiert sich die Aussage nicht durch den einzelnen Laut, sondern erst durch die Kombination der Laute untereinander. Insofern ist ‚mytho-logischer' Sinn erst durch das Aneinanderfügen von Ähnlichkeiten existent, was den Mythos auch mit einer Orchesterpartitur vergleichbar macht. Der Sinn eines Mythos konstituiert sich also nur durch die Zusammensetzung unterschiedlicher Elemente, die für sich betrachtet bedeutungslos sind, demzufolge besteht er aus der Gesamtheit seiner Varianten. Claude Lévi-Strauss: Die Struktur der Mythen. In: ders.: Strukturale Anthropologie. Bd. 1. Frankfurt a.M. 1977. (Übers. v. Hans Naumann). S. 226-255.

keit der Dinge, ihr räumliches Beieinander, stellt die geheime Kraft des Mythos dar.

> Nicht mit der zeitlichen Kontinuität, sondern mit der räumlichen Kontiguität ist der mythische Begriff der Ursächlichkeit innerlich verwandt und verwachsen. Alle Magie wurzelt in der Voraussetzung, daß, wie die Ähnlichkeit der Dinge, so auch ihr bloßes Beieinandersein, ihre räumliche Berührung, geheimnisvolle Kräfte in sich birgt. Was einmal diese Berührung eingegangen ist, das wächst für immer zu einer magischen Einheit zusammen. [...] Das bekannte Grundprinzip der magischen Kausalität, das Prinzip des ‚pars pro toto', wonach jeder Teil das Ganze, dem er angehört, nicht nur vertritt, sondern wonach er, im kausalen Sinne, dieses Ganze tatsächlich ist, wurzelt in dieser Grundauffassung. [EC, WWS, S. 48]

Das mythische Denken als ursprüngliche Form des Denkens führt jede Ähnlichkeit – gemäß Benjamins Prinzip der ‚sinnlichen Ähnlichkeit' – auf eine den Dingen innewohnende Identität zurück. Es geht von der Annahme aus, dass in den Dingen etwas Gleiches vorhanden ist, d.h. auch, dass die Nachahmung eines Dinges den Wesenskern des Dings an sich bereits innehaben muss. So mündet jede Ähnlichkeitsbeziehung in der „Konkreszenz" bzw. Zusammenführung der einzelnen Elemente [EC, PSF II, S. 299]. In der ursprünglichen Bildwelt des Mythos versteht sich Nachahmung als Verschmelzung von Darstellung und Dargestelltem, es wird nicht etwas repräsentiert, sondern die Natur des Darzustellenden wird gleichsam angenommen. Insofern basiert die Ähnlichkeit der Dinge untereinander nicht auf einem kausalen Zusammenhang, sondern ihre Einheit resultiert aus ihrer gemeinsamen magischen Herkunft. Die einzelnen Glieder der Ähnlichkeitskonstellation erfüllen gemeinsam eine bestimmte magische Funktion, sie verschmelzen untereinander zur Erscheinungsform einer hinter ihnen liegenden mythischen Identität [EC, PSF II, S. 224].

> Wie es dem mythischen Denken überhaupt eigen ist, daß es bloß ideelle „Ähnlichkeiten" nicht kennt, sondern wie jede Art von Ähnlichkeit ihm als Zeugnis einer ursprünglichen Gemeinschaft, einer Wesensidentität ist. [EC, PSF II, S. 113]

Der Tänzer, der in der Maske des Gottes oder Dämons erscheint, ahmt in ihr nicht nur den Gott oder Dämon nach, sondern er nimmt seine Natur an, er wandelt sich in ihm und verschmilzt mit ihm. Es gibt hier nirgends ein bloß Bildhaftes, eine leere Repräsentation; es gibt kein bloß Gedachtes, Vorgestelltes oder Gemeintes, das nicht zugleich ein Wirkliches und Wirksames wäre. [EC, PSF II, S. 285]

Diese Ähnlichkeiten bilden nur verschiedene Ausdrucksformen ein und derselben Wesenheit. Der Sinn liegt nicht in dem Begreifen eines Gegenstandes, sondern in einem Ergriffensein. Diesen Zusammenhang im mythischen Raum, der auf einer ursprünglichen Identität beruht, vergleicht Cassirer – wie auch Benjamin – mit dem Bild der Astrologie [EC, PSF II, S. 111]. Demnach kennt die mythische Vorstellung keine Trennung zwischen Bild und Abbild, da Bilder nicht als Zeichen, sondern als sinnliche Offenbarungen gelesen werden [EC, PSF II, S. 287].

So ist kein Moment im Fortgang des mythischen Denkens unwichtig, jedem Element kommt eine besondere Stellung im Gesamtsystem zu, gleich einem Mosaik. Jedes Einzelteil hat seine Funktion im Gesamt des mythischen Denkens, durch welches es wiederum seinen ideellen Sinn empfängt. Somit ist der Mythos nicht Abbild eines Daseins, sondern selbst eine Weise des Bildens, eine eigentümliche Bearbeitung des Seins, wodurch er sich jeglicher Instrumentalisierung widersetzt [EC, PSF II, S. 31]. Das mythische Objekt ist nur sich selbst angehörig, als solches ist es selbstreferenziell und kann nur in seinem unmittelbaren Hier und Jetzt erfahren werden [EC, PSF II, S. 94].

Wie zuvor erläutert, ist die symbolische Form des Mythos bereits eine kulturelle bzw. wiederholende und rezeptive Form eines ‚Ur-Mythos' bzw. von einem ursprünglichen mythischen Denken. Allerdings nicht im Sinne einer Repräsentation, sondern gemäß dem Prinzip des ‚pars pro toto' wird das mythische Denken an ihrem Träger, der symbolischen Form des Mythos, präsentiert. Einmal mehr wird die Wichtigkeit der symbolischen Formen deutlich, denn allein in der symbolischen Formung ist auch das Vorsymbolische erfahrbar. Insofern verweist die symbolische Form des Mythos auf sich selbst, der Sinn eines mythischen Symbols liegt folglich in ihm selbst.[324] Hier deutet sich bereits an, dass die ‚allegorische Intertextualität' von ihrer Anlage her der symbolischen Form des Mythos verwandt ist.[325] Auch sie erinnert in der Kons-

---

324 Nach Langer macht dies die spezifische Heiligkeit des Mythos aus. Aus diesem Grund erfährt das mythische Bewusstsein den Bedeutungsgehalt des Mythos auch nicht als symbolischen, sondern als eine ihm innewohnende magisch-übernatürliche Kraft. Im mythischen Bilddenken verwischen die Unterschiede zwischen Form und Inhalt und damit auch zwischen dem Symbol und dessen Inhalt. Susanne K. Langer: Cassirers Philosophie der Sprache und des Mythos. In: Ernst Cassirer. Hg. v. Paul Arthur Schilpp. S. 263-281, hier S. 269. Vgl. auch Krois, der darauf aufmerksam macht, dass, anders als im wissenschaftlichen Denken, der Mensch im mythischen Bewusstsein von dem Gegenstand überwältigt wird. Das Heilige ist mit einer Kraft gefüllt und stellt daher eine Bedrohung dar, die überwunden werden muss. John M. Krois: Mythos bei Ernst Cassirer. In: Philosophie und Mythos. S. 204.

325 Herder versteht die Kunst des Allegorisierens als notwendiges Mittel bei der Hervorbringung des Mythos, der mit wahrer Dichtkunst korreliert. Erfindungskraft sammelt der Dichter vor allem durch die Lektüre der Alten, denn erst das Zergliedern des Vorhandenen und das anschließende Zusammensetzen bringt poetische Genies hervor. So setzt sich die Erfindungskraft, die für die Genese des Mythos verantwortlich ist, nach Herder aus zwei Momenten zusammen: Die Reduktion und den Fiktionsgeist, d.h. die Zergliederung des Vorhandenen und die dichterische Zusammensetzung bringen erst Mythologie hervor. Nach Herder ist das mythische Schreiben von Beginn an durch Destruktion und Montage geprägt, da schon immer eine neue und eine alte Mythologie existierte, aus deren Zusammenschluss erst ein innovatives und gegenwärtiges Potenzial entfaltet werden kann. Das allegorische Verfahren hat bei Herder vor allem die Aufgabe, abstrakte Bilder in eine sinnliche Denkart zu überführen, letztlich zielt auch er, wie Cassirer, auf eine Vermittlung von Sinn und Sinnlichkeit. Johann Gottfried Herder: Vom neuern Gebrauch der Mythologie. In: Sämtliche Werke. Bd. 1. Hg. v. Bernhard Suphan. Berlin 1877. S. 426-448, hier S. 428, 443, 445, 448.

tellation der kulturellen Sprache an den Ursprung der Sprache selbst, was letztlich ihre Selbstreferenzialität ausmacht.

Die Schwelle zwischen sinnlicher Wahrnehmung und reiner Erkenntnis ist konstitutiv für die symbolische Form des Mythos [EC, PSF II, S. 95, 104]. Der Sinn liegt in der Vermittlung einer abwesenden Anwesenheit, denn die mythische Quelle ist nur als erzählte präsent, im Fortgang unendlicher Überlieferungen. Gemäß dem Prinzip des ‚pars pro toto' wird die Leerstelle des mythischen Ursprungs im Zitat – in Form von erzählter Vergangenheit – als Teil der kulturellen Ordnung und damit als zweite Gegenwart des ‚Ur-Mythos' präsentiert.[326] Das Zitat wird als Teil des ‚Ur-Mythos' – als seine zweite Gegenwart in der literarischen Rede – eingeführt und hebt das Ganze des Vorstellungsbildes Mythos auf.[327] Am Zitat wird das mythische Denken selbst präsentiert. Mit Schelling betont Cassirer in diesem Zusammenhang, dass gerade in der Form der Mythos erfahren wird [EC, PSF II, S. 8]. Dieses Vorgehen ist vergleichbar mit der Erinnerung an die Idee der ‚schöpferischen Sprache' Gottes bzw. der ‚reinen Sprache': Sowohl die Quelle des Mythos als auch die ‚reine Sprache' entziehen sich der Vorstellungskraft des Menschen, da er zu keiner Zeit in der Lage war, diese Sprache zu sprechen bzw. eine Quelle des Ursprungsmythos zu erkennen. Insofern handelt es sich hier um eine mythische Erinnerung, da das zu Erinnernde nur als Leerstelle präsent ist.[328] Einmal mehr wird die gegenseitige Gebundenheit von Mythos und Sprache deutlich, die nicht nur auf gemeinsamen strukturellen Bedingungen gründet, sondern vor allem weil sich die ‚reine Sprache' schließlich selbst als Mythos erweist.

Immer wieder hebt Cassirer hervor, dass das mythische Denken an die Ausdrucksfunktion gebunden ist und damit an das mimisch-mimetische Vermögen, welches eine Identifikation von Darstellung und Dargestelltem vor-

---

Vgl. auch Schlegel, der das ‚Anbilden und Umbilden' als Methode der Mythologie versteht, alles ist Beziehung und Verwandlung und dreht sich um das Herstellen von Ähnlichkeiten. Friedrich Schlegel: Rede über die Mythologie. S. 195.

[326] Bereits Aristoteles hat dem Mythos in seiner Poetik die Funktion der Wiederholung und Erinnerung zugesprochen. Aristoteles: Die Poetik. Übers. u. hg. v. Manfred Fuhrmann. Stuttgart 1982. § 16. Vgl. auch Platon, der den Mythos als mündliche Botschaft versteht, die als Erinnerung fungiert und damit ein kulturelles Gedächtnis herstellt. Die Herstellung eines mythischen Erinnerungstextes wird im Medium der Dichtung vollzogen. Platon: Timaios 21e-23d.

[327] Vgl. hierzu das Kapitel 6.

[328] Auch die Erinnerung an den Schabbat fungiert als mythische Erinnerung, da der Mensch das, was er erinnert, nicht direkt erlebt hat, denn die Erschaffung der Welt kennt er nur durch die Erzählung. Insofern ist die schöpferische Sprache, die ‚reine Sprache', nur in der mythischen Erinnerung präsent. Vgl. Eveline Goodman-Thau: Kabbala und neues Denken. Zur Vergeschichtlichung und Tradierbarkeit des mytho-logischen Gedächtnisses. In: Messianismus zwischen Mythos und Macht. Jüdisches Denken in der europäischen Geistesgeschichte. Hg. v. Eveline Goodman-Thau/Wolfdietrich Schmied-Kowarzik. Berlin 1994. S. 101-127, hier S. 114.

aussetzt.[329] Diese Indifferenz deutet auf die magische Seite des mythischen Denkens hin.

> Blickt man dagegen auf den Mythos selbst hin, auf das, was er ist und auf das, was er sich selbst weiß, so erkennt man, daß gerade [...] dieser Gegensatz von ‚Bild' und ‚Sache', ihm fremd ist. [...] Wo wir ein Verhältnis der bloßen ‚Repräsentation' sehen, da besteht für den Mythos, sofern er von seiner Grund- und Urform noch nicht abgewichen und von seiner Ursprünglichkeit noch nicht abgefallen ist, vielmehr ein Verhältnis wahrer Identität. Das ‚Bild' stellt die ‚Sache' nicht dar – es ist die Sache; es vertritt sie nicht nur, sondern es wirkt gleich ihr, so daß es sie in ihrer unmittelbaren Gegenwart ersetzt. [EC, PSF II, S. 51]

Der Mythos beinhaltet nicht die Darstellung oder Repräsentation eines Gegenstandes, sondern ein sinnlicher Inhalt ist insofern sinnhaft, als er in seiner reinen Präsenz vom Leben durchdrungen scheint und ein Sein ausdrückt. Im Mythos wird unterschieden, ohne tatsächlich eine Trennung vorzunehmen. Dadurch sind die Dinge in der mythischen Wahrnehmung auch nicht in Kategorien unterteilt und mit bestimmten Merkmalen versehen [EC, LKW, S. 45, 51; PSF III, S. 71, 80].

Dem Repräsentationsgedanken wird eine Absage erteilt, stattdessen geht es um eine Präsenz der Inhalte. In der mythischen Welt existieren keine getrennten Realitätsstufen, keine Trennung zwischen Vorder- und Hintergrund und keine Scheidung zwischen Grund und Begründetem. Selbst in der Wahrnehmung wird nicht zwischen wirklich und bloß-vorgestellt differenziert [EC, PSF II, S. 47f.]. Der ‚Ur-Mythos' hält sich in der Gegenwart seines Objektes auf und geht in seine Präsenz und Materialität ein, deshalb fehlt ihm jegliche Distanzierungsleistung. Die Grenze zwischen dem bloß Vorgestellten und dem Wahrgenommenen, zwischen Traum und Wirklichkeit, verschwimmt. Im Mythos existiert also kein fertiger Begriff von Ich und Seele oder von Subjekt und Objekt: Ich und Welt bilden sich erst wechselseitig heraus. Dabei bestimmt der Seelenbegriff nach Cassirer sowohl Anfang als auch Ende des Mythos. Die Seele wird dabei nicht als vom Subjekt getrennte Substanz verstanden, sondern als immanenter Faktor des Lebens, der stets Ausdruck der Vielheit und nicht von Einheit ist.[330] Aus der mythischen Kategorie der Seele erwächst allmählich durch die Ausbildung der symbolischen Form die Vorstellung vom Ich; die erste Grenze zwischen Subjekt und Objekt, zwischen Ich und Nicht-Ich entsteht. Typisch für das mythische Denken ist die Herstellung eines Zwischenreiches, einer Schwellenposition, in dem die Spannung zwischen Subjekt

---

[329] Dubach versteht die Ausdruckswahrnehmung als ausschließlich ‚vor-mythisch' und ‚vorlogisch' sowie als immun gegenüber dem Einfluss der symbolischen Formen. Er übersieht hier erstens, dass bereits der Mythos als Garant der Ausdruckswahrnehmung eine kulturelle Form darstellt, und zweitens, dass auch die Sprache in ihren Anfängen an die Ausdruckswahrnehmung gebunden ist. Ernst Dubach: Symbolische Prägnanz. In: Kulturkritik nach Ernst Cassirer. S. 65.

[330] Vgl. auch Heinz Paetzold: Die Realität der symbolischen Formen. S. 105.

und Objekt, zwischen Innen und Außen an Gewicht verliert.[331] Die große Bedeutung der Schwelle, auch der Tempelschwelle, ist nach Cassirer charakteristisch für das mythische Urgefühl bzw. lässt dieses aus dem Ort des Zwischen erst erwachsen [EC, PSF II, S. 127].[332] Erst in der Fortentwicklung zur Religion wird eine Trennung zwischen Bedeutung und Dasein vollzogen.[333] Sie unterscheidet zwischen dem bildlichen Ausdrucksmittel und dem Sinn, indem sich die Religion der sinnlichen Zeichen und Bilder bedient [EC, PSF II, S. 286].[334] Zwar weiß das religiöse Bewusstsein um die Unvollständigkeit dieses Hinweisens und um die fortbestehende Differenz, dennoch vollzieht es diese Trennung, um sich selbst als Symbolwelt zu konstituieren. So tritt das religiöse Bewusstsein in ein neues Verhältnis zur mythischen Bildwelt und damit auch zur gesamten Wirklichkeit. Die eigentliche Bedeutung des Mythos dagegen liegt nicht in dem, was er offenbart, sondern in dem, was er verhüllt. So wird das mythische Bewusstsein von Cassirer als „Chiffreschrift" vorgestellt, die es zu lesen gilt [EC, PSF II, S. 50].

Weil die symbolische Form des Mythos nicht objektive, sondern physiognomische Merkmale wahrnimmt, steht sie nicht für ein fest umrissenes Dasein ein, sondern ist von widerstreitenden Kräften gekennzeichnet, die in jeder Erscheinung ausgetragen werden und ihr so eine eigentümliche Ambivalenz verleihen. So zeugt die symbolische Form des Mythos von Vielschichtigkeit und Dynamik und nimmt eine Zwischenposition ein [EC, VM, S. 124f.]. Sie verweist stets auf ein nicht in ihr enthaltenes Anderes, was sie letztlich in die Nähe von Benjamins Allegorie-Begriff bringt.[335] Die Analogie besteht in der

---

[331] Auch im Ritus handelt es sich nicht um eine nachahmende Vorstellung, sondern um die Vorstellung selbst, um den Vollzug. Cassirer bezeichnet den Ritus als Vorläufer des Mythos. EC, PSF II, S. 52.

[332] Mit Hegel beschreibt Cassirer den Kult als Aufhebung der Entzweiung und der Wiederherstellung der Einheit des Subjekts, insofern ist der Kult ein ewiger Versuch des Subjekts, mit sich selbst identisch zu werden [EC, PSF II, S. 262, 264].

[333] Urban geht davon aus, dass der Mythos in der Religion einen neuen Sinn erhält, er wird zur symbolischen Form. Wilbur M. Urban: Cassirers Philosophie der Sprache. In: Ernst Cassirer. S. 281-316, hier S. 289.

[334] Holzhey bezeichnet mit Kant die Religion als kritische Vernunft des mythischen Bewusstseins. Helmut Holzhey: Cassirers Kritik des mythischen Bewusstseins. In: Über Ernst Cassirers Philosophie der symbolischen Formen. S. 91-206, hier S. 193.

[335] Nach Cassirer geht das allegorische Verfahren davon aus, dass der Mythos eine verstellte Form der Wahrheit ist und als unklare Form des Bewusstseins fungiert. Paetzold weist darauf hin, dass nach dieser Auffassung der Mythos zu einer uneigentlichen Form des Denkens potenziert würde. Heinz Paetzold: Die Realität der symbolischen Formen. S. 54. In seiner Schellingrezeption macht Cassirer auf die Forderung aufmerksam, den Mythos nicht nur allegorisch zu sehen und damit in einem fremden Medium zu spiegeln, sondern ihn als autonomes Gebilde zu begreifen [EC, PSF II, S. 7f.].

Vgl. aber auch Aristoteles, der die Ambivalenz und Vielschichtigkeit des mythischen Textes hervorhebt, da die einzelnen Wörter stets von einer Doppeldeutigkeit geprägt sind. Nur in der Verknüpfung scheinbar unvereinbarer Wörter kann auf etwas wirklich vorhandenes hingewiesen werden. Aus diesem Grund liest er den mythischen Text als einen allegorischen. Darüber hinaus ist für ihn der Mythos stets ein Zusammengesetztes und Fragmentarisches. Aristoteles: Die Poetik. § 8, 22.

Form im Gegensatz zu der inhaltlich motivierten allegorischen Mythendeutung, wie sie beispielsweise im 18. Jahrhundert geläufig war.[336]

Wie bereits angedeutet, kann auch der Mythos letztlich nicht ohne die Objektivierungsfunktion von Sprache gedacht werden. Bereits die mythische Gottesvorstellung empfängt durch die Sprache ihre konkrete Ausgestaltung, auch wenn sich das mythische Bewusstsein, unabhängig von seiner Fortentwicklung in der symbolischen Form, von seinem eigenen Ursprung nie wirklich loslöst [EC, PSF II, S. 283].

> Die Kraft der Sprache erst ist es, was seinen [des Mythos, S.W.] Gebilden Halt und Dauer verleiht. [EC, PSF III, S. 126]

Diese mythische Anschauung von Sprache ist noch von der eigentümlichen Indifferenz von Signifikat und Signifikant gekennzeichnet. Die mythische Begriffsbildung fungiert, wie noch zu zeigen sein wird, im Sinne Benjamins als ‚Namensprache', als unmittelbares Sein der Idee.[337] Sobald sich aber das mythische Denken aus dieser magischen Praxis herauslöst, drängt es zur Ausbildung von Allgemeinheit und entwickelt sich stets weiter. Auch wenn der Mythos letztlich einer magischen Praxis entspringt, geht er doch über in die symbolische Form des Mythos. In dieser Form kann er an seine eigene Magie erinnern und damit auch an die Magie des Namens bzw. der ‚reinen Sprache'. Insofern verwandelt sich der magisch-mythische Wirkungskreis in einen Sinnzusammenhang [EC, PSF I, S. 58]. Erst die symbolische Form verleiht dem Mythos Konstanz und Dauer. So befindet sich bereits der Mythos in steter Auseinandersetzung zwischen dem Aufbau einer mythischen Bildwelt und dem gleichzeitigen Hinausdrängen über dieselbe [EC, PSF II, S. 282]. Der Prozess der Negation früherer Stufen des mythischen Bewusstseins erweist sich nicht nur als Entfernung von einem imaginären Ursprung, sondern auch als Akt der Selbstbehauptung [EC, PSF II, S. 283]. Die Paradoxie des Mythos

---

336 Als exemplarische Beispiele seien an dieser Stelle genannt: Winckelmann, der in seinem ‚Versuch über die Allegorie' (1766) die Allegorie als Form der historischen Erzählung und den Mythos als fiktive Erzählung in eins fasst. Nach Winckelmann entziehen sich die verschiedenen Götter der Eindeutigkeit, sie sind in ihrem Dasein ambivalent. Die Allegorie zeichnet sich vor allem durch die Verknüpfung unerwarteter Teile aus, aus diesem Grund kann er sie mit einer ‚Hieroglyphenschrift' vergleichen. Der Zweck der allegorischen Mythologie ist die sinnliche Präsentation der Begrifflichkeit ohne Anspruch auf abschließende Wahrheit. Johann Jacob Winckelmann: Versuch über die Allegorie. Sulzer setzt, wie im 18. Jahrhundert üblich, allegorisches und mythologisches Sprechen in eins. Der Mangel an eindeutiger Begrifflichkeit führt zum vergleichenden Sprechen der Allegorie, so wie der Mangel an Erklärung der Wirklichkeit zum Mythos führt. Erst in der Einheit von Mythos und Allegorie lässt sich eine Einheit von Begriff und Bild erzeugen. Johann Georg Sulzer: Allgemeine Theorie der schönen Künste. 4 Bde. Bd. 1. Leipzig 1970. S. 75-79. Vgl. zur Rezeption auch Heinz Gockel: Mythos und Poesie. Zum Mythosbegriff in Aufklärung und Frühromantik. Frankfurt a.M. 1981.

337 Nach Habermas geht dem Mythischen ein vor-sprachliches, ritualisiertes und magisches Verhalten voraus. Jürgen Habermas: Theorie des kommunikativen Handelns. 2. Bde. Frankfurt a.M. 1981. Bd. II. S. 287f.

besteht demnach in der Vermittlung von einer konkret anschaulichen Erfassung und Darstellung von Welt (Sinnlichkeit) mit der Faszination der Worte, Bilder und Zeichen (Sinn).[338] Demnach schließt die mythische Welt Bedeutung und Zeichenhaftigkeit nicht aus, sondern ihre Leistung besteht in der spezifischen Nutzung derselben.[339] Anstatt Zeichen als Instrument der Darstellung anzuwenden, wird Sprache hier als Mittel der Konkretion – als Herstellung einer unmittelbaren Einheit von Dingmoment und Zeichenmoment – eingesetzt.[340] Dem Mythos ist so eine ursprüngliche Weise des Gestaltens eigen, d.h. aber auch, dass der Mythos als symbolische Form immer schon zweite Gegenwart eines ‚Ur-Mythos' ist. Doch auch wenn der Mythos bereits im Modus des Danach, der Trennung steht, rekurriert er durch das Moment der Wiederholung und der rezeptiven Übersetzung auf die Eineindeutigkeit von Idee und Gestalt und damit auch auf ein ursprüngliches Zeichenmodell. Diese Übersetzungs- oder Transformationsleistung versteht Cassirer als Befreiung bzw. kulturelle Leistung, womit er eine Neubestimmung der modernen Sprachauffassung vornimmt.[341] Damit gibt er zugleich zu erkennen, dass er die von der symbolischen Form des Mythos vorgenommenen Bearbeitungen nicht als Entfernung, sondern als Hinführung zum unmittelbaren Sein versteht.

---

[338] Vgl. auch Herder, der dem Mythos ebenfalls eine Verbindung von Sinnlichkeit und Sinn zuspricht. Im Mythos handele es sich um die Verbindung einer sinnlichen Denkart, die zu einer abstrakten Wahrheit geformt wird. Johann Gottfried Herder: Vom neuern Gebrauch der Mythologie. In: Sämtliche Werke. Hg. v. Bernhard Suphan. Bd. 1. Berlin 1877. S. 426-448.
Paetzold weist diese Paradoxie allein dem sich aus dem Mythos entwickelnden religiösen Bewusstsein zu, da diese zwar getragen ist von mythischen Bildern, sie zugleich aber als Zeichen benutzt und so ihre Distanz zu denselben ausdrückt. Allein die Religion habe diese innere Dynamik, über die eigene Form hinauszuwachsen, ohne dieselbe jedoch ganz verlassen zu können. Heinz Paetzold: Die Realität der symbolischen Formen. S. 20. Er übersieht hier, dass bereits der Mythos von dieser Differenz getragen ist, da er sich selbst als symbolische Form verortet.

[339] Auch Montague weist darauf hin, dass alles mythische Denken bereits von der objektiven Kraft des Zeichens durchdrungen ist. Dabei bilden Wort-, Bild- und Schriftzauber den Grundbestand der magischen Betätigung. Die mythische Welt enthält demnach nicht nur sinnlich-gegenständliche Inhalte, sondern auch abstrakte Momente. Durch diese Korrespondenz werden – so Montague – das Dingmoment und das Bedeutungsmoment im Mythos zu einer unmittelbaren Einheit zusammengeschlossen. M. F. Ashley Montague: Das mythische Denken in der Philosophie der symbolischen Formen. In: Ernst Cassirer. Hg. v. Paul Arthur Schilpp. Hamburg 1966. S. 248-263, hier S. 260.

[340] Auch Jamme betont den Zusammenhang von Mythos und Sprache. Christoph Jamme: Gott an hat ein Gewand. S. 179. Vgl. auch Vernant, der zeigt, dass der Mythos einen Diskurs benötigt, der ihm – auch in der Negation – ein Dasein verleiht. Jean Pierre Vernant: Der reflektierte Mythos. In: Mythos ohne Illusion. S. 7-11, hier S. 10.

[341] Auch Krois weist darauf hin, dass Cassirers Symbolphilosophie von einer Erinnerung an den Mythos ausgeht. Dabei hat die Erinnerung zwei verschiedene Qualitäten: Erstens kann durch die Erinnerung und damit durch die reflexive Verarbeitung des Mythos das Bedrohliche des Mythos verabschiedet werden und zweitens stellt diese Erinnerung zugleich ein Andenken an die Basis der menschlichen Gemeinschaft dar. Insofern ist die Erinnerung an den Mythos immer auch eine Form der Selbsterkenntnis. John M. Krois: Mythos bei Ernst Cassirer. S. 217.

Bringt man Cassirers Idee der symbolischen Formen mit der Verfahrensweise der ‚allegorischen Intertextualität' in Zusammenhang, ergeben sich interessante Perspektiven: Der Mythos als symbolische Form ist bereits allegorische Bearbeitung, da die Bilder und Zeichen in der symbolischen Form in ein neues Verhältnis gesetzt worden sind, das stets einem produktiven Eingedenken verpflichtet bleibt. Die symbolische Form des Mythos verleiht der Leerstelle des ‚Ur-Mythos' eine zweite Gegenwart; dies wird nicht als Verlust verstanden, sondern als kulturelle Befreiung. Die Herstellung dieser zweiten Gegenwart und die damit einhergehende Neubestimmung zwischen Signifikat und Signifikant funktioniert über die Bewegungen von Fragmentarisierung und Montage, also über eine allegorische Verfahrensweise, wie sie auch der ‚allegorischen Intertextualität' eigen ist. Allerdings bleiben, wie bereits für Benjamins Allegorie-Begriff gezeigt, die Bewegungen der Fragmentarisierung und Montage einem Ursprungsdenken verpflichtet. Damit grenzt sich die allegorische Verfahrensweise von der strukturalistischen Tätigkeit der Selektion und des Arrangements ab.[342] Wiederum wird deutlich, dass das so verstandene

---

[342] Vgl. Roland Barthes: Die strukturalistische Tätigkeit. S. 190f. Es lassen sich durchaus auch Ähnlichkeiten mit einem strukturalistisch geprägten Ansatz aufweisen, wie dies etwa von Lévi-Strauss vorgeführt wird. Allerdings ist die ‚allegorische Intertextualität' stärker einem Ursprungsgedanken verpflichtet, der zwar nur als Leerstelle gedacht werden kann, aber dennoch zum Mittelpunkt der Theorie wird. Lévi-Strauss' ‚mythopoetische Bastelei', die aus den Grundelementen der Analyse bzw. Zerlegung heterogener Elemente und der anschließenden Synthese besteht, stellt die Prozesshaftigkeit und den Vorgang des Bildens an sich in den Mittelpunkt. „Man könnte meinen, die mythologischen Welten seien dazu bestimmt, eingerissen zu werden, kaum dass sie sich gebildet haben, damit neue Welten aus ihren Fragmenten entstehen", so Lévi-Strauss, der hier F. Boas zitiert. Lévi-Strauss: Das wilde Denken. Frankfurt a.M. 1973. S. 34. Als Konsequenz aus der ‚mythopoetischen Bastelei' ergibt sich eine Auflösung der Grenzen von Signifikat und Signifikant. „Die Eigenart des mythischen Denkens besteht, wie die der Bastelei auf praktischen Gebiet, darin, strukturierte Gesamtheiten zu erarbeiten [...] durch Verwendung der Überreste von Ereignissen: ‚odds and ends' [...], Abfälle und Bruchstücke, fossile Zeugen der Geschichte eines Individuums oder einer Gesellschaft. In gewissen Sinn ist also das Verhältnis zwischen Diachronie und Synchronie umgekehrt: das mythische Denken, dieser Bastler, erarbeitet Strukturen, indem er Ereignisse oder vielmehr Überreste von Ereignissen ordnet. Lévi-Strauss: Das wilde Denken. S. 35. So kann Lévi-Strauss den Mythos mit einer musikalischen Partitur vergleichen: Lévi-Strauss: Mythologica I. Frankfurt a.M. 1976. S. 30f.; Mythologica IV, S. 765f. Vor allem Derrida hebt die besondere Leistung von Lévi-Strauss' Mythos-Diskurs hervor und sieht in ihm bereits den Vorläufer seiner eigenen Theorie des Dekonstruktivismus. Vor allem der Verzicht „jeglicher Bezugnahme auf ein Zentrum, auf ein Subjekt, auf eine privilegierte Referenz, auf einen Ursprung oder auf eine absolute arche" zeichnet nach Derrida Strauss' Theorie aus. Jacques Derrida: Die Struktur. S. 400. Da Lévi-Strauss nicht von einer Quelle des Mythos ausgeht, sondern von Konfigurationen und Strukturen, gestaltet er auch seine eigene Rede a-zentrisch; nach Derrida muss der ‚mytho-logische' Diskurs selbst mythomorph sein, er muss die Form dessen haben, worüber er spricht. Jacques Derrida: Die Struktur. S. 401. Vgl. aber auch Berka, die sich im Zusammenhang mit Botho Strauss mit der strukturalistischen und poststrukturalistischen Mythenrezeption auseinandersetzt. Sigrid Berka: Mythos-Theorie und Allegorik bei Botho Strauß. Wien 1991. S. 117ff. Außerdem: Bolz, der die mythische Rede in dem Zusammenhang als Erzählkette versteht, die Varianten und Generationen durchläuft, ohne je eine dialogische Metakommunikation eröffnen zu können. Norbert W. Bolz: odds and ends.

intertextuelle Sprechen gemäß der symbolischen Form des Mythos die mythische Rede wiederholt.

> Alle allegorisch-tropologische Deutung ist auf das Grundproblem der Erlösung, und damit auf die geschichtliche Wirklichkeit des Erlösers als festen Mittelpunkt bezogen. Alles zeitliche Werden, alles natürliche Geschehen und alles menschliche Tun empfängt erst von hier aus sein Licht [...] [EC, PSF II, S. 306]

> Aber wenn er in diesem Sinne einen der ersten Schritte über das ‚Gegebene' hinaus bedeutet, so tritt er doch mit seinem eigenen Erzeugnis alsbald wieder in die Form der Gegebenheit zurück. Er erhebt sich geistig über die Dingwelt, aber er tauscht in den Gestalten und Bildern, die er an ihre Stelle setzt, nur eine andere Form des Daseins und der Gebundenheit ein. [...] [Dies] enthält die Möglichkeit eines geistigen Befreiungsprozesses, der sich im Fortschritt von der Stufe der magisch-mythischen Weltansicht zur eigentlich religiösen Weltansicht tatsächlich vollzieht. Auch dieser Übergang ist – wie die fortschreitende Untersuchung im einzelnen erweisen wird – dadurch bedingt, dass der Geist sich zu der Welt der Bilder und Zeichen in ein neues freies Verhältnis setzt – dass er sie, indem er noch unmittelbar in ihnen lebt und sie gebraucht, doch zugleich in einer anderen Weise als zuvor durchschaut und sich damit über sie erhebt. [EC, PSF II, S. 32]

Durch die ‚allegorische Arbeit am Ur-Mythos', diesen mythischen Transformationsprozess, lebt der Geist zwar noch unmittelbar in den mythischen Bildern, zugleich durchschaut er sie aber und erhebt sich damit über sie. In dieser Reflexionsleistung, die vor allem der Ästhetik und damit der poetischen Sprache vorbehalten ist, wird an die Indifferenz des ‚Ur-Mythos' erinnert. In Anlehnung an das Prinzip des ‚pars pro toto' geht es nicht um die Repräsentanz der mythischen Vorstellungswelt, sondern um das tatsächliche Aufgehobensein in einer zweiten Gegenwart. Denn auch die höchste Reflexion bleibt dem sinnlichen Dasein verpflichtet, da allein in der Sinnlichkeit Sinn aufgehoben ist [EC, PSF II, S. 310].

Letztlich ist also auch der Mythos bereits kulturelle Leistung, indem er als symbolische Form gedacht wird und nur vermittelt durch die Sprache als Mythos lesbar ist.[343] Wenn wir also von Mythos sprechen, ist damit immer die zweite Gegenwart gemeint, die in kulturelle Form und damit in sprachliche Zeichen gefasste Gegenwart des mythischen Bewusstseins, dem nur in der

---

Vom Menschen zum Mythos. In: Karl Heinz Bohrer: Mythos und Moderne. Franfurt a.M. 1983. S. 471-493, hier S. 489.

[343] Földes-Papp macht darauf aufmerksam, dass erst die Schrift das Mythische zum Mythos werden lässt, dadurch bekommt er ein geschichtliches Bewusstsein. Karoly Földes-Papp: Vom Felsbild zum Alphabet. Die Geschichte der Schrift von ihren frühesten Vorstufen bis zur modernen lateinischen Schreibschrift. Stuttgart 1966. S. 39. Vgl. auch Patocka: Die Schrift ermöglicht eine Aktualisierung der Vergangenheit und wiederholt die Mythe auf einer reflektierten Ebene. Jan Patocka: Ketzerische Essais zur Philosophie der Geschichte und ergänzende Schriften. Hg. v. Klaus Nellen/Jiri Nemec. Stuttgart 1988. S. 34f., 62f.

symbolischen Form eingedenk werden kann.[344] Erst die Sprache birgt die Möglichkeit des Wiedererkennens und Wiederfindens, auf Grund dessen völlig verschiedene Erscheinungen und Erfahrungen als Äußerungen eines mit sich selbst identischen Wesens verstanden werden können. Sprache wird zum Inbegriff der ‚Rekognition', ohne die der Mythos keine Dauer hätte.[345]

> Erst die Sprache gibt jene Möglichkeit des Wiederfindens und Wiedererkennens, kraft deren völlig verschiedene, räumlich und zeitlich getrennte Erscheinungen als Äußerungen ein und desselben Subjekts, als Offenbarungen eines bestimmten mit sich identischen göttlichen Wesens verstanden werden können. Schon auf dieser Grundstufe leistet daher die Sprache im Prinzip das Gleiche, was sie in ihrer höchsten logischen Durchbildung leisten wird: sie wird zum Vehikel für die ‚Rekognition im Begriff', ohne die selbst der Mythos es nicht zur Dauer und zur inneren Festigkeit seiner Gestalten zu bringen vermöchte. In dieser gemeinsamen Leistung von Sprache und Mythos aber stehen wir bereits an der Schwelle zu einer neuen geistigen Welt. [EC, PSF III, S. 126]

Eine Erinnerungs-Spur ist allerdings erst dann gewährleistet, wenn das Ausdrucksbild über sich hinauswächst in den Bereich der Darstellung. Dabei ist die mythische Darstellung nicht als ein bloßes Abbild, sondern als das Bild selbst zu sehen; das Darzustellende wird gemäß dem Prinzip des ‚pars pro toto' in der Darstellung aufgehoben. Insofern ist Darstellung hier zugleich Vergegenwärtigung.

Bis hinein in die Gestaltung der Wahrnehmungswelt, bis in die „eigentliche Wirklichkeit" hinein, macht sich nach Cassirer das Fortleben der mythischen Grund- und Urmotive bemerkbar. Keine Verdrängung und Verabschiedung des Mythos durch den Logos findet also statt, sondern die mythische Präsenz wird in der symbolischen Form garantiert [EC, PSF II, S. 20].

Dieser Prozess des Wiederholens kann, wie noch zu zeigen sein wird, auch mit Blumenbergs ‚Arbeit am Mythos' gelesen werden. Durch die sprachliche Rezeption rekurriert die ‚Arbeit am Mythos' auf einen nicht mehr auszumachenden mündlichen Ursprung des mythischen Bewusstseins.[346] Die ‚Arbeit am Mythos' wird zur ‚Arbeit des Mythos'. Diese Leerstelle des mythischen Ursprungs wird durch Sprache in eine kulturelle Form überführt, um ihr Dauer

---

344 Holzhey fragt in dem Zusammenhang nach dem Standort von Vernunft und Kritik in Cassirers Vorstellung vom mythischen Bewusstsein. Helmut Holzhey: Cassirers Kritik des mythischen Bewusstseins. S. 192.

345 Goodman-Thau weist darauf hin, dass der Mythos als Mittel der Tradierbarkeit und der Inszenierung eines kollektiven Gedächtnisse fungiere. Im Moment des Mythos verbinden sich menschliches und göttliches Gedächtnis. Diese These, die letztlich auf Jamme zurückgeht, illustriert Goodman-Thau anhand der Anweisung Gottes an Moses, er solle die ‚Geschichte' aufschreiben. Indem der Mensch durch die Geschichtsschreibung die Zeit anhält, kann der Mythos seine gedächtnisstiftende Funktion erfüllen. „Durch die schreibende Hand eines jeden Menschen beschließt Gott, damit er alle Menschen erkenne, die er gemacht hat." Gottes Führung und die menschliche Freiheit begegnen sich – so Goodman-Thau – in einem Paradox, das den Mythos überbrückt. Eveline Goodman-Thau: Kabbala und neues Denken. S. 106.

346 Auch Platon versteht den Mythos als Diskurs zur Beschreibung des Ursprungs. Platon: Timaios 29d2, 59c6, 68d2, 69b1.

und Präsenz zu verleihen, aber auch um ihr den Schrecken zu nehmen. Allerdings ist die Sprache, die das mythische Bewusstsein wiederholt und ihm so eine Spur in der symbolischen Form des Mythos verleiht, eine besondere. Hier handelt es sich nicht um eine mitteilende und instrumentalisierte Sprache, sondern vielmehr um eine poetische Sprache, die sich an der Schwelle zwischen einer ‚Mitteilung durch und einer Mitteilung in Sprache' befindet. Eine Sprache also, die von der ‚allegorischen Intertextualität' erprobt wird. Die Indifferenz von Idee und Gestalt in der mythischen Welt ist in der ersten Phase der Sprachentwicklung – in der mythischen ‚Namensprache' – noch gegeben, in der eine Eineindeutigkeit zwischen Zeichen und Bezeichnetem vorliegt. [EC, PSF II, S. 285]. Diese erste Phase wird vor allem in der poetischen Sprache wiederholt.

### 5.2.1.a Die Namensprache oder das Prinzip der Konkretion

Zu den Grundvoraussetzungen mythischer Anschauung gehört die Annahme, dass das Wesen der mythischen Gestalt aus ihrem Namen hervorgeht. Name und Wesen stehen in einem innerlich notwendigen Verhältnis, einem Verhältnis der Indifferenz zueinander.[347] Der Name ist das Wesen selbst, insofern ist er nicht symbolisch, sondern im Sein verankert [EC, WWS, S. 74, 115]. Der Name ist im mythischen Diskurs keine Bezeichnung, sondern selbst ein Teil des Gegenstandes. Dabei repräsentiert er nicht nur diesen Teil des Ganzen, sondern er ist selbst Bestandteil des magisch-mythischen Bewusstseins. Bild-, Wort- und Namenszauber machen einen integrierenden Bestandteil der magischen Weltsicht aus. Der Name besitzt keine Darstellungsfunktion, sondern der Gegenstand ist in ihm selbst enthalten, insofern bezeichnet er nicht, sondern ist reales Sein [EC, PSF II, S. 53]. Die ursprüngliche Gebundenheit des sprachlichen Bewusstseins in der mythisch-religiösen Vorstellungswelt bewirkt nach Cassirer, dass alle sprachlichen Gebilde zugleich auch mythisch sind. Das einzelne Wort wird zur ‚Urpotenz', zu einer Monade, in dem alles Sein aufgehoben ist. In Vermittlung durch Preuß zitiert Cassirer hier aus der Schöpfungsgeschichte, was bereits einen Verweis auf seine spezifische Schreibweise erlaubt. Immanent, aus der Zitation heraus, wird der Gegenstand entfaltet.[348]

[347] Ähnlich wie Walter Benjamin findet auch Cassirer die ‚Namensprache' am reinsten ausgeprägt in der Sprache der Kinder.

[348] Vgl. dazu erstens das Johannesevangelium: „Im Anfang war das Wort, und das Wort war bei Gott, und Gott war das Wort. Dasselbe war am Anfang bei Gott. Alle Dinge sind durch dasselbe gemacht, und ohne dasselbe ist nichts gemacht, was gemacht ist. (Joh. 1, 1-3) Im Alten Testament lautet der Beginn der Schöpfungsgeschichte: „Am Anfang schuf Gott Himmel und Erde. Und die Erde war wüst und leer, und es war finster aus der Tiefe, und der Geist Gottes schwebte auf dem Wasser. Und Gott sprach: Es werde Licht und es ward Licht." (Gen. 1, 1-3)

> „Im Anfang“ – so heißt es hier – „gab das Wort dem Vater den Ursprung.“ [...] In den Schöpfungsgeschichten fast aller großen Kulturreligionen erscheint das Wort überall im Bunde mit dem höchsten Schöpfergott. [...] Der Gedanke und seine sprachliche Äußerung pflegen hierbei unmittelbar in eins gefasst zu sein [...]. [EC, WWS, S. 113][349]

Idee und sprachliche Äußerung werden in eins gefasst, insofern sind Sein und mythische Rede konkret miteinander verbunden und das mythische Wort fungiert als Mittel des unmittelbaren Ausdrucks. Dabei rühren die Beziehungen zwischen der ‚Namensprache' und der mythischen Rede aus der Form des Bildes; aus ihrer Entgegensetzung zum diskursiven Denken. Die mythische Sprache ist demzufolge kein Bedeutungsträger wie im wissenschaftlichen Diskurs, sondern Ausdruck der reinen Gegenwart [EC, WWS, S. 122]. Hier wird bereits die Affinität zu Benjamins Idee der ‚Namensprache' – oder ‚reinen Sprache' – deutlich, die sich durch eine Mitteilung ‚in Sprache' bzw. eine Eineindeutigkeit auszeichnet.

> Der Name hat im Bereich der Sprache einzig diesen Sinn und diese unvergleichlich hohe Bedeutung: daß er das innerste Wesen der Sprache selbst ist. Der Name ist dasjenige, durch das sich nichts mehr, und in dem die Sprache selbst und absolut sich mitteilt. Im Namen ist das geistige Wesen, das sich mitteilt, die Sprache. Wo das geistige Wesen in seiner Mitteilung die Sprache selbst in ihrer absoluten Ganzheit ist, da allein gibt es den Namen, und da gibt es den Namen allein. [...] Der Inbegriff dieser intensiven Totalität der Sprache als des geistigen Wesens des Menschen ist der Name. [...] Man kann den Namen als die Sprache der Sprache bezeichnen [...]. [WB, II/1, S. 144]

Die ‚Namensprache', die durch die ‚allegorische Intertextualität' in der Konstellation der ‚unsinnlichen Ähnlichkeit' ihre zweite Gegenwart erhält, setzt auch bei Cassirer eine Ähnlichkeitskonstellation voraus, die in der magisch-mythischen Welt nicht eine bloß konstruierte ist, sondern auf die reale Identität von Ding und Laut zurückgeht.[350] Dabei zielt Cassirer weniger auf inhaltliche Ausprägungen als vielmehr auf die Anschauungsart, die sich in der Form des mythischen Bewusstseins präsentiert. Wie auch bei Benjamin ist es für Cassirer insbesondere der Eigenname, der an die Eigenheit des Wesens geknüpft ist und sich durch eine Indifferenz von Signifikat und Signifikant auszeichnet [EC, PSF II, S. 54]. Interessanterweise entfaltet Cassirer seine Theo-

---

[349] Vgl. Konrad Theodor Preuß: Religion und Mythologie der Uitoto. Göttingen 1921. Bd. 1, S. 25; Bd. 2, S. 659.

[350] Auch Lévi-Strauss arbeitet in seinen ‚Mythologica' mit den Techniken des Vergleichs, hier des metonymisch-synekdochischen Vergleichs. Durch das Moment der ‚Detotalisation' werden Vergleichsglieder in ihre Merkmale aufgelöst, um dann wieder durch die ‚Retotalisation' in eine neue korrelative Einheit überführt werden zu können. In dieser ‚Retotalisation' ist Cassirers Prinzip des ‚pars pro toto' ausgedrückt. Claude Lévi-Strauss: Mythologica I. Das Rohe und das Gekochte. Übers. v. Eva Moldenhauer. Frankfurt a.M. 1971. S. 116. Vgl. auch Gerhart von Graevenitz: Mythos. Zur Geschichte einer Denkgewohnheit. Stuttgart 1987. S. 96f.

rie des Eigennamens aus zahlreichen Zitaten heraus, die erst implizit seine Vorstellung erahnen lässt [EC, PSF II, S. 54f.].

> Der Name ist, mythisch genommen, niemals ein bloß konventionelles Zeichen für ein Ding, sondern ein realer Teil desselben – und ein Teil der nach dem mythisch-magischen Grundsatz des ‚pars pro toto' das Ganze nicht nur vertritt, sondern wirklich ‚ist'. [...] Und ebenso wird die Ähnlichkeit hier niemals als bloße Beziehung, die etwa nur in unserem subjektiven Denken ihren Ursprung hätte, aufgefasst, sondern alsbald auf eine reale Identität zurückgedeutet: Dinge könnten nicht als ähnlich erscheinen, ohne in ihrem Wesen irgendwie eins zu sein. [EC, WWS, S. 24]

Analog zum Eigennamen repräsentiert das Bild nicht eine Gestalt, sondern präsentiert das reine Sein; im mythischen Wirkungskreis sind Bild und Ding also unmittelbar miteinander verbunden, auch das Bild repräsentiert nicht, sondern ist selbst Teil des Vorgestellten. Demnach sind Bild sowie Name keine Darstellungen, sondern ein Gleiches, gemäß Benjamins ‚sinnlicher Ähnlichkeit' [EC, PSF II, S. 56].

Das Wort der ‚Namensprache' besitzt keine symbolische Wirkung, sondern der Inhalt der Anschauung und das mythische Wort haben das gleiche Sein, sie sind miteinander verschmolzen. In der mythischen Rede, in der absoluten Verdichtung und Konzentration ist die Differenz von Signifikat und Signifikant wirkungslos geworden; nunmehr herrscht ein Verhältnis der Identität, der Indifferenz von Bild und Sache, von Name und Gegenstand. So zeichnet sich die mythische ‚Namensprache' durch eine Eineindeutigkeit aus.

> Hier drückt demnach das Wort nicht als bloß konventionelles Symbol den Inhalt der Anschauung aus, sondern es verschmilzt mit ihm zu einer unlöslichen Einheit. Der Inhalt der Anschauung geht in das Wort nicht nur in irgendeiner Weise ein, sondern er geht in ihm auf. Was einmal im Wort oder Namen festgehalten ist, das erscheint nunmehr nicht nur als ein Wirkliches, sondern geradezu als das Wirkliche. Die Spannung zwischen dem bloßen ‚Zeichen' und dem ‚Bezeichneten' hört auf: an die Stelle des mehr oder minder gemessenen Ausdrucks ist ein Verhältnis der Identität, der völligen Deckung zwischen Bild und Sache, zwischen den Namen und den Gegenstand getreten. [EC, WWS, S. 123f.]

Diese ‚Namensprache' – bei Cassirer die Begriffsform im mythischen Denken – wird in der ‚allegorischen Intertextualität' wiederholt. Daran wird deutlich, dass das so verstandene intertextuelle Sprechen eine Wiederholung der mythischen Redeweise darstellt, allerdings in einer zweiten kulturellen Gegenwart, letztlich in der symbolischen Form. Sowohl die symbolische Form des Mythos als auch die symbolische Form der Sprache erinnern an ihren eigenen Ursprung; dies macht ihre je spezifische Selbstreferenzialität aus. Beide sind Urphänomene des Geistes, die sich der Erklärung entziehen, sie besitzen ein eigenes Sein jenseits von Instrumentalisierung und Begrifflichkeit, das aber erst durch die Symbolisierung zur Anschauung gelangt [EC, WWS, S. 81f.]. Sprachliche Urbegriffe im Sinne einer mythischen ‚Namensprache' sind zwischen der Idee und dem Ausdruck sowie zwischen Signifikat und Signifikant angesiedelt: Somit sind sie Ausdruck der Schwelle [EC, WWS, S. 83; PSF I, S. 228f.].

Nach Cassirer wird das Ganze im Kleinsten aufgehoben, dies ist die Grundstruktur des mythischen Denkens und damit auch der mythischen Rede. In diesem Punkt lassen sich Parallelen zu Walter Benjamins Idee der ‚Monade' herstellen, in der das ‚Total-geschehen im einzelnen Kristall' zur Erscheinung gelangt [WB, V/1, S. 575; EC, WWS, S. 35]. In jeder einzelnen Symbolform präsentiert sich das Symbolganze.[351] Jede Monade ist nach Cassirer zwar selbstständig, aber sie korrespondieren untereinander und bilden so ein harmonisches Ganzes. Das Prinzip der Monade als Konkreszenz wird anhand eines Zitats verdeutlicht:

> „In unserem Selbstwesen" – so heißt es in dem Aufsatz, von der wahren Theologica mystica – stecket eine Unendlichkeit, ein Fußstapf, ein Ebenbild der Allwissenheit und Allmacht Gottes." Und von hier aus gestaltet sich sein Weltbild der Harmonie, die nicht auf irgendeiner Form des kausalen Einflusses, nicht auf einer Wechselwirkung der Einzelwesen, sondern auf ihrer ursprünglichen wechselweisen ‚Entsprechung' beruht. Jede Monade ist in sich ein durchaus Selbständiges und Abgeschlossenes: aber eben in dieser Eigenheit und Abgeschlossenheit ist sie der lebendige „Spiegel des Universums", das sie, je nach ihrem besonderen Gesichtspunkt, ausdrückt. [EC, PSF II, S. 309]

Auch Ursache und Wirkung sind nicht zwei aufeinander folgende Schritte und Inhalte, sondern sie sind zwei Teile eines Ganzen im mythischen Denken, hier interessieren wiederum vor allem die Formen des Übergangs, nicht deren Inhalte [EC, WWS, S. 36]. Eine eindeutige Beziehung zwischen Ursache und Wirkung, zwischen Bedingung und Bedingtem existiert nicht, erst durch eine geistige Deutung der sinnlichen Phänomene wird Erkenntnis möglich. Dabei sind Sinn und Sinnlichkeit keine zwei voneinander getrennten Prinzipien, sondern wechselseitig ineinander aufgehoben.[352] Zwischen Subjekt und Objekt wird im mythischen Diskurs ebenfalls nicht unterschieden, hier gibt es nur die absolute Instanz des Selbst, das in der totalen Präsenz aufgeht. Der ‚Ur-Mythos' hebt sich demnach nicht aus einer Welt des Seins ab, sondern verkörpert selbst das Ganze des Seins, so wie auch die ‚Namensprache' das Ganze der Welt spiegelt. Demzufolge repräsentieren ‚reine Sprache' und ‚Ur-Mythos' nicht Welt, sondern sie *sind* Welt, entsprechend dem Prinzip des ‚pars pro toto'. Indem sich die ‚reine Sprache' und der ‚Ur-Mythos' der instrumentellen Mitteilung entziehen, erteilt Cassirer dem Repräsentationsgedanken eine grundsätzliche Absage.[353] Insofern gibt es keinen Kern des Mythos, sondern der mythische Text ist Ursprung an sich.

---

351 Hartmann spricht hier fälschlicherweise von Repräsentation, wenn er das Prinzip des ‚pars pro toto' beschreibt. Robert S. Hartmann: Cassirers Philosophie der symbolischen Formen. Ernst Cassirer. S. 187-229, hier S. 202.

352 Vgl. dazu auch Kapitel 5.1.1.

353 Mit diesem Repräsentationsmodell kann Cassirer zugleich die Ausdrucks- von der Darstellungsfunktion unterscheiden. Vgl. EC, PSF III, S. 381. Dubach macht darauf aufmerksam,

Im Anschluss daran unterscheidet Cassirer zwischen einem theoretischen und einem mythischen Denken: Während im theoretischen Denken die sinnlichen Inhalte vereinzelt werden und beziehungslos in einen Gesamtzusammenhang eingereiht werden, zeichnet sich das mythische Denken durch das Nachspüren einer unmittelbaren sinnlichen Gegenwart aus. Die mythischen Begriffe unterscheiden sich maßgeblich von der logisch diskursiven Sprache. Sie sind einer theoretischen Denkbewegung entgegen gesetzt, weil sie eine ‚Engführung' der Anschauung, eine Art Konzentration vornehmen. Mythische Begriffe weisen keine logische semantische Struktur auf, sie entziehen sich daher auch der Instrumentalisierung [EC, WWS, S. 134]. In der Sammlung auf einen sinnlich konkreten Punkt liegt die Vorbedingung für alles mythische Sprechen, insofern wird in der mythischen Rede eine Entgrenzung von Sprache hin zu ihrer Materialität nur durch eine Konzentration erreicht. In diesem unmittelbaren Totalmoment objektiviert sich zugleich die subjektive Sichtweise und formiert sich zur Anschauung eines mythischen Gottes.[354] Die Erinnerung an ein wahrhaftes Sein im mythischen Ereignis findet ausschließlich im Moment der Konkretion, in der Wiederholung des eigenen Ursprungs und somit letztlich in der Selbstreferenzialität statt. Die Konkretion oder Verdichtung des Eindrucks, die durch Fragmentarisierung und Montage hergestellt wird, befreit für einen kurzen Augenblick aus einem instrumentalisierten Zusammenhang. Aus dieser Konzentration heraus ist dann die Anschauung des mythischen Ursprungs möglich. Aus dem Zusammenschluss der Sphäre der Wirksamkeit des mythischen Bewusstseins und der Sphäre der Bedeutung des sprachlichen Zeichens im Moment der Konkretion entsteht ein Gebiet des reinen Seins, in dem nur die ihm innewohnende Wesenheit des Bildes – seine Materialität – als solche ergriffen wird [EC, PSF II, S. 34]. Der Gegenstand wird im Bild nicht dargestellt, sondern potenziert und hervorgebracht. So entstehen sinnerfüllte Bilder, die nicht als Objekte fungieren, sondern auf sich selbst zurückweisen, als solche sind sie selbstreferenziell [EC, PSF II, S. 89]. Das Bild fasst die Idee des Dinges in einen Brennpunkt, eine Konkretion zusammen und befreit sie so von Zeichenhaftigkeit und Instrumentalisierung [PSF III, S. 81].

> Es ist als ob dort, wo der Mensch im Banne dieser mythisch-religiösen Anschauung steht, die ganze Welt für ihn versunken wäre. Der augenblickliche jeweilige Inhalt, auf den sich das religiöse Interesse spannt, füllt das Bewusstsein vollstän-

---

dass Cassirers Repräsentationsgedanke nicht auf einen transzendenten Gegenstand verweist, sondern auf die Erfahrung an sich zurückgeht. Allerdings setzt Dubach das Prinzip des ‚pars pro toto' und das Repräsentationsmodell an vielen Stellen in eins. Ernst Dubach: Symbolische Prägnanz. In: Kulturkritik nach Ernst Cassirer. S. 58.

[354] An dieser Stelle führt Cassirer Useners Differenzierung der verschiedenen Stufen der Gottesbilder ein. Cassirer unterscheidet zwischen einem Augenblicksgott, der nur im Hier und Jetzt erfahrbar ist, einem Sondergott, der eine Gerichtetheit des Denkens voraussetzt und dem persönlichen Gott, der bereits von der sprachgeschichtlichen Entwicklung abhängig ist [EC, WWS, S. 89f.].

> dig aus, so daß nichts mehr neben ihm oder außer ihm besteht. In höchster Energie ist das Ich diesem Einen zugewandt, lebt in ihm und vergisst sich in ihm. Hier herrscht somit statt der Erweiterung der Anschauung vielmehr deren äußerste Verengung; statt der Ausdehnung, die sie allmählich durch immer neue Kreise des Seins hindurchführt, der Trieb zur Konzentration; statt ihrer extensiven Verbreitung ihre intensive Zusammendrängung. In dieser Zusammendrängung auf einen Punkt liegt die Vorbedingung für alles mythische Denken und alles mythische Gestalten. [...] Hier stehen wir vor jenem mythisch-religiösen Urphänomen [...]. „In voller Unmittelbarkeit, wird die einzelne Erscheinung vergöttert, ohne daß ein auch noch so begrenzter Gattungsbegriff irgendwie hineinspielte; das eine Ding, das du vor dir siehst, das selbst und nichts weiter ist der Gott." [EC, WWS, S. 103][355]

Wie schon in anderen exemplarischen Passagen, arbeitet Cassirer auch hier intertextuell. Er entfaltet gleichsam seinen Gegenstand, indem er ihn in der – hier intertextuellen – Form präsentiert.

Überträgt man Cassirers Ausführungen auf die ‚allegorische Intertextualität', so bedeutet dies, dass durch Fragment und Montage, also durch die allegorische Bewegung, eine Konkretion erreicht werden kann, die aus dem sprachlich instrumentalisierten Zusammenhang befreit und die Anschauung der ‚reinen Sprache', der Materialität, möglich macht. Einmal mehr wird deutlich, dass die ‚allegorische Intertextualität' der mythischen Rede eine zweite Gegenwart verleihen kann.

Insofern erteilt die Ungeschiedenheit in der mythischen ‚Namensprache' dem instrumentellen Sprechen eine Absage. Damit bewegt sich die mythische Rede im Bereich des Transzendenten, der letztlich der symbolischen Begrifflichkeit verschlossen bleibt. Demzufolge geht das mythische Sprechen durch die Konkretion über die Grenzen der Sprache hinaus, gelangt aber zugleich an die Grenzen der eigenen Gestaltungsmöglichkeiten. Wiederum im Zitat verdeutlicht Cassirer, dass ‚das mythische Bewusstsein sich auf die Fähigkeit gründet, aus dem Endlichen heraus das Unendliche wahrzunehmen' [EC, WWS, S. 141].

‚Reine Sprache' und ‚Ur-Mythos' entwickeln sich aus der Intensivierung heraus zu einem Sein mit Anspruch auf Dauer. Diese Herauslösung wird letztlich durch den Übergang in die symbolische Form vorgenommen. Das mythische Urphänomen kann allein durch die symbolische Form in eine zweite Gegenwart überführt werden. Als symbolische Formen haben Sprache und Mythos Bestand und können so Gegenstand der Erinnerung werden, denn die eigentlich magisch-mythische Kraft der Sprache tritt erst durch die artikulierten Laute hervor [EC, PSF II, S. 53].

---

[355] Cassirer setzt sich hier mit Herder, Usener und Spieth auseinander, ohne jedoch seine Zitate immer kenntlich zu machen. Vgl. Spieth: Die Religion der Eweer in Süd-Togo. Leipzig 1911. Hermann Usener: Götternamen. Versuch einer Lehre von der religiösen Begriffsbildung. Bonn 1896.

> Sobald er [der Augenblicksgott bzw. das Urphänomen] einmal aus der unmittelbaren Not, aus der Sorge und Hoffnung des Augenblicks gehoben ist, wird er zum selbständigen Wesen, das nunmehr nach eignem Gesetz weiterlebt, das Gestalt und Dauer gewonnen hat. [...] In der Gestalt des Augenblicksgottes wird nicht nur die Erinnerung an das, was er den Menschen anfänglich bedeutete und war, an die Lösung und Erlösung von einer Furcht, an die Erfüllung eines Wunsches und einer Hoffnung, festgehalten, sondern sie beharrt und bleibt, lange nachdem diese Erinnerung verblasst und zuletzt ganz verschwunden ist. Und wie dem mythischem Bilde müssen wir auch dem Laut der Sprache die gleiche Funktion, die gleiche Tendenz zur Beharrung zuschreiben. Auch das Wort ist, wie der Gott oder Dämon, den Menschen kein Geschöpf, das er sich selbst erschaffen hat, sondern es tritt ihm als ein an sich Seiendes und an sich Bedeutsames, als ein objektiv Reales gegenüber. [EC, WWS, S. 105]

So verleiht die ‚allegorische Intertextualität' als symbolische Form der mythischen ‚Namensprache' bzw. der ‚reinen Sprache' eine Erinnerungs-Spur in Form einer ‚zweiten Gegenwart' und überführt sie damit in poetische Sprache.

### 5.2.1.b Die Metapher als Bedingung der mythischen Begriffsbildung

Die Überführung der ursprünglichen ‚Namensprache' in ihre zweite Gegenwart bzw. in die symbolische Form der Sprache erfolgt durch die Metapher. Ebenso wie Blumenberg seine ‚absolute Metapher' als Übersetzung beschreibt, formuliert auch Cassirer seine Metaphorologie als Übersetzungstheorie. Er geht davon aus, dass Sprache und Mythos aus einer gemeinsamen Wurzel erwachsen, aus der Form des metaphorischen Denkens.

> [...] [D]enn so sehr sich die Inhalte von Mythos und Sprache unterscheiden, so ist doch in beiden ein und dieselbe Form der geistigen Auffassung wirksam. Es ist jene Form, die man kurz zusammenfassend als die Form des metaphorischen Denkens bezeichnen kann: vom Wesen und Sinn der Metapher scheinen wir daher ausgehen zu müssen, wenn wir auf der einen Seite die Einheit, auf der anderen die Differenz der mythischen und der sprachlichen Welt erfassen wollen. [EC, WWS, S. 145]

Die Metapher tauscht die Bezeichnung für einen Vorstellungsinhalt durch den Namen eines anderen Inhalts aus, der dem ersten allerdings ähnlich sein muss. Dabei sind beide Inhalte, zwischen denen sich die Metapher hin- und herbewegt, selbstständig und in ihrer Bedeutsamkeit autonom. Im mythischen Denken können unzählige Verbindungen eingegangen werden, da sich alle Vorstellungsinhalte zeitlich und räumlich berühren, insofern ist die Metamorphose konstitutiv für das mythische Denken [EC, PSF II, S. 62]. Grenzen im mythischen Bewusstsein werden stets als fließende verstanden, jedes Ding kann sich plötzlich in ein anderes verwandeln. Zwischen den Teilen und dem Ganzen herrscht das Prinzip der Äquivalenz, sie sind absolut gleichberechtigt, denn der Mythos führt – motiviert durch die Metapher – die unterschiedlichsten Beziehungen in eine Gesamtheit zusammen. Dabei treten diese Beziehungen nicht in ein wechselseitiges ideelles Verhältnis ein, sondern sie werden miteinander identisch. Demnach stellt die mythische Metapher Ähnlichkeitsbeziehungen her, die gemäß Benjamins Prinzip der ‚sinnlichen Ähnlichkeit' fungieren [EC, PSF II, S. 81].[356] An die Stelle der Einheit des Verknüpften tritt die tatsächliche Einheit, die Koinzidenz. Das Gesetz der Koinzidenz oder Konkreszenz, vorgestellt im Prinzip des ‚pars pro toto', zieht sich durch alle Relationsglieder im mythischen Denken. Jede wahrnehmbare Ähnlichkeit ist im Mythos der unmittelbare Ausdruck der Identität mit dem Wesen. Die durch die mythische Metapher hergestellten Ähnlichkeiten sind demnach keine Relationen oder Zeichen, sondern Ausdruck einer unmittelbaren Kraft, eines unmittelbaren Seins. Ähnlichkeiten sind nach Cassirer also immer Identitäten. Statt als bloße Umschreibung eines Ausdrucks durch einen anderen fungiert die Metapher als echte Übertragung und Übersetzung. Durch das Herstellen von ‚sinnlichen Ähnlichkeiten' erzeugt sie eine Identität des Ganzen mit seinen Teilen:[357] An die Stelle des Ganzen tritt ein Teil, der das Ganze in sich aufhebt und zugleich über sich hinausweist [EC, S+M, S. 147f.]. So ist die Metapher die Bedingung der mythischen Begriffsbildung, da sie aus der Grundschicht des mythischen Denkens entspringt. Letztlich ist sie eine Reaktion auf die Unaussprechlichkeit des ursprünglichen mythischen Namens, als solche vermittelt sie Mythos und Sprache [EC, PSF II, S. 28f.]. Vergleichbar mit Benjamins Übersetzungsgedanken ersetzt die Metapher auch hier einen Ausdruck durch einen anderen, um schließlich in der Konstellation eine Ahnung von dem Namen zu bekommen.[358] Diese Konstellation kann auch mit Benjamins ‚unsinnlicher Ähnlichkeit' bezeichnet werden und ist letztlich eine Form der ‚Arbeit am Mythos' bzw. eine Arbeit an der ‚Namensprache'. Durch die Übersetzungsleistung der Metapher und das Erzeugen einer ‚unsinnlichen Konstellation' wird die mythische Redeweise in der symbolischen Form erinnert, also die ‚sinnliche Ähnlichkeit' in der ‚unsinnlichen Ähnlichkeit' aufgehoben. Demzufolge liegt das Ziel auch hier wieder in dem Herstellen einer zweiten Gegenwart, in der Überführung der mythischen ‚Namensprache' in die symbolische Form der Sprache.

---

[356] Vgl. auch Aristoteles, der darauf hinweist, dass die Metapher Ähnlichkeiten evoziert, als solche ist sie Kernstück des mythischen Textes. Die Metapher ist aufgrund der Fähigkeit, Ähnlichkeiten herzustellen, der sprachliche Ausdruck des Mythos. Aristoteles: Die Poetik. § 22.

[357] Auch Paetzold weist darauf hin, dass die Transformationsleistung des Mythos eine besonders „geschmeidige" ist. Heinz Paetzold: Die Realität der symbolischen Formen. S. 98.

[358] Bertau macht darauf aufmerksam, dass die Metapher eine überraschende Ähnlichkeit zwischen den Dingen aufdeckt. Sie lässt eine Sache als eine andere erscheinen und verweist dadurch auf ihre Wörtlichkeit. Marie-Cecile Bertau: Sprachspiel Metapher. Denkweisen und kommunikative Funktion einer rhetorischen Figur. Opladen 1996. Auch für Ricouer ist die Ähnlichkeit durch den Gegensatz von Identität und Differenz geprägt, die Metapher sei dann nicht mehr allein Ausdruck von Ähnlichkeit, sondern zugleich von Identität und Differenz. Paul Ricouer: Die lebendige Metapher. In: Übergänge. Texte und Studien zu Handlung, Sprache und Lebenswelt. Hg. v. R. Grathof/B. Waldenfels. Paris 1986.

Ihre Zuspitzung findet diese Vorstellung in Cassirers Konzept einer ‚radikalen' Metapher, die mit Blumenbergs Idee der ‚absoluten Metapher' korreliert. Auch Cassirer geht davon aus, dass alle Sprache, auch die Sprache in der symbolischen Form des Mythos, bereits eine Übersetzung der ursprünglichen ‚Namensprache' darstellt, die allerdings von dem Menschen nicht gesprochen werden kann.[359] Insofern der Mensch – nach Benjamin – immer schon eine ‚Überbenennung' vornimmt, ist alles Sprechen bereits Übersetzung bzw. metaphorisch. Dennoch gibt Cassirer diese Annahme nicht einem Kulturpessimismus preis, sondern unterstreicht die produktive Kraft dieser Übersetzungsleistung, denn erst durch die Übertragung in eine symbolische Form kann Welt wahrgenommen werden. Übertragen wird allerdings nicht in eine bereits bestehende Sphäre, sondern der Ort der Übertragung, der neue sprachliche Laut entsteht erst im Moment der Übersetzung. Darin liegt nicht zuletzt das produktive Potenzial verborgen; so ist die ‚radikale Metapher' schließlich die Bedingung für die Sprachbildung.

> Von dieser Umstellung und Vertauschung, die mit dem Wortschatz der Sprache schon als einem fertigen Material schaltet, ist diejenige wahrhaft ‚radikale Metapher' zu unterscheiden, die eine Bedingung der Sprachbildung sowie eine Bedingung der mythischen Begriffsbildung selbst ist. In der Tat fordert schon die primitivste sprachliche Äußerung die Umsetzung eines bestimmten Anschauungs- oder Gefühlsgehaltes in den Laut, also in ein diesem Inhalt selbst fremdes, ja disparates Medium: wie auch die einfachste mythische Gestalt erst kraft einer Umformung entsteht, durch die ein bestimmter Eindruck der Sphäre des Gewöhnlichen, des Alltäglichen und Profanen enthoben und in den Kreis des ‚Heiligen', des mythisch-religiösen gerückt wird. [...] es wird hierbei nicht nur in eine andere, bereits bestehende Gattung übergegangen, sondern die Gattung, in die der Übergang erfolgt, wird selbst erst erschaffen. [EC, WWS, S. 147]

Der letzte Grund des metaphorischen Ausdrucks – die mythische ‚Namensprache' – ist jedoch nicht auszumachen. Cassirer betont auch hier die intensive Verschränkung von Mythos und Sprache im Moment der mythischen Redeweise. Beide stehen in einer zunächst unauflöslichen Korrelation, aus der sie sich nur langsam durch die Entstehung der verschiedenen symbolischen Formen herauslösen [EC, WWS, S. 149]. Die Metapher ist also nicht nur ein Teil bzw. eine rhetorische Figur der Sprache, sondern sie kennzeichnet das Sprechen allgemein [EC, WWS, S. 154]. Mythos und Sprache erleben immer wieder eine gegenseitige Bereicherung, denn beide entstammen demselben geistigen Prinzip, von dem sie nur unterschiedliche Äußerungen bzw. Stufen sind. Hier wird deutlich, dass die mythische Redeweise, die ursprüngliche Verbundenheit von Mythos und Sprache, bereits vor der Entstehung der symbolischen

---

[359] Krois bezeichnet Cassirers ‚radikale Metapher' als „mythische Urprädikation", als Ausdruck des „Heiligen". Dieser Sprachgebrauch unterscheidet nicht zwischen Inhalt und Form und ist sich des sprachlichen Zeichens nicht bewusst. Zeichen und Bezeichnetes werden durch die ‚radikale Metapher' in eine Identität überführt, die empirisch gesehen nicht gegeben ist. John M. Krois: Mythos bei Ernst Cassirer. S. 209.

Formen angesiedelt ist, dies unterstreicht noch einmal, dass auch bereits die symbolische Form des Mythos eine kulturelle Leistung ist. Dabei erinnern beide – in ihrer jeweils eigenen Form – an ihren Ursprung bzw. an die Indifferenz von Sprache und Mythos, an das Moment der ‚reinen Sprache'. Insofern lässt sich der Gehalt der Metapher nur im Rückgang auf ihren Ursprung erahnen, durch eine totale Intensivierung oder Konkretion. Anders als im logischen Denken, das sich durch eine Erweiterung und konzentrische Ausdehnung der Anschauung auszeichnet, vollzieht das mythische Denken eine Konzentration, denn erst in der Zusammendrängung auf das ursprüngliche Material, in der Selbstreferenzialität, generiert sich der spezifische „Gehalt". Nicht die Extension ist entscheidend, sondern die Intention, insofern ist das sprachliche Grundprinzip der Metapher die Idee des ‚pars pro toto'.

> So wird auch der Sinn der sprachlichen und mythischen „Metapher" sich erst enthüllen und die geistige Kraft, die in beiden liegt, sich erst ganz verstehen lassen, wenn man auf diesen gemeinsamen Ursprung zurückgeht; wenn man ihn in jener eigentümlichen Zusammenfassung, in jener „Intensivierung" der Sinnesanschauung sucht, die sowohl der sprachlichen wie aller mythisch-religiösen Formung zugrunde liegt. [EC, WWS, S. 149]

Die Anschauung wird nicht erweitert, sondern sie wird zusammengedrängt; sie wird gewissermaßen auf einen einzigen Punkt zusammengezogen. In dieser Zusammendrängung wird erst dasjenige Moment gefunden und herausgehoben, auf das der Accent der „Bedeutung" gelegt wird. Alles Licht ist daher wie in einem Punkt, dem Brennpunkt der „Bedeutung" versammelt, während all dasjenige, was außerhalb dieser sprachlichen und mythischen Auffassung liegt, so gut wie unsichtbar bleibt. [EC, WWS, S. 150]

> Jeder Teil eines Ganzen erscheint dem Ganzen selbst, jedes Exemplar einer Art oder Gattung erscheint der Gattung als solcher ä q u i v a l e n t. Der Teil repräsentiert nicht etwa nur das Ganze, [...] sondern sie sind beides; sie stellen beides nicht nur für die mittelbare Reflexion dar, sondern sie fassen unmittelbar die Kraft des Ganzen, seine Bedeutung und Wirksamkeit in sich. Hier lässt sich vor allem an jenes Prinzip erinnern ‚das man als das eigentliche Grundprinzip der sprachlichen sowohl der mythischen „Metapher" bezeichnen kann: an das Prinzip, das man gewöhnlich als den Grundsatz *des „pars pro toto"* ausspricht. [EC, WWS, S. 151] [Hervorh. EC]

Durch die Idee der Metapher wird einmal mehr deutlich, dass dem klassischen Repräsentationsgedanken eine Absage erteilt wird. Gemäß Benjamins Übersetzungsgedanken und Blumenbergs Idee der ‚absoluten Metapher' wird durch unendliche Übertragungen auf den nur zu erahnenden Ursprung rekurriert. Dieser wird in der Konstellation als Leerstelle präsentiert und kann nicht dargestellt werden. Insofern repräsentiert die Metapher nicht den Ursprung, sondern der Ursprung ist im Sein der Sprache und des Mythos aufgehoben und wird durch die metaphorische Übersetzungsleistung präsentiert.

Wie bereits für Benjamins Allegorie-Begriff und damit für die ‚allegorische Intertextualität' festgestellt, ist auch die allegorische Bewegung eine Übersetzung, welche die Bewegung von einer Mitteilung ‚durch Sprache' zu einer Mitteilung ‚in Sprache' vollzieht. Als solche ist sie eine Form der unendlichen Übersetzung von einer unvollkommenen in eine vollkommenere Sprache, wie dies Benjamin in seinem Sprachaufsatz deutlich macht. Insofern verfügt die ‚allegorische Intertextualität' über eine metaphorische Übersetzungsleistung, durch die sie eine ‚unsinnliche Ähnlichkeit' erzeugt; in dieser ‚unsinnlichen Ähnlichkeit' kann sie dann an die ‚reine Sprache' erinnern. Aufgrund dieser Eigenschaft fungiert sie aber auch als symbolische Form, da sie dem mythischen Sprechen, der Eineindeutigkeit der Ausdruckssprache eine zweite Gegenwart verleiht.

In Auseinandersetzung mit der antiken Rhetorik unterstreicht Cassirer noch einmal, dass der Hauptwesenszug der Metapher die Ersetzung des Ganzen durch einen Teil und umgekehrt ist, ausgedrückt in der Vorgehensweise des ‚pars pro toto', der sinnlichen Identität des Teils mit dem Ganzen. Da dieses Prinzip das Prinzip des Mythos schlechthin ist, betont Cassirer das Hervorgehen der Metapher aus der Wesensart des Mythos. Insofern liegt die Aufgabe der Metapher nicht in der bloßen Übertragungsleistung, sondern in dem Ausdruck von Identität. Denn im mythischen Denken wird Bild nicht als Abbild gedacht, sondern Bild ist immer das Wesen einer Sache [EC, WWS, S. 153]. Insofern changiert die „mythische Metapher" zwischen den Prinzipen der ‚sinnlichen und unsinnlichen Ähnlichkeit'. In diesem Hin und Her, als permanente Übersetzung der ‚unsinnlichen' in die ‚sinnliche Ähnlichkeit', wird hingearbeitet auf eine Identität der Teile untereinander in der Konstellation der Ähnlichkeit.

### 5.2.2 Sprache als symbolische Form

Zu Beginn seiner Ausführungen zur symbolischen Form der Sprache weist Cassirer darauf hin, dass jegliche Erkenntnis die Vielfalt der Erscheinungen in die Einheit von dem „Satz vom Grunde" überführen will [EC, PSF I, S. 8]. Dieses Vorhaben finde sich besonders in der Sprache ausgeprägt. Stellt man den von Leibniz über Heidegger vermittelten ‚Satz vom Grunde' in den Kontext der Moderne, wird die Stoßrichtung der poetischen Sprache transparent: mit der Sprache in die ‚allereigenste Enge' gehen, mit der Sprache zugrunde gehen, um dort den Grund allen Seins und den Grund der Sprache zu finden, hier der Utopie der ‚reinen Sprache'.[360]

---

[360] Martin Heidegger: Der Satz vom Grund. Pfullingen $^{6}$1986. Die Wendung ‚allereigenste Enge' spielt auf das Gedicht ‚Engführung' von Paul Celan an. In: Paul Celan: Gesammelte Werke in drei Bänden. Hg. v. Beda Allemann u. Stefan Reichert. Frankfurt a.M. 1983. Bd. 1. S. 195-204.

[...]

Zugrund – das heißt zum Meer, dort find ich Böhmen

Wieder.

Zugrund gerichtet, wach ich ruhig auf.

Von Grund auf weiß ich jetzt, und ich bin unverloren.

[...][361]

Heidegger zufolge sind alle Sätze hinfällig, die nicht begründet sind, d.h. alle für ihn nicht sinnvollen Sätze, denn ‚nichts ist ohne Grund'. Da aber nach Heidegger keine letztgültige Begründung der Sprache möglich ist, ist Sprache immer unzureichend. Wie an dem Ausschnitt von Bachmanns Gedicht ‚Böhmen liegt am Meer' deutlich gemacht werden kann, hat das auf den ‚Grund der Sprache gehen' eine doppelte Funktion: Zwar geht das sprechende Ich und mit ihm die Mitteilungen ‚durch Sprache' zugrunde, um dort allerdings einen utopischen Ort zu finden, der ein Sprechen jenseits des instrumentellen Sprechens – eine ‚reine Sprache' – möglich macht. Ich und Sprache bilden eine Einheit; das sich ausdrückende Ich ist ‚unverloren'. Was also hier zum Ausdruck kommt, ist eine Zerstörung konventioneller Sprachstrukturen zugunsten einer Mitteilung ‚in Sprache', eine produktive Bewegung, wie sie in der Moderne – vor allem auch durch die intertextuelle Verfahrensweise – immer wieder erprobt wird.

Wenn Cassirer in seiner Sprachphilosophie den ‚Satz vom Grunde' anführt, lassen sich Anknüpfungen zur modernen Sprachauffassung herstellen. Dabei liegt das Ziel für Cassirer weniger in der Zerstörung einer instrumentellen Sprache. Sondern gerade durch die kulturelle Sprache, durch das freie Spiel mit Bedeutungen, kann das sprechende Subjekt an den Ursprung der Sprache erinnern. So wie die symbolische Form des Mythos das mythische Denken aufbewahrt und ihm eine zweite Gegenwart verleiht, so ist auch in der symbolischen Form der Sprache die Erinnerung und Wiederholung der ‚reinen Sprache' möglich. Diese ‚Namensprache', der Ursprung der Sprache, ist, wie bereits gezeigt, ein mythisches Sprechen: zum einen aufgrund der Indifferenz von Idee und Laut, zum anderen aber auch, weil die ‚reine Sprache' nur als Leerstelle präsent sein kann, denn der Mensch erinnert an eine Sprache, die er noch nie gesprochen hat und die zu sprechen er nicht imstande ist.

> So droht immer wieder die Frage nach dem Ursprung der Sprache, selbst bei den Denkern, die sie am tiefsten erfasst und die am schwersten mit ihr gerungen haben, zu einer wahrhaften Vexierfrage zu werden; alle Energie des Denkens, die

---

[361] Ingeborg Bachmann: Böhmen liegt am Meer. Werke Bd.1. Hg. v. Christine Koschel/Inge von Weidenbaum/Clemens Münster. München 1978. S. 167f.

> auf sie verwandt wird, scheint uns zuletzt nur im Kreise herumzuführen und uns an dem Punkte zu entlassen, von dem wir ausgegangen waren. [EC, WWS, S. 102]

Einmal mehr wird der Zusammenhang zwischen Sprache und Mythos deutlich. Zwar entspringt Sprache aus der mythischen Rede, aber erst in ihrer Ablösung, in ihrer Eigenständigkeit als symbolische Form kann sie dieser mythischen Rede eine zweite Gegenwart verleihen. Dies vollzieht sich insbesondere als poetische Sprache bzw. als symbolische Form der Kunst. Insofern ist nicht nur die Sprache an den Mythos gekoppelt, sondern auch der Mythos ist an die Sprache rückgebunden. Im Folgenden sollen zunächst Cassirers Überlegungen zur symbolischen Form der Sprache vorgestellt werden, um sie dann in einem zweiten Schritt auf die poetische Sprache zuspitzen zu können.

Wie alle symbolischen Formen entwickelt sich auch Sprache in einem dreifachen Stufengang: Ausgangspunkt ist die mimetische Phase bzw. der Bereich des sinnlichen Ausdrucks, danach tritt sie ein in die analogische Phase, in welcher der Primat auf dem anschaulichen Ausdruck liegt und drittens erreicht sie die Phase der reinen symbolischen Bedeutung, in der begriffliches Denken vorherrschend ist.[362] Dabei sind diese Phasen keine statischen Einheiten, sondern sie zeichnen sich durch fließende Übergänge aus.

In der sinnlichen Ausdrucksfunktion der Sprache als erste Stufe der Betrachtung wird das Wort nicht als Bezeichnung eingesetzt, sondern es ist noch ein realer Teil des Seins. Gemäß dem Prinzip des ‚pars pro toto' geht das Wesen des Dinges unmittelbar in der Sprache auf. Diese Stufe der Konkreszenz findet sich, wie bereits nachgewiesen, vor allem in der mythischen Rede. Wie schon Benjamin feststellt, ist auch nach Cassirer die Sprache der Kinder der mythischen Rede am meisten verwandt [EC, PSF II, S. 33]. So ist die Welt der Sprache zunächst noch eingebettet in die Welt des Mythos. Die mythische Anschauung der Sprache, die der philosophischen vorausgeht, ist durch eine Indifferenz von Wort und Sache gekennzeichnet. Name und Ding sind voneinander ungeschieden, der Name fungiert – wie in der mythischen Rede – als ‚reines Wort', als unmittelbarer Ausdruck des Seins.

> So wenig wie die Beschaffenheit der Dinge oder die unmittelbare Beschaffenheit seiner sinnlichen Eindrücke – so wenig geht, für diese erste Stufe der Betrachtung, auch das Sein und die Bedeutung der Worte auf eine freie Tätigkeit des Geistes zurück. Das Wort ist nicht eine Bezeichnung oder Benennung, nicht ein

[362] Göller macht darauf aufmerksam, dass diese Dreiteilung zunächst eine phasische Unterteilung der Darstellungsfunktion war und den „inneren Weg zur Selbstbefreiung der Sprache" kenntlich machen sollte. Erst später wurde diese Dreiteilung auf sämtliche symbolische Formen übertragen und als Ausdrucks-, Darstellungs- und Bedeutungsfunktion bezeichnet. Dadurch wird, so Göller, der Zusammenhang zwischen dem sprachlichen Laut als Medium und dem sprachlichen Laut als Bezeichnung deutlich gemacht. Thomas Göller: Ernst Cassirers kritische Sprachphilosophie. Würzburg 1986. S. 89.

> geistiges Symbol des Sein, sondern es ist selbst ein realer Teil von ihm. [EC, PSF I, S. 56]

Somit ist die Sprache in ihren Anfängen nicht repräsentatives Zeichen der Vorstellung, sondern selbst Teil derselben [EC, PSF I, S. 90]. Der Ursprung der Sprache wird als unmittelbare Empfindung vorgestellt, denn fast alle Worte gehen – so Cassirer – auf die natürlichen Eigenschaften der Dinge zurück. Der seelische Inhalt und der sinnliche Ausdruck sind zu Beginn der Sprachentwicklung in eins gesetzt. Es existiert eine unmittelbare Nähe des sprachlichen Lauts zum sinnlichen Eindruck, der möglichst identisch wiedergegeben wird. Die Ausdrucksfunktion geht von einer ‚Seele' der Laute aus und stellt direkte materiale bzw. ‚sinnliche Ähnlichkeiten' her [EC, PSF I, S. 141]. Die Fixierung zu einem Gegebenen ist erst eine nachträglich vorgenommene. So stellt die mimische Bewegung – als Ausdruck einer ‚sinnlichen Ähnlichkeit' – eine unmittelbare Einheit von Innen und Außen, von Leib und Geist dar, denn jede Erregung drückt sich in einer körperlichen Bewegung aus. Erst im Fortgang der Sprachentwicklung findet eine Ausdifferenzierung dieses Verhältnisses statt [EC, PSF I, S. 125-127]. Vor allem in der Gebärdensprache sieht Cassirer die sinnliche Ausdrucksfunktion am stärksten ausgeprägt, hier scheint das Ideal der natürlichen Sprache erreicht. Worte sind unmittelbare Nachahmung – gemäß Benjamins Modell der ‚sinnlichen Ähnlichkeit' – des Leib-Seele-Ausdrucks [EC, PSF I, S. 130].[363] Die Ausdrucksfunktion basiert also rein auf dem Prinzip des ‚pars pro toto' und erteilt jeglichem Repräsentationsgedanken eine Absage.

> So ist auch die mimische Bewegung eine unmittelbare Einheit des Inneren und des Äußeren, des Geistigen und Leiblichen, sofern sie gerade in dem, was sie direkt und sinnlich ist, ein anderes, aber in ihr selbst gegenwärtiges, bedeutet und besagt. Hier findet kein bloßer Übergang, keine willkürliche Hinzufügung des mimischen Zeichens zu dem durch dasselbe bezeichneten Affekt statt, sondern beides, Affekt und seine Äußerung, die innere Spannung und ihre Entladung sind in ein und demselben zeitlich-untrennbaren Akt gegeben. [EC, PSF I. S. 126]

Analog zur gesprochenen Sprache verhält sich auch die Schrift, denn zunächst fungieren Schriftzeichen als mimische Zeichen, als Bildzeichen, die als bedeutungslose vorliegen und sich jeglicher Mitteilungsfunktion entziehen. Das Bildzeichen tritt für den Gegenstand selbst ein, gemäß dem Prinzip des ‚pars pro toto' präsentiert es ihn. So gehört die Schrift in ihren ersten Erscheinungsweisen der magischen Sphäre an, sie ist reine Gegenstandsschrift [EC, PSF II, S. 284f.].

Diese sinnliche Nachahmung als erste Stufe der Sprache geht bereits sehr früh in eine Nachahmung über, die einen freien geistigen Entwurf zur Voraussetzung hat. In der zweiten Stufe der Betrachtung, dem analogischen Ausdruck, ist das Verhältnis zwischen dem Laut und dem bezeichneten Inhalt von

[363] Mit Aristoteles weist Cassirer darauf hin, dass die Stimme das am meisten zur Nachahmung geeignete Organ ist. EC, PSF I, S. 131; Aristoteles: Rhetorik III, 1, 1404 a 20.

einer Analogie der Form geprägt. Damit befindet sich die Nachahmung selbst auf dem Weg zur Darstellungsfunktion, denn um einen Gegenstand nachahmen zu können, muss er nach Cassirer in seinen Strukturmerkmalen erfasst werden.[364] Nachahmung wird in dem Moment zur Darstellung, wo einzelne prägnante Momente herausgegriffen werden, dies setzt wiederum eine konstruktive und intellektuelle Leistung voraus [EC, PSF I, S. 131].[365] Zwischen dem Ding und seiner lautlichen Ausgestaltung besteht kein direktes materiales Verhältnis mehr, stattdessen werden Konstellationen gebildet, die das konkrete Objekt umschreiben [EC, PSF I, S. 143]. Zwar findet sich auch hier noch eine unmittelbare Gebundenheit an das sinnliche Leben, über das aber bereits hinausgegangen wird. Insofern ist die analogische Phase eine Schwellenposition, da es um möglichst getreue Nachahmung geht, bei gleichzeitiger Distanzsetzung [EC, PSF I, S. 127]. Der mimische und analogische Ausdruck wird schließlich von dem symbolischen Ausdruck abgelöst, dieser wird zum Träger eines tieferen geistigen Gehalts [EC, PSF I, S. 148].[366] Jetzt wird aus der mythischen Bilderschrift eine Silben- und im Anschluss daran eine Wort- bzw. Lautschrift [EC, PSF II, S. 285]. So mündet die ehemals ‚sinnliche Ähnlichkeit' der Sprache in die ‚unsinnliche Ähnlichkeit' der symbolischen Form und ist in ihr aufgehoben, denn nach Cassirer wird auch in der hochentwickeltsten Sprache die Verbindung zur Sprache des Affekts nicht abgebrochen [EC, VM, S. 55]. Die auf Benjamin zurückgehende ‚unsinnliche Ähnlichkeit',

---

[364] Graeser macht darauf aufmerksam, dass Nachahmung bei Cassirer nicht immer homogen gebraucht wird. Nachahmung wird nicht im Sinne bloßer Nachbildung verstanden, denn das scheinbare Nachbilden hat bereits ein inneres Bilden zur Voraussetzung. Damit unterstreicht Graeser, dass sich die Nachahmung selbst auf dem Weg zur Darstellung befindet. Nach Graeser unterscheidet Cassirer verschiedene Arten der Nachahmung, die in Kunst und Sprache nicht immer deckungsgleich sind: Erstens wird durch die künstlerische Tätigkeit ein bestimmter Teil der Natur ausgewählt und zur Darstellung gebracht. Hier bezieht sich Cassirer auf die theoretische Position Johann Jacob Bodmers und Johann Jacob Breitingers [EC, S+F, S. 72; VM, S. 235]. Zweitens wird die Kunst der Auslassung ebenfalls als Form der Nachahmung verstanden [EC, PSF I, S. 44f.]. Drittens wird sie als individueller Stil betrachtet, hier bezieht sich Cassirer auf Denis Diderot [EC, PSF I, S. 83]. Generell sieht Cassirer diese Art der Nachahmung bei Johann Gottfried Herder und Johann Georg Hamann verwirklicht [EC, F+F, S. 108f.]. Graeser weist darauf hin, dass sich Nachahmung für Cassirer stets in einem Spannungsverhältnis von subjektiven und objektiven Momenten befindet. Für den Bereich der Sprache korreliert, so Graeser, Nachahmung immer mit der Ausdrucksfunktion. Zwischen beiden Momenten ist keine klare Grenzziehung möglich und keines der beiden Elemente, weder die Nachahmung noch die Ausdrucksfunktion, kann für sich allein stehen. Ernst Graeser: Ernst Cassirer. S. 93-95.

[365] Nach Göller kann jetzt die Sprache erst eine Darstellungsfunktion übernehmen, indem sie eine Distanz zum Affekt und eine Distanz zum Objekt aufweist. Thomas Göller: Ernst Cassirers kritische Sprachphilosophie. S. 71.

[366] Vgl. auch Naumann, die aufweist, dass am Sprachursprung noch mimetische Wiederholung wirksam ist und erst durch die Verabschiedung von der identifizierenden und platonischen Idee der Wiederholung, Sprache zu einem symbolträchtigen System wird. Barbara Naumann: Geisterscheinungen. Wiederholung und Symbolisierung in Goethes Roman ‚Wilhelm Meisters Lehrjahre'. In: Dasselbe noch einmal. Die Ästhetik der Wiederholung. Hg. v. Carola Hilmes/Dietrich Mathy. Opladen 1998. S. 38-63. S. 49.

die bereits als strukturelles Modell für die symbolische Form des Mythos vorgestellt wurde, erinnert gerade mit den Mitteln der sprachlichen Darstellung an die ‚sinnliche Ähnlichkeit'. Der Laut löst sich allmählich aus seiner sinnlichen Gebundenheit und erlangt eine neue Gestaltungskraft. Dadurch ist er zugleich befähigt, Vorstellungen auszudrücken, denn auf dem Gebiet der Sprache belebt gerade die allgemeine symbolische Funktion die materiellen Zeichen und bringt sie zum Sprechen [EC, VM, S. 64]. Durch die Differenz zum sinnlichen Sein gewinnt der Laut seine innere Freiheit und ist erst dadurch befähigt, den ursprünglichen sinnlichen Zusammenhang zu präsentieren. Im Bewusstsein seiner Vieldeutigkeit überschreitet er in seiner Sprachentwicklung beständig Grenzen und erweitert sich dadurch selbst [EC, PSF I, S. 147f.].[367] Diese Entwicklung gilt insbesondere für die poetische Sprache und damit auch für die symbolische Form der Kunst, der Cassirer selbst nur einen kleinen Teil seiner Ausführungen widmet. Wenn auch Cassirer seine Überlegungen auf die Sprache im Allgemeinen bezieht, steht im Folgenden jedoch die poetische Sprache im Mittelpunkt der Betrachtung. Mit Cassirer soll gezeigt werden, dass diese sich vor allen anderen Sprachen durch die Fähigkeit zur Reflexion auszeichnet und damit im besonderen an der Wiederholung der sinnlichen Eineindeutigkeit von Idee und Laut in der sinnhaften Sprache Anteil hat.[368]

Nach Cassirer ist der sprachliche Laut immer Ausdruck einer ‚unsinnlichen Ähnlichkeit', ohne allerdings einem Kulturpessimismus oder der Trauer über die mangelnde sinnliche Eineindeutigkeit ausgesetzt zu sein. Denn gerade diese Funktion erlaubt es ihm, die ‚sinnliche Ähnlichkeit' der ‚reinen Sprache' zu wiederholen, die bisher nur als mythische Leerstelle gedacht werden konnte. Der sinnliche Ausdruck entlädt sich in der ‚unsinnlichen Ähnlichkeit' und erlangt so seine Präsenz.

> Auch die abstraktesten Gestaltungen der Sprache weisen noch deutlich den Zusammenhang mit der primären Anschauungsgrundlage auf, in der sie ursprünglich wurzeln. Auch hier trennt sich die Sphäre des Sinns nicht schlechthin von der Sinnlichkeit, sondern beide bleiben aufs engste ineinander verwoben. [EC, PSF I, S. 149]

Sinn und Sinnlichkeit bleiben gerade in der Bedeutungsfunktion der symbolischen Form miteinander verbunden [EC, PSF I, S. 150]. Erst die symbolische Form kann dem einzelnen Moment, dem einzelnen sprachlichen Laut seine Konkretion verleihen.[369] Eine sprachliche Benennung erfolgt nach Cassirer al-

---

[367] Habermas unterstreicht noch einmal, dass Sprache für Cassirer ein Mittel zur Entdeckung von Welt ist. Damit wendet sich Cassirer gegen die Annahme, dass Sprache ein Instrument der Bezeichnung sei bzw. ein nachträglich eingeführtes Medium. Nochmals wird deutlich, dass Sprache und Mythos gleichursprünglich sind. Jürgen Habermas: Die befreiende Kraft der symbolischen Formen. S. 90. Vgl. auch EC, Geist und Leben, S. 260.

[368] Vgl. dazu vor allem das Kapitel 5.2.3.

[369] Anders Hartmann, der der symbolischen Form die Ähnlichkeit zwischen dem sprachlichen Zeichen und der Wahrnehmung abspricht. Dagegen hebt er die Freiheit vom Sinnlichen hervor. Robert S. Hartmann: Cassirers Philosophie der symbolischen Formen. S. 192.

so durch eine Konkretion, die gemäß des Prinzips des ‚pars pro toto' verfährt. Somit ist die symbolische Begrifflichkeit stets mit dem sinnlichen Material verbunden und verhilft ihr durch eine Intensivierung zur zweiten Gegenwart [EC, PSF I, S. 255]. Mit Goethe formuliert Cassirer, dass es sich um einen ‚Schall handelt, der sich zum Tone rundet'. Der unartikulierte, nicht wahrnehmbare Schall gelangt erst im Ton zum vollen Ausdruck.[370]

> Indem bei der fortschreitenden Entwicklung diese Unmittelbarkeit hintangehalten wird, wird damit zugleich der Inhalt erst in sich selbst festgehalten und in sich gestaltet. [...] In der Entstehung des gegliederten Lautes, in der Tatsache, daß – mit Goethe zu sprechen – der „Schall sich zum Tone rundet", stellt sich uns so ein allgemeinstes Phänomen dar, das uns in den verschiedensten Gebieten des Geistes in immer neuer Form begegnet. [EC, PSF I, S. 134]

Mit Aristoteles macht Cassirer deutlich, dass sich bereits in der Phase des mimischen Ausdrucks ein gestalterisches Moment findet. Nachahmung ist an der Schwelle zwischen ‚sinnlicher und unsinnlicher Ähnlichkeit' angesiedelt, insofern ist Nachahmung bereits eine Form der kulturellen Tätigkeit, ohne allerdings die ursprüngliche Einheit von seelischem Inhalt und sinnlichem Ausdruck preiszugeben. Von nun an steht das Wort in einem Verhältnis der Ähnlichkeit zum Sein. Sprache kann nicht die Unmittelbarkeit des Seins an sich zur Darstellung bringen, denn der sinnlichen Konkretheit steht eine Unbestimmtheit und Vieldeutigkeit gegenüber. Aber gerade in dieser Spannung liegt der besondere Gewinn von Sprache begründet, die besondere Leistung der symbolischen Form. Denn nach Cassirer ist die Wirklichkeit kein bereits Gegebenes, das in der Sprache reproduziert wird, sondern Sprache aktualisiert sich permanent im Moment des Sprechens [EC, PSF I, S. 137].[371] Sinn kann

---

370 Vgl. Montague, der die Verbundenheit Cassirers mit Humboldt heraushebt, wenn er feststellt, dass Sprache für Cassirer nicht in einer willkürlichen Zuordnung von Bezeichnungen zu bereits bestehenden Dingen besteht, sondern Sprache als Voraussetzung der objektiven Formung fungiert. Somit sind die Verschiedenheiten der Sprachen Ausdruck von den Verschiedenheiten der Weltansichten. M. F. Ashley Montague: Das mythische Denken in der Philosophie der symbolischen Formen. S. 249.

371 Vgl. hier auch Humboldt, der Sprache nicht als Werk (ergon), sondern als Tätigkeit (energeia) versteht. Parallel dazu spricht Cassirer auch häufig von der Energie der Sprache; denn Sprache ist eine dynamische Möglichkeit zur Genese von Sinn. Mit Humboldt geht er also davon aus, dass die Sprache ein Medium ist, in dem sich der Gedanke allererst bildet. Wilhelm v. Humboldt: Gesammelte Schriften. Hg. v. der Preußischen Akademie der Wissenschaften in 17 Bänden. Berlin 1903-1936. Bd. 2. S. 46. (Schriften zur Sprachphilosophie Bd. 3. Hg. v. A. Fletner/K. Giel. Darmstadt 1963. S. 418.) Paetzold macht darauf aufmerksam, dass die Unterscheidung von ergon und energeia bei Cassirer auch mit Saussures Differenzierung von langue und parole einhergeht. Ein fertiges System von Sprache wird dem lebendigen Reden gegenübergestellt, das in der Lage ist, einen Sinnüberschuss zu produzieren. Heinz Paetzold: Ernst Cassirer zur Einführung. S. 52. Allerdings lässt sich diese dynamische Aktivität des Geistes nicht ausschließlich in der Sprache finden, sondern in allen symbolischen Formen. Die Anwendung der Symbolphilosophie führt zur beständigen Erweiterung des kulturellen Sinns. Vgl. auch Ernst Dubach: Symbolische Prägnanz. In: Kulturkritik nach Ernst Cassirer. S. 78.

demnach nicht im Inhalt, sondern allein in der Art und Weise des Ausdrucks gesucht werden.

Damit ist Sprache weder reiner Ausdruck des Inneren bzw. eines Subjektiven noch einfacher Nachahmungslaut. Sie ist eine Vermittlung und Wechselbeziehung zwischen beiden Polen. Ähnlich dem Mythos macht die Sprache, respektive die poetische Sprache, einen Zwischenraum auf und ist ein Ort der Schwelle. Sie schafft nicht nur eine Vermittlung von Ausdrucks- und Darstellungsfunktion, von Subjekt und Objekt, sondern sie erreicht auch eine Synthese von Ich und Welt. Sprache als symbolische Form ist demnach kein Abbild einer bereits gegebenen Welt, sondern sie tritt als Medium der Vermittlung zwischen Ich und Welt auf, indem sich die Grenzen beider erst wechselseitig bestimmen.[372] Dabei gestaltet sich der Ort der Vermittlung permanent selbst, denn die Gegensätze sind stets relativ. Im Oszillieren zwischen Ding, Laut und Bedeutung besteht der schöpferische Charakter von Sprache [EC, PSF I, S. 237].[373]

> Denn durch sie [die Sprache, S.W.] wird weder ein einseitiges Subjektives, noch ein einseitig Objektives bezeichnet und zum Ausdruck gebracht, sondern es tritt in ihr eine neue Vermittlung, eine eigentümliche Wechselbestimmung zwischen beiden Faktoren ein. Weder die bloße Entladung des Affekts, noch die Wiederholung objektiver lautlicher Reize stellt demgemäß schon den charakteristischen Sinn und die charakteristische Form der Sprache dar: diese entsteht vielmehr erst dort, wo beide Enden sich in eins verknüpfen und dadurch eine neue, vorher nicht gegebene Synthese von ‚Ich' und ‚Welt' geschaffen wird. [EC, PSF I, S. 26]

Sprache ist also nicht allein sinnlich, sondern sie besteht immer aus einer Wechselwirkung von sinnlichen und begrifflichen Faktoren [EC, PSF I, S. 35]. Nach Cassirer befindet sich Sprache als geistige Gesamtform an der Grenze zwischen Mythos und Logos, als solche ist sie Mittlerin zwischen einer theoretischen und ästhetischen Weltbetrachtung [EC, PSF I, S. 237]. Wie in jedem mythischen oder künstlerischen Bild erscheint auch in jedem sprachlichen Zeichen ein geistiger Gehalt in der Form des Sinnlichen. Insofern sind Mythos, Sprache und Kunst immer Ausdruck von Schwellenpositionen [EC,

---

372 Habermas macht darauf aufmerksam, dass die symbolische Form der Sprache den Gegensatz von Subjekt und Objekt überwindet, sie ist zugleich geistige Schöpfung und Produkt der Natur. Damit entzieht sie sich nicht nur dem Dualismus von Zeichen und Bezeichneten, sondern sie überwindet auch den Kantschen Grundgegensatz. Jürgen Habermas: Die befreiende Kraft der symbolischen Formen. S. 92. Vgl. auch EC, Geist und Leben, S. 239. Montague dagegen hebt hervor, dass erst durch die Sprache ein Gegenüber und damit die Möglichkeit zur Kommunikation geschaffen wird. M. F. Ashley Montague: Das mythische Denken in der Philosophie der symbolischen Formen. S. 252.

373 Nach Habermas besteht die besondere Leistung Cassirers in der semiotischen Wende der Kantschen Transzendentalphilosophie. Erstens nimmt Cassirer eine Abkehr von traditionellen Bezeichnungstheorien vor, zweitens stellt sein Ansatz eine strukturalistische Überwindung des Kantschen Dualismus von Freiheit und Notwendigkeit dar und drittens nimmt er eine neue symboltheoretische Deutung von Synthesis und Vergegenständlichung vor. Jürgen Habermas: Die befreiende Kraft der symbolischen Formen. S. 89f.

PSF I, S. 42]. Hier zeigt sich, dass Cassirer Abstand nimmt von einer kulturpessimistischen Sicht auf die Moderne, die jegliche Produktion von Zeichen als Ausdruck einer unwiderruflichen Differenz versteht. Folgt man den Ausführung Cassirers und überträgt sie auf das Anliegen dieser Untersuchung, kommt der kulturellen Sprache nicht nur eine wichtige Funktion bei der Wahrnehmung von Welt zu, sondern sie ist auch befähigt die ‚reine Sprache', die von mythischen Energien getragen ist, zu wiederholen. Wie bereits erläutert, ist ein Eingedenken an das mythische Denken und damit an eine mythische Rede nur in der symbolischen Form und damit nur unter Zuhilfenahme von Sprache, insbesondere der poetischen Sprache, möglich. Diese Sprache – am stärksten ausgeprägt in der Kunst – ist allerdings der Indifferenz von Signifikat und Signifikant verpflichtet und kein reines Instrument der Mitteilungen ‚durch Sprache'.

Nach Cassirer ist die Frage nach dem Ursprung und damit auch nach dem Ursprung der Sprache so alt wie das Sein selbst. Von daher besteht die eigentliche Aufgabe einer Kulturphilosophie darin, die Rückbindung der Sphäre des bloßen Bedeutens an den Bereich des intuitiven Schauens, also eine Verbindung von Sinn und Sinnlichkeit aufzuzeigen [EC, PSF I, S. 51]. Nicht ein tatsächlicher Rückgang in die Sphäre der ‚reinen Sprache' wird angestrebt, sondern eine Wiederholung in der symbolischen Form der Sprache. Das Zeichen fungiert als Mittel des Wiedererkennens bzw. der Erinnerung [EC, PSF III, S. 127, 132]. Diese Wiedererinnerung ist allerdings – wie bereits gezeigt – eine mythische, da letztlich an eine Leerstelle erinnert wird. Die Leerstelle der ‚reinen, eineindeutigen Ausdrucks-Sprache' wird an der symbolischen Form der Sprache, im Spiel der Bedeutungen, präsentiert.

Um diesen Übergang von einer magisch-mythischen Sprache in einen Sinnzusammenhang zu vollziehen, sind einige Zwischenstufen notwendig, die interessanterweise mit der ‚allegorischen Intertextualität' korrelieren. Die Verabschiedung des magisch-mythischen Wirkungskreises geht zwar zunächst mit einer Fixierung der Dinge in der Bezeichnung einher und enthebt diese ihrer Totalität und damit ihrem Sein. So macht Cassirer auf die Gefahr der Verdinglichung des Begriffs aufmerksam. Nach Cassirer muss der Begriff immer durch die an den Dingen hergestellte Ähnlichkeit bestimmt werden [EC, S+F, S. 5, 34, 420; Inhalt und Umfang des Begriffs, S. 231].[374] Die Funktion des Begriffs besteht für Cassirer darin, dass Wesen der Dinge zu enthüllen. Die Herstellung von Arrangements bzw. Konstellationen obliegt der Leistung der Begriffe [EC, S+F, S. 193f.].[375] Um zu einer tieferen Erkenntnis des Dinges

[374] In dem Zusammenhang spricht Cassirer von der Arbeit des Begriffs, der Einzelmomente in einen Gesamtzusammenhang stellt, aus dem heraus sie ihre Bedeutung erlangen [EC, PSF III, S. 236; Inhalt und Umfang des Begriffs, S. 134, 136].

[375] Alle empirische Wissenschaft besteht nach Cassirer aus den Bewegungen von Selektion und Arrangement bzw. aus einer resolutiven und einer kompositiven Komponente [S+F, S. 340]. Vgl. dazu auch den Aufsatz von Roland Barthes: Die strukturalistische Tätigkeit. S. 190-195. Hier führt Barthes die strukturalistische Tätigkeit vor, die aus den Bewegungen der Selektion

vorzudringen, muss nach Cassirer die einseitige Bestimmung und instrumentelle Bezeichnung aufgehoben werden, indem der Bezeichnung eine andere gegenteilige gegenübergestellt wird. Durch die Bindung der Bedeutung an ihr Gegenteil kann sie zu einem adäquaten Ausdruck des Seins werden, d.h. durch die Herausarbeitung der Ambivalenzen und Bedeutungsspielräume erlangt Sprache ihr eigentümliches Sein, ihre Materialität, zurück. Nur durch die Rede und Gegenrede, wie sie der Allegorie eigen ist, gelingt es, die innere Struktur des Seins in der Sprache zum Ausdruck zu bringen.

> Durch die Fixierung im Wort wird der Inhalt aus dem kontinuierlichen Strom des Werdens, in dem er steht, herausgehoben, wird er also nicht nach seiner Totalität erfasst, sondern nur nach seiner einseitigen Bestimmung dargestellt. Hier bleibt, wenn wir wieder zur tieferen Erkenntnis des echten Wesens des Dinges vordringen wollen, kein anderer Weg, als diese einseitige Bestimmung in einer anderen wiederum aufzuheben, also jedem Wort, das einen bestimmten Einzelgriff in sich fasst, den Gegensatz eben dieses Begriffs gegenüberzustellen. Und so zeigt sich in der Tat, im Ganzen der Sprache, jede Bedeutung an ihr Gegenteil, jeder Sinn an seinen Gegensinn gebunden und wird erst mit ihm vereint zum adäquaten Ausdruck des Seins. [...] und nur in einem solchen Wechselspiel von Setzung und Aufhebung, von Spruch und Widerspruch gelingt es, das wahrhafte Gesetz und die innere Struktur des Seienden in der Sprache wiederzugeben. [EC, PSF I, S. 58-59]

Ein eigentümliches Paradoxon der Sprache kommt hier zum Ausdruck: Die Leistung der Sprache liegt jetzt nicht mehr in der Herstellung einer Nähe zum Signifikat, sondern erst im Spiel der Signifikanten – in der ‚unsinnlichen Ähnlichkeit' – kann das Signifikat präsentiert werden. Nicht die Bezeichnung eines Gegenstandes, sondern die sich allmählich herauskristallisierende sinnliche Bestimmung zum Gegenstand macht die Arbeit der Erkenntnis und damit die Arbeit an der Sprache aus [EC, PSF I, S. 237]. Gerade in der Bewusstwerdung der Distanz von Signifikat und Signifikant entfaltet sich eine kulturelle Aktivität, die auf einer reflektierten Ebene die ‚reine Sprache' präsentiert [EC, PSF I, S. 138].[376] Die Distanz vom unmittelbaren Dasein ist die Bedingung des poetischen Sprechens.[377] Das Wort in der symbolischen Form der Sprache hat für sich zunächst kein substanzielles Dasein mehr, sondern erst in der Konstel-

---

und des Arrangements ein Simulacrum herstellt, dass den durch die strukturalistische Tätigkeit hinzugefügten Intellekt, Mentalitäten, kulturelle Identität etc. enthält. Allerdings verabschiedet Barthes mit seiner Theorie den Ursprungsgedanken, was Cassirer nicht tut. Ihm dienen die Bewegungen der Selektion und des Arrangements letztlich einer Annäherung an den Ursprung im Sinne einer Übersetzungsleistung, wie dies auch der ‚allegorischen Intertextualität' eigen ist. Vgl. EC, S+F, S. 340.

376 Vgl. auch Naumann, die darauf aufmerksam macht, dass die symbolische Form immer auf einer Kombination von Wiederholung und Differenz basiert. Jegliche Differenz kann nicht ohne Wiederholung gedacht werden. Allerdings geht sie davon aus, dass das Ziel der Wiederholung die Identität und das der sprachlichen Äußerung die Differenz ist. Barbara Naumann: Geistererscheinungen. S. 49f.

377 Anders als in poststrukturalistischen Ansätzen wird hier allerdings der Ursprung der Sprache als Leerstelle mitgedacht und ist auch utopisches Ziel der kulturellen Aktivität.

lation mit anderen Worten – als ,unsinnliche Ähnlichkeit' – verweist es auf seine Materialität und damit auf das substanzielle Dasein der Sprache [EC, WWS, S. 122; PSF I, S. 282]. Das einzelne Wort bedarf eines Beziehungsgeflechts, einer ,unsinnlichen Ähnlichkeit', um von dort aus sein Sein entfalten zu können [EC, EBK, S. 17].[378]

> Weil jeder Sonderinhalt des Bewusstseins in einem Netzwerk mannigfacher Beziehungen steht, kraft deren er, in seinem einfachen Sein und seiner Selbstdarstellung, zugleich den Hinweis auf andere und wieder andere Inhalte in sich schließt, kann und muß es auch bestimmte Gebilde des Bewusstseins geben, in denen diese reine Form des Hinweisens sich gleichsam sinnlich verkörpert. Daraus ergibt sich sofort die eigentümliche Doppelnatur dieser Gebilde: ihre Gebundenheit ans Sinnliche, die doch zugleich eine Freiheit vom Sinnlichen in sich schließt. In jedem sprachlichen Zeichen, in jedem mythischen oder künstlerischen Bild erscheint ein geistiger Gehalt, der an und für sich über alles Sinnliche hinausweist, in die Form des Sinnlichen, des Sicht-, Hör oder Tastbaren umgesetzt. [EC, PSF I, S. 42][379]

So besteht die kulturelle Leistung von Sprache gerade darin, Homogenität zu stiften, indem Sprache die sinnlichen Einzelmomente zu einer Konstellation zusammenführt.[380] Wie schon für die symbolische Form des Mythos nachgewiesen, handelt es sich bei den Ähnlichkeiten um die Herstellung einer Identität gemäß dem Prinzip des ,pars pro toto'. Die ,sinnliche Ähnlichkeit', die Materialität der ,reinen Sprache', ist in der Konstellation der ,unsinnlichen Ähnlichkeit' aufgehoben und wird an ihr als ein Teil des Ganzen präsentiert. Sinn und Sinnlichkeit bleiben stets miteinander verbunden, jegliche Bedeutung ist immer an sinnliche Ausdruckselemente rückgekoppelt [EC, PSF III, S. 129]. Wie bereits erläutert, verwirft Cassirer den traditionellen Repräsenta-

---

[378] Göller geht davon aus, dass Sprache als System von Bedeutungsträgern ein Unbestimmtes in eine Bestimmtheit überführt, d.h. für ihn umgekehrt auch, dass ein bedeutungstragendes Zeichen für eine Vielheit von Einzelmomenten stehen muss. Göller spricht von einer Fixierung eines unmittelbaren und unwiederholbaren Einzelmomentes im Zeichen, dadurch könne es wiederholt und reproduziert werden. Erst im Gesamtzusammenhang Sprache habe das einzelne Moment eine Objektivierungsfunktion. Durch diese Objektivierungsleistung stellt Sprache – nach Göller – eine Distanz zur primär-präsentiellen Erlebnis-Wirklichkeit des einzelnen Individuums her und damit auch zur konkret-individuellen Wahrnehmungswirklichkeit. Demnach würde auch keine isomorphe Beziehung zwischen dem Gesamtzusammenhang Sprache und den ihr zugehörigen Einzelmomenten bestehen. Er übersieht hier erstens die Aufgehobenheit des Sinnlichen im Sinn und zweitens interpretiert er Cassirers Sprachphilosophie als Repräsentationsphilosophie, dem Cassirer durch sein Konzept des ,pars pro toto' eine deutliche Absage erteilt. Thomas Göller: Ernst Cassirers kritische Sprachphilosophie. Würzburg 1986. S. 50f.

[379] Vgl. auch EC, S+F, S. 394, 354.

[380] Auch Göller macht darauf aufmerksam, dass Zeichen und Zeichensystem immer eine korrelative Einheit bilden. Entsprechend existieren keine isolierten bedeutungstragenden Elemente, sondern sprachliche Zeichen sind immer in einen Systemzusammenhang eingebettet, aus dem heraus sie ihre Bedeutung erlangen. Thomas Göller: Zur Frage nach der Auszeichnung der Sprache in Cassirers Philosophie der symbolischen Formen. In: Über Ernst Cassirers symbolische Formen. S. 137-156, hier S. 138.

tionsbegriff; Bedeutung wird vielmehr immanent, im Sinne des Prinzips ‚pars pro toto' entfaltet.[381] Zwischen dem Wort und dem Ding existiert immer eine partielle Identität, so muss der Zusammenhang zwischen dem Symbol und seinem Objekt ein natürlicher sein.

> Worin besteht, wenn man diese Theorie akzeptiert, die Bedeutung der Bedeutung? Zuerst und vor allem muß Bedeutung dann als ein Sein erklärt werden; denn Sein oder Substanz ist die umfassende Kategorie, die Wahrheit und Wirklichkeit verbindet und zusammenschließt. Ein Wort könnte ein Ding nicht bedeuten, wenn es nicht zumindest eine partielle Identität zwischen beiden gäbe. Der Zusammenhang zwischen dem Symbol und seinem Objekt muß ein naturgegebener sein, er kann nicht bloß auf Übereinkunft beruhen. Ohne einen solchen natürlichen Zusammenhang könnte ein Wort der menschlichen Sprache seine Aufgabe nicht erfüllen; es würde unverständlich werden. [EC, Versuch über den Menschen, S. 176]

Die symbolische Form wendet sich nicht gegen das sinnliche Material, sondern ‚lebt und schafft in ihm'. Die dadurch entstehende Vermittlung kann demzufolge in einem flüchtigen Moment, in dem Bedeutungsspiel der Signifikanten den Signifikat präsentieren. Die Flüchtigkeit der Vermittlung verleiht Sprache gerade die besondere Dynamik; durch diese erscheinen die Eindrücke in einem anderen Licht. Der Gegenstand gewinnt an neuer Fülle [EC, WWS, S. 178]. Die Ambivalenz der Sprache liegt vor allem darin, dass eine sinnliche Totalität im Moment der Konkretion erreicht werden kann, bei gleichzeitiger Herstellung einer komplexen Bedeutungs- und Verweisungsstruktur. ‚Sinnliche Ähnlichkeit' kommt in der ‚unsinnlichen Ähnlichkeit' zum Ausdruck. So wie der Mythos zielt auch die Sprache, insbesondere die poetische Sprache, auf eine prägnante Konzentration bzw. Verengung des sinnlichen Eindrucks ab.[382]

> Während die konkrete Bezeichnungsweise ein Zeugnis und ein Symptom dafür bildet, daß hier das Bewusstsein die Fülle seiner Inhalte gleichsam in Eins zusammengeballt und im eigentlichen Wortsinn ‚konkresziert' besitzt: drückt auf der anderen Seite die fortschreitende Gliederung nicht nur aus, sondern erweist sich zugleich als Mittel, als ein geistiges Vehikel dieses Prozesses. [EC, WWS, S. 198]

Die symbolische Form der Sprache ist also eine vom Spiel mit Bedeutungen getragene, die aber dennoch keine fixierende und totalisierende Funktion besitzt, sondern die Materialität der Sprache hervorbringt. Daran zeigt sich ers-

---

[381] Nach Langer symbolisiert das Wort immer ein Ganzes, obwohl es nur ein Auszug aus demselben ist. Susanne K. Langer: Cassirers Philosophie der Sprache und des Mythos. S. 265.

[382] Nach Göller findet eine Trennung von Sprache und Mythos statt, wenn sich Sprache von ihrem sinnlichen Eindruck löst und Heterogenes in Homogenes umwandelt. Er übersieht hier, dass Cassirer an vielen Stellen darauf hinweist, dass die symbolische Form der Sprache niemals, so weit sie sich auch entwickelt, von ihrem Ursprung Mythos und damit von ihrer sinnlichen Konkretheit löst. Thomas Göller: Zur Frage nach der Auszeichnung von Sprache in Cassirers Philosophie der symbolischen Formen. S. 40.

tens: Cassirer nimmt Abstand von der sogenannten Melancholie der Moderne, indem er darauf aufmerksam macht, dass gerade mit den Strategien des kulturellen Sprechens, durch die symbolische Form, an die Materialität und ‚reine Sprache' erinnert werden kann. Darüber hinaus spiegeln sich diese kulturellen Strategien in den Bewegungen der ‚allegorischen Intertextualität' wider. Demzufolge kann auch das so verstandene intertextuelle Sprechen als ein Sprechen verstanden werden, das der mythischen Rede gerade mit den Möglichkeiten der Kultur eingedenk bleibt.

> Der Zusammenhang mit dem primären Ausdruckserlebnis reißt in der Sprache, wie weit sie auch in die Richtung auf die Darstellung und auf die rein logische Bedeutung fortschreiten mag, nirgends ab. Auch in ihren höchsten intellektuellen Leistungen verweben sich noch ganz bestimmte Ausdruckscharaktere. [...] Die lebendige Sprache gibt, auch wo sie längst gelernt hat, das Wort als reines Vehikel des Gedankens zu brauchen, diese Verflechtung nirgends auf. Vor allem ist es die dichterische Sprache, die immer wieder in diesen Grund des physiognomischen Ausdrucks zurückstrebt und in ihn, als in ihren Urquell und ständigen Jungbrunnen, eintaucht. [EC, PSF III, S. 128f.]

Auf einer absolut reflektierten Ebene, wie sie vor allem in der Kunst und damit in der poetischen Sprache zu finden ist, fallen die Bildwelt des Mythos und die Welt der Sprache in einem zweiten Dasein wieder zusammen. Gemäß Kleists Diktum formuliert auch Cassirer:

> Das Paradies ist verriegelt und wir müssen die Reise um die Welt machen [EC, N I, S. 268].

> Mithin, sagte ich ein wenig zerstreut, müssten wir wieder von dem Baum der Erkenntnis essen, um in den Stand der Unschuld zurückzufallen? Allerdings, antwortete er; das ist das letzte Kapitel von der Geschichte der Welt.[383]

### 5.2.3 Die Sprache der Kunst als symbolische Form

Cassirer selbst hat sich – wie bereits erwähnt – mit der poetischen Sprache explizit nur am Rande auseinandergesetzt. Bringt man aber seine Überlegungen zur symbolischen Form der Sprache mit denen zur symbolischen Form der Kunst in Zusammenhang, ergeben sich einige interessante Aspekte im Hinblick auf die Bedeutung der poetischen Sprache. Obwohl Cassirer der Kunst, im Gegensatz zu Mythos und Sprache, nur einige wenige Stellen gewidmet hat, ist für ihn die Kunst – wie auch die anderen symbolischen Formen – ein eigenständiges Diskursuniversum und gehört damit zu den ursprünglichen

[383] Heinrich v. Kleist: Über das Marionettentheater. In: ders.: Sämtliche Werke und Briefe in 2. Bd. Bd. 2. Hg. v. Helmut Sembdner. S. 338-345, hier S. 345.

menschlichen Funktionen und Energien [EC, VM, S. 234; EM, S. 152]. Kunst stellt einen selbstständigen Zugang zur Wirklichkeit her, der den anderen symbolischen Formen verschlossen bleibt. Als solche ist sie eine autonome symbolische Form. Cassirer sieht die eigentliche Funktion von Kunst nicht in der Nachahmung begründet, sondern in der Entdeckung von Wirklichkeit [EC, EM, S. 143; VM, S. 220].[384] Kunst nimmt die Wirklichkeit nicht durch Begriffe wahr, sondern durch die Anschauung im Medium der sinnlichen Form. Insofern stehen nicht die Eigenschaften der anzuschauenden Dinge im Mittelpunkt des Interesses, sondern die Form der Dinge, die eine authentische Entdeckung allererst gewährleisten [EC, VM, S. 226].[385] Anders als in der Wissenschaft und in gewissen Sinn auch in der Sprache, die auf eine Abstraktion der Wirklichkeit zielen, nimmt Kunst eine Intensivierung vor [EC, VM, S. 221; EM, S. 138]. Der Grad der Intensivierung ist dann Maßstab für die Güte von Kunst [EC, VM, S. 228]. Zwar ist Kunst eine symbolische Form, aber ihre spezifische symbolische Kraft liegt nicht in der Abstraktion, sondern in der Herstellung einer Immanenz, die sich in der sinnlichen Erfahrung widerspiegelt [EC, VM, S. 242].

Wenn Cassirer auch bereits für die symbolische Form der Sprache eine Verbindung von Sinnlichkeit und Sinn reklamiert, ist diese Verbindung in der Kunst und damit in der poetischen Sprache noch ausgeprägter. Damit bildet die Kunst nicht nur eine Schwellenposition zwischen der konkreten Anschauung und der Darstellung im Zeichen, sondern sie ist als solche auch eine Zwischenposition zwischen Mythos und Sprache.[386] Kunst fungiert vor allem des-

---

[384] Die Entwicklung der Kunst weist nach Cassirer zwei Phasen auf: Zunächst gründet sich Kunst auf die Nachahmung, die letztlich auf Aristoteles zurückgeht. Für die daran anschließende Phase spricht Cassirer mit Goethe von der Herausarbeitung des Charakteristischen einer Wahrnehmung durch die künstlerische Nachahmung [EC, VM, S. 213, 225; EM, S. 138, 146]. Ähnlich wie die Sprache muss auch Kunst den Weg von der Nachahmung zum Stil durchlaufen, um zu ihrer spezifisch freien Gestaltung zu finden [EC, WWS, S. 183].

[385] Vgl. Paetzold, der Kunst als Grenzerweiterung versteht, da sie die Form der Dinge enthüllt. Ernst Paetzold: Ernst Cassirer zur Einführung. S. 99.

[386] Interessant an dieser Stelle wäre eine Lektüre der symbolischen Form der Kunst mit Derridas – von Platon entlehntem – Begriff der ‚chora'. Anders als bei Platon wird ‚chora' bei Derrida nicht mehr substantiell, sondern diskursiv gedacht. ‚Chora' als Ort der absoluten Reflexion, als triton genus, entzieht sich jeglicher Dualität von Sein und Werden, Idee und Bild, Sinnlichkeit und Sinn bzw. Mythos und Logos. ‚Chora' nimmt zugleich Teil an dem einen und anderen Sein, ohne es selbst zu sein. Durch diese Schwellenposition bzw. die Einschreibung in einen ‚Nicht-Ort' entzieht sich ‚chora' auch der Begrifflichkeit oder Bezeichnung. Als eine Art ‚semantischer Überschuss' wendet sie sich gegen eine instrumentalisierte Sprache, somit ist ‚chora' ein Sprechen jenseits des mitteilenden Diskurses. Um ‚chora' zu präsentieren, um eine Darstellung des ‚Nicht-Ortes' im Ort zu erreichen, ist eine Darstellung notwendig, die von Ambivalenzen getragen ist, so wie dies die allegorische Rede leistet. Letztlich kann es nur um das Aufzeigen der Struktur der ‚chora' gehen, da das Wesen nicht ermittelt werden kann. Auch die symbolische Form der Kunst nimmt eine Schwellenposition zwischen Sinn und Sinnlichkeit, zwischen Sprache und Mythos ein, ohne es aber selbst zu sein. Damit entzieht sich Kunst ebenfalls einer instrumentellen Bezeichnung und Festlegbarkeit. Als solche bewegt sie sich zwischen den Polen des Signifikats und des Signifikants. Anders als bei Derrida spielt Kunst bei Cassirer mit der Dynamik des ‚Nicht-Ortes', um auf das Vorhandensein

halb als Symbol, da sie – wie alle symbolischen Formen – nach Cassirer zugleich im Sinnlichen verankert ist und über das Sinnliche hinausgeht.[387] So ist sie aufs engste mit dem Mythos verwandt, denn bereits die symbolische Form des Mythos verbindet ein theoretisches mit einem künstlerisch-schöpferischen Moment und weist eine enge Verwandtschaft mit der Dichtung auf [EC, VM, S. 120]. Die Kunst ist demnach ursprünglich aus dem Bewusstsein des Mythos entstanden.[388] Der Unterschied zwischen Mythos und Kunst besteht für Cassirer zunächst darin, dass die Kunst gleichgültig gegenüber dem Dasein oder Nichtsein ihres dargestellten Objektes ist; anders der Mythos: Ohne den Glauben an die Wirklichkeit des Gegenstandes würde er seine Grundlage verlieren [EC, VM, S. 121]. Erst in der Ablösung vom magischen Bildzauber kommt das künstlerische Bild zur Darstellung, es wird symbolisch prägnant. Sprache und Kunst lösen sich zwar im Laufe der kulturellen Entwicklung vom Mythos ab, allerdings stellen sie beide eine ideelle und geistige Einheit mit dem Mythos auf einer neuen reflektierten Stufe wieder her. Letztlich entspringt die Kunst aus dem Kult und nutzt die Kraft der objektivierenden Sprache, um zu einem poetischen Ausdruck zu gelangen.[389] Vor allem in der Kunst und damit in der poetischen Sprache ist der Mythos aufgehoben bzw. wird als zweite Gegenwart wiederholt.[390] Mythos wird zur Kunst, indem er in den Bereich des Ästhetischen überführt wird und dort sein Eingedenken findet.[391]

---

eines magisch-mythischen Wirkungskreises hinzuweisen und um letztlich diese Leerstelle ästhetisch zu füllen. Jacques Derrida: Chora. S. 11-72.

387 Ernst Cassirer: Das Symbolproblem und seine allgemeine Stellung im System der Philosophie. In: Zeitschrift für Ästhetik und Allgemeine Kunstwissenschaft, (21), 1927. S. 295-312, hier S. 296.

388 Nach Gilbert gelangt Kunst vor allem dort zu ihrem Selbstbewusstsein, wo sie mit dem vorästhetischen Dasein des Menschen konfrontiert ist. Gilbert unterstreicht die anfängliche Gebundenheit der Kunst an Magie und Mythos. Katharine Gilbert: Die Stellung der Kunst in der Philosophie Cassirers. In: Ernst Cassirer. S. 431-451.

389 Nach Jamme ist die Funktion des Mythos – im Erzählen von Geschichten die Welt zu enträtseln – auf die Kunst übergegangen. Dabei sei die soziale Funktion des Mythos verlorengegangen. Christoph Jamme: Gott an hat ein Gewand. S. 272.

390 Vgl. auch Gadamer, der mit Blick auf Cassirer feststellt, dass die Welterfahrung der Kunst eine eigene Verbindlichkeit besitzt, die der mythischen Erfahrung gleicht. Hans G. Gadamer: Mythos und Vernunft. In: ders.: Kleine Schriften IV. Tübingen 1977. S. 48-53, hier S. 53. Vgl. auch Th. W. Adorno, der der Kunst die Aufgabe zuordnet, den Mythos lebendig zu halten. Gleichzeitig macht er aber auch darauf aufmerksam, dass jegliche künstlerische Formung eine Entfernung vom Mythos bedeutet. Theodor W. Adorno/Max Horkheimer: Dialektik der Aufklärung. S. 29. Pöggeler spricht von einer Ablösung des Mythos durch die Kunst im 20. Jahrhundert. Otto Pöggeler: Rationalität – Mythos – Kunst. In: Wege zur Kunst und zum Menschen. Festschrift für Heinrich Lützeler. Bonn 1987. S. 111-126. Außerdem: Bürger, der die Neue Mythologie als Versuch wertet, die Wiederkehr eines kollektiven Mythos zu garantieren. So versteht Karl Philipp Moritz Mythen als bildende Kraft, die als Kunstwerke Autonomie beanspruchen. Peter Bürger: Zur Kritik der idealistischen Ästhetik. Frankfurt a.M. 1983.

391 Boehm versteht den Mythos als latent vorhandene Möglichkeit künstlerischer Gestaltung, indem er selbst mythopoietische Kraft entfaltet. Gottfried Boehm: Mythos als bildnerischer

> Aber wenn in dieser Weise die Sprache wie die Kunst sich von dem gemeinsamen Mutterboden des Mythos loslösen, so stellt sich doch die ideelle, die geistige Einheit beider auf einer neuen Stufe wieder her. [...] Aber es gibt ein Gebiet des Geistes, in dem das Wort nicht nur seine ursprüngliche Bildkraft bewahrt, sondern innerhalb dessen es sie ständig erneuert; in dem es gewissermaßen seine stete Palingenesie, seine zugleich sinnliche und geistige Wiedergeburt erfährt. Diese Regeneration vollzieht sich, indem es sich zum künstlerischen Ausdruck formt. Hier wird ihm wieder die Fülle des Lebens zuteil: aber dieses Leben ist nicht mehr das mythisch-gebundene, sondern das ästhetisch-befreite Leben. [EC, WWS, S. 157]

Durch die ästhetische und poetische Kraft der Sprache wird der mitteilenden Sprache eine Absage erteilt, Kunst erinnert an die ‚reine Sprache', als solche wiederholt sie zugleich die mythische Rede. Insofern ist Kunst nicht nur in ihren Anfängen mit dem magisch-mythischen Wirkungskreis verbunden, sondern sie hält den Zusammenhang mit dem Mythos auch in ihrer symbolischen Form aufrecht.[392] Anders als in der symbolischen Form der Sprache, die zwar ebenfalls an ihren mythischen Ursprung erinnert und die ‚sinnliche Ähnlichkeit' aufbewahrt, wird in der Ästhetik die Erfahrung des Mythos intensiviert und konkretisiert. In der symbolischen Form der Sprache wird zwar die ‚sinnliche Ähnlichkeit' in der ‚unsinnlichen Ähnlichkeit' aufgehoben, in der Kunst dagegen kommt die Sinnlichkeit und Materialität in der Unmittelbarkeit des ästhetischen Ausdrucks direkt zur Darstellung. Insofern übertrifft Kunst und damit die poetische Sprache die symbolische Form der Sprache an Reflexionsleistung und der Fähigkeit zur Konkretion. Sprache und Kunst sind zwar beides Darstellungsweisen, während aber konventionelle Sprache in der begrifflichen Form darstellt, handelt es sich bei der poetischen Sprache um eine Darstellung im Medium der sinnlichen Form selbst. Sprache rekurriert letztlich auf einmal gesetzte Begrifflichkeiten, stattdessen ist die ‚Sprache der Kunst' eine dynamische [EC, VM, S. 258f.]. Kunst nutzt die symbolische Leistung der Sprache, um sie poetisch umformen zu können und zu einem freien geistigen Ausdruck zu bringen. Die eigentümliche Freiheit der Poesie besteht gerade darin, dass durch die absolute Künstlichkeit nicht nur ein bloßes Andenken an die mythische Rede vollzogen wird, sondern durch diese Künstlichkeit intensiviert und konkretisiert Dichtung den mythischen Namen und bringt ihn in

---

Prozess. In: Mythos und Moderne. Hg. v. Karl Heinz Bohrer. S. 528-545, hier S. 534. Nach Bohrer ist das eigentlich Mythologische die Übersetzung des Mythos in Kunst. Dies sei vor allem in der Moderne virulent. Karl Heinz Bohrer: Vorwort zu Mythos und Moderne. Ebd. S. 8. Vgl. auch Jamme, der zeigt, dass der Mythos in der Moderne ästhetische Struktur geworden ist. Christoph Jamme: Gott hat an ein Gewand. S. 299.

392 Gombrich macht darauf aufmerksam, dass sowohl Cassirer als auch Warburg ihre Kunstanschauung aus ihrem Antike-Verständnis heraus entwickelt haben. Die Relation zwischen mythischem Ursprung und ästhetischer Wiederholung dient historisch gesehen in der Warburg-Schule der Rückbindung der Kunst an die Bilder- und Ideenwelt der Antike, da die Antike ein dem Mythos entsprungenes Bedeutungspotenzial besitzt. Vgl. Ernst H. Gombrich: Das symbolische Bild. Zur Kunst der Renaissance. Bd. II (1972) Stuttgart 1986.

seiner spezifischen Materialität zum Ausdruck.[393] Als solche ist die poetische Sprache eine selbstreferenzielle Sprache, da sie in der absoluten Künstlichkeit, aus der Distanz heraus, auf ihren eigenen Ursprung verweist und sich selbst in ihrer Materialität vorstellt.[394]

Der Ursprung wird allerdings nicht einfach erinnert, sondern durch die poetische Sprache als zweite Gegenwart inszeniert. Die Ausdrucksebene wird letztlich in der symbolischen Form der Kunst wiederholt, dabei ist poetische Sprache nicht auf ein Äußeres gerichtet, sondern rein auf sich selbst. Die scheinbare Rückwendung zum unmittelbaren Ausdruck ist also an eine doppelte Vermittlung gekoppelt [EC, WWS, S. 193].

> Aber diese Gegenständlichkeit hat jetzt allen dinghaften Zwang von sich abgestreift. Der Geist lebt und waltet im Wort der Sprache wie im mythischen Bilde, ohne von beiden beherrscht zu werden. Was in der Dichtung zum Ausdruck gelangt, das ist nicht mehr die mythische Welt der Dämonen und Götter, noch ist es die logische Wahrheit abstrakter Bestimmungen und Beziehungen. Von beiden trennt sich die Welt der Poesie als eine Welt des Scheines und des Spieles ab – aber in diesem Schein gelangt erst die Welt des reinen Gefühls zur Aussprache und damit zur vollen und konkreten Aktualität. Das Wort und das mythische Bild, die anfangs dem Geiste als harte reale Mächte gegenübertraten, haben jetzt alle Wirklichkeit und Wirksamkeit von sich geworfen: sie sind nur noch ein leichter Äther, indem sich der Geist frei und ohne Widerstand bewegt. Diese Befreiung vollzieht sich nicht dadurch, daß der Geist die sinnliche Hülle des Wortes und des Bildes wegwirft, sondern dadurch, daß er beide als Organe gebraucht und daß er sie damit als das, was sie ihrem tiefsten Grunde nach sind, als seine eigenen Selbstoffenbarungen verstehen lernt. [EC, WWS, S. 157f.]

Diese neue Form des Sprechens ist letztlich durch die Bewegungen der ‚allegorischen Intertextualität' motiviert, die durch die Arbeit der Fragmentarisierung und Montage zunächst die Leerstelle der ‚Namensprache', der mythischen Rede, erinnert. In einem zweiten Schritt lässt dieses Sprechen in der Kunst dann einen Text entstehen, der eine kulturell erzeugte und damit absolut

---

393 Vgl. Valéry, für den Sprache immer Mythos ist. Paul Valéry: Zur Philosophie und Wissenschaft. Kleiner Brief über die Mythen. Hg. v. J. Schmidt-Radefeldt. Frankfurt a.M. 1989. S. 248-245, hier S. 255.
Außerdem: Schlegel sieht mit seinem Programm der ‚Neuen Mythologie' die Quelle des Mythos ebenfalls in der absoluten Künstlichkeit und Intellektualität begründet. Friedrich Schlegel: Rede über die Mythologie. S. 190f.

394 Moritz versteht den Mythos als Sprache der Phantasie, als solcher ist er vollkommen in der Sphäre der Kunst angesiedelt. Kunst und Mythos sind für Moritz nicht durch abstrakte Begrifflichkeiten zu erschließen, sondern ‚in sich selbst vollendet'. Im vollkommenen Kunstwerk fallen Signifikat und Signifikant zusammen, so kann er von einer ästhetischen Autonomie und Selbstreferenzialität der Mythologie ausgehen. Karl Philipp Moritz: Gesichtspunkt für die mythologischen Dichtungen. In: ders.: Götterlehre oder Mythologische Dichtungen der Alten. Hg. v. Horst Günther. Frankfurt a.M. 1999. S. 9f.
Vgl. auch Schlegel, der Poesie und Mythos gleichsetzt und die Poesie als das künstlichste aller Kunstwerke bezeichnet. Friedrich Schlegel: Rede über die Mythologie. S. 198. Dazu: Karl Heinz Bohrer: Schlegels Rede über die Mythologie. In: Mythos und Moderne. S. 52-83, hier S. 81.

reflektierte Indifferenz von Idee und Laut inszeniert. Gemäß Kleists Diktum besteht die Aufgabe jedoch nicht in einer Rückkehr in primitive Sprachformen, sondern die Mittel der symbolischen und kulturellen Sprache werden genutzt, um einen neuen eigenständigen Gehalt im künstlerischen Ausdruck zu entwerfen.[395] Hier wird deutlich, dass die poetische Sprache nicht nur an die Bedingungen der kulturellen Sprache gebunden ist, sondern sie ist selbst kulturelles Produkt. Dennoch verliert Kunst und damit auch die poetische Sprache in diesem ‚freien geistigen Entwurf' aber niemals den Bezug, so Cassirer, zum „göttlichen Zeitalter" [EC, VM, S. 236f.].

> In der Kunst geben wir uns mit der Wiederholung oder Nachbildung traditioneller Formen nicht zufrieden. Wir spüren hier eine neue Verpflichtung; wir führen neue kritische Maßstäbe ein. [...] Gewiß, auch hier spielt die Tradition eine gewichtige Rolle. Wie in der Sprache werden auch hier die gleichen Formen von Generationen zu Generationen überliefert. Immer wieder begegnen uns in der Kunst die gleichen Grundmotive. Dennoch eröffnet jeder große Künstler im gewissen Sinn eine neue Epoche. Wir können uns das klarmachen, indem wir die Formen unserer gewöhnlichen Sprache mit der dichterischen Sprache vergleichen. Kein Dichter mag eine völlig neue Sprache zu erschaffen. Er muß die Wörter seiner Sprache übernehmen und ihre Grundregeln beachten. Der Dichter gibt alledem jedoch nicht nur eine eigentümliche Wendung, er verleiht ihm neues Leben. In der Dichtung sind die Wörter nicht im abstrakten Sinne bedeutsam; sie sind nicht lediglich Anzeigentafeln, mit denen wir bestimmte empirische Gegenstände versehen. Wir erleben hier, wie unsere gewöhnlichen Wörter eine Art von Metamorphose durchmachen. [EC, VM, S. 343]

Da die Leerstelle der ‚reinen Sprache' letztlich nicht gefüllt, sondern nur produktiv umgewendet und wiederholt werden kann, gelangt die Arbeit an der Sprache nie an ihr Ende. Die ‚Namensprache' wird in der poetischen Sprache nicht nur erinnert, sondern bekommt durch die künstlerische Bearbeitung im Sinne Benjamins ‚einen neuen gesteigerten Ausdruck'. In der Sprache der Dichtung existiert kein abstrakter und dinglicher Begriffsausdruck, jeglicher Repräsentation eines Bedeutungsgehalts wird eine Absage erteilt: Sprache erlangt im künstlerischen Ausdruck – im Durchgang durch die absolute Reflektion – ihr eigenes Sein auf einer zweiten Ebene zurück, insofern ist die Sprache der Kunst selbstreferenziell.

> Denn in der Sprache der Dichtung ist nichts mehr bloß abstrakter Begriffsausdruck, sondern jedes Wort hat hier zugleich seinen eigenen Klang- und Gefühlswert. [...] Mitten in der höchsten Bestimmtheit objektiver Darstellung bewahrt jetzt der Laut seine innere Bedeutsamkeit. Die gegenständliche Schilderung selbst streift nun alles bloß Mitteilbare, alles lediglich Repräsentative und Signifikative von sich ab, um in die Form reiner unmittelbarer Gegenwart zurückzugehen. Eben darin besteht das Geheimnis des wahrhaft vollendeten dich-

[395] Vgl. auch Gilbert, die darauf hinweist, dass die Bauelemente der Kunst in einem steten Spannungsverhältnis stehen, die im Moment des ästhetischen Augenblicks zum versöhnenden Ausgleich kommen. Katharine Gilbert: Die Stellung der Kunst in der Philosophie Cassirers. S. 449.

> terischen Ausdrucks, daß in ihm Sinnliches und Geistiges nicht mehr einander gegenüberstehen. Alles Starre des bloßen Zeichens löst sich; jedes Wort ist wieder erfüllt mit einem ihm eigentümlichen individuellen Gehalt und wird damit zum Ausdruck der inneren Bewegtheit, der reinen Dynamik des Gefühls. [EC, WWS, S. 191]

In der poetischen Sprache, anders als noch in der symbolischen Form der Sprache, die auch eine Vermittlung von Sinn und Sinnlichkeit anstrebt, wird die innere Bedeutsamkeit des Lautes vollkommen aufgehoben. Alles Repräsentative wird abgestreift, um in die Form der reinen Gegenwärtigkeit überzugehen. Sinnliches und Geistiges sind nicht mehr getrennt voneinander wahrnehmbar, sondern sie vollenden sich gegenseitig.

# 6. SCHREIBWEISEN:

## DIE ALLEGORISCHE INTERTEXTUALITÄT IM KONTEXT DER SYMBOLPHILOSOPHIE ERNST CASSIRERS

In seinem *Versuch über den Menschen* weist Cassirer auf die charakteristische Lebendigkeit, Bewegung und Veränderbarkeit der symbolischen Formen hin. Interessanterweise überträgt Cassirer diese Eigenschaften der symbolischen Formen auf seine eigene Schreibweise. So hat er z.B. in seinem zweiten Band der Symbolphilosophie – über die ‚symbolische Form des Mythos' – vielfach intertextuell gearbeitet, was u.a. die spezifische Dynamik seines Textes verdeutlicht. Dabei legt er seine Bezüge nicht immer offen dar, vielmehr verfasst er einen groß angelegten Subtext, welcher der Symbolphilosophie palimpsestartig unterlegt ist. Dies verdeutlicht, dass Cassirer seine Theorie immanent aus dem Material heraus entwickelt und dabei auf kategorisierende Definitionen verzichtet. Seine Thesen werden im Dialog, in Auseinandersetzung mit fremder Rede entfaltet, oftmals findet keine Trennung zwischen Prä- und Folgetext statt. Eine vollständige Entschlüsselung der Quellen wird unmöglich, insofern ist eine exakte Rekonstruktion im Text selbst nicht vorgesehen.[396] Cassirer beschreibt philosophische und poetische Texte, indem er sie umschreibt, somit ‚zeigt' er – mit Benjamin gesprochen – seinen Gegenstand, anstatt ihn genau zu benennen. Auf diese Weise entgeht er letztlich einer Kategorisierung und Verdinglichung seines Untersuchungsfeldes. Cassirers eigenes philosophisches Denken erscheint stets in intertextueller und umwegiger Art, er präsentiert und bringt seine Argumentation hervor, anstatt repräsentative Strukturen zu benutzen.[397] Seine Texte sind keine Kommentare,

---

396 Vgl. Barbara Naumann, die auf die mangelnde Trennung von „eigentlicher Philosophie" und dem „Hintergrundmaterial" hinweist. Mithilfe von Rousseau beschreibt sie Cassirers Text als eine Zitatcollage, die letztlich nicht auf Verstehen ausgerichtet ist. „Der Gang durch die Bibliotheken", um die Flut von Zitaten zu bewältigen, erweist sich als unmöglich, da eine Rekonstruktion nicht gewährleistet werden kann. Darüber hinaus beschreibt sie Cassirers Verfahrensweise in Anlehnung an Genette als Hypertext, da nicht eine kommentierende Metadarstellung des Untersuchungsgegenstandes angestrebt wird, vielmehr wird das eine symbolisch im Medium des anderen dargestellt. Der fremde Text wird demnach im eigenen Text symbolisch aufgehoben. Barbara Naumann: Philosophie und Poetik des Symbols. S. 41.

397 Dies veranlasst Naumann dazu, die ‚Philosophie der symbolischen Formen' selbst als symbolische Form zu lesen. Sie geht von der Produktion eines poetischen Bedeutungsüberschusses aus, der sich einer starren Begrifflichkeit entzieht. Diese Struktur übernimmt die Symbolphilosophie und beobachtet „produktive Nebenordnungen". Barbara Naumann: ebd. 22f.

die Probleme der Philosophiegeschichte erörtern, sondern sein spezifischer Stil hat Methode.[398] Durch diese Schreibweise ist Cassirers Text einem Eingedenken verpflichtet, welches vergangene Texte gemäß der ‚allegorischen Intertextualität' gegenwärtig macht und sie zueinander in Korrespondenz setzt.[399] Insofern wird der zitierte Text als ein anwesend abwesender inszeniert. Die Reihenfolge von Prä- und Folgetext wird durchbrochen, beide Texte werden gleichursprünglich und sind damit gleichberechtigt substanziell.[400] Der daraus neu entstandene Text firmiert zu einem Ort der Schwelle, an dem sich die angesiedelten Texte nicht mehr in eigene und fremde Rede trennen lassen.[401] Die verwendete Verfahrensweise ist eine allegorische, da ambivalente Texte als Verweisungsgeflecht angeordnet werden, um in ihrer Mitte das Darzustellende zu präsentieren.[402] Cassirer macht so die Unmöglichkeit und Unzulänglichkeit abstrakter Thesen deutlich, indem er seine Texte als ‚unsinnliche Ähnlichkeit' inszeniert, um in deren Mitte die Idee gemäß dem Prinzip des ‚pars pro toto' zu präsentieren. So wird die Gesamtheit der Idee am Zitatfragment als seiner identischen Ähnlichkeit hervorgebracht.[403]

Cassirer führt also am eigenen Text seinen Stilbegriff vor, die Pole Form und Inhalt werden dabei der Repräsentationslogik enthoben.[404] Stil erprobt sich als Moment der Reflexion.[405] Das Aufbrechen und Umschreiben von Bedeu-

---

398 Anders vor allem ältere Darstellungen: Brand Blanshard: Review of an Essay on Man. In: Philosophical Review, (54), 1945, S. 32-34.

399 Vgl. auch Walter M. Solmitz: Cassirer über Galilei. Ein Beispiel für Cassirers Denkweise. In: Ernst Cassirer. S. 507-532, S. 532.

400 Graeser bemängelt, dass Cassirer nicht zwischen Kunst und Kunst-Reflexion unterscheidet bzw. keine klare Trennung zwischen Literatur und Theorie vornimmt. Er übersieht, dass diese Indifferenz für Cassirers Denken unerlässlich ist. Andreas Graeser. Ernst Cassirer. München 1994. S. 86f.

401 Naumann spricht von einem schwebenden Status des integrierten Textes, da der zitierte Text zwischen verschiedenen Rollen changiert. Barbara Naumann: Philosophie und Poetik des Symbols. S. 31.

402 Vgl. Foucaults Cassirer-Rezension, der in Cassirers Texten einen Primat der Konfiguration gegenüber dem individuellen Aspekt herausarbeitet, dies lässt nach Foucault einen ersten Zusammenhang zwischen Geistesgeschichte und Diskurstheorie erkennen. Foucault wendet die Gewebe-Metapher für Cassirers Texte an. Michel Foucault: Rez. E. Cassirer. Philosophie des Lumieres. Paris 1966. S. 3. (wiederabgedruckt in Schriften zur Literatur)

403 Naumann zeigt, dass Cassirer aus dem Partikularen heraus argumentiert, um die Unmöglichkeit der Überschaubarkeit bzw. die Unmöglichkeit einer Totalität zu demonstrieren. Barbara Naumann: Philosophie und Poetik des Symbols. S. 16.

404 So auch Hans Blumenberg, der die Tendenz zur Vergegenwärtigung und die Absage an jegliche Repräsentation in Cassirers Denken hervorhebt. Hans Blumenberg: Ernst Cassirer gedenkend. S. 168.

405 Naumann zeigt dies an Cassirers Goethe-Studien, in denen Cassirer durch Goethe spricht bzw. Goethe nach Naumann „repräsentiert". Schwierig ist hier die Verwendung des Begriffs Repräsentation. Mit Kant geht sie von einer Lehre der Unerkennbarkeit des Dings an sich aus, denn erst die Leerstelle bzw. die Unmöglichkeit der direkten Beziehung zwischen dem Ding und dem Erkennenden zwingt das Denken in eine Form und bringt so einen Stil hervor. Stil avanciert letztlich zur reinen Form und nicht zur individuellen Schreibweise. Die kritische Reflexion des Individuellen wird für Cassirer zur Bedingung der Möglichkeit von Stil. Naumann hat hier den Nachlass Cassirers miteinbezogen, in dem Cassirer auf die Gebundenheit

tung wird als Prozess der Generierung von Bedeutung in Anspruch genommen, denn die Bedeutung eines Begriffs erschöpft sich nach Cassirer nicht in der ersten Definition.[406] So ist die Symbolphilosophie ein fragmentarisch angelegter Text, der das Fragment als Philosophem verortet. Durch die intertextuelle Verfahrensweise präsentiert Cassirer seinen Denkansatz, der immanent durch die Zusammenstellung des Materials entfaltet wird. Interessanterweise ist diese Schreibweise vor allem in Cassirers Auseinandersetzung mit dem Mythos zu finden, was wiederum Rückschlüsse auf den Gegenstand zulässt.

Vor dem Hintergrund von Cassirers eigener Schreibweise werden hier noch einmal die wichtigsten Punkte der ‚allegorischen Intertextualität' zusammengefasst, die im Kontext der Symbolphilosophie eine Erweiterung erfährt:

Ausgehend von Walter Benjamin konnte gezeigt werden, dass die ‚allegorische Intertextualität' ein Erinnerungsschreiben praktiziert und damit ein produktives Eingedenken betreibt. Durch die Bewegungen der Destruktion und Montage, wie sie der Allegorie eigen sind, werden chronologische Zeit- bzw. Textzusammenhänge aufgebrochen und in ein diskontinuierliches Verhältnis gesetzt. In der Spannung von Erinnern und Vergessen werden bereits geschriebene Texte mit noch zu schreibenden in eine gegenwärtige Textur zusammengeführt und ergeben so ein Geflecht fernab linearer Zeitvorstellungen. Die verschiedenen Zeiten und damit Schriften werden gleichsubstanziell, zwischen Prä- und Folgetext wird nicht mehr unterschieden. Vergangenheit ist in der Zukunft aufgehoben und erlangt dort ihre zweite Gegenwart.

Das allegorische Aufstören der Zusammenhänge hat aber noch eine weitere Funktion: Die durch die Schrift transportierten kontinuierlichen Sinnzusammenhänge werden fragmentiert und damit bedeutungslos. Der durch die Sprache vermittelte Sinn, der Ausdruck eines instrumentellen Sprachgebrauchs, also einer Mitteilung ‚durch Sprache' ist, wird zerstört. Für kurze Augenblicke entstehen Denk- bzw. Textbruchstücke, die zunächst als bedeutungslose vorliegen und sich so dem Mitteilungscharakter der alltäglichen Sprache entziehen. Die durch diesen Prozess hervorgebrachten Bruchstücke sind bloßes Sprachmaterial, sie bedeuten nichts außer sich selbst. Als solche sind sie eineindeutig und Ausdruck einer ‚sinnlichen Ähnlichkeit' zwischen Idee und Gestalt und stehen damit in der Tradition der ‚Namensprache' bzw. der ‚schöpferischen Sprache Gottes'. In diesen von Benjamin als Monaden be-

von Stil und Bewegung hinweist. Außerdem arbeitet Naumann heraus, dass Stil im diskursiven Zwischenraum von mimetischen und bedeutungsvollen Ausdruck verortet ist. Barbara Naumann: Philosophie und Poetik des Symbols. Dazu: Ernst Cassirer: Nachlass. Box 40, Folder 792.

[406] Ernst Cassirer: Kants Leben. S. 152f. An Kant fasziniert Cassirer die Beweglichkeit des Denkens und die Dynamik der Begriffe, die sich durch das Denken verändern und allererst entstehen. Vgl. auch Cassirers Descartes-Studie, in der er das bewegliche cartesianische Denken hervorhebt. Zweifel avanciert zu einem Prinzip der Erkenntnis. Ernst Cassirer: Descartes. Lehre – Persönlichkeit – Wirkung. S. 30.

zeichneten Bruchstücken ist gemäß Cassirers Prinzip des ‚pars pro toto', ‚gleich einem Kristall, das Ganze des Totalgeschehens' aufbewahrt [WB, V/1, S. 575]. Anhand einer identischen Ähnlichkeit präsentiert sich die Idee in der Gestalt der Laute; ‚Hülle' und ‚Verhülltes' fallen in eins.

Die so verstandene ‚sinnliche Ähnlichkeit' oder Materialität der Sprache findet in Cassirers Vorstellung von einer mythischen Rede bzw. der mythischen ‚Namensprache' ihr Äquivalent, da die ‚sinnliche Ähnlichkeit' an die Ausdrucksfunktion des Mythos gebunden ist; nicht zuletzt deshalb, weil jegliche Sprache ihren „letzten Grund" im Mythos hat. Diese mythische ‚Namensprache', die sich ebenso wie Benjamins Idee der ‚reinen Sprache' durch eine Indifferenz von Subjekt und Objekt, von Innen und Außen, letztlich von Signifikat und Signifikant auszeichnet, findet in der menschlichen Sprache allerdings nur als erinnerte ihren Eingang. Cassirer nimmt hier eine entscheidende Potenzierung von Benjamins Erinnerungsleistung vor, die für das Konzept der ‚allegorischen Intertextualität' fruchtbar gemacht werden kann: Er geht, wie Blumenberg, davon aus, dass die mythische ‚Namensprache' zu keiner Zeit eine menschliche Sprache gewesen ist und daher selbst nur als Mythos denkbar ist. Insofern handelt es sich bei der Erinnerung an die mythische Rede um eine mythische Erinnerung, da an eine Leerstelle erinnert wird.

Für die ‚allegorische Intertextualität' ergeben sich daraus mehrere Konsequenzen: Intertextuelles Sprechen erinnert durch seine Sinnaufstörung bzw. Fragmentierung nicht nur an die Materialität der Sprache, sondern diese Materialität ist zugleich Ausdruck einer mythischen ‚Namensprache'. Da diese Sprache allerdings nur als Leerstelle erinnert werden kann, ist die Erinnerungsleistung der ‚allegorischen Intertextualität' letztlich selbst eine mythische, da sie an einen Mythos, den Mythos der ‚reinen Sprache', erinnert.

Dabei ist die Form dieser Erinnerungsleistung bzw. die Form der ‚allegorischen Intertextualität' immer eine sprachliche und nicht allein durch Fragmentierung, sondern auch durch die Montage geprägt. Durch den sich im intertextuellen Sprechen anschließenden Schritt der Montage wird das nun als mythisches Denkbruchstück vorliegende Material in eine ‚unsinnliche Ähnlichkeit' übertragen, damit es in der kulturellen Form eine Erinnerungsspur erhält. So ist die ‚sinnliche Ähnlichkeit' zwischen Signifikat und Signifikant in der ‚unsinnlichen Ähnlichkeit' aufbewahrt, indem sie dort die Möglichkeit zur Dauer erlangt. Durch die poetische Strategie der ‚allegorischen Intertextualität' wird also letztlich eine Form gesucht, die mit dem kulturellen Sprechen an eine Mitteilung ‚in Sprache' und damit an die mythische Rede erinnert. In diesem Zuge wird die ‚reine Sprache' nicht durch die ‚unsinnliche Ähnlichkeit' repräsentiert, sondern sie kommt an ihr zur Darstellung, sie wird an ihrem Träger präsentiert, was nicht zuletzt eine Neubestimmung des Verhältnisses von Repräsentation und Präsentation notwendig macht. Da der mythische Ursprung, die mythische Quelle nur als erzählte bzw. erinnerte vorhanden ist, kann sie allein durch Cassirers Prinzip des ‚pars pro toto' – also als identische Ähnlichkeit des Einen mit dem Anderen – wiederholt werden. Das Zitat fungiert als ein solcher Teil, welcher das Ganze des Vorstellungsinhaltes – nämlich des mythischen Ursprungs – in der kulturellen Ordnung aufbewahrt.

Die poetische Reflexionsleistung der ‚allegorischen Intertextualität' versucht damit einem Paradox der modernen Sprachauffassung gerecht zu werden und zugleich ein Gegengewicht zu der viel beschworenen Melancholie der Moderne zu bieten: Sie erinnert in der Differenz an die Indifferenz von Sprache. An der semantischen Seite von Sprache wird die ‚reine Sprache' präsentiert bzw. in der ‚unsinnlichen Ähnlichkeit' die ‚sinnliche Ähnlichkeit'.

Hier wird zunächst deutlich, dass das so verstandene intertextuelle Sprechen in der Tradition von Cassirers ‚symbolischen Formen' steht. Auch der Gehalt der symbolischen Formen besteht gerade darin, eine Vermittlung von Sinn und Sinnlichkeit vorzunehmen, denn so wie Sinn stets an seine Sinnlichkeit rückgebunden ist, kann der unmittelbare sinnliche Ausdruck nur an seinem Träger, dem semantischen Sinn, der Bedeutungsfunktion der symbolischen Form, in Erscheinung treten.

Aber noch etwas anderes wird hier offenbar. Durch die Verbindung von Sinn und Sinnlichkeit in der symbolischen Form wird nochmals die Verknüpfung von Mythos und Sprache bzw. von Ausdrucks- und Darstellungsfunktion deutlich. Denn auch der Mythos kann nicht ohne die Objektivierungsfunktion von Sprache auskommen, sie verhilft ihm letztlich zu einer Dauerspur. Somit ist der Mythos als symbolische Form immer schon eine zweite Gegenwart der mythischen Rede, er fungiert als ‚unsinnliche Ähnlichkeit', die in der kulturellen Sprache an die ‚sinnliche Ähnlichkeit' erinnert. Demzufolge ist der Mythos, weil er auf sich selbst verweist, ähnlich der ‚allegorischen Intertextualität', selbstreferenziell. Der Mythos verweist wie die Allegorie stets auf ein Anderes in ihm selbst Liegendes und ist – hier lässt sich eine weitere Gemeinsamkeit zur ‚allegorischen Intertextualität' aufweisen – Ausdruck der Schwelle zwischen ‚sinnlicher und unsinnlicher Ähnlichkeit' bzw. zwischen Sinn und Sinnlichkeit und damit zwischen mythischem und kulturellem Sprechen. Der Mythos als symbolische Form ist also immer schon ‚zweite Gegenwart'. In diesem Sinne ist er, wie noch anhand von Blumenbergs Texten zu zeigen sein wird, eine Arbeit am Mythos des Mythischen. Insofern ist die ‚Arbeit des Mythos' die ‚Arbeit am Mythos'. Übertragen auf die ‚allegorische Intertextualität' bedeutet dies, dass sie als ‚unsinnliche Ähnlichkeit' in der Tradition der symbolischen Form steht und als solche der mythischen Rede bzw. der ‚reinen Namensprache' in der kulturellen Form eine zweite Gegenwart verschafft.

Aber noch etwas anderes ist interessant: Zwar entspringt die Sprache nach Cassirer – wie auch alle anderen symbolischen Formen – aus dem Mythos, aber erst in der Ablösung von demselben erlangt sie ästhetische Autonomie und kann als poetische Sprache sogar eine Verdichtung bzw. Konkretion des Mythischen bewirken. Hier deutet sich ein weiteres Paradox an: Gerade im freien Bedeutungsspiel, in der ästhetischen Gestaltungsfreiheit der Kunst findet eine Konkretion und damit eine Intensivierung der ‚mythischen Namensprache' statt. Somit wird der mythischen Rede erst im Moment der poetischen Rede tatsächlich eingedenk. Gerade in der absoluten Künstlichkeit, in der Distanz zum eigenen sprachlichen Ursprung, verweist die symbolische Form der Kunst auf ihre Materialität. Insofern stellt die Kunst eine Möglichkeit der Selbstbefreiung dar, die sich im Bewusstsein des eigenen Ursprungs vom Mythos des Sündenfalls der Sprache emanzipiert.

Übertragen auf die ‚allegorische Intertextualität' bedeutet dies, dass durch das allegorische Verfahren letztlich ein Text entsteht, der als ästhetisch autonomer nicht mehr nach seinen intertextuellen Bedingungen fragt, also sich letztlich von seiner Entstehungsgeschichte loslöst. Die ‚allegorische Intertextualität' erzeugt durch ein absolut reflektiertes und poetisches Sprechen – durch das Spiel mit Fragment und Montage – einen Text, der auf sein Material, die ‚mythische Namensprache' verweist, sich aber in einem zweiten Schritt als autonomes Kunstwerk von seinen intertextuellen Entstehungsbedingungen emanzipiert, die nunmehr als Katalysator der ‚reinen Sprache' auftreten. Wie bereits gezeigt, werden durch die ‚allegorische Intertextualität' ‚unsinnliche Ähnlichkeiten' hergestellt, die die ‚sinnliche Ähnlichkeit' aufbewahren. Dieses Changieren zwischen ‚sinnlicher' und ‚unsinnlicher Ähnlichkeit', zwischen Sagbarem und Unsagbarem entlässt einen utopischen Augenblick, der, fernab von diskursiver Mitteilbarkeit, Schrift – im Sinne Benjamins – in ein Bild versetzt [WB, V/1, S. 595, 578]. Bilder vermitteln also Ähnlichkeiten zwischen Idee und Gestalt durch die Ähnlichkeit, die sie mit beiden in sich selbst finden, sie verfahren letztlich nach dem Prinzip des ‚pars pro toto', da es um die identische Ähnlichkeit des Einen mit dem Anderen geht [WB, II/3, S. 956]. Insofern ist die Ähnlichkeit Bild und Ort der Schwelle zugleich.

> Die Ähnlichkeit des Einen mit dem Andern, mit der wir rechnen, die im Wachen uns beschäftigt, umspielt nur die tiefere Traumwelt, in der, was vorgeht, nie identisch, sondern ähnlich: sich selber undurchschaubar ähnlich, auftaucht. Kinder kennen ein Wahrzeichen dieser Welt, den Strumpf, der die Struktur der Traumwelt hat, wenn er im Wäschekasten eingerollt, ‚Tasche' und ‚Mitgebrachtes' zugleich ist. Und wie sie sich selbst nicht ersättigen können, dies beides: Tasche und was drin ist in einem Griff in etwas Drittes zu verwandeln: in den Strumpf, so war Proust unersättlich, die Attrappe, das Ich, mit einem Griffe zu entleeren, um immer wieder jenes Dritte: das Bild, das seine Neugier, nein, sein Heimweh stillte, einzubringen. Zerfetzt vom Heimweh lag er auf dem Bett, Heimweh nach dem Stand der Ähnlichkeit entstellten Welt, in der das wahre sürrealistische Gesicht des Daseins zum Durchbruch kommt. Ihr gehört an, was bei Proust geschieht, und wie behutsam und vornehm es auftaucht. Nämlich nie isoliert pathetisch und visionär, sondern angekündigt und vielfach gestützt eine gebrechliche Wirklichkeit tragend: das Bild. [WB, II/1, S. 314]

Dieses Bilddenken findet nach Benjamin gerade im Gespräch, hier im intertextuellen Sprechen statt, das zwischen den Ähnlichkeiten changiert und damit eine neue Art des Lesens herausfordert. Ein Lesen, das die Zwischenräume der Schrift entziffern kann, ein ‚magisches Lesen' also, das die Bilder, die sich aus dem Zusammenhang herauslösen, wahrnehmen kann. Insofern praktiziert die 'allegorische Intertextualität' selbst eine magische Lektüre und reinszeniert damit die mythische Rede auf einer poetischen Ebene. Sprache und Bild werden im Moment der intertextuellen Lektüre ununterscheidbar [WB, II/1, S. 296].

'Allegorische Intertextualität' präsentiert demnach in der absoluten Künstlichkeit die 'reine Sprache', um sie dann in ihre Autonomie zu entlassen. Allerdings ist diese Arbeit am Ursprung, an der Leerstelle der 'mythischen Sprache' eine nie endende, da die 'reine Sprache' nicht fixiert werden kann. Das intertextuelle Sprechen erneuert sich unaufhörlich und kann – wie noch zu zeigen sein wird – als 'Arbeit am Mythos' der 'reinen Sprache' verstanden werden.

# C) Die Metapher

# 7. DIE ARBEIT AM MYTHOS DER ‚REINEN SPRACHE'

## 7.1 Hans Blumenberg: Die Arbeit am Mythos als die Arbeit des Mythos

Im Folgenden soll die ‚allegorische Intertextualität' in den Zusammenhang mit Blumenbergs *Arbeit am Mythos* gestellt werden. Ausgangspunkt der Überlegungen ist der vielzitierte Satz Blumenbergs: „Die Arbeit des Mythos ist die Arbeit am Mythos". Zweierlei wird hier deutlich: Ähnlich wie Cassirer geht auch Blumenberg davon aus, dass der Mythos immer schon Rezeption, d.h. kulturelle Arbeit und Überlieferung ist. Der Fluchtpunkt dieses lesenden Mythos ist stets der ‚Ur-Mythos' an sich, der sogenannte letzte Ursprung, der allerdings nur als Leerstelle denkbar ist und daher als absolut gedacht werden muss. Aus diesem Grund muss bei Blumenberg zwischen dem Mythos als dem ‚Ur-Mythos' und dem Mythos als ‚Arbeit am Mythos' unterschieden werden. Mit dieser Unterscheidung wird ersichtlich, dass die Arbeit am Mythos nicht nur im Um- und Weiterschreiben besteht, sondern zugleich auch maßgeblich eine Erinnerungsleistung darstellt. Insofern ist die kulturelle Arbeit *des* Mythos die Arbeit *am* Mythos des Ursprungs, die nach Blumenberg aber nie an ihr Ende zu bringen ist.[407] In diesem Sinne ist die Arbeit des Mythos eine selbstreferenzielle, da sie letztlich an ihren eigenen Ursprung erinnert. Da aber, wie bereits mit Cassirer nachgewiesen, der Ursprung nur als Leerstelle gedacht werden kann, ist diese Erinnerungsleistung der Arbeit am Mythos ebenfalls eine mythische. Bereits hier lassen sich zwischen dem Verfahren der ‚allegorischen Intertextualität' und der Arbeit am Mythos wesentliche Parallelen entdecken: Sie betreffen zum einen textuelle Strategien wie die der Um- und Weiterschreibung vergangener Texte und zum anderen die Erinnerungsleistung.

---

[407] Anders Wetz, der mit Derrida davon spricht, dass auch die Erinnerung im Nichts endet, übrig bleibe ein Vergessen des Vergessens. Wetz sieht darin ein Indiz, dass Blumenbergs gesamtes Schreiben von dem ‚Absolutismus der Wirklichkeit' bestimmt sei. Franz Josef Wetz: Abschied ohne Wiedersehen. Die Endgültigkeit des Verschwindens. In: Die Kunst des Überlebens. Hg. v. Franz Josef Wetz/Hermann Timm. Frankfurt a.M. 1999. S. 28-55, hier S. 48. Vgl. dazu Jacques Derrida: Gespräch mit D. Cohen. In: F. Dosse. Geschichte des Strukturalismus. Bd. 2. Hamburg 1997. S. 30.

Jener ‚Ur-Mythos', auf den nach Blumenberg die Arbeit am Mythos bezogen bleibt, evoziert letztlich eine Angst durch die Einsicht in die Unbegründbarkeit der eigenen Existenz. Um diese Angst bewältigen zu können, werden mythische Strategien entwickelt, die eine Distanz zu diesem Ursprung, also zum ‚Ur-Mythos', ermöglichen und die Angst dadurch depotenzieren: Wenn die Arbeit am Mythos beginnt, spricht Blumenberg in dem Zusammenhang auch von einer Umwandlung der unspezifischen Angst in die spezifische Furcht. Gleichzeitig wird durch diese Depotenzierung aber auch die Sehnsucht nach dem letzten Grund geweckt bzw. möglich gemacht. Erst jetzt, durch den kulturellen Abstand, kann an den Ursprung erinnert werden.

Bezieht man Blumenbergs Überlegungen zur Arbeit am Mythos auf die Sprache, lässt sich nachweisen, dass auch die ‚reine Sprache' nur als ‚Ur-Mythos' denkbar ist, da sie allein als Leerstelle präsent ist. Schon im Zusammenhang mit Cassirers Symbolphilosophie hat sich diese These angekündigt. Diese Annahme macht ein Sprechen nach dem Sündenfall so unglaublich schwer, da die Eineindeutigkeit der ‚reinen Sprache' niemals erreicht werden kann und demnach alle nachfolgende Sprache unzureichend sein muss. An diesem Punkt setzt die ‚allegorische Intertextualität' als ‚Arbeit am Mythos' ein, als ‚Arbeit am Mythos der reinen Sprache': Erstens depotenziert sie den Mythos der ‚reinen Sprache', indem sie ihn potenziert, d.h. ästhetisch steigert. Sie steht damit in der Tradition von Blumenbergs Dualismus von ‚Terror und Spiel'. Zweitens ermöglicht die ‚allegorische Intertextualität' so ein Sprechen nach dem Sündenfall, weil sie aus der kulturellen Distanz heraus – durch ihre Depotenzierungsleistung – eine Erinnerung an eben diesen ‚Ur-Mythos' möglich macht.

Aber noch ein anderer Aspekt ist hier von Interesse für das Verfahren der ‚allegorischen Intertextualität': Blumenbergs Konzept der ‚absoluten Metapher'. Wie anhand von Cassirers Texten verdeutlicht, ist die Metapher die Bedingung der mythischen Begriffsbildung. Die ‚absolute Metapher', die nach Blumenberg in der Lage ist, Namen zu nennen ohne zu benennen, ist auf der Schwelle zwischen Sagbarem und Unsagbarem beheimatet. In Analogie zu Benjamins Namensphilosophie soll nachgewiesen werden, dass Blumenbergs ‚absolute Metapher' als Eigenname fungiert, der – vermittelt durch die Ästhetik bzw. durch kulturelle Strategien – an die ‚reine Sprache' bzw. den ‚Ur-Mythos' erinnert. Als solche überführt die ‚absolute Metapher' Sprache in ein Bild.

Zusammengeführt werden sollen diese Überlegungen im Konzept der ‚allegorischen Intertextualität': Es fungiert als kulturelle Strategie, die mit den Mitteln des mythischen Sprechens bzw. durch die Hervorbringung ‚absoluter Metaphern' an den Ursprung der Sprache erinnert. Als solche präsentiert die ‚allegorische Intertextualität' die ‚Namensprache' und damit zugleich, wie im Zusammenhang mit Benjamin veranschaulicht, die immanente Bildlichkeit der poetischen Sprache.

### 7.1.1 Gegen das Absolute die absolute Kunst

Ausgangspunkt dieser Überlegungen ist Blumenbergs Vorstellung von einem ‚Absolutismus der Wirklichkeit', der hier allerdings – entgegen zahlreicher Forschungsbeiträge – nicht nur als Mängelsituation verstanden werden soll, sondern vor allem als Garant für eine ästhetische Produktion.[408]

> Wendet man den Blick auf die professionell oder gar professoral ausgemalten Schrecknisse der Gegenwart und erst recht der Zukunft zurück auf die Vergangenheit und Vorvergangenheit, stößt man auf die Notwendigkeit, einen Ausgangszustand vorzustellen, der die Erfordernisse des alten status naturalis philosophischer Kultur- und Staatstheorien erfüllt. Dieser Grenzbegriff der Extrapolation fassbarer geschichtlicher Merkmale ins Archaische lässt sich formal in einer einzigen Bestimmung festlegen: als Absolutismus der Wirklichkeit. Er bedeutet, daß der Mensch die Bedingungen seiner Existenz nicht annähernd in der Hand hatte und, was wichtiger ist, schlechthin nicht in der Hand glaubte. Er mag sich früher oder später diesen Sachverhalt der Übermächtigkeit des jeweils Anderen durch die Annahme von Übermächten gedeutet haben. [HB, AM, S. 9]

Bereits hier wird erkennbar, dass die Umdeutung der Übermächtigkeit des Anderen zu der Vorstellung einer Übermacht an sich – also von dem nicht greifbaren Vorhandensein einer Leerstelle, dem Ausgeschlossenen und Abwesenden in die Spezifik einer Göttergeschichte – eine Leistung der Ästhetik ist, hier der Ästhetik der Arbeit am Mythos. Auch Odo Marquard macht auf den Grundgedanken Blumenbergs aufmerksam, der für ihn in der Entlastung vom Absoluten besteht. Hans Blumenbergs Verteidigung des ‚Menschenrechts auf Mythen' sei eine melancholische Verteidigung der Möglichkeit des Heiteren.[409] Von zentraler Bedeutung – auch für die These der vorliegenden Untersuchung – ist die Feststellung, dass Blumenbergs Ziel nicht nur in der Entlas-

---

408 Missverstanden wird in dem Zusammenhang die Aussage Blumenbergs, Rhetorik sei kein kreatives Talent, sondern eine existentielle Ausdrucksform [HB, AAR, S. 130]. Vgl. Haeflinger, der Blumenbergs Vorgehensweise von einem ‚tiefen Pessimismus' geleitet sieht. Jürgen Haeflinger: Imaginationssysteme. Erkenntnistheoretische, anthropologische und mentalitätshistorische Aspekte der Metaphorologie Hans Blumenbergs. Frankfurt a.M. 1996. S. 109. Ebenso konzentriert sich Wetz zu stark auf die Beschreibung des ‚Absolutismus der Wirklichkeit' und bezeichnet Blumenbergs Texte als Trauerarbeit, als Bewältigung des menschlichen Verlorenseins in der Welt. Sämtliche Metaphern werden von Wetz auf dieses Problem hin gedeutet, wie z.B. das Meer, das ewige Eis, das All etc. Franz Josef Wetz: Abschied ohne Wiedersehen. S. 36. Außerdem Erne, der in der Rhetorik keinen Ausdruck von Kreativität sieht, sondern ein Armutszeugnis des Menschen bzw. eine Reaktion auf die Melancholie. Thomas Erne: Rhetorik und Religion. Studien zur praktischen Theologie des Alltags. Gütersloh 2002.
Hier soll jedoch deutlich gemacht werden, dass die Ästhetik nach Blumenberg gerade zur existentiellen Ausdrucksform wird, weil sie in der Lage ist, durch kulturelle Strategien Welt überhaupt erst entstehen zu lassen und damit den letzten Urgrund für das Subjekt erinnerbar macht.

409 Odo Marquard: Zur Funktion der Mythologiephilosophie bei Schelling. In: Terror und Spiel. Probleme der Mythenrezeption. (Poetik und Hermeneutik, Bd. 4). Hg. v. Manfred Fuhrmann. München 1971. S. 257-265.

tung von einem ‚Absolutismus der Wirklichkeit' liegt, sondern sein Anliegen ist darin zu sehen, von jeglicher Absolutheit zu entlasten. Die Befreiung reicht von der Absage an eine starre Terminologie durch die Metapher bzw. durch das Unbegriffliche über den Abstand von einem theologischen Absolutismus durch die neuzeitliche Selbstbehauptung[410] und theoretische Neugierde bis hin zu einer Entlastung vom absoluten Anfang – dem ‚Ur-Mythos' – durch das Spiel der Mythen bzw. die Arbeit am Mythos. Denkt man Blumenbergs Studie zur ‚Arbeit am Mythos' konsequent weiter, erfolgt die Distanznahme vom absoluten Anfang schließlich durch den Akt der Lektüre bzw. durch die Rezeption.[411] Letztlich zielt die Frage auf den Ursprung, der uns sprachlos macht und, wie zu zeigen sein wird, nur in der Kunst seinen Ausdruck findet.

> Absolute Anfänge machen uns sprachlos im genauen Sinne des Wortes. Dies aber ist es, was der Mensch am wenigsten erträgt und zu dessen Vermeidung oder Überwindung er die meisten Anstrengungen seiner Geschichte unternommen hat [HB, WW, S. 28].

Erst die Pluralität der Geschichten kann diese Angst in Furcht kanalisieren, im Wissen, dass diese eine Geschichte vom Beginn allen Daseins nicht erzählt werden kann. Stattdessen wird in der Vielzahl von Geschichten diese eine Geschichte als Leerstelle umkreist – ein Bestreben, das Blumenberg vor allem in seiner *Arbeit am Mythos* sowohl inhaltlich als auch formal verfolgt. Die Arbeit am Mythos ist die Arbeit an der Leerstelle des Ursprungs, des ‚Ur-Mythos'. Aber nicht nur hier macht er auf diesen Absolutismus, die Unergründbarkeit der eigenen Existenz und damit auch der eigenen Sprache aufmerksam, sondern dieser ist auch beherrschender Grundtenor vieler seiner anderen Schriften. Ähnlich wie bei Walter Benjamin die Melancholie der Motor ästhetischer Produktion ist, so ist auch Blumenbergs Absolutismusgedanke nicht nur mit der Einsicht in die Unbegründbarkeit menschlicher Existenz verbunden, sondern der Absolutismus bringt vor allem ästhetische Strategien hervor, die eine Kultur jenseits desselben entstehen lassen. Insofern ist die Geschichte der Kultur als eine Geschichte der Selbstbehauptung gegen das Absolute zu lesen; mit den Mitteln der Kultur soll die Leerstelle des Ursprungs lesbar gemacht werden.

Bereits hier lassen sich wesentliche Parallelen zu Cassirers Kulturverständnis ziehen, da auch Cassirer deutlich macht, dass erst durch die kulturelle Arbeit die Grundfesten der menschlichen Existenz überhaupt sichtbar werden. So

---

410 Bereits in seiner Habilitationsschrift von 1950 ‚Die ontologische Distanz' und nicht erst in der ‚Legitimität der Neuzeit' beschreibt Blumenberg die Entlastung vom theologischen Absolutismus, wo zunächst noch der unzuverlässigen Welt der Neuzeit die kontingente Schöpfermacht gegenübergestellt wurde [HB, OD, 79, 81, LN, S. 173, 194]. Damit tritt wieder der Zufall an die Stelle des abwesenden bzw. ehemals absoluten Gottes [HB, LN, S. 404, 165].

411 Allerdings, so Marquard weiter, birgt diese Entlastung vom Absoluten auch die Erkenntnis in die Endlichkeit der Welt und die Feststellung: „Gott ist tot". Gott verbirgt sich und wird zur reinen Erinnerung. Vgl. Odo Marquard: Lebenszeit und Lesezeit. Bemerkungen zum Oeuvre Hans Blumenbergs. In: Akzente, (37), 1990, S. 268-271, hier S. 270.

verstandener ‚Absolutismus' ist Bedrohung der menschlichen Existenz bei gleichzeitiger kultureller Entfaltung. Dementsprechend berücksichtigt Blumenberg bei der Distanznahme vom Absoluten die Position Cassirers, was ein weiteres Indiz dafür ist, dass er hier keine kulturpessimistische Herangehensweise verfolgt.

Zunächst einmal löst der Absolutismus eine Urangst aus, aus der heraus eine Vielzahl von Präventionsmaßnahmen hervorgerufen werden. Der zunehmende Zwang zur Selektion führt schließlich zu einem Verlust der Geborgenheit; der Mensch hat die Bedingungen seiner eigenen Existenz nicht mehr im Griff. Da diese Angst unspezifisch ist, kann sie zur Lebensangst potenzieren [HB, AM, 12]. Mit Kierkegaard unterscheidet Blumenberg die gegenstandslose Grundstimmung ‚Angst' von der objektbezogenen ‚Furcht', in welche die ‚Angst' durch kulturelle Strategien überführt werden kann [HB, AM, S. 10].[412] Diese Überführung geschieht gerade nicht durch logische Erkenntnis oder Erfahrung, sondern durch das Vertrauen in das Unvertraute, durch Erfahrungen mit dem Unerklärlichen.[413] Demzufolge liegt das Manko der Aufklärung nach Blumenberg gerade darin, selbst zum Absolutismus zu werden, indem sie vorgibt, die Welt restlos erklären zu können. Die Neuzeit als Epoche der humanen Selbstbehauptung reagiert zunächst mit Technik und Vernunft auf den Ordnungs- und Bedeutungsschwund. In der Abkehr von der Metaphysik will

---

412 Blumenberg knüpft in seiner ‚Arbeit am Mythos' an die ‚Legitimität der Neuzeit' an: Im Spätmittelalter war Gott mit Attributen der Mächtigkeit ausgestattet, wodurch er für den Menschen unberechenbar wurde. Die Reaktion darauf war die Sorge um sein Dasein und der Wunsch, die Welt für die eigenen Bedürfnisse beherrschbar zu machen. So wurde aus dem theologischen Absolutismus die humane Selbstbehauptung der Neuzeit. In der ‚Arbeit am Mythos' wird der theologische Absolutismus zu einem ‚Absolutismus der Wirklichkeit' erweitert, gegen den sich der Mensch dann mit der Arbeit am Mythos behaupten kann. Vgl. Franz Josef Wetz: Gegen den Absolutismus der Wirklichkeit. In: Neue Rundschau, (109), 1998, S. 109f.

413 Vgl. hier auch die ‚Dialektik der Aufklärung', in der darauf hingewiesen wird, dass erst unter Einbeziehung des Anderen, des Mythischen, hier exemplarisch dargestellt an Odysseus' Kampf mit den Sirenen, die Aufklärung an ihr Ende gebracht werden kann. In dem Moment, wo der Mythos unterdrückt wird, kann er nicht bewältigt werden. Theodor W. Adorno/Max Horkheimer: Dialektik der Aufklärung. Soosten weist darauf hin, dass der Mythos bei Adorno und Horkheimer auf Naturbeherrschung durch das Subjekt abziele, während Blumenberg die Leistung des Mythos im Distanznehmen von Welt sehe. Joachim von Soosten: Arbeit am Dogma. Eine theologische Antwort auf Hans Blumenbergs ‚Arbeit am Mythos'. In: Mythos und Religion. S. 80-101, hier S. 83. Außerdem Rainer Koch, der ebenfalls eine Parallele zu der ‚Dialektik der Aufklärung' zieht, indem er nachweist, dass der Mensch erst dann von dem Mythos befreit werden kann, wenn er ihn im Verlauf der Aufklärung nicht mehr ausgrenzt. Rainer Koch: Geschichtskritik und ästhetische Wahrheit. Zur Produktivität des Mythos in moderner Literatur und Philosophie. Bielefeld 1990. S. 65.

Vgl. auch Wetz, der hier eine Entwicklung vom Mythos zum Logos als Prozess zunehmender Weltbemächtigung erkennt. Hinter allen abendländischen Welterklärungen stecke die Absicht, menschliche Macht über eine als übermächtig empfundene Wirklichkeit zu gewinnen. Wetz verkürzt hier sowohl das Anliegen Adorno/Horkheimers als auch Blumenbergs, wenn er Blumenbergs Ansatz allein auf eine Lebens- und Weltbewältigung hin liest. Franz Josef Wetz: Gegen den Absolutismus der Wirklichkeit. S. 109.

sich der Mensch auf sich selbst konzentrieren und damit eine rationale Gegenwelt konstruieren [HB, LN, S. 197]. Daraus folgt die Auflösung religiöser Bindungen und ein Verzicht auf transzendentale Einstellungen. Diese Säkularisierungstendenzen versteht Blumenberg allerdings als Entfremdung und Verformung, als solche sind sie Teil einer „objektiven Kulturschuld" des Menschen [HB, LN, S. 32]. Die Belastung, den allzu großen Fragen Genüge zu tun, führt schließlich zu einer Überforderung, zu einer Ersatzmetaphysik oder gar zu einem Nihilismus.[414] Stattdessen liegt die Aufgabe nach Blumenberg nicht in der Erfüllung dieser Fragen, sondern in deren Abbau, letztlich in einer Mäßigung der Sinnerwartung [HB, LN, S. 127]. Was folgt, ist eine ‚Umbesetzung vakant gewordener Positionen von Antworten' [HB, LN, S. 75]. Gerade hier übernimmt der Mythos eine wichtige Aufgabe: Die Arbeit des Mythos befreit von dem Bedrohlichen des Absolutismus, indem sie diesen nicht ausgrenzt, sondern zum Gegenstand der Erzählung macht. Die Leistung der Arbeit am Mythos liegt demnach in der poetischen Kreativität, die Distanz erzeugt, ohne in eine Totalität zu überführen. Insofern ist die Logik des Mythos dem neuzeitlichen Bestreben nach Beherrschung von Welt vollkommen unterschieden. Wie bereits einleitend deutlich gemacht, gehört es zum Problembewusstsein – nicht nur von Blumenberg, sondern von der gesamten Moderne – dass die Neuzeit alles mit Begriffen besetzt hat, um vollständig in den Besitz von Welt zu gelangen [HB, AM, 45]. Diese ‚restlose Aufklärung bringt allerdings wieder einen Herd neuer Ängstigungen hervor' und ist damit Ausgangspunkt weiterer Enttäuschungen, denn die ‚nackte Wahrheit ist nicht das, womit das Leben leben kann' [HB, AM, S. 180, 303].[415] Allerdings muss auch betont werden, dass Blumenberg entgegen Positionen etwa von Adorno, Horkheimer, Jonas und Heidegger keine Absage an Technik und Wissenschaft im Allgemeinen vornimmt; vielmehr wünscht er einen ethischen Umgang mit denselben.[416] Blumenberg vereint in seinem Ansatz Wissenschaft und Aufklärung mit präreflexiven Formen wie dem Mythos. Die Eigenständigkeit der Moderne, die zwar auf theoretischer Neugierde und wissenschaftlicher Revolution basiert, liegt nach Blumenberg gerade in der Einbeziehung mythischer und ästhetischer Kräfte.[417] Moderne, so sein Ansatz, ist ohne die radikale Entzauberung möglich. Damit befindet sich Blumenberg mit seiner Kulturphilosophie in erstaunlicher Nähe von Benjamin und Cassirer. Blumenberg plädiert für eine Begrenzung der Vernunft, da ‚es vernünftig sein kann, nicht bis zum

---

414 Vgl dazu A. Müller-Armack: Diagnose unserer Wirklichkeit. Stuttgart 1981. S. 128, 155.

415 Vgl. dazu das Kapitel 1.1 ‚Voraussetzungen'.

416 Diese Ansicht vertritt auch Merker, die deutlich macht, dass Blumenberg keine Polarisierung zwischen Lebenswelt und Technik vornimmt. Blumenberg sehe im Gegenteil in der Technik durchaus eine Form der Intentionalität bzw. der kulturellen Form, die Bedeutsamkeiten stiftet. Barbara Merker: Bedürfnis nach Bedeutsamkeit. Zwischen Lebenswelt und Absolutismus der Wirklichkeit. In: Die Kunst des Überlebens. S. 68-99.

417 Vgl. hierzu auch Robert Pippin: Eine Moderne ohne radikale Entzauberung. Zwischen Logos und Mythos. In: Die Kunst des Überlebens. S. 99-121.

letzten vernünftig zu sein' [HB, AM, S. 180f.]. So ist auch Blumenbergs ‚Prinzip des unzureichenden Grundes' zu verstehen, welches dafür plädiert, vom letztbegründeten Wissen Abstand zu nehmen und damit den Primat weniger auf theoretisches Wissen als vielmehr auf die Ausbildung eines eigenen Typus an Rationalität unter Einbeziehung mythischer Elemente zu setzen [HB, AAR, S. 109].[418] Dabei ist das Prinzip kein Postulat des Verzichts auf letzte Gründe, vielmehr muss die Welt selbst zur ‚unbegründeten Sache' werden, um neben oder in sich Unergründbares dulden zu können [HB, AM, S. 682]. Letztlich wird so das Abwesende miteinbezogen und zu einem Anwesenden. Da in der Anschauung immer nur das momentan Anwesende präsent ist, müssen Mittel gefunden werden, das Abwesende und als Bedrohung Empfundene zugänglich zu machen [HB, LzWz, S. 48, 99]. Dies setzt eine Konstruktion von Bedeutungen voraus, die das nicht Bedeutete erwartbar machen und damit den Schrecken über den Absolutismus bewältigen helfen. Die Einsicht in die Kontingenz und letzte Unbegründbarkeit des Lebens lässt den Menschen Strategien entwickeln wie die der ‚Arbeit am Mythos', um diese fundamentale Unsicherheit bewältigen zu können und das Abwesende im Anwesenden erkennbar zu machen, ohne es in eine Endgültigkeit überführen zu müssen. In letzter Konsequenz deutet sich hier bereits eine sprachphilosophische Komponente an, die im Verlauf der Untersuchung noch zu klären ist: Wenn die ‚Arbeit am Mythos' als Strategie aufgerufen wird, das Abwesende anwesend und damit das nicht Bedeutete erahnbar zu machen, wird sie von Blumenberg als ästhetische Strategie eingeführt. Sie hilft die Differenz zwischen Signifikat und Signifikant zu überbrücken. Von dieser Annahme ausgehend lassen sich schon jetzt Konsequenzen für die Übertragbarkeit von Blumenbergs Mythos-Konzept auf die ‚allegorische Intertextualität' erahnen: Die hier vorgestellte intertextuelle Verfahrensweise kann ebenfalls als ‚Arbeit am Mythos' verstanden werden, da sie die von Benjamin als ‚reine' oder ‚ursprüngliche Sprache' bezeichnete als anwesend abwesende zu präsentieren sucht. Die ‚allegorische Intertextualität' erweist sich somit als ‚Arbeit am Mythos' der ‚reinen Sprache'.

Der Umgang mit einem Mangel an Sinn besteht für Blumenberg gerade nicht in der Verführung durch ein neues Sinnangebot, sondern durch eine Beschreibung des Entzugs. Im Moment der Erinnerung an das Verlorene wird ein Bewusstsein über den Sinn *gegenwärtiger* Wünsche und Standpunkte erreicht. Erinnerung fungiert dabei als Widerstand gegen die Kontingenz des Lebens, indem sie einen produktiven Umgang mit der Differenz von erkannter Zeitlosigkeit und erfahrener Zeithaftigkeit erprobt. Das Vergangene wird seiner Gleichgültigkeit und Abgeschlossenheit enthoben, weil es zum Gegenstand

[418] An dieser Stelle setzt sich Blumenberg mit Heideggers ‚Satz vom Grunde' auseinander. Vgl. auch Bambach, der die Lebenswelt als die Kunst bezeichnet, die Spannung zwischen Mythos und Logos ertragen zu können. Rüdiger Bambach: Hans Blumenberg. In: Philosophie der Gegenwart in Einzeldarstellungen von Adorno bis Wright. Hg. v. Julian Nida-Rümelin. Stuttgart 1991. S. 84-89, hier S. 87.

der Erinnerung wird und somit zukunftsweisend ist. Wie Benjamin und Cassirer wendet sich auch Blumenberg eindeutig gegen eine ahistorische Vorgehensweise, da es für ihn eine Pflicht zur Erinnerung gibt. Der Zusammenhang des Gegenwärtigen mit dem Vergangenen kann niemals durchbrochen werden. So schließt auch Blumenbergs Erinnerungskonzept an die Idee der Moderne an, die – wie bereits mehrfach betont – Erinnerung vor allem auch als Möglichkeit versteht, aus der kulturellen Differenz heraus einen Weg zu finden, an die vergangene ursprüngliche Indifferenz zu erinnern und damit ein Spiel von Anwesendem und Abwesendem zu eröffnen.[419] Ernst Cassirer gedenkend formuliert Blumenberg:

> [D]er Anspruch auf Erinnerung, nicht nur auf die aktive, sondern auch auf die passive, auf die Gleichzeitigkeit der Ungleichzeitigen, auf die Anstrengung, vor der Raum-Zeit-Kontingenz nicht zu kapitulieren. [...] Mit der Anstößigkeit der Raum-Zeit-Kontingenz zu leben, bedeutet nicht nur den Verzicht auf die Maßstäblichkeit der Gegenwart und ihrer nächsten Zukunft, es bedeutet zugleich das unverlöschliche Bewußtsein ihrer Unerträglichkeit.
>
> Auch Geschichte der Philosophie, weiterhin Geschichte der Wissenschaften zu betreiben, kann nur eine der Formen sein, Anspruch auf die Achtung der Kommenden geltend zu machen, indem wir sie den Gewesenen erweisen. [HB, EC gedenkend, S. 171f.]

Erinnerung zu hinterlassen und Erinnerung zu werden, überschreitet die Zeitgrenzen, das Leben wird aus der Zeit herausgehoben und somit grenzüberschreitend [HB, LzWz, S. 96]. Indem alles Präsente einmal gewesen sein wird, gehört es der Erinnerung an. So wird die Erinnerung unabhängig von der Chronologie [HB, LzWz, S. 97f.]. Da aber nicht alles erinnert werden kann, muss eine Auswahl getroffen, müssen einzelne Fragmente herausgehoben werden. Dieses Herausheben, was letztlich auch die ‚allegorische Intertextua-

---

[419] Dass dieses Erinnerungskonzept ein spezifisch modernes ist, sei hier noch einmal an einem Text von Baudelaire verdeutlicht, der als *der* Begründer der poetischen Moderne angesehen werden kann. Allerdings dient seine Vorstellung von Erinnerung nicht der Bewältigung von lebensweltlicher Kontingenz, wie dies bei Blumenberg der Fall ist.
„Dieser Mann..., dieser mit einer tätigen Einbildungskraft begabte Einsame, der die große Wüste des Menschen unablässig durchwandert, hat ganz gewiss ein höheres Ziel als das eines bloßen Flaneurs, ein noch allgemeineres Ziel als das augenblickliche Schauvergnügen. Er ist nach etwas auf der Suche, das die Modernität zu nennen man mir erlauben möge....
Für ihn geht es darum, der Mode das abzugewinnen, was sie im Vorübergehenden an Poetischem enthält, aus dem Vergänglichen das Ewige herauszuziehen... Die Modernität ist das Vergängliche, das Flüchtige, das Zufällige, die eine Hälfte der Kunst, deren andere Hälfte das Ewige und Unwandelbare ist... Keiner hat das Recht, dieses vergängliche, flüchtige Element, das einem so häufigen Wandel unterliegt, zu verachten oder beiseite zu schieben. Wenn man es unterschlägt, verfällt man unweigerlich der Leerheit einer nichtssagenden abstrakten Schönheit...; denn fast unsere ganze Originalität rührt von dem Stempel her, den die Zeit unseren Empfindungen aufdrückt.“ Charles Baudelaire: Der Maler des modernen Lebens. In: ders.: Sämtliche Werke u. Briefe. Bd. 5. Hg. v. Friedhelm Kemp/Claude Pichois. München, Wien 1989. S. 213-258, hier S. 225f.

lität' vornimmt, korreliert mit Blumenbergs Idee der ,Bedeutsamkeit', die durch die Arbeit am Mythos gestiftet wird. Hier zeigt sich eine weitere Parallele zwischen der intertextuellen Arbeit und dem Bedeutsamkeit stiftenden Mythos. Die Lebenswelt ist somit stets eine Welt auf Widerruf, die nicht nur durch die Vermischung der Zeitebenen, sondern auch durch das Stiften von Bedeutsamkeit permanent modifiziert wird. Dieser Tatsache wird vor allem die Metapher und in deren Folge die Arbeit am Mythos gerecht, da sich diese durch eine spezifische Dynamik auszeichnen [HB, BM, S, 170]. Die Metapher und die Arbeit am Mythos stehen demnach nicht nur für eine Mängelsituation ein, sondern bieten auch Orientierungen an und sind Ausdruck der Fähigkeit, sich zu erinnern.[420] Infolgedessen steht Blumenberg dem Abbau der Metapher und der Überführung des ,Ur-Mythos' in den Logos als Zunahme an Realität und Wahrheit kritisch gegenüber.[421] Die Auflösung dieses ,Ur-Mythos' im Logos ist gerade kein geeignetes Mittel, um von einem Absolutismus Abstand zu nehmen.[422] Nicht zuletzt in seinem Aufsatz über ,Wirklichkeitsbegriff und Wirkungspotential des Mythos' im Rahmen einer Poetik- und Hermeneutik-Tagung macht Blumenberg auf die Wechselwirksamkeit von ,Terror und Spiel' aufmerksam: Allein die Ästhetik, ausgedrückt in Metapher und Arbeit am Mythos, ist in der Lage, den ,Schrecken' zu depotenzieren [HB, WW, S. 57]. Die Leistung des Mythos bzw. der Arbeit am Mythos besteht darin, den ,Terror' in ,Spiel' aufzulösen. Daran wird nicht nur deutlich, dass der Mythos, wie bereits in Aristoteles' ,Poetik' nachzulesen ist, eine kathartische Funktion innehat, sondern auch, dass die Arbeit am Mythos in der Lage ist, jenes Absolute in Ästhetik zu überführen. Demzufolge ist die Arbeit am Mythos eine poetische Strategie. Die Beruhigung des Menschen über das Absolute geht in die Geschichte von dieser Übermacht selbst ein. So löst sich die Angst unter dem Schein kalkulierbarer Umgangsgrößen – unter der Einwirkung der literarischen Rede – auf [HB, AM, S. 12]. Allerdings lässt die zum Ästhetischen drängende Depotenzierung zu, dass Rudimente des Schreckens virulent bleiben. Insofern ist die Arbeit am Ursprung, an dem Absoluten, eine unendliche.

Dass die Welt, in der wir leben, nach Blumenberg beständig am Abbau des ,Absolutismus der Wirklichkeit' beteiligt ist, ist Resultat dessen, dass wir die primär-prähistorische Welt immer schon verlassen haben.

---

420 Leider fehlt bisher eine systematische Erörterung des Erinnerungsaspekts bei Blumenberg. Vgl. ansatzweise Rainer Koch: Geschichtskritik und ästhetische Wahrheit; Christa Bürger: Arbeit an der Geschichte. In: Mythos und Moderne. S. 493-507; Dieter Thomä: Zeit und Neuzeit. Erkenntnis, Erinnerung, Leben: Spannungsverhältnisse. In: Die Kunst des Überlebens. S. 266-288.

421 Vgl. dazu die kritische Stellungnahme Blumenbergs gegenüber einer Äußerung Goethes aus den Papieren Kestners vom Mai 1772, in denen Goethe den Abbau der Metapher als einen Index von Reife und Solidität versteht. HB, BM, S. 170.

422 Auch Lévi-Strauss plädiert nicht für eine Auflösung des Mythos im Logos: „Vielleicht werden wir eines Tages entdecken, dass im mythischen und im wissenschaftlichen Denken dieselbe Logik am Werke ist und dass der Mensch alle Zeit gleich gut gedacht hat." Claude Lévi-Strauss: Strukturale Anthropologie. Frankfurt a.M. 1977. S. 253f.

> Wer in ihr lebte, wüsste von ihr [der primären Lebenszeit] nichts, wer von ihr weiß, kann in ihr nicht mehr und nicht einmal wieder leben. [HB, LzWz, S. 60]

Zweierlei wird hier erkennbar: Erstens geht es vom ersten Menschenleben an darum, die unbekannte Welt bekannt zu machen [HB, AM, S. 14]. Zweitens aber – und dies erscheint hier wichtiger – wird deutlich, dass nur in dem Moment, wo sich der Mensch bereits in der kulturellen ‚Weltzeit' befindet, also in einer sekundären Lebenswelt, diese primäre ‚Lebenszeit' erinnert und damit erst wahrgenommen werden kann. Das Paradies muss bereits verlassen worden sein, um als Utopie erkannt zu werden. Die Zerstörung des Paradieses ist nach Blumenberg dem Paradies selbst eingeschrieben. Insofern sind die Sätze zu verstehen: „Welt zu haben, ist immer das Resultat von Kunst. Davon eben ist unter dem Titel ‚Arbeit am Mythos' etwas zu beschreiben." [HB, AM, S. 13].

Wie bereits verdeutlicht, ist das Ziel nicht darin zu sehen, allein die Unbeständigkeit zu negieren. Sondern die Einsicht in den Verlust einer Möglichkeit auf unmittelbare Reaktion sowie die Einbeziehung des Unerklärlichen machen eine kulturelle Haltung notwendig, die Distanz zum direkten Erleben schafft. In diesem Grundgedanken folgt Blumenberg Cassirer: Wie in Kapitel fünf dieser Untersuchung erläutert, ist der Mensch nach Cassirer ein Symbolwelten produzierendes Wesen. Diese Symbolwelten wie z.B. die Sprache, der Mythos, die Kunst, die Wissenschaft oder die Religion sind alle auf ihre je unterschiedliche Weise Dimensionen der Wirklichkeit, die sich der Mensch selbst erbaut. Somit richten sich die durch kulturelle Leistung entstandenen symbolischen Welten auf die Herstellung einer vertrauten und geordneten Welt. Eine Gegenwelt entsteht, die der Übermächtigkeit der Realität, dem ‚Absolutismus der Wirklichkeit' etwas entgegensetzen kann. So wie die symbolischen Formen Mittel zur kulturellen Distanzierung sind und damit einen Halt in der Welt ermöglichen, so ist auch die Arbeit am Mythos ein Versuch, von dem ‚Absolutismus' Abstand zu nehmen. Darüber hinaus muss betont werden, dass erst im Abstand von diesem ‚Absolutismus' Welt als solche erfahrbar wird. Denn allein in der Distanz zum ‚Absolutismus', im Abstand vom Ursprung kann sich der Mensch als Subjekt verorten und die Herkunft seiner Existenz begreifen. Insofern ist die Entstehung einer kulturellen Welt nicht allein als Entfernung von einem wie auch immer gearteten Ursprung zu sehen, sondern auch als Hinführung und Auseinandersetzung mit dieser Leerstelle. Vor allem die Arbeit am Mythos fungiert hier als symbolische Form der Weltaneignung, indem sie diese Leerstelle umkreist.

> Der Mensch kann der Wirklichkeit nicht mehr unmittelbar gegenübertreten; er kann sie nicht mehr als direktes Gegenüber betrachten. Die physische Realität scheint in dem Maße zurückzutreten, wie die Symboltätigkeit des Menschen an Raum gewinnt. Statt mit den Dingen, hat es der Mensch nun gleichsam ständig mit sich selbst zu tun. [EC, Versuch über den Menschen, S. 50]

Blumenberg hebt in seiner ‚Anthropologischen Annäherung an die Rhetorik' mit Kant hervor, dass Cassirer in seinen ‚symbolischen Formen' den Menschen als ‚animal symbolicum' beschrieben habe, dessen Leistung darin bestehe, den äußeren Eindruck als Ausdruck von Innerem zu verstehen. Dadurch sei der Mensch befähigt, Fremdes in Vertrautes bzw. in sinnlich Greifbares umzuwandeln. Letztlich erzeuge er so Orientierung und wirke der Unbestimmtheit entgegen.[423]

> Dabei konvergieren die anthropologischen Zugänge zur Rhetorik auf eine zentrale deskriptive Feststellung: der Mensch hat zu sich selbst kein unmittelbares, kein rein ‚innerliches' Verhältnis. Sein Selbstverständnis hat die Struktur der ‚Selbstveräußerlichung'. [HB, AAR, S. 134]

Bereits hier deutet sich an, dass die Arbeit *des* Mythos, also das Um- und Weiterschreiben des ‚Ur-Mythos', als ‚symbolische Form' im Sinne Cassirers fungiert, da auch sie davon ausgeht, dass Welt erst durch die kulturelle Distanz wahrnehmbar ist.[424] Darüber hinaus lässt sich hier ein Paradoxon feststellen: Obwohl der Mensch dem Absolutismus und der Urangst durch die Erkenntnis und kulturelle Arbeit entfliehen möchte, hat er dennoch das Verlangen und die Sehnsucht, in diese archaische Ohnmacht zurückzufallen und sich dem Ursprung zu überlassen, um letztlich die Möglichkeit zur Selbsterkenntnis zu erlangen.[425]

> Damit jedoch dieses Zurücksinken nicht nur möglich, sondern zum Inbegriff neuer Wünsche wurde, musste etwas vergessen worden sein. Dieses Vergessen

---

[423] Es wird noch zu klären sein, inwieweit das Cassirersche Symbol und die Blumenbergsche Metapher das gleiche Ziel verfolgen, vor allem im Hinblick auf einen anthropologischen Anspruch, allerdings bei unterschiedlicher Vorgehensweise.

[424] Anders Erne, der Blumenbergs Kulturschaffenden als ein „Mängelwesen" bezeichnet, im Gegensatz zu Cassirer, der den Kulturprozess als eine „objektive Bildungsgeschichte" darstelle. Erne versucht damit zu zeigen, dass Blumenberg hier eine grundlegende Revision des Cassirerschen Ansatzes vornimmt. Erne geht davon aus, dass die ‚symbolische Form' bei Cassirer als sog. ‚Luxus' oder Überbau fungiere, den sich der Mensch aufgrund seiner gesicherten lebensweltlichen Situation leisten kann, um sich weiterzuentwickeln. Cassirer gehe, entgegen Blumenberg, von der grundsätzlichen Existenzfähigkeit des Menschen aus. Er übt hier Kritik am Ansatz Cassirers, dem er die existentielle Komponente seiner Philosophie der symbolischen Formen abspricht. Er verkennt, dass gerade Cassirer darauf aufmerksam macht, dass erst durch den Zusammenschluss von Sinn und Sinnlichkeit, also erst in der Herstellung symbolischer Welten, Welt an sich wahrnehmbar ist. Der Mensch wird hier als ‚animal symbolicum' vorgestellt. Thomas Erne: Rhetorik und Religion. S. 168. Vgl. dazu Kapitel 5.1 ‚Die Philosophie der symbolischen Formen'.
Außerdem Günter Dux: Die ontogenetische und historische Entwicklung des Geistes. In: Der Prozess der Geistesgeschichte. Studien zur ontogenetischen und historischen Entwicklung des Geistes. Günter Dux/Ulrich Wenzel. Frankfurt a.M. 1994. S. 173-224; Michael Moxter: Die schönen Ungenauigkeiten. Hans Blumenbergs phänomenologische Variationen. In: Neue Rundschau, (109), 1998, S. 83-92.

[425] Blumenberg zieht hier eine Parallele zum Traum. Zwar empfindet der Träumende eine Ohnmacht gegenüber dem Geträumten, eine Ausschaltung seiner eigenen Subjektivität, gleichzeitig ist er enttäuscht, wenn er aufwacht und ihn die Allmacht des Traumes verlässt [HB, AM, S. 17].

> ist die Leistung der Distanz durch ‚Arbeit am Mythos' selbst. Sie ist Bedingung für alles, was diesseits des Schreckens, des Absolutismus der Wirklichkeit, möglich wurde. Zugleich ist es Bedingung auch dafür, daß der Heimkehrwunsch in die archaische Unverantwortlichkeit der schlechthinnigen Preisgabe an Mächte, denen nicht widersprochen werden kann, nicht widerstanden zu werden braucht, an die Oberfläche des Bewußtseins zu dringen vermag. [HB, AM, S. 15]

Erst durch die Depotenzierungsleistung der Kultur ist der Mensch in der Lage, der Sehnsucht nach dem Ursprung nachzugeben, ohne dass ihm dieser als bedrohlich erscheinen müsste. Erst durch die Herstellung einer zweiten Gegenwart kann dieser Erinnerung stattgegeben werden und die Wiederholung findet einen Ausdruck in der Ästhetik. Blumenberg führt hier eine ähnliche Bewegung wie Cassirer vor, denn erst in der Distanz, durch die kulturelle Tätigkeit, ist Welt nach Cassirer wahrnehmbar und damit die Erinnerung an den eigenen Ursprung überhaupt möglich. Voraussetzung ist – analog der Cassirerschen Symbolphilosophie – ein Vergessen, ein Erzeugen von Distanz, durch die Arbeit am Mythos des Ursprungs selbst.[426] Dem Absoluten wird die kulturelle Wirklichkeit gegenübergestellt, um durch die Genese kultureller Lebenswelten den Verlust des Ursprungs zu kompensieren [HB, LzWz, S. 53f, 64f.].[427] Dass Blumenberg letztlich nur auf die Vorstellung eines Ursprungs zielt und nicht auf seine tatsächliche Existenz, wird an späterer Stelle zu klären sein und unterstreicht noch einmal die These, dass der Ursprung als ‚Ur-Mythos' gedacht werden muss.[428] Das rationale Verhältnis zur Welt ist nach Blumenberg Resultat eines notwendigen Differenzierungsprozesses. So lautet die Leitfrage Blumenbergs in diesem Zusammenhang: „Welches war die Welt, die man haben zu können glaubte?" [HB, LW, S. 10] Hier sei bereits angedeutet, dass der Ursprung als solcher nicht wiederhergestellt werden kann, sondern die Aufgabe liegt vielmehr in einer Erinnerung und Präsentation durch die Arbeit am Mythos.[429]

Damit verbunden ist eine Revision des Geschichtsbegriffs: Zum einen leitet sich die Bewegung der Geschichte aus den Krisen des Bewusstseins ab, die dadurch entstehen, dass der Mensch seine Lebensführung nicht mehr durch

---

426 Erne versucht hier eine Differenz im Ansatz Cassirers und Blumenbergs herauszuarbeiten. Während für Cassirer der Abbau der Unmittelbarkeit des mythischen Ausdrucks Ergebnis und Gewinn der Kulturentwicklung sei, besteht für Blumenberg eine bleibende Aufgabe darin, sich vom Ursprung zu entfernen. Thomas Erne: Rhetorik und Religion. S. 171.

427 Vgl. auch Stoellger, der darauf hinweist, dass die Arbeit am Aufbau kultureller Lebenswelten für Blumenberg nicht unproblematisch ist. Vor allem im Bereich der Wissenschaft besteht die Gefahr der Eskalation und der Entstehung eines neuen Absolutismus. Philipp Stoellger. Metapher und Lebenswelt. S. 259.

428 Allerdings, so Merker, ist das Produkt der empirischen Lebenswelt auf das Äquivalent des Ausgangszustandes gerichtet und somit einem Ursprungsdenken verpflichtet. Barbara Merker: Bedürfnis nach Bedeutsamkeit. S. 90. Vgl. auch HB, LzWz, S. 53, 64.

429 Stoellger spricht an dieser Stelle von einer absoluten Substitution des Ursprungs durch die Metapher. Philipp Stoellger: Metapher und Lebenswelt. S. 259.

seinen Weltentwurf organisieren kann.[430] Zum anderen heißt das aber auch, dass Vergangenheit nicht als abgeschlossen begriffen werden kann, sondern dem Alten bzw. Vergessenen wird immer noch eine wirkende Kraft zugesprochen, denn diese Krisen des Bewusstseins entfalten letztlich ein produktives Potenzial und verändern den gegenwärtigen Standpunkt [HB, WW, S. 16; LzWz, S. 195].[431] Blumenberg zeigt in diesem Zusammenhang, wie Valéry ein Neuschreiben der Geschichte erprobt, indem er hinter die Faktizität von historischen Gegebenheiten zurückgeht, um sie erneut den Möglichkeiten auszusetzen, die zwar zu ihrer Zeit gegeben waren, aber nicht ausgenutzt wurden [HB, Sokrates, S. 299]. Dadurch wird ein Zusammenschluss der Zeiten hervorgerufen; Vergangenheit verbindet sich mit einer möglichen Zukunft zu einem gegenwärtigen Zeitpunkt.

Wie bereits gezeigt, entspricht dies auch dem Zeitbewusstsein der ‚allegorischen Intertextualität'. Insofern ist die Arbeit am Mythos die Bedingung für alles, was diesseits des Absolutismus erfahrbar ist; durch die Arbeit am Mythos wird ein Abstand zum letzten Urgrund hergestellt bei gleichzeitigem Wunsch zur Rückkehr.

Da der Mensch keine ihm ausschließlich zugewandte und auf seine Bedürfnisse zugeschnittene Wirklichkeit besitzt, ist die Tatsache, Welt zu haben, immer ein Resultat von Kunst – auch ausgedrückt in der Arbeit am Mythos – bzw. von kulturellen Strategien, ohne allerdings den Anspruch auf ein Gesamtkunstwerk zu erheben [HB, AM, 13].

> Aber wir besitzen keine andere Wirklichkeit als die von uns ausgelegte. [HB, AM, S. 72]

Wie verdeutlicht, ist diese Annahme auch Grundgedanke von Cassirers ‚Symbolischen Formen': Im Zusammenspiel von Sinnlichkeit und Sinn übernehmen die ‚symbolischen Formen' die Gestaltung von Welt und die ‚Prägung von Sein' [EC, PSF I, S. 11, 43].[432] Nach Cassirer existiert keine andere Wirk-

---

[430] Vgl. auch Barbara Merker, die Blumenbergs Vorstellung von einem Geschichtsbewusstsein als Bewusstsein der Trennung von Erfahrung und Erwartung liest bzw. als Einsicht in die Kontingenz des Lebens. Dieses Bewusstsein setzt eine Abspaltung von der Lebenswelt bereits voraus. Barbara Merker: Bedürfnis nach Bedeutsamkeit. S. 89.

[431] Hannelore Schlaffer übt hier Kritik an Blumenbergs Vorgehensweise, da er die Geschichte in einzelne Lebenssituationen zerstückeln würde. Dadurch überführe er schließlich die geschichtliche Faktizität in Fiktionalität. Hannelore Schlaffer: Ein Grund mehr zur Sorge. Hans Blumenbergs jüngste Veröffentlichungen. In: Merkur, (42), 1988, S. 328-332.

[432] Hier modifiziert Cassirer Kants These vom ‚diskursiven, Bilder bedürftigen Verstand'. Auch Blumenberg arbeitet sich letztlich an diesem ‚kopernikanischen Erbe' ab, wenn er feststellt, dass seit Kopernikus die Menschheit versucht, mit den von ihr selbst erzeugten Bildern fertig zu werden und unaufhaltsam in das Reich ihrer Selbstverständlichkeiten einzudringen, um letztlich daraus ihre Selbstbehauptung zu ziehen. Vgl. auch HB, Kopernikus, S. 367, 354. Der Übergang von der Notwendigkeit zur Freiheit neuer Selbstdefinitionen führt zu einem Verlust der Sinngebungen und zu einem Orientierungsschwund, hervorgerufen durch die nachkopernikanische Welt. Dadurch wird das Programm der Selbstbehauptung akut [HB, Ordnungs-

lichkeit als die, die aufgrund des Bilder bedürftigen und Bilder entwerfenden Verstandes symbolisch gestaltet und konstruiert wird.

In diesem Zusammenhang sind Blumenbergs ‚Höhlenausgänge' von besonderer Bedeutung, da er hier eine Umbesetzung von Platons ‚Höhlengleichnis' vornimmt. Blumenberg verdeutlicht, dass sich Welt erst aus der Erfahrung der Grenzsituation heraus eröffnet. Um Welt zu haben, muss der Mensch die Geborgenheit der Höhle verlassen und Trennungserfahrungen machen. Die Höhlenwände fungieren dabei als eine solche Grenze, die Schutz vor der Außenwelt garantieren, zugleich aber auch als Reflexionsmedium fungieren, da sie Licht und Schall zurückwerfen. Indem Blumenberg bereits hier die Höhle als Ort kultureller Leistung vorstellt, nimmt er eine bedeutende Umwertung des ‚Höhlengleichnisses' vor: Bei Platon können die Menschen, die in der Höhle gefesselt sind, nur Schattenbilder des Wirklichen wahrnehmen und jeder, der ihnen von der Wirklichkeit berichtet, wird mit dem Tode bedroht, um die Abbilder nicht als Schein zu entlarven. Dagegen führt Blumenberg in seinen ‚Höhlenausgängen' vor, dass diejenigen, welche die Höhle nicht zur Jagd verlassen konnten, eine Welt der Phantasie entworfen haben. Muße tritt hier als kompensatorische Nebenform der Selbstbehauptung auf bzw. Kunst als Verschwörung gegen die Starken [HB, HA, S. 33].[433] Demnach existieren zwei Formen des Umgangs mit dem ‚Absolutismus der Wirklichkeit': Die Jäger, die sich die Welt durch materielle Arbeit verfügbar machen, und die Zurückgebliebenen, die Geschichten erzählen und dadurch die Arbeit am Mythos beginnen. So kann die Welt der Höhlenbilder von der Welt der Wirklichkeit entlasten, der Geist der Utopie erwächst in der Höhle und nicht außerhalb von ihr. Blumenberg nimmt hier eine Entplatonisierung der platonischen Höhle vor, indem er die Höhle zum Gesamtkunstwerk und zum Ort der kulturellen Selbstbefreiung werden lässt. Die Grenze zwischen Höhle und Außenwelt – ursprünglich Entfremdungs- und Differenzerfahrung – wird nun durch den Einbezug des Ästhetischen produktiv umgewendet und für die Selbstbehauptung des Subjekts genutzt. Gegen die Bedeutungslosigkeit im Raum wissenschaftlicher Objektivität verteidigt sich das Subjekt mit dem Rückzug in die produktive Höhle.[434] Es geht also nicht mehr länger um theoretische Evidenz,

---

schwund und Selbstbehauptung, S. 40]. Dazu: Immanuel Kant: Kritik der Urteilskraft. Hg. v. Karl Vorländer. Hamburg 1974.

433 Auch Zill macht darauf aufmerksam, dass die ersten Geschichten in der Höhle entstanden sind. Er beschreibt, wie diese Geschichten in ein Bündnis mit der Magie treten und eine Arbeit am Ritual darstellen. Rüdiger Zill: Wie die Vernunft es macht. Die Arbeit an der Metapher im Prozeß der Zivilisation. In: Die Kunst des Überlebens. S. 164-184, hier S. 165. Vgl. auch HB, HA, S. 30.

434 Vgl. hier vor allem Bolz, der zeigt, dass die platonische Höhle zum Kino wird, in der die Höhlenbewohner selbst die Schattenbilder erzeugen. Das Kino fungiert in dem Zusammenhang als Einspruch gegen die aufgeklärte Welt, gegen die Leere. Norbert Bolz: Höhlenausgänge. In: Philosophische Rundschau, (37), 1990, Heft 1-2. S. 153-157, hier S. 155. Auch Jamme weist auf die Bedeutung der Krisen und Schwellen im Zusammenhang mit dem My-

sondern um ästhetische Prägnanz. Die Entfremdung durch die aufgeklärte Welt wird anhand der Ästhetisierung erträglich gemacht, der entzauberte Mensch sucht sich eine Ersatzverzauberung und setzt gegen den Bedeutungsverlust die Wiederherstellung der Bedeutsamkeit durch die Ästhetisierung. Diese Ästhetisierung wird maßgeblich durch die Arbeit am Mythos und die Metapher herbeigeführt, die beide durch das Hervorbringen prägnanter Bilder an der Genese von Bedeutsamkeiten beteiligt sind. Insofern ist die Arbeit des Mythos – angesiedelt an der Grenze zwischen Höhle und Außenwelt – in erster Linie eine ästhetische und damit ein Garant für das Entstehen einer humanen Kultur.

Dem Entstehen dieser humanen kulturellen Wirklichkeit gegenüber trägt der Mensch eine Verantwortung. Der Sprache als Trägersubstanz des Mythischen und des Metaphorischen wird damit nicht nur eine ästhetische, sondern vor allem auch eine ethische Funktion zugesprochen.[435] Aus diesem Grund kann es nicht um die Herstellung einer neuen Totalität gehen, sondern vielmehr steht die Offenheit und Unabgeschlossenheit im Mittelpunkt. In diesem Sinne handelt es sich um die Suggestion einer Orientierung bei gleichzeitiger Virulenz der Leerstelle des Ursprungs. Zwar befindet sich der Mensch immer schon diesseits des Absolutismus, denn dieser Absolutismus ist immer schon ein erzählter bzw. ausgehaltener, dennoch hat er nie letzte Gewissheit über die vollständige Überwindung. Demzufolge muss er seinen eigenen kulturellen Standpunkt bzw. seine kulturelle Arbeit stets erweitern und überprüfen [HB, AM, S. 125; LZ, 63, 66f.]. Um zu überleben, bedarf es nach Blumenberg der Arbeit an der Kultur.[436] Hierin stimmt Blumenberg mit der Kulturphilosophie Benjamins und Cassirers überein, die sich beide für eine Verbindung sowohl von ethischen als auch ästhetischen Aspekten beim Aufbau einer kulturellen Lebenswelt einsetzen.[437] Nicht die Realisierung einer singulären Wirklichkeit steht im Mittelpunkt des Interesses, sondern der Eintritt in einen Möglichkeitshorizont. Damit ist die Funktion der Ästhetik bei Blumenberg klar umrissen: Die Erweiterung des Bereichs des Menschenmöglichen [HB, Wirklichkeitsbegriff u. Mögl. d. Romans, S. 27]. Der ästhetische Gegenstand verbleibt so stets in einer Vieldeutigkeit, die seine Funktion aber erst ausmacht. Die Gewährung der Freiheit des ästhetischen Gegenstandes beinhaltet zugleich eine Absage an jegliche Formen der Konsumption, ist aber gleichzeitig abhängig von der kulturellen Leistung. In Auseinandersetzung mit Kant schreibt Blumenberg:

---

thos vom Höhlenausgang hin. Christoph Jamme: Einführung in die Philosophie des Mythos. Bd. 2. Neuzeit und Gegenwart. Darmstadt 1991. S. 105.

435 Vgl. dazu auch C. Hufnagel: Die kultische Gebärde. Kunst, Politik, Religion im Denken Franz Rosenzweigs. Freiburg i. Br./München 1994.

436 Vgl. hierzu HB, H, S. 793-820 und den Aufsatz ‚Lebenswelt und Technisierung' [LT] von Hans Blumenberg.

437 Vgl. dazu insbesondere: Walter Benjamin: Das Kunstwerk im Zeitalter seiner technischen Reproduzierbarkeit; Ernst Cassirer: The Myth of the State.

> Liegt die ästhetische Subjektivität wirklich nur und primär bei den Subjekten, oder ist der ästhetische Gegenstand seinerseits und essentiell vieldeutig, und zwar so, daß diese Vieldeutigkeit nicht seine Defizienz gegenüber dem theoretischen Gegenstand ausmacht, sondern seine ästhetische Funktion allererst ermöglicht? [438]

Die Mehrdeutigkeit der Ästhetik ersetzt die Totalität des Begriffes. In Rekurs auf Paul Valéry macht Blumenberg dieses Freisetzen der Anschauung, das einen Ausblick auf die Unbestimmtheit und Unbestimmbarkeit zulässt, transparent. Dem Anspruch der Wirklichkeit auf Faktizität kann so widersprochen werden. Dies gelingt durch eine ‚Korrektur an der Lebenswelt, an der Gewöhnlichkeit' [Selbsterfindung des Unpoeten, S. 34]. Nur wenn das Darzustellende seine Eigenständigkeit und Eigenwirklichkeit hervorbringen kann, wird es zur Provokation gegenüber der Faktizität und der Kontingenz des Lebens. Dadurch ist wiederum das Subjekt in der Lage, seine eigenen Grenzen, sein Gefangensein in dem ‚Absolutismus der Wirklichkeit' zu erweitern [HB, Sokrates, S. 322].

> Das ästhetisch-rezeptive Subjekt genießt nicht den Gegenstand als solchen und kein Moment an ihm, sondern durch den Gegenstand hindurch bzw. an ihm sein eigenes Nichteingeschränkt-Sein durch die faktische Welt, seine Freiheit gegenüber dem ‚Gegebenen'. [HB, Sokrates, S. 323]

> Zwischen dem darstellenden Kunstwerk und dem Dargestellten besteht also kein Wahrheitsbezug ersten Ranges mehr, sondern vielmehr wird Kunst von dem Subjekt als ein eigenes hervorgebrachtes Stück Wirklichkeit verstanden, das die Widerständigkeit des Darzustellenden stets mitberücksichtigt und nicht in einer Eindimensionalität aufzulösen versucht [HB, Wirklichkeitsbegriff u. Mögl. d. Romans, S. 21].

> Wir wollen die Werke nicht als Gegenstände, sondern als Dinge. Die Werke sollen nicht ihrerseits Aspekte darstellen, sondern Aspekte gewähren. [HB, Wirklichkeitsbegriff u. Mögl. d. Romans, S. 25]

An diesem Zitat wird zweierlei deutlich: Erstens hat der Mensch für sich den Anspruch und die Notwendigkeit in der kulturellen Auseinandersetzung, im künstlerischen Schaffensprozess, sich eine eigene ästhetische Wirklichkeit zu erbauen, entgegen dem Absolutismus. Zweitens aber löst sich diese neu geschaffene Wirklichkeit im Moment des Schaffensprozesses von ihren kulturellen Entstehungsbedingungen und erlangt so mit Benjamin formuliert einen ‚neuen gesteigerten Ausdruck'; sie entzieht sich damit der Verdinglichung und

---

[438] Hans Blumenberg: Die Vieldeutigkeit des ästhetischen Gegenstandes. In: Kritik und Metaphysik. Heinz Heimsoeth zum achtzigsten Geburtstag. Hg. v. Friedrich Kaulbach und Joachim Ritter. Berlin 1966. S. 174-179. Dieses Plädoyer für die Mannigfaltigkeit der Wirklichkeitsbezüge und die Vieldeutigkeit des ästhetischen Gegenstandes führt zu einer Neubewertung der Anschauung, so Behrenberg. Außerdem: Peter Behrenberg: Endliche Unsterblichkeit. Studien zur Theologiekritik Hans Blumenbergs. Würzburg 1994. S. 26.

Instrumentalisierung durch den Menschen. Dergestalt wird Kunst im Moment der ästhetischen Formung autonom und erinnert daran, was sie einmal war: ‚reiner Ausdruck'.

Zwar kann der Ursprung als solcher nicht dargestellt werden, damit verbleibt ein letzter Rest an Unsicherheit gegenüber der Leerstelle des Absoluten erhalten, dennoch ist der Mensch in der Lage durch die künstlerische Tätigkeit auf diese Leerstelle aufmerksam zu machen, sie ästhetisch zu formen, und ihr damit den Schrecken zu nehmen.[439] Hierin besteht die wesentliche Aufgabe der Moderne: Sie fungiert als Überwindung und Umschreibung der Leerstelle des Ursprungs, indem sie ihm durch Reflexion eine zweite Gegenwart verleiht und ihn damit erinnerbar bzw. erfahrbar macht.[440] Der ‚Ur-Mythos' wird in eine Arbeit am Mythos transformiert. Diese ästhetische Herangehensweise ist die einzig mögliche Umgangsweise mit dem Ursprung, da nur die Ästhetik seiner Unbegrifflichkeit und Unbestimmtheit gerecht werden kann. Dass die Arbeit am Mythos und die Metapher im Wesentlichen solche ästhetischen Strategien darstellen – als Formen der Offenheit bei gleichzeitig höchster Prägnanz – soll im Folgenden erläutert werden. Damit wird deutlich, dass Kunst immer zweite Gegenwart ist, als solche aber auch der Mehrdimensionalität des Dargestellten gerecht werden kann und so in der Lage ist, die Leerstelle mit in die Darstellung zu integrieren.

Die dabei verwendete Sprache wird ebenfalls durch die Ästhetik in eine Offenheit überführt, die sich der Instrumentalisierung entzieht, bei gleichzeitiger Steigerung ihrer Prägnanz.

> Indem die dichterische Sprache ihre feste Bindung an Gegenstände und ihre Intentionalität auf die volle Bestimmung dieser Gegenstände preisgibt, ja indem die Sprache in letzter Konsequenz sich selbst widerspricht und ihre Verweisfunktion aufsprengt, wird sie selbst dinghaft. Francis Ponge hat in Le Patri pris des Choses die Sprache als ein vom Menschen ausgeschiedenes Gehäuse nach der Art einer Muschel vorgestellt [...]. Um unsere Sprachgehäuse uns selbst als unbekannte Dinge begegnen zu lassen, müssen wir die Gebrauchsfunktion, den objektiven Bedeutungswert der Worte zerstören, so daß sie – immer nach Ponge – ihrerseits zu Dingen werden, von uns hervorgebracht und doch nicht mehr von uns begreifbar. Diese Ontologie des ästhetischen Gegenstandes, die das Kriterium der Angemessenheit der Form an den Inhalt, der Sprache an das in ihr Bedeutete preisgibt, verliert damit auch die Entscheidbarkeit der Frage nach der Vollendung des ästhetischen Werkes. Unbeständigkeit (instabilité) gehört wesentlich zum ästhetischen Werk. [HB, Sokrates, S. 320]

---

439 An dieser Stelle soll allerdings darauf hingewiesen werden, dass die letzten Sinnfragen nicht geklärt werden können, sie dennoch virulent bleiben. Anders einige Interpretationen, die Blumenbergs Ansatz mit dem Derridas in Verbindung bringen. So z.B. Anselm Haverkamp: Paradigma Metapher, Metapher Paradigma – Zur Metakinetik hermeneutischer Horizonte. (Blumenberg/Derrida, Kuhn/Foucault, Black/White). In: Epochenschwelle und Epochenbewußtsein. Hg. v. Reinhart Herzog/Reinhart Kosselleck. München 1987. S. 547-561.

440 Vgl. zu Blumenbergs Moderne-Vorstellung vor allem die ‚Legitimität der Neuzeit'. Außerdem: Pippin, der die Moderne bei Blumenberg als Überwindung der Gnosis liest. Robert Pippin: Eine Moderne ohne radikale Entzauberung. S. 106f.

Was hier interessanterweise durch eine fremde Stimme, durch die von Francis Ponge, dargestellt wird, ist letztlich die Bewegung, die auch der ‚allegorischen Intertextualität' eigen ist: Durch das Aufbrechen des instrumentellen Charakters von Sprache erlangt sie als bedeutungslose ihr reines Sein zurück. Bereits anhand von Benjamins und Cassirers Kulturphilosophie ist der Primat auf die Erinnerung der ‚reinen Sprache' bzw. auf die Rückgewinnung einer Materialität der Sprache gelegt worden. Wie u.a. an diesem Zitat verdeutlicht werden sollte, kann auch Blumenbergs Philosophie auf dieses Primat, auf die Erinnerung an die Indifferenz des Ursprungs bezogen werden.

Die für die Moderne typische Konstellation, anhand kultureller Strategien, anhand der Differenz auf die Indifferenz Richtung zu nehmen, findet bei Blumenberg darüber hinaus eine interessante Zuspitzung in der Idee der ‚absoluten Metapher'. In der kulturell geformten ‚absoluten Metapher' konkretisiert sich in ein und demselben Ausdruck sowohl die Differenzfunktion der Sprache bei gleichzeitiger Indifferenz; die unendlichen Möglichkeiten der Übersetzung bei gleichzeitiger Unübersetzbarkeit und schließlich eine nie endende Vieldeutigkeit bei gleichzeitiger Eineindeutigkeit. In diesem Sinne ist – wie im weiteren Verlauf gezeigt werden soll – die ‚absolute Metapher' eine kulturelle Wiederholung des Namens, eingebettet in die Arbeit des Mythos.

### 7.1.2 Gegen den Mythos den Mythos

Wie eingangs verdeutlicht, ist der Mythos – analog zu Cassirer – immer schon zweite Gegenwart und damit Arbeit am Mythos. Als solcher ist er wesentliches Instrument beim Aufbau kultureller Welten. Durch seine Depotenzierung und Distanznahme vom Absolutismus besitzt er eine Orientierungsfunktion und befreit von erschreckenden und bedrohlichen Vorstellungen. Die mythische Rede ist vor allem ein Versuch, den Absolutismus erzählbar zu machen. So ist die Arbeit am Mythos nicht mehr nur Resultat einer unspezifischen Angst, sondern auch – wie an der Prometheus-Figur verdeutlicht – Zeichen der kulturellen Selbstbehauptung. Dabei sind zwei Voraussetzungen von besonderer Bedeutung: Erstens stellt der von Blumenberg vorgestellte ‚Absolutismus' selbst einen Mythos dar. Dieser ‚Absolutismus' ist *der* Urmythos schlechthin, die für den Menschen nicht greifbare Leerstelle seiner eigenen Ursprünglichkeit, seiner eigenen Existenz und damit auch seiner Sprache. Dieser Urmythos, die Nichtbegründbarkeit des menschlichen Daseins evoziert eine undifferenzierte Angst. Auslöser dieser Angst ist der Austritt aus dem Paradies, der in der Arbeit am Mythos bewältigt werden soll.[441] Der von dem Ab-

---

[441] Auch Jamme versteht den Ursprung der Angst als Reaktion auf den Verlust des Paradieses und sieht darin einen Verweis auf Kierkegaard und Heidegger. Christoph Jamme: Einführung in die Philosophie des Mythos. Bd. 2. S. 101. Behrenberg dagegen weist anhand der Prome-

solutismus des Ursprungs ausgehende ‚Terror' muss nach Blumenberg – und hier findet sich die zweite Voraussetzung – zunächst imaginativ gesteigert werden bzw. in Poesie überführt werden, um ihm den Schrecken zu nehmen. Wird das Absolute in Ästhetik transformiert, wird es rezipierbar und damit depotenziert. Diese kulturelle Überführung und die damit einhergehende Depotenzierung findet nach Blumenberg durch den Mythos selbst statt. Insofern ist der Satz zu verstehen: Die Arbeit am Mythos ist die Arbeit des Mythos, oder anders ausgedrückt, gegen den *einen* Mythos den Mythos. Dem ‚Ur-Mythos' wird durch die kulturelle Bearbeitung eine zweite Gegenwart verschafft und damit zugleich die Bedrohung genommen.[442] In diesem Grundgedanken folgt Blumenberg Cassirer, der ebenfalls zwischen einem nicht mehr erfahrbaren ‚Ur-Mythos' und der ‚symbolischen Form' des Mythos, die immer schon kulturelle Leistung ist, unterscheidet.[443] Letztendlich wird die Depotenzierung bei Blumenberg durch eine Potenzierung erreicht. Durch die imaginative Steigerung dieser Leerstelle in der poetischen Sprache wird die Unergründbarkeit in kulturelle Form gebannt und so erträglich. Der Mensch macht sich die Bedingungen seines Daseins transparent, indem er an die Leerstelle seines Ursprungs die Vorstellung dieser Leerstelle setzt. Diese Vorstellung kann zwar inhaltlich nicht die Leerstelle füllen, indem sie aber eine ähnliche Struktur aufweist – die Struktur des Mythos als zweite Gegenwart – präsentiert sie die Leerstelle als poetische Form, als ‚absolute Metapher'. Diesen beiden Voraussetzungen widmet sich der erste Teil des Kapitels.

Um die Überführung des ‚Ur-Mythos' in den kulturellen Mythos bzw. in die Arbeit am Mythos möglich zu machen, sind mehrere Strategien von Bedeutung: Die Bewegung von Vergessen und Erinnern, das Setzen von Bedeutsamkeiten, die Fähigkeit zur Rezeption und schließlich eine Namensgebung, die Namen nennt, ohne zu benennen. Diese Strategien werden dann im zweiten Teil des Kapitels näher untersucht, um sie anschließend mit der Verfahrensweise der ‚allegorischen Intertextualität' in Verbindung zu bringen.

Dass der Mythos immer schon zweite Gegenwart und bereits in Rezeption übergegangen ist, ist vor allem in Blumenbergs opulenter Rezeptionsgeschichte

---

theus-Rezeption nach, dass Blumenberg die Position Heideggers umbesetzt: Der Mythos und seine Rezeption sind nicht mehr länger nur Resultat einer Angst, sondern vor allem auch Ausdruck der menschlichen Selbstbehauptung bzw. Überlebenskunst. Peter Behrenberg: Unendliche Unsterblichkeit. S. 43f.

442 In dem Zusammenhang zitiert Blumenberg Schelling, der gezeigt hat, dass der Mythos ein Urgedanke ist, der sich selbst ins Dasein drängt. HB, AM, S. 165.

443 Allerdings ist die durch die symbolischen Formen erwirkte Weiterentwicklung nicht Ausdruck eines Defizits oder Mittel der Depotenzierung, sondern notwendige Einsicht in die kulturelle Weiterentwicklung. Zwar macht auch Blumenberg darauf aufmerksam, dass erst durch die kulturelle Entwicklung die Grundfesten der menschlichen Existenz erfahrbar werden, dennoch spielt die Ungewissheit und Unbestimmtheit als Motor kultureller Aktivitäten eine nicht unerhebliche Rolle.

des Prometheus-Mythos erkennbar. Insofern ist der Mythos immer schon symbolische Form im Sinne Cassirers und als solcher bereits Zeichen der Überwindung und kulturellen Befreiung [HB, AM, S. 15]. Dennoch spielt die Annahme eines ‚Ur-Mythos' eine entscheidende Rolle in den Überlegungen Blumenbergs, letztlich ist dieser der Motor kultureller Tätigkeiten. Der Mythos ist dazu da, überwunden zu werden, obwohl er bereits selbst Überwindung ist. Dies zeichnet ihn als Ort der Schwelle aus, die einer spezifischen Dynamik ausgesetzt ist. Insofern ist verständlich, dass Blumenberg an keiner Stelle eine Definition des Mythos liefert.[444] Der Mythos changiert zwischen den Zeiten, zwischen Darstellbarem und Nichtdarstellbarem; letztlich zwischen Ursprung und zweiter Gegenwart. Das Vorhandensein dieses ‚Ur-Mythos' wird nach Blumenberg im Wesentlichen auf zwei Arten rezipiert: Zum einen als ‚Terror', der Ausdruck der Passivität gegenüber einer als unfassbar vorgestellten Leerstelle ist, und zum anderen als Poesie, als imaginative Ausschweifung anthropomorpher Aneignung von Welt und theomorpher Steigerung des Menschen. Die Erhaltung des Subjekts wird durch seine Imaginationen erreicht, Bilder gegen den Gräuel gesetzt [HB, AM, 16; WW, S. 13]. Mythen sind, so Odo Marquard, geglückte Versuche, ‚aus dem Schrecken, in Geschichten *über* den Schrecken auszuweichen'.[445] So ist die Antithese von Poesie und ‚Schrecken' der Ausgangspunkt der Arbeit am Mythos [HB, AM, S. 70]. Die Arbeit am Mythos überführt letztlich das Unbestimmte in das Bestimmte, das Unheimliche in das Vertraute, in dem er das Andere durch den Anderen ersetzt, die Leerstelle des ‚Ur-Mythos' durch die konkrete Erzählung von Göttergeschichten [HB, AM, S. 32, 29]. Dadurch wird der Mythos selbst zu einer Form des Logos, indem er die Übermacht des ‚Ur-Mythos' depotenziert und die Welt lebbar werden lässt. Mythisches Denken steht demnach im Dienst der Erkenntnis.[446] Insofern depotenziert sich der Mythos bei Blumenberg selbst. Da aber dieses Abstandnehmen von der Leerstelle des ersten Beginns nie an ihr Ende gebracht werden kann, zeigt die Arbeit am Mythos immer auch die Distanz zu ihrem eigenen Ursprung auf.

---

[444] Rudolph sieht hierin eine Berechtigung, den Mythos als singuläre Form anzuzweifeln. Enno Rudolph: Mythos – Logos – Dogma. Eine Auseinandersetzung mit Hans Blumenberg. In: Mythos und Religion. Interdisziplinäre Aspekte. Hg. v. Oswald Bayer. Stuttgart 1990. S. 58-80.

[445] Odo Marquard: Diskussionsbeitrag zur ersten Diskussion: Mythos und Dogma. Vorlage: Hans Blumenberg, Wirklichkeitsbegriff und Wirklichkeitspotential. In: Terror und Spiel. S. 528.

[446] Vgl. auch Jamme, der in dieser Distanzierungsleistung eine erste Stufe der Rationalität verwirklicht sieht. So ist mythisches Denken nicht vorlogisch, sondern Arbeit am Logos. Christoph Jamme: Einführung in die Philosophie des Mythos. S. 107. Vgl. auch Geyer, der den Mythos bei Blumenberg als Paradigma der Umbesetzungen begreift, durch die eine Distanzierung von der Metaphysik vorgenommen wird. Geyer übersieht hier erstens, dass die Arbeit am Mythos nicht im Logos aufgelöst wird, sondern eine Modifikation des logischen Denkens vornimmt, und zweitens, dass jegliche Arbeit am Mythos einem Ursprungsdenken verpflichtet ist. Carl Friedrich Geyer: Rezension zur ‚Arbeit am Mythos'. In: Zeitschrift für Religions- und Geistesgeschichte, (33), 1981, Heft 1, S. 171.

> Daß es der Mythos mit den Ursprüngen zu tun hat, gibt ihm für den späten Betrachter gerade nicht die Weihe; daß er von ihnen jemals losgekommen ist, die Distanz zu ihnen zu bezeichnen und faßbar zu machen vermag, ist die Quintessenz dessen, was eine Mythologie noch zu bieten hat. [HB, AM, S. 63]

In diesem Zusammenhang ist die Unterscheidung zwischen dem Grundmythos und dem Kunstmythos von entscheidender Bedeutung. Im Grundmythos wird eine anthropologische Gegebenheit in Bildern ausgedrückt, ohne in starre Begrifflichkeiten überzugehen. Ein Beispiel für diese Technik der Andeutung ist nach Blumenberg das Verbot sich umzudrehen, um das sicher Zugesagte auch als sicher Eingetretenes zu sehen wie im Mythos von Orpheus oder von Lots Frau. Obwohl die Bedeutung dieses Grundmythos durch seine Prägnanz sich unmittelbar erschließt – die Einsicht in die mangelnde Kenntnis von Welt aufgrund des beschränkten Sichtfeldes – kann diese doch nicht in exakte Begrifflichkeiten überführt werden [HB, AM, S. 193].

Der Grundmythos lebt vielmehr von Andeutungen, von der Artikulation des Abwesenden im Moment der Erzählung, ohne das Abwesende tatsächlich darstellen zu wollen.[447] Er suggeriert Totalität, das Gefühl alles sei gesagt und verweigert dennoch letzte Antworten. Dieses Verfahren der ‚Unbefragbarmachung' ist typisch für den Grundmythos, der Unerfindbarkeit und Unbegründbarkeit als ‚Begründungsunbedürftigkeit' inszeniert [HB, AM, S. 145, 177]. Der Grundmythos ist allerdings nicht als ‚Ur-Mythos' zu verstehen, sondern als kulturelle Ausdrucksmöglichkeit des Unbestimmten. Er enthält ein Potenzial an Vorstellungen, dass nicht ohne Substanzverlust in Begriffe übersetzt werden kann [HB, PM, S. 84f.]. Insofern hat er dort seinen Platz, wo es noch keine theoretischen und begrifflichen Ausdrucksweisen gibt [HB, AM, S. 58]. Der Grundmythos ist bereits zweite Gegenwart des ‚Ur-Mythos', zeichnet sich aber durch seine besondere Qualität aus, ‚den Ur-Mythos' als Leerstelle präsentieren zu können. Diese Präsentation ist vor allem aufgrund seiner hohen Prägnanz und Bildlichkeit möglich, die der ‚absoluten Metapher' ähnelt. Der mit dem Grundmythos transportierte Vorstellungsgehalt ist zugleich unübersetzbar und unendlich übersetzbar, er ist Fragment und Totalität, als Darstellung verweist er auf das Undarstellbare. Der Grundmythos präsentiert die Leerstelle des Ursprungs, weil er sich an der Schwelle zwischen Werden und Sollen, zwischen Vergangenem und Zukünftigen, letztlich zwischen Sagbarem und Unsagbarem befindet. Als Ort der Schwelle macht der Grundmythos auf die Schwelle als Ort aufmerksam und artikuliert die Distanz zum ‚Ur-Mythos' stets mit [HB, AM, S. 208].

> Der Grundmythos ist nicht das Vorgegebene, sondern das am Ende sichtbar Bleibende, das den Rezeptionen und Erwartungen genügen konnte. [HB, AM, S. 192]

[447] Anders Merker, die davon ausgeht, dass das Abwesende im Mythos durch die Produktion von Sinn im Moment der Narration vergessen werden soll. Barbara Merker: Bedürfnis nach Bedeutsamkeit. S. 86.

> Prometheus und Orpheus – diese Namen vergegenwärtigen zugleich, daß es falsch sein muss, die Bedeutsamkeit des Grundmythos daran zu messen und dadurch zu erklären, daß er Antworten auf Fragen zu geben hätte. Trotzdem wird der Grundmythos an der Reichweite seiner Leistung einzuschätzen sein: indem er radikal ist, wird er fähig, total zu sein. Das bedeutet aber nur, daß er die Suggestion mit sich führt, durch ihn und in ihm bleibe nichts ungesagt. Das Ungesagte ist eine andere Kategorie als die des Ungefragten. Was Totalität hier heißt, wissen wir überhaupt erst, seitdem auf sie verzichtet wurde und verzichtet werden musste, um wissenschaftliche Erkenntnis zu haben. [HB, AM, S. 193]

> Hier gibt es eine Konvergenz von Grundmythos und absoluter Metapher. [HB, AM, S. 194][448]

Da der Grundmythos der ‚absoluten Metapher' ähnelt, ist er nicht begrifflich aufzulösen und erst im Moment der Rezeption, also erst nachträglich erkennbar. Diese Erkennbarkeit wird von dem Kunstmythos hervorgebracht, der den Grundmythos durch die ästhetische Ausgestaltung und die Rezeption potenziert und variiert. Der Grundmythos wird im Kunstmythos ästhetisch überhöht und dadurch erst nachträglich in die ‚absolute Metapher' überführt. Dieser Vorgang geschieht mit dem Ziel, durch den Grundmythos hindurch auf die Leerstelle des ‚Ur-Mythos' verweisen zu können. In seinen ‚Paradigmen zu einer Metaphorologie' hebt Blumenberg hervor, dass der Unterschied zwischen Mythos und ‚absoluter Metapher' ein genetischer ist: während der Mythos den Anspruch hat, letzte Wahrheit zu verbürgen, darf die Metapher als Fiktion auftreten. Insofern wird der Anspruch auf letzte Wahrheit im Grundmythos durch den Kunstmythos potenziert und in Fiktion überführt, dadurch aber zugleich depotenziert und ästhetisch erfahrbar gemacht. Durch die Ästhetisierung im Kunstmythos wird der Grundmythos als ‚absolute Metapher' kulturell erfahrbar und damit auch erinnerbar. Das nicht Darstellbare des Grundmythos wird in Ästhetik überführt und fassbar. Erst in der Rezeption, in der kulturellen Bearbeitung ist die Möglichkeit gegeben, das Abwesende des Ursprungs tatsächlich zu präsentieren.

> Deshalb entsteht ein Kunstmythos nur durch den Widerspruch, daß dieses Nichtseiende und Namenlose dennoch Folgen hat, die seinen Bestimmungen ganz zuwider sind. Aus dem Namenlosen explodiert ein Katarakt von Namen, aus dem Schweigen ein Überfluß von Redseligkeit. Jenes Schweigen, in dem der Unfassbare vor allem anderen ruht, ist die Hypostasierung seiner Unsagbarkeit und Namenlosigkeit. Insofern er jedoch das Licht in ursprünglicher Reinheit und die Quelle, die lebendiges Wasser gibt, zugleich ist, schafft ihm die Metapher als Verstoß gegen die Vorschrift von Unsagbarkeit den Übergang in die erzählbare Geschichte: im Spiegel des reinen Lichtwassers, das ihn umgibt, erblickt der Unfassbare sich selbst. Dadurch also, daß er sich verströmt, wird er sich selbst im Bild gegenwärtig, ist er schon im überlieferten Mythologem – der Name des Narcissus reicht ins Ursprungsgeheimnis der Dinge zurück. [HB, AM, S. 224]

---

448 Vgl. auch HB, PM, S. 111-116.

Insofern diskursiviert der Kunstmythos den Grundmythos und durch ihn hindurch zugleich das Unsagbare. Dadurch, dass Blumenberg schon den Grundmythos als erste Rezeptionsstufe vorstellt, bestätigt sich noch einmal, was anhand von Cassirers ‚Symbolischen Formen' bereits nachgewiesen wurde: Der Ursprung selbst ist ein Mythos und als solcher absolut und nicht fassbar. Erst in der ästhetischen Ausgestaltung von Vorstellungsinhalten durch den Kunstmythos werden Bedeutsamkeiten gesetzt, die dann wiederum der Rezeption und damit Transformationsprozessen unterzogen werden können.

Auch an dieser Stelle wird der Grundgedanke Blumenbergs deutlich, der sich im Verlauf der Untersuchung als konstitutiv für die Moderne erwiesen hat: Erst in der ästhetischen Überformung und Ausgestaltung ist die Leerstelle des Ursprungs erahnbar und erinnerbar. Erst aus der Differenz heraus, durch den produktiven Umgang mit Kultur, findet sich eine Möglichkeit, die Indifferenz des Ursprungs zu wiederholen. Im ästhetischen Bild, hier der ‚absoluten Metapher' wird sich das Ich selbst gegenwärtig. Erst wenn diese Wiederholung an ihr Ende gekommen wäre, d.h. wenn die Leerstelle unmittelbar präsent wäre, kann der Mythos an sein Ende kommen. Dies ist nach Blumenberg allerdings nicht möglich, denn ähnlich wie die ‚absolute Metapher' wird der Mythos ständig von der einen Bildwelt in die nächste übersetzt, ohne jemals aufgelöst werden zu können. Die Leerstelle des Ursprungs ist immer schon eine verlorene, allein in der ästhetischen Potenzierung lässt sich noch eine Vorstellung vom Ursprung erahnen.

> Den Mythos zu Ende bringen, das soll einmal die Arbeit des Logos gewesen sein. Diesem Selbstbewusstsein der Philosophie – oder besser: der Historiker der Philosophie – widerspricht, daß sich die Arbeit an der Endigung des Mythos immer wieder selbst als Metapher des Mythos vollzieht. Das Prinzip des unzureichenden Grundes im acte gratuit zur zentralen Idee der Ästhetik zu machen, heißt genauso, sie zu mythisieren, wie es etwa durch das Genie gemacht worden war. Die Welt selbst muß zur unbegründeten Sache von der Welt werden, damit sie unbegründbare Welten neben sich, in sich, gegen sich duldet. Nur im Universum der reinen Unverbindlichkeit kommt der ästhetische Gegenstand gegen alles andere auf. [HB, AM, S. 681]

Aber noch etwas anderes deutet sich hier an: Die durch den Kunstmythos vorgenommene Überführung des Grundmythos in eine ‚absolute Metapher' zum Zwecke der Lesbarkeit des Unlesbaren, findet letztlich durch die Lektüre statt. Die Herstellung von ‚absoluten Metaphern' ist ein kultureller Akt, der durch das Setzen von Bedeutsamkeiten vorgenommen wird. Das Setzen von Bedeutsamkeiten wiederum ist der Modifikation bzw. Veränderung durch die Rezeption unterworfen. Genau darin besteht die Leistung der Arbeit am Mythos: ästhetische Transformation der Leerstelle des Ursprungs in eine ‚absolute Metapher' und damit zugleich die Darstellung des Nicht-Darstellbaren durch den Akt der Lektüre.

Zwei Punkte sind hier von besonderer Bedeutung: Erstens fungiert die ‚absolute Metapher' – wie noch zu zeigen sein wird – als Wiederholung des Namens im Sinne Benjamins und ist die Bedingung der mythischen Begriffsbildung. Hier vereinen sich Positionen Benjamins mit denen Cassirers. Zweitens ist das Hervorbringen von ‚absoluten Metaphern', wie oben beschrieben, eine kulturelle Leistung, die an den Akt der Lektüre gebunden ist, denn der Kunstmythos ist ein ästhetisches Um- und Weiterschreiben des Grundmythos, eben Rezeptionsleistung. Zusammengenommen wird durch diese Aktivitäten Bedeutsamkeit gewonnen und die Arbeit am Mythos gekennzeichnet, die immer die Darstellung des Undarstellbaren im Blick hat.

Überträgt man Blumenbergs Überlegungen auf die Sprache, ergeben sich hieraus einige Konsequenzen für die Verfahrensweise der ‚allegorischen Intertextualität', denn auch sie erinnert durch ihre Lektürepraxis an den Ursprung bzw. an den ursprünglichen Namen und gibt diesem im Verweisungsgeflecht der Zitate eine zweite Gegenwart. Dass die ‚reine Sprache' letztlich als Mythos gedacht werden muss, ist bereits mit Cassirer deutlich geworden, denn die ‚reine Sprache' war zu keiner Zeit eine menschliche Sprache und ist demzufolge nur als Leerstelle denkbar. In dieser Hinsicht kann – wie noch weiter ausgeführt werden soll – die ‚allegorische Intertextualität' als Arbeit am Mythos verstanden werden, als Arbeit am Mythos der ‚reinen Sprache'.

### 7.1.3 Bedeutsamkeit

Der Ursprung der menschlichen Existenz und auch der Ursprung der Sprache erweisen sich als unbestimmbare Größe, die sie schließlich zu einem Mythos werden lässt. Blumenberg richtet sein Augenmerk daher nicht so sehr auf den ‚tatsächlichen Ursprung', den sogenannten ‚Ur-Mythos', sondern vielmehr auf die Vorstellungen des Menschen von diesem Ursprung, der nur als Leerstelle denkbar ist [HB, AM, S. 68]. Wesentliche Leistung der Arbeit am Mythos ist es, diese Vorstellungen zu artikulieren, sie ästhetisch zu gestalten und damit Bedeutsamkeit zu stiften. Die Leerstelle des Ursprungs, die zunächst als absolut und unüberwindbar erscheint, wird durch das Stiften von Bedeutsamkeit fassbar und depotenziert. Damit wird Bedeutsamkeit zu einer Bedingung des Lebens und ist dem Absolutismus entgegengesetzt [HB, AM, S. 125].

> Wenn Bedeutsamkeit die Qualität der Welt ist, wie sie ursprünglich für den Menschen nicht wäre, so ist sie einer Ängstigung abgerungen, deren Abdrängung in die Verdeckung gerade durch sie bewirkt und bestätigt wird. Sie ist die Form, in der der Hintergrund des Nichts als dessen, was ängstet, auf Distanz gebracht worden ist, wobei die Funktion des Bedeutsamen ohne diese Urgeschichte unverstanden, obwohl gegenwärtig bleibt. Denn das Bedürfnis nach Bedeutsamkeit wurzelt darin, daß wir uns als der Ängstigung nie endgültig enthoben bewusst sind. Aus der Sorge als dem Sein des Daseins, das in der Grundbefindlich-

> keit der Angst seine ausgezeichnete Erschlossenheit finden soll, entspringt mit der Ganzheit der Daseinsstruktur auch seine Entbehrung von Bedeutsamkeit an der Welt, ihrer Erfahrung, ihrer Geschichte. [HB, AM, S. 125][449]

Die Arbeit am Mythos ist in erster Linie eine Leistung der Distanz, indem sie das Schweigen durchbricht und dem Unsagbaren somit den Schrecken nimmt [HB, WW, S. 28].[450] Diese Funktion übernimmt er durch die Fähigkeit, Geschichten erzählen zu können bzw. Bedeutsamkeiten zu setzen. Diese Geschichten kreisen alle um die Leerstelle des Ursprungs. Bedeutsamkeit wird dadurch hergestellt, dass sich die Menschen zu einem bestimmten Zeitpunkt für einen Vorrat an Bildern entscheiden, die sie auf sich selbst beziehen können. Durch das Nach- und Umerzählen dieser Bilder bildet sich eine Identität heraus, darüber hinaus werden die Bilder der jeweiligen Situation angepasst. Bedeutsamkeit stellt also den Versuch der Signifikanz dar, die eine feste Erwartung evoziert und damit Vertrautheit erweckt.[451] Unvertrautes wird durch die Arbeit am Mythos mit ins Gespräch gebracht, so wird über das Erzählen von Geschichten Weltvertrauen hergestellt [HB, AM, S. 18, 143].[452] Da die Arbeit am Mythos die Angst depotenziert, eröffnet sich ein Spielraum, innerhalb dessen sich das Subjekt entfalten kann. Dieses von der Arbeit am Mythos neu hergestellte Wirklichkeitsverhältnis findet seine Bestimmung in der Herstellung von Bedeutsamkeit, die insofern als poetische Strategie der Distanzierung vom Absolutismus verstanden werden kann. Blumenbergs Auseinandersetzung mit dem Mythos ist also keine Suche nach der Wahrheit des ‚Ur-Mythos', vielmehr zielt seine Untersuchung auf die Arbeit des Mythos ab, die darin besteht, Bedeutsamkeit herzustellen. Anders als das Ritual sind Mythen erste symbolische Ausdrucksformen, die von der unmittelbaren Situation Abstand nehmen und dadurch Bedeutung generieren können. Während das Ritual nicht sprachlich organisiert ist, gelten Mythen als erste sprachförmige Deutungssysteme, die das Unheimliche ins Bild setzen [HB, AM, S. 450]. Insofern

---

449 Vor allem im Hinblick auf den Begriff ‚Erschlossenheit' lassen sich hier Anleihen zu Heideggers ‚Sein und Zeit' finden, die in diesem Rahmen aber nicht näher erläutert werden können.

450 Diese Funktion sprechen u.a. auch Vico, Hume und Nietzsche dem Mythos zu. Nietzsche weist darauf hin, dass der Mythos über die Schrecknisse des Lebens hinwegtäuschen soll, allein der Mythos und die Kunst sind in der Lage, Vorstellungen zu evozieren, mit denen sich leben lässt. Friedrich Nietzsche: Sämtliche Werke. Kritische Studienausgabe. Hg. v. Giorgio Colli. Berlin 1980. Bd. 1. S. 57.

451 Pippin spricht im Falle des Herstellens von Bedeutsamkeiten von einem Similisationsprozess. Robert B. Pippin: Eine Moderne ohne radikale Entzauberung. S. 103.

452 Ein interessanter Aspekt ist die Überlegung, inwieweit Parallelen zwischen dem mythischen und dem novellistischem Erzählen existieren, gerade auch im Hinblick auf die Herstellung von Weltvertrauen und als Erzählen gegen den Tod bzw. gegen vakante Leerstellen. „Der Gedanke an den Tod ist mit Schrecken beladen, mit dem Wunsch, seine Drohung abzuwenden, mit der undeutlichen Hoffnung, ihn nicht erklären, sondern vielmehr wegerklären zu können, ihn unwirklich zu machen und regelrecht zu leugnen" [HB, WW, S. 50]. Geschichten werden nach Blumenberg erzählt, um etwas zu vertreiben, entweder die Zeit oder die Furcht [HB, AM, S. 40].

stellt die Wandlung vom Ritual zum Mythos eine Entwicklung von einer situationsgebundenen Handlung hin zu einer situationsentbundenen Sprach-Handlung in Form von Bedeutsamkeitsherstellung dar.[453] Mittel zur Generierung von Bedeutsamkeit sind u.a. die Herstellung von Gleichzeitigkeit, latenter Identität, Kreisschlüssigkeit, die Wiederkehr des Gleichen im Ungleichen und wie noch hervorzuheben sein wird, Namen nennen zu können, ohne zu benennen.

Bedeutsamkeit gibt demzufolge Auskunft über die Kreativität des Menschen und über seine Stellung zu sich selbst und zur der ihm umgebenden Welt. Blumenberg spricht auch von der „philosophischen Mythologie“, da die Aufgabe nicht darin besteht, den Mythos von außen zu interpretieren, vielmehr muss er von seiner eigenen immanenten Logik her begriffen werden. Die Aufmerksamkeit richtet sich also auf die Leistung, die der Mythos für den Menschen übernimmt. Er besitzt nicht allein Erklärungsfunktion, sondern ist zugleich auch eine Bearbeitung des Weltverhältnisses, die sich durch Kreativität auszeichnet. Durch diese Kreativität bewältigt der Mensch die Undurchdringlichkeit von Welt, die Unkenntnis des Ursprungs allen Seins; darin besteht die kulturelle Leistung der Arbeit am Mythos.

Gerade im Hinblick auf das Herstellen von Bedeutsamkeiten lassen sich erstaunliche Parallelen im Ansatz Blumenbergs und Cassirers feststellen: In Cassirers Symbolphilosophie wird der Mensch als bedeutung- und kulturstiftendes Wesen ausgezeichnet. Jedes Weltverstehen ist durch eine bedeutungsgebende Funktion des menschlichen Geistes entstanden, aus diesem Grund ist auch keine Weltvorstellung ein genaues Abbild der Wirklichkeit, sondern vom Subjekt und seinem Umgang mit Welt geprägt. Um die chaotischen und für den Menschen unfassbaren Welteindrücke erfahrbar zu machen, wandelt er sie in symbolische Welten. Dieser Prozess vollzieht sich durch die Herstellung von Bedeutsamkeit. Erst durch die kulturelle Leistung, die im Setzen von Bedeutsamkeit besteht, ist der Mensch in der Lage, die sinnlichen Eindrücke auch sinnhaft zu erfahren. Die symbolischen Welten, die durch die Herstellung von Bedeutsamkeit entstehen und damit Welt erfahrbar machen, sind u.a. der Mythos und die Sprache [EC, PSF I, S. 43]. Die Entstehungsgeschichte der kulturellen Welt ist allein Ausdruck der menschlichen Anstrengung und gibt ein Bild seiner Selbstverfasstheit. ‚Statt mit den Dingen, hat es der Mensch nur noch mit sich selbst zu tun’ [EC, Versuch über den Menschen, S. 51].

Daraus ergeben sich für Blumenbergs Konzept der Bedeutsamkeit einige Konsequenzen: Erstens übernimmt die Bedeutsamkeit eine wichtige Funktion bei der Orientierung in der Welt. Durch ihre Fähigkeit, Distanz zum unmittel-

---

[453] In diesem Zusammenhang zeigt Kirsch-Hänert, dass der Mythos als Sprachhandlung sich nicht über die inhaltliche Komponente hermeneutisch aufschließen lässt. Johannes Kirsch-Hänert: Zeitgeist – Die Vermittlung des Geistes mit der Zeit. Frankfurt a.M. 1989. S. 127. Dazu HB, AM, S. 68; WW, S. 13.

baren Erleben herstellen zu können, ordnet sie die sinnlichen Eindrücke und formiert sie zu – in Cassirers Terminologie – symbolischen Welten. Auch bei Blumenberg ist die Indirektheit des Weltzugangs ein wichtiges Mittel zur Welterfahrung, an der die Herstellung von Bedeutsamkeit entscheidenden Anteil hat. Da sich die Arbeit am Mythos durch das Setzen von Bedeutsamkeiten auszeichnet, kann diese als eine symbolische Form gelesen werden. Cassirer und Blumenberg sind sich darüber einig, dass der menschliche Wirklichkeitsbezug immer indirekt, umwegig und selektiv ist. Diese Fähigkeit macht den Menschen nach Blumenberg zum ‚animal symbolicum' im Sinne Cassirers [HB, AAR, S. 114]. Die in diesem Zusammenhang wichtige Unterscheidung zwischen Metapher und Symbol wird im Folgenden noch zu diskutieren sein.

Zweitens wird deutlich, dass ähnlich wie in Cassirers symbolischen Formen auch Blumenbergs Arbeit am Mythos von der Ambivalenz zwischen Sinn und Sinnlichkeit getragen ist. Um den Ursprung erfahrbar zu machen, muss die sinnliche, nicht direkt zugängliche Welt in eine sinnhafte kulturelle Welt überführt werden. Erst hier – in der Verbindung von Sinn und Sinnlichkeit als Herstellung von Bedeutsamkeit – erlangt der Ursprung die Möglichkeit der zweiten Gegenwart und damit einer Dauerspur. Zum einen hat also das Setzen von Bedeutsamkeiten eine Erinnerungsfunktion und vereint Sinn und Sinnlichkeit und zum anderen wird deutlich, dass die Arbeit des Mythos als Arbeit am Mythos eine selbstreferenzielle Arbeit ist, da sie an ihren eigenen Ursprung erinnert. So ist auch Blumenbergs Buch *Arbeit am Mythos* ein Erinnerungsbuch, das zeigt, dass sich der Mensch durch den Mythos von jeglichem Absolutismus befreit und dadurch in der Lage ist, den Ursprung bzw. den ‚Ur-Mythos' ohne Angst zu erinnern.[454] Übrigens vollzieht schon Benjamin eine Bewegung, die verdeutlicht, dass erst durch das Herstellen einer Gegenwärtigkeit im ästhetischen Augenblick Vergangenheit und damit Ursprünglichkeit erinnert werden kann.[455]

Die Herstellung von Bedeutsamkeiten bzw. die sich damit verbindenden Vorstellungen sind einem historischen Wandel unterworfen; damit bestätigt sich nochmals, dass sie Ausdruck von Kultur sind. Nach Blumenberg entsteht die ‚Bedeutsamkeit' des Mythos durch Steigerung und Depotenzierung des ‚Ur-Mythos', letztlich also durch ‚Terror und Spiel'. Die Steigerung durch die Bedeutsamkeit wird durch die rhetorische und fiktive Anreicherung der bloßen Fakten erreicht, durch die Potenzierung des Schreckens in der literarischen Rede, um dadurch zugleich die Depotenzierung und Mäßigung des Unerträglichen herbeizuführen. Bedeutsamkeit wird demnach erst durch die poetische Transformation leistungsfähig, indem der Schrecken mit Hilfe der Imagination gebannt wird. Die Faszination, welche die Arbeit am Mythos ausübt, ist nicht durch die Suche nach einem Wahrheitsgehalt bestimmt, sondern durch die

---

[454] Wetz spricht in diesem Zusammenhang von dem Mythos als Täuschung, da er eine lebensdienliche Fiktion sei. Franz Josef Wetz: Gegen den Absolutismus der Wirklichkeit. S. 57.

[455] Vgl. dazu vor allem das Kapitel 1.2.

Herstellung einer Unmittelbarkeit, durch das ästhetische Spiel bzw. die Lust an der poetischen Sprache [HB, WW, S. 18].

> Die Art, wie die Arbeit am Mythos sich im alten Epos darstellt, ist der Form nach – und nicht nur durch das, *was* erzählt wird – der Erfolg dieser Arbeit selbst. Zum ersten Male zeigt sich, was ästhetische Verfahrensweisen gegen die Unheimlichkeit der Welt auszurichten vermögen. [HB, AM, S. 149] [kursive Hervorh. HB]

Durch die Herstellung von Bedeutsamkeit kann der ‚Ur-Mythos' erst lesbar gemacht und damit in Rezeption überführt werden. Letztlich erhält der Mythos also seine Bedeutsamkeit durch seine poetische Bearbeitung, denn seine Herkunft bleibt als Leerstelle virulent.[456] Bedeutsamkeit ersetzt nicht die Wahrhaftigkeit des Ursprungs, sie macht ihn vielmehr kulturell erfahrbar. In der Rezeption, durch die poetische Arbeit wird Bedeutsamkeit hergestellt, die den Ursprung selbst als Leerstelle in ihrer Mitte aufscheinen lässt. Mit Platon formuliert, ist der Mythos eine Ähnlichkeitskonstellation, da er das, was er zum Thema hat, nicht absolut adäquat, sondern nur der menschlichen Natur entsprechend darstellen kann.[457] Signifikanz wird durch das darstellerische Umkreisen des Signifizierten gewonnen.[458] Bedeutsamkeit ist, mit Benjamin gesprochen, die Herstellung einer ‚unsinnlichen Ähnlichkeit', welche die ‚sinnliche Ähnlichkeit' als Leerstelle umkreist, oder mit Blumenberg: „Wiederkehr des Gleichen als Ungleiches ist die homogene Strukturbestimmung sowohl der mythischen wie der platonischen Wirklichkeit" [HB, WW, S. 38].

> Der Mythos wirkt in seiner Rezeption wie eine Bindung ans Objektive; indem er die Unbegrenztheit des Arbiträren begrenzt durch die Typik eines vorgegebenen Horizonts, gibt er sich den Anschein, hierin bringe sich die Sache selbst zur Geltung. Die Verwechslung des Bedeutsamen und des Wahren legt sich nahe. Dabei ist Bedeutsamkeit nur diejenige Qualität der Mythologeme, die sie durch Evokation zu immer neuer Bearbeitung im Bestand der Tradition hält. [HB, WW, S. 35]

Die poetische Bearbeitung in Form von Bedeutsamkeitsherstellung verleiht der Leerstelle Dichte und Prägnanz bei gleichzeitiger Erhaltung der Unbe-

---

[456] Dies macht auch eine Diskussion um Autorschaft notwendig, die im Schlussteil dieser Studie geführt wird. Ein Urheber des Mythos kann nicht ausfindig gemacht werden, als solcher ist er autorlos, dennoch wird eine Bearbeitung durch viele lesende Autoren notwendig, um die Bedeutsamkeit des Mythos herstellen zu können.

[457] Platon: Timaios. 29c/d. In: ders. Sämtliche Werke in zehn Bänden. Bd. 8. Philebos, Timaios, Kritias. Nach der Übers. v. Friedrich Schleiermacher. Hg. v. Karlheinz Hülser. Frankfurt a.M. 1991. Darüber hinaus ist bei Platon der Mythos die Redeform, in der das paradoxale Reden als das wahrheitsgemäße Reden vorgeführt wird.

[458] Diese Überwindung der Problematik des Dargestellten durch die Darstellung der Probleme mit demselben suggeriert nach Koch „eine versöhnende Geste statt selbstkritischer Rückschau". Schließlich würde die mythologische Arbeit sich in postmodernen Phänomenen verflüchtigen. Er verkennt hier die Virulenz des Ursprungs bei Blumenberg, der als Ausgangspunkt aller, auch rezeptiven, Bestrebungen fungiert. Rainer Koch: Geschichtskritik und ästhetische Wahrheit. S. 69f.

stimmtheit in Datierung und Lokalisierung.[459] Zwar fragt der Mythos nach dem „Höchsten", dieses „Höchste" liegt aber unmittelbar im Zentrum verborgen, ist narratologisch verpackt. Insofern verdrängt der Mythos den Anfang als Urpotenz, indem er durch die Bedeutsamkeit diesem Anfang eine zweite ästhetische Gegenwart verleiht. Die Totalpräsenz des Ursprungs wird durch die Herstellung von Bedeutsamkeit und durch die Fragmentierung depotenziert. Bedeutsamkeit entsteht also durch das Herausgehobensein aus dem Gesamtzusammenhang. Einzelne Akzente werden gesetzt, die allerdings nicht beliebig sind, sondern sowohl von subjektiven als auch von objektiven Kriterien getragen sind [HB, AM, S. 187]. Prägnanz als entscheidendes Kriterium der Bedeutsamkeit erweist sich also nicht als natürliche Fähigkeit der Mythen, sondern als Resultat einer ästhetischen Arbeit. Prägnanz ist nach Blumenberg ein Variantenreichtum, der in einem unabschließbaren Prozess Bedeutungsmöglichkeiten selektiert [HB, AM, S. 168]. Letztlich ist das Herstellen von Bedeutsamkeit Ausdruck der Korrelation zwischen Mensch und Welt. Mit Dilthey formuliert, ist die Bedeutsamkeit eine Wechselwirkung zwischen dem Ganzem und Teilen des Lebens, die in ihrem Eigenwert besonders in der Dichtung erfasst wird.[460]

Die ästhetische Leistung der Arbeit am Mythos besteht gerade darin, zwar die Illusion einer Bestimmtheit zu erwecken, ohne jedoch die Leerstelle des Ursprungs zuzudecken [HB, AM, S. 109]. Insofern kann die mythische Konfiguration nicht in eine Eindimensionalität überführt werden, denn der Reiz des Mythos besteht vor allem in der Vieldeutigkeit der Auslegung [HB, AM, S. 461].

> Die mythische Denkform ist in der Vieldeutigkeit und Unbestimmtheit des Anfangs nicht etwa vor der ihr erreichbaren Deutlichkeit stehen geblieben; dies ist vielmehr Ausdruck ihrer Denkweise. Wo sie als Kunstmythos wiederkehrt schwelgt sie in der Entbundenheit von drängenden Fragen, von Disziplin der Widerspruchsfreiheit und vor allem von Endgültigkeit. [HB, AM, S. 146]

In James Joyces ‚Ulysses' wird die Bedeutsamkeit schließlich selbst zum Rätsel [HB, AM, S. 92]. In Anlehnung an Simmel macht Blumenberg deutlich, dass das Vorhandensein von Bedeutsamkeit immer auch Ausdruck des Begehrens ist, denn die Dinge werden nicht allein dadurch bedeutsam, dass wir sie als wertvoll erachten, sondern dadurch, dass wir sie nicht besitzen [HB, AM, S. 86f.].[461] Am Beispiel von Odysseus arbeitet Blumenberg heraus, dass diese mythische Figur durch ihre imaginative Prägnanz, also durch ihre Bedeutsamkeit, eine Differenz zum Ausdruck bringt, die erst spät begrifflich fassbar wird

---

[459] Auch Koch weist darauf hin, dass die mythologische Erzählung Bedeutsamkeit durch ihre Prägnanz erhält. Bedeutsamkeit ist damit keine inhaltliche oder historische diskursive Komponente. Rainer Koch: Geschichtskritik und ästhetische Wahrheit. S. 68.

[460] Wilhelm Dilthey: Gesammelte Schriften. Bd. 7. Hg. v. Bernhard Groethuysen/Helmut Johach/Martin Redecker. Leipzig 1959[5]. Aufl. S. 232, 235.

[461] Georg Simmel: Die Philosophie des Geldes. München 1920. S. 13.

[HB, AM, S. 86]: die Differenz zwischen ‚Lebenszeit' und ‚Weltzeit', zwischen Urmythos und Arbeit am Mythos und, wie noch zu zeigen sein wird, zwischen ‚reiner Sprache' und begrifflicher Sprache. Bedeutsamkeit ist demnach nicht nur Ausdruck von Differenz, sondern entsteht erst durch das Erkennen von derselben. Hier wird aber auch deutlich, dass das Herstellen von Bedeutsamkeiten ein Akt der Erinnerung ist; das Vergessene, die Indifferenz wird durch das Setzen von Bedeutsamkeiten im Mythos kulturell wiederholt. So erweist sich nach Blumenberg die mythische Figur vor allem in der Wiederholung [HB, AM, S. 497].

> Was dem Bewusstsein versichert wird, ist, was es ein für alle Mal hinter sich wissen soll. Das könnte der Sinn jeder Geschichte sein; aber nur der Mythos kann es sich leisten, die ohnehin vielleicht verlorenen Fakten dem Verlangen nach Bedeutsamkeit zu unterwerfen. [HB, AM, S. 128]

Das Vergessene, die Unbegründbarkeit der eigenen Existenz, von dem eine Bedrohung ausgeht, kann allein in Form der Arbeit am Mythos wiederholt werden. Nur hier, durch die kulturelle Leistung des Menschen, der in der Lage ist, Bedeutsamkeiten zu setzen, findet das Vergessene als zweite Gegenwart seine Präsenz und damit zugleich seine Depotenzierung. Insofern ist die Zukunft bzw. der Aufbau einer kulturellen Lebenswelt unwiederbringlich mit der Vergangenheit verbunden. Erst die Einsicht in die Einzigkeit der Vergangenheit evoziert eine Zukunft aus gegenwärtiger Sicht [HB, AM, S. 113].[462] Der Mythos ist also immer auch die Erzählung von der Unerreichbarkeit des Ursprungs, die allerdings im Moment des Erzählens selber erträglich gemacht wird.

> Die Arbeit am Mythos enthält den Verdacht, daß ihr Erfolg zugleich den Verlust einer Gewissheit impliziert. Es gibt keine andere Modalität der Erinnerung an den Mythos als die Arbeit an ihm. [HB, AM, S. 685]

Demzufolge ist die Arbeit am Mythos immer eine Erinnerungsarbeit. Dies hat letztlich zwei Konsequenzen: Erstens wird hier impliziert, dass die Arbeit am Mythos eine selbstreferenzielle Arbeit ist, da sie an ihren eigenen Ursprung erinnert. Zweitens heißt das aber auch, dass diese Arbeit selbst eine mythische ist, denn letztlich wird hier an eine Leerstelle erinnert, an die Leerstelle des ‚Ur-Mythos'. Hier stimmt Blumenberg mit Cassirer überein, der ebenfalls nachweist, dass die Erinnerungsleistung des Mythos eine mythische ist, da der ‚Ur-Mythos' nur als Leerstelle denkbar ist.[463] So liegt auch der Lustgewinn der Arbeit am Mythos bzw. der Herstellung jeglicher Bedeutsamkeit stets in dem Wunsch nach endgültiger Heimkehr zum Ursprünglichen [HB, AM, S. 104].

---

[462] Villwock spricht in dem Zusammenhang von einer Idee der potenzierten Aufklärung, für welche die Arbeit am Mythos einstehe. Jörg Villwock. Mythos und Rhetorik. Zum inneren Zusammenhang zwischen Mythologie und Metaphorologie in der Philosophie Hans Blumenbergs. In: Philosophische Rundschau, (32), 1985, S. 68-91, hier S. 71.

[463] Vgl. dazu Kapitel 5.2.1.

Der Angst, die durch den Mythos in Furcht überführt wird, können wir uns nie endgültig entziehen, sie wird aber durch das Herstellen von Bedeutsamkeiten im Mythos gemildert. Bedeutsamkeit stellt also einen Bezugsrahmen her, innerhalb dessen sich verschiedene Bedeutungen ausbilden können. Mit Heidegger formuliert, wird durch die Bedeutsamkeit der Welt eine Struktur gegeben, da durch die Bedeutsamkeit eine Vertrautheit hergestellt wird, die Subjekt und Objekt zu einem gemeinsamen ‚in der Welt sein' verbindet [HB, AM, 124].[464] Somit wird Bedeutsamkeit zu einer Form der Intersubjektivität.

Dass die Herstellung von Bedeutsamkeit wesentlich an das Setzen von ‚absoluten Metaphern' gebunden ist und damit an die Fähigkeit, Namen nennen zu können, ohne zu benennen, muss im weiteren Verlauf der Untersuchung noch manifestiert werden.

### 7.1.4 Die Aufgabe der Rezeption: Den Ursprung lesbar machen

Die Distanz zum Ursprung wird nach Blumenberg nicht durch die Versicherung seiner Nicht-Existenz oder Unwahrheit hergestellt, sondern in ihm selbst ist Distanz angelegt in Form von Bedeutsamkeit. Letztlich ist dadurch der Übergang des ‚Ur-Mythos' in ästhetische Rezeption gewährleistet. Die Totalität des Mythos wird nicht in wissenschaftliche Fakten und historische Daten überführt, sondern in einem prägnanten Ereignis festgehalten. Dadurch werden Phänomene auf der Ebene der Bildbarkeit und Erzählbarkeit festgehalten. Letztlich ist dies das Verfahren der Arbeit am Mythos. Mythen sind erfunden, obwohl wir den Erfinder und den Augenblick ihres Entstehens nicht kennen. Diese Unkenntnis lässt sie schließlich zum Bestand des Uralten gehören und alles, was wir kennen ist bereits in die Rezeption eingegangener Mythos. Die Rezeption ist allein darum bemüht, diese Leerstelle des ersten Mythos, des Beginns, zu erkennen und dadurch die Urangst von der Unwissenheit des Ursprungs bewältigen und beantworten zu können. Insofern hat die Rezeption die Aufgabe diese Leerstelle zu umkreisen. In dem Zusammenhang macht

---

[464] Blumenberg zitiert hier Martin Heidegger: Sein und Zeit. § 18. Halle 1941. S. 87. Villwock weist allerdings darauf hin, dass Blumenberg die analytische Deutung Heideggers durch eine allgemein-anthropologische ersetzt. Blumenberg ordne Bedeutsamkeit vielmehr in den lebensphilosophischen Kontext, aus dem Heidegger sie herausgenommen hatte. Jörg Villwock: Mythos und Rhetorik. S. 76. Vgl. auch Rudolf Bultmann, bei dem die Bedeutsamkeit im Zentrum seiner existenzialen Interpretation der mythologischen Vorstellungsgehalte steht. Rudolf Bultmann: Neues Testament und Mythologie. (Nachdruck der 1941 erschienenen Fassung). Hg. v. Eberhard Jüngel. München 1985. S. 53f, 56f. Außerdem Erich Rothackers ‚Satz der Bedeutsamkeit'. In: ders.: Zur Genealogie des menschlichen Bewusstseins. Bonn 1966. Theorien sind nach Rothacker nicht bedeutungsrelevant, da Situationen lebenspraktisch bewältigt, d.h. in eine neutralisierte, distanzierte Begebenheit überführt werden müssen. Der deutliche Bezug Blumenbergs zu Rothacker zeigt sich auch in der ‚Lesbarkeit der Welt', vor allem im ersten Kapitel.

Blumenberg den Unterschied zwischen Mythos und Dogma deutlich:[465] Während der durch die antike Quellen vermittelte Mythos die Literatur maßgeblich beeinflusst hat, ist die biblische Welt, obwohl sie im Bewusstsein des Abendlandes verankert ist, in der Literatur nicht in dem Maße gegenwärtig. In der Bibel weisen, im Gegensatz zum Mythos, die Geschichten eine Totalpräsenz auf, die Veränderungen nicht zulassen und ein Bilderverbot aussprechen. Der Mythos dagegen lebt von seiner Rezeption, seinen Verformungen. Dies hat in letzter Konsequenz eine andere Arbeit zur Folge [HB, AM, S. 239f.].

Doch auch der ‚Ur-Mythos' widersetzt sich nach Blumenberg seiner Rezeption permanent, insofern ist die Arbeit des Mythos als Arbeit am Mythos nie an ihr Ende zu bringen, sondern vielmehr eine ‚aufregende Anstrengung am Material' [HB, AM, S. 294]. Der Grenzbegriff der Arbeit am Mythos ist auf der einen Seite der Absolutismus und auf der anderen Seite, den Mythos zu Ende bringen zu können und die Leerstelle des ‚Ur-Mythos' aufzudecken. Damit verbunden ist die Fiktion eines letzten Mythos, der die Form vollkommen er- und ausschöpft [HB, AM, S. 295].[466] Letztlich verbirgt sich dahinter die Erfahrung des Ungenügens des Subjekts an sich selbst und der Wunsch nach absoluter Authentizität [HB, AM, S. 299].[467] Wenn Blumenberg den Prometheus-Mythos als Mythos vom Ende aller Mythen bezeichnet, wird daran deutlich, dass erst durch die Freiheit der Kultur, durch die Bearbeitung selbst, der Mythos an sein Ende gebracht werden kann. [HB, AM, S. 632]. Ein Grund für die breite Rezeption des Goetheschen Prometheus liegt sicherlich in der Faszination, die Goethe auf Blumenberg ausgeübt hat: Anhand des Prometheus zeigt Goethe nach Blumenberg die Geburt der Ästhetik aus dem Mythos, die den Menschen zu einem selbstbestimmten Individuum werden lasse [HB, Mon Faust, S. 44]. Aus der poetischen Freiheit wird schließlich eine anthropologische. Der Aufklärungsanspruch des Mythos besteht darin, dass er als kulturelles Phänomen in der Differenz die Indifferenz – hier die Ich-Identität – möglich macht.[468] Erst wenn Prometheus den Menschen ihr Wissen über den

[465] Nach Blumenberg gibt es zwei Formen der Disziplinierung des Mythos: die philosophische und die religiös-dogmatische. In beiden Fällen wird der Anspruch an die narrative Vorlage dadurch gesteigert, dass die Geschichten und Bilder einem systematischen Anspruch auf Begründung unterworfen werden. Der Unterschied besteht im Stellenwert der bildlichen Anschauung. In der Religion wird nur eine Geschichte geboten und es herrscht Bilderverbot. In der philosophischen Tradition wird gegen den einen Gott eine Vielzahl von Göttern gesetzt, um die Übermacht des einen zu neutralisieren [HB, AM, S. 141, 168, 239, 286].

[466] Nach Blumenberg könnte solch ein letzter Mythos die Vorstellung des Grundmythos im deutschen Idealismus gewesen sein. Voraussetzung wäre hier die Idee von der Selbsterschaffung des Subjekts [HB, AM, S. 298].

[467] Auch Villwock weist darauf hin, dass die Bewegung der Mythologie auf ein Zu-sich-selbst-Kommen des Bewusstseins abziele. Damit sei nicht nur eine rückwärtsgewandte Bewegung intendiert, sondern vor allem die Aufgabe, die der Arbeit am Mythos zugrunde liege. Insofern ist die Arbeit am Mythos als Einsicht in die Selbsterkenntnis des Menschen zu sehen. Jörg Villwock: Mythos und Rhetorik. S. 74.

[468] Auch Koch versteht den Mythos als Möglichkeit der menschlichen Selbstvergewisserung. Darüber hinaus weist er nach, dass Kafkas und Gides Prometheus-Bearbeitungen Geschichten

Ursprung der eigenen Existenz zurückgeben könnte, wäre der Mythos an sein Ende gelangt. So besteht das eigentlich Mythische in dem Erlebnis des Zugangs zur Ursprünglichkeit, an der Dichtung wesentlichen Anteil hat, denn gerade die sprachliche Form der Mythenrezeption bietet eine Möglichkeit, die menschliche Selbstbestimmungsproblematik an ihr Ende zu führen.[469]

> Die Verlegenheit sich nicht selbst gemacht haben zu können, die die Menschen in die Fallen des Zeus treibt, gibt den Sinn dessen vor, was Prometheus als der mythische Menschenmacher mit dem Angebot an seine Geschöpfe meinen kann, Menschen aus ihnen zu machen. Erst nach dem Martyrium auf dem Kaukasus ist er fähig geworden, nicht nur aus Lehm menschengestaltige Kreaturen zu machen, sondern aus diesen Menschen. Die Konsequenz dessen, was er im Mythos begonnen hatte, fällt zusammen mit dem Ritual der Beendigung des Mythos: die Totenmahlzeit wird zur Bündelung derer, die nur durch das Ende des Mythos ihrer Grundlosigkeit ein Selbstbewußtsein geben können, das nicht mehr auf der Suche nach dem acte gratuit des Zeus, sondern dessen selbst fähig geworden ist.
>
> So wird aus dem Menschentöpfer Prometheus der Bewußtseinserwecker seiner Geschöpfe, der dem Mythos das Gedächtnismahl stiftet. [HB, AM, S. 684]
>
> Mythisch ist nicht nur der Schöpfungstag des Menschen durch Prometheus, der sich ästhetisch wiederholen lässt. Mythisch ist auch das Erlebnis des Zugangs zu solcher Ursprünglichkeit. Der Dichter, der dazu mehr beitragen sollte als irgendein anderer [...] wird unter der Vorprägung der Lichtmetaphorik wahrgenommen. Auf ihn, so sagt es Goethe feiernd, habe die erste Seite Shakespeares gewirkt wie das wiedererlangte Augenlicht auf einen Blindgeborenen: Ich fühlte erkannte, ich fühlte auf's lebhaffteste meine Existenz um eine Unendlichkeit erweitert, alles war mir neu, unbekannt, und das ungewohnte Licht machte mir Augenschmerzen. [HB, AM, S. 497]

Allerdings ist der Mythos, wie bereits erwähnt, immer schon Rezeption oder zweite Gegenwart, wie bemüht man auch um das Auffinden eines letzten Endpunktes ist. Der uns tradierte Bestand an mythischen Stoffen hat stets das Organ der Rezeption durchlaufen, somit ist der Mythos aus seiner Rezeption nicht herauszulösen. Daher muss nicht nur der Ursprung als Leerstelle gedacht werden, sondern auch sein Endpunkt [HB, AM, S. 685]. Geschichte heißt also Arbeit am Mythos in Permanenz. Demzufolge existiert auch kein Privileg be-

---

jenseits der Geschichte sind und daher als selbstreferenzielle Modelle gelesen werden können. Rainer Koch: Geschichtskritik und ästhetische Wahrheit. S. 62.

[469] Diese Beobachtung deckt sich mit der These Geyers, der als das große Thema von Blumenbergs Philosophie die Kategorie der neuzeitlichen Selbstbehauptung ausmacht, hier allerdings im Zusammenhang der Bestimmung von Epochenschwellen. Darüber hinaus verwirkliche der Mythos den Eintritt des Subjekts für einen freien geistigen Entwurf, der eine eigene Strukturierung erlaubt. Carl Friedrich Geyer: Rezension der ‚Arbeit am Mythos'. S. 171-172. Behrenberg arbeitet heraus, dass Blumenberg gerade anhand von Goethes Prometheus-Rezeption zeigt, dass der Mensch erst durch den Mythos zu sich selbst komme – eine Anstrengung die Blumenberg an Goethe besonders fasziniert hat. Peter Behrenberg: Unendliche Unsterblichkeit. S. 44. Dazu: HB, AM, S. 436.

stimmter Fassungen, die als ursprüngliche ausgewiesen werden könnten. [HB, AM, S. 142]. Blumenberg nimmt hier eine Modifikation der Mythostheorie von Lévi-Strauss vor, der das Mythologem als die Gesamtheit all seiner Versionen begreift. Für Blumenberg macht es dagegen erst die Geschichte der Rezeption, die Zeitbestimmtheit des Früher oder Später möglich, eine Entwicklung – allerdings allein in der Vorstellung, also in der Setzung von Bedeutsamkeiten, die einen Mythos ausmachen – zu sehen. Mythen sind für ihn Geschichten mit einem beständigen narrativen Kern, der eine in sich selbst bedeutsame Begebenheit darstellt, die unabhängig von lokalen und epochalen Bedingungen existiert bei ebensolcher ausgeprägter Variationsfähigkeit [HB, AM, S. 165]. Diese beiden Eigenschaften machen den Mythos tradierbar ohne ihn einer linearen Entwicklung zu unterwerfen [HB, AM, S. 40].[470] Insofern stimmt er Lévi-Strauss unter der Bedingung der Zeitlichkeit zu [HB, AM, S. 300]. Genauso wie die Metaphorologie ist auch die Mythologie bei Blumenberg unter Einbeziehung des geschichtlichen Horizontes zu sehen, denn die Arbeit am Mythos fragt letztlich nach den Funktionen mythologischer Rezeptionsvorgänge, die als Indikatoren für geschichtliche Wirklichkeitsverhältnisse fungieren [HB, WW, S. 13].

Zwar widersetzt sich der narrative Kern der Abwandlung, provoziert diese aber zugleich; als solcher ist er untrügliches Organ des Bedeutsamen, sein authentischer Gehalt garantiert eine Erinnerungsleistung. Darüber hinaus bietet sich der Mythos durch die Prägnanz des Grundmusters besonders gut als Orientierungsfunktion an.

> Das Mythologem ist ein ritualisierter Textbestand. Sein konsolidierter Kern widersetzt sich der Abwandlung und provoziert sie auf der späteren Stufe des Umgangs mit ihm, nachdem periphere Variation und Modifikation den Reiz gesteigert haben, den Kernbestand unter dem Druck der veränderten Rezeptionslage auf seine Haltbarkeit zu erproben und das gehärtete Grundmuster freizulegen. Je kühner dies praktiziert wird, umso prägnanter muß durchscheinen, worauf sich die Überbietungen der Zugriffe beziehen. [...]
>
> Stellt man sich die Frage, woher die ikonische Konstanz von Mythologemen kommt, so gibt es *eine* Antwort, die sich trivial und allzu schlicht anhört, als daß sie unseren Erwartungen genügen möchte: Die Grundmuster von Mythen sind ebenso prägnant, so gültig, so verbindlich, so ergreifend in jedem Sinne, daß sie immer wieder überzeugen, sich immer noch als brauchbarster Stoff für jede Suche nach elementaren Sachverhalten des menschlichen Daseins anbieten. [HB, AM, S. 165f.] [Kursive Hervorh. HB]

Wenn Blumenberg an anderer Stelle vorführt, dass der Mythos sich gestattet, außerhalb der Geschichte zu verorten und keine Daten der Chronologie zu beanspruchen, deutet sich hier ein interessantes Paradox an: Der Mythos ist

[470] Vgl. auch Geyer, der darauf hinweist, dass die Arbeit am Mythos durch den Rekurs auf die Unbegrifflichkeit eine Neubestimmung des Verhältnisses von Geschichtsphilosophie und Lebenswelt zur Folge hat. Carl Friedrich Geyer: Rezension zur ‚Arbeit am Mythos'. S. 171.

zugleich Zeichen der Geschichte als auch Widerstand gegen die Geschichte [HB, AM, S. 70]. In Anlehnung an Roland Barthes, der dieses Paradox für alle literarischen Texte nachgewiesen hat, wird hier nochmals transparent, dass Blumenberg den Mythos immer schon als zweite Gegenwart im Sinne einer poetischen Schöpfung versteht, die nicht nur Ausdruck ihrer Entstehungsbedingungen ist, sondern auch den Anspruch auf Originalität und Einzigartigkeit aufweist.[471]

Darüber hinaus wird hier deutlich, dass die Arbeit am Mythos zeigt, wie etwas bearbeitet und verarbeitet wird, mit dem Ziel eine Vertrautheit und Verbindung zwischen Bearbeiter und Bearbeitungsgegenstand, letztlich zwischen Darstellung und Dargestelltem herzustellen. Da das Darzustellende, hier also der ‚Ur-Mythos' oder auch die Urschrift, nie zur Darstellung gelangen kann, muss also die Darstellung Strategien entwickeln, diese Leerstelle transparent zu machen. Eine dieser Strategien ist die Rezeption, denn nach Blumenberg löst das Vorhandensein dieser Leerstelle eine nie endende Flut von Geschichten aus, letztlich eine Vielzahl von Rezeptionen des ‚Ur-Mythos', die aber alle nur die Vorstellung dieses Ursprungs präsentieren [HB, AM, S. 303f.].

Wie Blumenberg in seiner *Arbeit am Mythos* hervorhebt, enthüllt sich auch nach Cassirer der wahre Charakter des Mythischen erst dort, wo das Mythische als Sein des Ursprungs auftritt [HB, AM, S. 186; EC, PSF II, S, 130]. Allerdings, so Blumenberg, sei der gesamte tradierte Bestand an Mythen bereits durch das Organ der Rezeption gegangen, dies habe Cassirer übersehen. Anders als für Blumenberg sei für Cassirer der Mythos ein kulturell abgeschlossener, der zum ästhetischen Anachronismus führe.

> An der Frage der Rezeption des Mythos war Cassirer gerade deshalb nicht, an der seines Ursprungs und seiner Ursprünglichkeit ausschließlich interessiert, weil er ihn unter dem Aspekt des terminus ad quem betrachtet. [...] Demgegenüber meine ich, man müsse den Mythos, um seine genuine Leistungsqualität wahrzunehmen, unter dem Aspekt seines terminus a quo beschreiben. Entfernung von, nicht Annäherung an, wird dann das Kriterium der Analyse seiner Funktion. Es wäre nicht nur und vielleicht nicht einmal eine ‚symbolische Form', sondern vor allem eine Form überhaupt der Bestimmung des Unbestimmten. [HB, AM, S. 186]

Bei Blumenberg umkreisen alle Geschichten die eine Leerstelle, hier wird deutlich, dass die Virulenz des Ursprungs bzw. die Leerstelle selber den narrativen Kern des Mythos darstellt, der sich durch höchste Prägnanz bei gleichzeitiger Unbestimmtheit auszeichnet. Ziel der Rezeption ist schließlich, dieses Grundmuster, den narrativen Kern frei zu legen. Der Rezipient tritt dabei als Archäologe auf, der die verschiedenen Rezeptionsstufen kennt, diese aber nicht auslöscht in einer neuen Version. Vielmehr findet eine Ineinander- und

---

[471] Roland Barthes: Literatur oder Geschichte. Frankfurt a.M. 1967. S. 13. Vgl. auch die Äußerung Blumenbergs, dass die Entstehung eines neuen Mythos erst gewährleistet ist, wenn die poetische Phantasie zu sich selbst kommt [HB, AM, S. 71].

Übereinanderlagerung von Texten statt, die alle in ihrer Mitte die Leerstelle des Ursprungs umkreisen. In diesem Zusammenhang führt Blumenberg die Äquivalenz von Produktion und Rezeption im Mythos vor und zeigt, dass die Antithese von schöpferischer Ursprünglichkeit und hermeneutischer Nachträglichkeit unbrauchbar geworden ist [HB, WW, S. 28]. Die Rezeption des Mythos oder die Arbeit am Mythos hat seine eigene Berechtigung dadurch, dass sie den Mythos zu Ende bringen will. Der Endpunkt ist also nicht die Nachahmung formaler Kriterien, sondern die Entfaltung des Wirkungspotenzials des Mythos, letztlich die Aufdeckung des ‚Ur-Mythos'.[472] Entscheidend für das Wirkungspotenzial des Mythos ist nicht die Beantwortung letzter Fragen, sondern die Aufdeckung der Virulenz von Leerstellen, die erst im Moment der Arbeit an ihnen, im Moment der Rezeption hervorgebracht werden können [HB, WW, S. 35]. Cassirer zitierend formuliert Blumenberg: „Jedes Gebilde kann sich in das andere wandeln; alles kann aus allem werden." [HB, AM, S. 185] Allerdings nimmt Blumenberg hier eine entscheidende Potenzierung vor; diese Wandlung findet allein durch das Erzählen von Geschichten statt, im Moment der Rezeption.

> Was Cassirer und andere unter dem Anspruch einer Ursprungstheorie des Mythos übersehen haben, ist der Sachverhalt, daß der gesamte uns tradierte Bestand an mythischen Stoffen und Mustern durch das Organ der Rezeption gegangen, durch ihren selektiven Mechanismus optimiert worden ist. [HB, AM, S. 186]

Wenn hier der Rezeption der Primat gegeben wird, heißt das allerdings nicht – wie bereits gezeigt – dass Blumenberg von jeglichem Ursprungsdenken Abstand nimmt. Vielmehr macht er deutlich, dass der Ursprung nur in der Differenz, durch die kulturelle Leistung und damit durch die Rezeption lesbar wird. Somit tritt der Mythos als permanente Umarbeitung auf, als Wiedererinnerung und zweite Gegenwart. Erinnerung erweist sich als Einschränkung der Kontingenz, als produktiver Umgang mit der Differenzerfahrung. Die Arbeit am Mythos erzählt von der Unhintergehbarkeit des Ursprungs, als solche ist sie ein Übersetzungstext, der mit Ähnlichkeitskonstellationen arbeitet. Zwar wird das Alte zerstört, überlebt aber dennoch als Rezeption, so ist in dem Text, der durch die Arbeit am Mythos entsteht, das Vergangene stets gegenwärtig. Denn nach Blumenberg wird erst durch die Rezeption das volle authentische Potenzial entfaltet [HB, AM, 189].

---

[472] In diesem Zusammenhang hebt Blumenberg hervor, dass der Mythos kein realistisches Verhältnis zur ursprünglichen Bedeutung der Handlung hat, er wirkt vielmehr nachträglich auf das Ritual zurück, verformt und ergänzt es. Der Mythos fungiert demnach als Geschichte, welche die Handlung auslegt, aber dennoch vom Ritual autonom bleibt [HB, WW, S. 34]. Zum Zusammenhang von Mythos und Ritual vgl. auch Kirsch-Hänert, der zeigt, dass der Mythos die rituelle Orientierungsfunktion des Rituals ablöst und auf eine Andeutung zusammenzieht. Im Mythos ist Handeln nur noch symbolisch vorhanden und von der realen Verkörperung entlastet, dadurch erhält es eine Distanz zur Wirklichkeit. Insofern ist der Mythos ein in Vorstellung gewandelter Affekt. Johannes Kirsch-Hänert: Zeitgeist. S. 126. Dazu HB, AM, S. 27.

> Alles drängt darauf, der Mythos möge seine Geschichte als die einer endgültigen Vergangenheit erzählen. Aber: Erinnert er nicht vielmehr an sie als an das Noch-Gegenwärtige? [HB, AM, S. 660]

> Das jeweils Neue tritt nicht an die Stelle des von ihm Überbotenen und lässt dieses verschwinden, sondern legt sich nur darüber und schafft – die Literaturgeschichte. Zugleich mit ihr den Anreiz, an der Variante das Wagnis wahrnehmbar zu machen. Erst an der Konfiguration als fortbestehender wird die Transfiguration freigesetzt. [HB, AM, S. 168]

Insofern erzeugt der Mythos die Bedingungen seiner Überwindung, welche zugleich die Voraussetzungen für seine Erhaltung sind. Er zerstört sich selbst, um als kulturelle Form, als Kunstmythos an seinen eigenen Ursprung erinnern zu können. Seine scheinbare ‚Entwurzelung' eröffnet erst das Potenzial des Mythos [HB, WW, S. 50].[473] Diese Ambivalenz des Mythos lässt sein Verfahren als zugleich destruktiv und konstruktiv erscheinen.[474] Ambivalenz gehört insgesamt zum Grundzug des Mythos, da er sich, wie bereits gezeigt, zwischen den Polen Potenzierung und Depotenzierung, Anwesenheit und Abwesenheit und schließlich zwischen Sehnsucht nach dem letzten Ursprung bei gleichzeitiger Angst vor dieser Unbestimmtheit bewegt. So ist nicht allein die Entängstigung die primäre Leistung des Mythos, wie dies gemeinhin von der Forschung suggeriert wird, sondern die Herstellung des Dualismus von Sehnsucht und Distanz, von Vergessen und Erinnern.[475] Erst in der Distanz zum Ursprung kann dieser erinnert werden, erst durch das Vergessen des letzten Daseinsgrundes kann er wiederholt werden. Die so entstandene zweite Gegenwart wird durch die kulturelle Leistung der Arbeit am Mythos erreicht, der sich durch die Herstellung von Selbstreferenzialität auszeichnet. Erst durch die Gewinnung der kulturellen Distanz im Mythos ist der Mensch in der Lage, die Indifferenz des eigenen Ursprungs erfahrbar zu machen.[476] Sogar in den mythischen Figuren ist diese Ambivalenz zu spüren: Als Urphänomene des Undefinierbaren, des Unbegrifflichen befinden sie sich stets zwischen Sein und Nichtsein.[477] Zur neuzeitlichen Grunderfahrung gehört nach Blumenberg, dass

---

[473] Der Spielraum der Imaginationen wird von Blumenberg als immanentes Prinzip des Mythos verstanden, hierin stimmt er mit Karl Philipp Moritz überein. Karl Philipp Moritz: Götterlehre oder Mythologische Dichtungen der Alten. Frankfurt a.M. 1999; HB, WW, S. 50.

[474] Villwock bezeichnet Blumenbergs Verfahren hier als dekonstruktiv. Jörg Villwock. Mythos und Rhetorik. S. 77.

[475] Vor allem Haeflinger reduziert die Leistung des Mythos auf die Depotenzierung der Angst. Jürgen Haeflinger: Imaginationssysteme. S. 112. Neschke-Hentschke stellt einen Bezug zu Freud her, indem sie nachweist, dass der Schrecken nach Blumenberg nicht vom Menschen, sondern von der Wirklichkeit selbst ausgeht. Ada B. Neschke-Hentschke: Rezension der ‚Arbeit am Mythos'. In: Zeitschrift für philosophische Forschung, (37), 1983, S. 448-453.

[476] Neschke-Henschke erkennt hier die kulturelle Dimension nicht, wenn sie kritisiert, dass die Arbeit am Mythos als Erzählung zu eingeschränkt sei und den Blick auf die Gesamtheit der kulturellen Wirklichkeit verstelle. Ebd. S. 452.

[477] Vgl. zum Beispiel den Orpheus-Mythos, in dem sich die Macht des Seins mit der Ohnmacht des Nichtseins unmittelbar verbinden.

der Gegenstand erst in der Abwendung von der Unmittelbarkeit der Wahrnehmung, also durch eine indirekte Konstruktion, erfahrbar ist [HB, Contemplator Caeli, S. 122]. Die Feststellung der Dissoziation von Anschaulichkeit und Unmittelbarkeit ist ein Resultat der kopernikanischen Wende. Diese Ambivalenz als Struktur des Mythos ist nicht nur Kennzeichen der Moderne, sondern auch konstitutiv für die ‚symbolische Form', die ebenfalls als Bewegung hin wie auch als Bewegung weg auf einen wie auch immer gearteten Ursprung verstanden werden kann.[478]

> Nur wenn man den Mythos als Distanz zu dem versteht, was er schon hinter sich gelassen hat, was Schrecken, schlechthinnige Abhängigkeit, Strenge des Rituals und der sozialen Vorschrift oder wie immer genannt werden mag, kann man den Spielraum der Imaginationen als das Prinzip seiner immanenten Logik begreifen, aus der die Grundform der Umständlichkeit und Umwegigkeit, der Wiederholung und der Integration, der Antithese und Parallele hervorgehen. Distanz steht hier immer für die erhellende Beobachtung Burckhardts, daß unsere Schwierigkeiten gegenüber dem Mythos darauf beruhen, daß wir ihn in unserer Tradition bei einem Volke antreffen, welches die Urbedeutungen der Gestalten und Hergänge offenbar hat vergessen wollen. [...]
>
> Das Vergessen der Urbedeutungen ist die Technik der Mythenkonstitution selbst – und zugleich der Grund dafür, daß Mythologie immer nur als in Rezeption übergegangen angetroffen wird. Die Phänomenologie der Rezeption absorbiert das vermeintlich in dieser Wirkende. [HB, WW, S. 50]

Somit übernimmt die ästhetische Bearbeitung, die durch den Mythos vorgenommen wird, eine wichtige kulturelle Leistung: Indem der Mythos auf die Leerstelle des eigenen Ursprungs aufmerksam macht, bewältigt er diesen zugleich durch seine spezifische Ästhetik. Dadurch bietet er dem Menschen eine Orientierung in der Welt an und hilft ihm bei seiner Tradierung. Insofern präsentiert sich erst in der Rezeption der vermeintlich unaussprechliche Kern des Mythos.

Überträgt man die Leistungen der Arbeit am Mythos auf die Sprache, ergeben sich erstaunliche Parallelen: Die Arbeit am Mythos als Arbeit des Mythos, also das Um- und Weiterschreiben des unbestimmbaren Ursprungs charakterisiert auch die Arbeit der ‚allegorischen Intertextualität'. Auch sie kreist um die Leerstelle des Ursprungs – hier der ‚reinen Sprache' – und versucht durch Umschreibungen und Aufbrechen alter (Rezeptions-)Zusammenhänge von Sprache diese Leerstelle transparent zu machen, ohne sie in die Totalität einer neuen Geschichte zu überführen. Dieses Anknüpfen an und Bearbeiten der Tradition bietet – ähnlich der Arbeit am Mythos – auch eine anthropologische Orientierung, da das Ziel letztlich ein Auffinden der Sprache, der ursprünglichen Sprache, in einer als sprachlos empfundenen Welt ist.

---

[478] Vgl. dazu das Kapitel 5.1. Zum Grundgedanken der Ambivalenz als das für die Moderne bestimmende Element: Peter V. Zima: Moderne/Postmoderne. Gesellschaft. Philosophie. Literatur. Tübingen 1997.

Hier wird zweierlei deutlich: Erstens ist die Arbeit des Mythos als Arbeit am Mythos eine intertextuelle Arbeit. Sie bricht alte Rezeptionszusammenhänge auf und generiert in Absetzung von bereits Vorhandenem neue Rezeptionsmuster. Zweitens korreliert die Leerstelle des Ursprungs, der Unergründbarkeit der eigenen Existenz, mit der Leerstelle der ‚reinen Sprache' und dies aus mehreren Gründen. Zum einen gründet sich die menschliche Existenz letztendlich auf das Vorhandensein von Sprache. Argumentiert man darüber hinaus mit Benjamins Überlegungen zur Schöpfungsgeschichte bzw. mit seinem Sprachaufsatz von 1916, wird zum anderen deutlich, dass die Entstehung von Welt, der Ursprung von Welt unmittelbar an Sprache gekoppelt ist. Das ‚schöpferische Wort Gottes' ist der Ausgangspunkt allen Seins. Insofern ist der Ursprung von Welt mit dem Ursprung von Sprache unausweichlich verbunden. Diese Verbindung leitet zur These über, dass die ‚allegorische Intertextualität' auch eine Arbeit am Mythos, hier am Mythos der ‚reinen Sprache' darstellt, da auch sie darum bemüht ist, dieser Leerstelle durch poetische Arbeit eine zweite Gegenwart zu verleihen.

Wenn der Mythos seinen wesentlichen Gehalt in der Form der Rezeption erhält, ist er vor allem als zitierter relevant. Die Praxis des Zitierens ist also die Arbeit am Mythos als Arbeit des Mythos. Demnach kann erstens die intertextuelle Arbeit als eine Arbeit am Mythos gekennzeichnet werden und zweitens stellt die Praxis des Zitierens einen kreativen Umgang mit dem Absolutismus dar. Die Zitation bzw. die ‚allegorische Intertextualität' bearbeitet also den letzten Ursprung, um ihn zu depotenzieren und erinnerbar zu machen. So ist die Arbeit am Mythos auch eine Arbeit an der Sprache, die schließlich in einer Lust am Text mündet.[479] Obwohl diese Arbeit nicht unabhängig von ihrem Ausgangspunkt gedacht werden kann und auf diesen stets bezogen bleibt, gibt sich dieser aber nicht zu erkennen. Insofern haben wir es immer nur mit schriftlichen Endpunkten einer mündlichen Vorgeschichte zu tun [HB, AM, S. 305]. So wird auch die Unerschöpflichkeit einer mythischen Figur erst anhand ihrer Rezeption deutlich. Damit wird aber zugleich transparent, dass mythische Namen und Geschichten nicht eineindeutig sind, sie besitzen Bedeutsamkeit allein durch ihr So-Sein, durch ihr Vorhandensein. Diese Tatsache wiederum motiviert die Bewegung der Arbeit am Mythos, da die mangelnde Eineindeutigkeit zum einen Angst vor der Unbestimmtheit auslöst, zum anderen aber auch die kulturelle Arbeit des Mythos hervorruft. So ist auch die ‚allegorische Intertextualität' einerseits von dem Begehren geleitet, diese ‚reine Sprache' erahnen zu können, und andererseits depotenziert sie durch das Hervorbringen eines überbordenden Textflusses, durch unendliche Verweise die Unerreichbarkeit dieser ‚ersten Sprache'.

---

479 Koch weist darauf hin, dass die Überführung des Mythos in der griechischen Antike von der Mündlichkeit in Schriftlichkeit auch eine Überführung in die literarische Tradierung darstellt. Damit sei zugleich eine Wandlung von der Arbeit des Mythos zur Arbeit am Mythos erreicht und letztlich ein Gewinn an künstlerischer Freiheit und Modifikation erzielt. Rainer Koch: Geschichtskritik und ästhetische Wahrheit. S. 67.

Der Wunsch, den Mythos zu Ende zu bringen, die ,reine Sprache' sprechen zu können, hängt schließlich ab von dem Potenzial der Bedeutsamkeit bzw. der Herstellung von Prägnanz. Vor allem eine Strategie, die sowohl die Arbeit des Mythos als auch die ,allegorische Intertextualität' auszeichnet, ist dabei von besonderer Bedeutung: Namen nennen zu können, ohne zu benennen.

Am Beispiel von Valérys ,Mon Faust' verdeutlicht Blumenberg, was es heißt, den Mythos zu Ende zu bringen: Durch unendliche Lektüre wird schließlich eine Gleichzeitigkeit der Zeit erreicht, eine absolute Gegenwärtigkeit, die damit unwiederholbar wird [HB, AM, S. 314].[480] Diese Vorstellung korreliert mit der Idee der ,allegorischen Intertextualität', die erst dann an ihr Ende kommt, wenn sie im Moment totaler Gegenwärtigkeit, in der Übereinanderlagerung der Zeiten bzw. Texte der ,reinen Sprache' eine zweite Gegenwart verschafft. Den Mythos zu Ende bringen bedeutet schließlich, ihn in seiner Ganzheit zu erkennen, wie auch die ,reine Sprache' in ihrer Totalpräsenz lesbar zu machen. Interessanterweise macht Blumenberg anhand von Lukians ,Göttergesprächen' deutlich, dass gerade der Dialog, der die Konstellation wichtiger macht als den transportierten Inhalt, eine depotenzierende Arbeit am Mythos leistet [HB, AM, S. 379f.]. Im Dialog findet eine Erinnerung statt, die von der Tragik des Mythos ablenkt. Schließlich geht die Arbeit am Mythos in der dichterischen Arbeit auf; mythische Plastizität wird dann in der herausgearbeiteten Konstellation, in der Metamorphose erreicht.

> Metamorphosen ist kein bloßer Sammeltitel für Mythen, sondern das Ausformungsprinzip des Mythos selbst, die Grundform einer noch unzuverlässigen Identität aus der Formlosigkeit zur Erscheinung herausdrängenden Götter. [HB, AM, S. 384][481]

Die Arbeit am Mythos besteht also in der Erzeugung einer ästhetischen Distanz durch die Poesie, denn durch die poetische Bearbeitung des ,Ur-Mythos', durch die Herstellungen von Konstellationen und Metamorphosen entsteht ein Ineinander von Rezeption und Konstruktion. Der Mythos wird so durch seine eigenen mythischen Strukturen depotenziert, d.h. der Mythos depotenziert sich selbst und bringt sich durch die ästhetische Arbeit selbst an sein Ende.

Dieses Ineinander von Rezeption und Konfiguration ist eine Leistung der Kultur und wird von Blumenberg anhand von zahlreichen Zitaten aus Herders Mythostheorie als allegorische Vorgehensweise beschrieben.[482] Die Arbeit am Mythos ist eine allegorische und ist Ausdruck von Freiheit im Umgang mit Tradition – die Freiheit, in die Mythe einen Sinn zu legen, Bedeutsamkeiten

---

[480] Villwock versteht die Arbeit am Mythos als Versuch gegenwärtige Erinnerung an vergangene Vergegenwärtigungen des Mythos zu rekonstruieren. Jörg Villwock: Mythos und Rhetorik. S. 70.

[481] Metamorphosen meint hier den Titel von Ovids Mythensammlung. Vgl. Ovid: Metamorphosen. Das Buch der Mythen und Verwandlungen. Übers. u. hg. v. Gerhard Fink. Frankfurt a.M. 1992.

[482] Vgl. Herder: Der entfesselte Prometheus. Scenen. In: ders.: Sämtliche Werke. Hg. v. B. Suphan. Berlin 1877-1913. Bd. XXVIII. S. 329-368.

zu entwerfen und den Mythos im Moment dieser Potenzierung gleichzeitig zu depotenzieren. Durch die kulturelle Arbeit der Destruktion und Montage, der Um- und Weiterschreibung bereits vorhandener Mythen werden alte Bedeutsamkeiten aufgebrochen und neue gesetzt und damit die Leerstelle des Ursprungs umkreist. Diese ästhetische Umkreisung nimmt der Leerstelle aber zugleich ihren Schrecken, weil sie lesbar geworden ist durch die Überführung in und die Bearbeitung durch die Kultur [HB, AM, S. 425f.].

Einmal mehr wird deutlich, dass die ‚allegorische Intertextualität' nicht nur eine Arbeit am Mythos darstellt und selbst von mythischen Strukturen bestimmt ist, sondern auch eine Depotenzierung der Leerstelle der ‚reinen Sprache' vornimmt. Denn gerade in der Moderne ist es von immenser Wichtigkeit, den Umgang mit alltäglicher Sprache zu legitimieren und damit der Sprachlosigkeit entgegenzuwirken. Insofern ist die ‚allegorische Intertextualität' nicht nur der Versuch, den Ursprung der Sprache zu erinnern, sondern auch eine Möglichkeit der Depotenzierung, der Entlastung von der ‚Schuld' der sogenannten ‚schlechten Sprache' und damit eine Möglichkeit der Entlastung von dem ‚weißen, unbeschriebenen Blatt'.[483]

## 7.2 Die ‚absolute Metapher' oder: Namen geben, ohne zu benennen

> Hunderte von Flussnamen sind in den Text verwoben. Ich glaube, er fließt.
> Joyce an Harriet Shaw Weaver [HB, AM, S. 40]

Immer wieder betont Blumenberg, dass die Namensgebung am Abbau des ‚Absolutismus der Wirklichkeit' beteiligt ist, denn durch die Namen wird eine Identität geschaffen, die fassbar ist. Was durch den Namen identifiziert worden ist, ist der Unvertrautheit enthoben und wird zu einem anwesend Abwesenden.

> Was durch den Namen identifizierbar geworden ist, wird aus seiner Unvertrautheit durch die Metapher herausgehoben, durch das Erzählen von Geschichten erschlossen in dem, was es mit ihm auf sich hat. Panik und Erstarrung als die beiden Extreme des Angstverhaltens lösen sich unter dem Schein kalkulierbarer Umgangsgrößen und geregelter Umgangsformen, auch wenn die Resultate der

[483] Bachmann führt das ‚weiße unbeschriebene Blatt' als Metapher für die Notwendigkeit der Anstrengung mit der vorhandenen Sprache ein, mit dem Ziel, das Unmögliche mit den Mitteln des Möglichen zu erreichen. Ingeborg Bachmann: Fünfte Frankfurter Vorlesung: Literatur als Utopie. In: dies.: Werke. Bd. 4. Essays. Reden. Vermischte Schriften. Hg. v. Christine Koschel/Inge v. Weidenbaum/Clemens Münster. München 1978. S. 258.

> magischen und kultischen Gegenleistung gelegentlich der Tendenz Hohn sprechen, an Gunst für den Menschen bei den Mächten zu gewinnen. [HB, AM, S. 12]

Zweierlei wird hier deutlich: Der Prozess der Namensgebung ist in das Erzählen von Geschichten eingebunden und wird durch die Metapher hervorgebracht. Diesen beiden Punkten soll im Folgenden besondere Aufmerksamkeit zukommen. Erstens ist das Erzählen von Geschichten eine Arbeit am Mythos und damit die Namensgebung ein Akt, der sich innerhalb des Mythos abspielt. Zweitens ist das Hervorbringen von Namen an die Metapher gebunden.

Zieht man die Ausführungen zu Benjamin und Cassirer heran und stellt sie in einen gemeinsamen Kontext mit Blumenbergs Philosophie, ergeben sich einige interessante Ansatzpunkte im Hinblick auf die Idee der ‚reinen Sprache' und das Anliegen der ‚allegorischen Intertextualität'. Demzufolge versteht sich das vorliegende Kapitel auch als Zusammenführung der unterschiedlichen Denkansätze. Gezeigt werden soll, dass die ‚absolute Metapher' den Namen – und damit die ‚reine Sprache' – wiederholt und somit als Eigenname im Sinne Benjamins funktioniert.[484] Daran schließt sich die Beobachtung an, dass die ‚absolute Metapher' als Bedingung der mythischen Begriffsbildung auftritt und der Mythos somit an der Wiederholung der ‚reinen Sprache' teilhat. Abschließend werden diese Beobachtungen auf die Verfahrensweise der ‚allegorischen Intertextualität' bezogen, die ebenfalls durch ihre spezifische Technik dem Namen eine zweite Gegenwart verleiht und ihn in der ‚unsinnlichen Ähnlichkeit' aufscheinen lässt. Diese Überlegungen führen schließlich zu der These, dass die ‚allegorische Intertextualität' als Arbeit am Mythos – am Mythos der ‚reinen Sprache' – fungiert, indem sie in ihrer Textur ‚absolute Metaphern' entstehen lässt, die an die Leerstelle des Namens erinnern.

Mit Franz Rosenzweig verdeutlicht Blumenberg, daß die Arbeit am Mythos mit der Namensgebung beginnt. Der Name bricht in das Chaos des Unbenannten ein und bringt etwas zur Identität. Damit wird die unfassbare Absolutheit in eine Geschichte verwickelt und erfahr- bzw. erzählbar [HB, AM, S. 22].

---

[484] Im Folgenden wird besonderes Augenmerk auf die ‚absolute Metapher' gelegt. Darüber hinaus gibt es in der Blumenbergschen Terminologie noch zahlreiche andere Metaphernkonzepte, die hier allerdings nicht näher erläutert werden können. Exemplarisch seien erwähnt: Erstens Restbestände von Metaphern, die – anders als Grundbestände wie die der absoluten Metapher – sich nicht auf Totalitäten, wie die Geschichte, die Welt etc. beziehen lassen. Diese sind noch nicht in feste Begrifflichkeiten umgebildet worden. Zweitens Metaphern, die ihre Funktion allein aus einer vorläufigen und schmückenden Funktion heraus beziehen und somit final ersetzbar sind. Auch Blumenberg bemerkt, dass nicht alle Metaphern absolut sind, aber die Grenze ist nicht scharf gezogen [HB, PM, S. 9]. Nach Stoellger ist eine Metapher erst dann absolut, wenn sie nicht reduzibel ist. Alle Metaphern, die mit der Vergleichstheorie analysiert werden können, sind letztlich nur rhetorische Figuren. Philipp Stoellger: Metapher und Lebenswelt. S. 83.

> Alles Weltvertrauen fängt an mit dem Namen, zu denen sich Geschichten erzählen lassen. Dieser Sachverhalt steckt in der biblischen Frühgeschichte von der paradiesischen Namensgebung. Er steckt aber auch in dem aller Magie zugrunde liegenden Glauben, wie er noch die Anfänge von Wissenschaft bestimmt, die treffende Benennung der Dinge werde die Feindschaft zwischen ihnen und dem Menschen aufheben zu reiner Dienstbarkeit. Der Schrecken, der zur Sprache zurückgefunden hat, ist schon ausgestanden. [HB, AM, S. 41]

Wie bereits erläutert, besteht die wesentliche Funktion des Geschichten- bzw. Mythenerzählens in der Depotenzierung von Angst, Unwissenheit, Unbestimmtheit und dem Vertreiben von Zeit.[485] Das Unbekannte ist nach Blumenberg immer namenlos, als solches ist es nicht greifbar. Insofern ist die früheste Form der Herstellung von Vertrautheit die Namensgebung. Aber noch etwas anderes wird hier deutlich. Liest man die Passage mit Benjamin, wird die Gefahr der Überbenennung virulent. Indem der Mensch die von Gott bereits benannten Dinge ein zweites Mal benennt, überführt er sie in starre Zeichenhaftigkeit und instrumentalisiert sie. Zwar löst sich die ‚Feindschaft' zwischen dem Unbenannten und dem Menschen auf, zugleich werden die Dinge durch diese Namensgebung aber dienstbar gemacht. Die Differenz von Begriff und Ding nimmt hier ihren Ausgang. Damit einher geht, wie eingangs beschrieben, die Wandlung von einer ‚Mitteilung in Sprache' zu einer ‚Mitteilung durch Sprache'. Die äquivalente Stelle bei Benjamin lautet:

> Die Dinge haben keine Eigennamen außer in Gott. Denn Gott rief im schaffenden Wort freilich bei ihrem Eigennamen sie hervor. In der Sprache der Menschen aber sind sie überbenannt. Im Verhältnis der Menschensprachen zu der der Dinge liegt etwas, was man als ‚Überbenennung' annähernd bezeichnen kann: Überbenennung als tiefster sprachlicher Grund aller Traurigkeit und (vom Ding aus betrachtet) allen Verstummens. [WB, II/1, S. 155]

Interessanterweise nennt Blumenberg in seinem Kapitel über die Namensgebung zwei wichtige Bezugspunkte: die kabbalistische Tradition und Walter Benjamin. Genau wie Benjamin steht auch er in der kabbalistischen Tradition und macht aufmerksam auf die Differenz zwischen dem von Gott gegebenen Namen als der ‚reinen, schöpferischen Sprache' und der menschlichen Sprache als Organ der instrumentalisierten Mitteilung. So erstaunt es wenig, wenn Blumenberg bereits im Vokabular erhebliche Ähnlichkeiten zur gesamten kabbalistischen Tradition aufweist. Die Offenbarung besteht für Blumenberg in der Mitteilung des Gottesnamens. Dabei ist der Name nicht nur ein Apellativum, sondern auch eine Erzählung von der Wirkung und Tätigkeit des Gottes. Die Sprache Gottes ist, so Blumenberg weiter, ausschließlich eine ‚Namensprache' in der Kabbala.

> Die biblische Schöpfung hingegen ist Befehl, zu werden, und Benennung, zu sein: Mit der schaffenden Allmacht der Sprache setzt er ein, und am Schluß einverleibt sich gleichsam die Sprache das Geschaffene, sie benennt es. Sie ist also

---

485 An dieser Stelle sei nochmals auf die Nähe zum novellistischen Erzählen hingewiesen.

> das Schaffende, und das Vollendete, sie ist Wort und Name. In Gott ist der Name schöpferisch, weil er Wort ist, und Gottes Wort ist erkennend, weil es Name ist. Und er sah, daß es gut war, das ist: er hatte es erkannt durch den Namen ... Das heißt: Gott machte die Dinge in ihrem Namen erkennbar. Der Mensch aber benennt sie maßen der Erkenntnis. [HB, AM, S. 44][486]

Anhand dieses Benjamin-Zitates verdeutlicht Blumenberg, dass eine der Voraussetzungen der Paradiesgeschichte darin liegt, dass der Mensch die Schöpfung durch den Namen erkennt und sie ihm dadurch zugänglich wird. Mit Francis Bacon weist Blumenberg darauf hin, dass die Wiederherstellung des Paradieses an die Wiederentdeckung und Wiedererinnerung der ‚schöpferischen Namen Gottes' gebunden ist [HB, AM, S. 45]. Blumenbergs Vorstellung des Namens ist der Benjamins sehr ähnlich; wiederum am Zitat verdeutlicht Blumenberg, dass der Name alles umfasst, alle Zeiten verschmelzen lässt und als solcher allgegenwärtig ist.

> [...] ein Name, so alles umfassend, so erschütternd fassend, daß beim bloßen Nennenhören desselben uns alles Vergangene und Vergessene, das ganze Rätsel unseres Lebens, all das uns Verborgene und Unverständliche unseres eigenen Wesens und Seins plötzlich vom Ewigkeitslicht beleuchtet – klar vor die Seele treten wird. [HB, AM, S. 44][487]

Dieser Name als Ursprung der Sprache ist, wie bereits ausführlich beschrieben, nur noch als Leerstelle denkbar, allein in der Erinnerung erlangt er eine zweite Präsenz. Nach Blumenberg erzählt gerade der Mythos bzw. die Arbeit am Mythos die Geschichten des Namens und hat als solche an der Wiedererinnerung der ‚Namensprache' wesentlichen Anteil. Sie berichtet von dem Ursprung der ersten Namen, eingebettet in eine Vielzahl von Geschichten, die alle um diese Leerstelle kreisen. Die Namen geben dem Mythos seine eigentümliche Struktur, die nicht auf Chronologien aufbaut, sondern auch Disparates nebeneinander bestehen lässt. Sie stellen eine Verknüpfung zwischen den einzelnen Geschichten her, ohne direkt aufeinander zu verweisen.

Die Suche nach dem Wort für das Unvertraute beschreibt Blumenberg als konstitutiv für die Arbeit am Mythos [HB, AM, S. 48]. Zugespitzt formuliert ist die Arbeit am Mythos also immer auch ein Ringen um die Leerstelle der ‚reinen Sprache'; also eine Sprachbemühung. Als solche bewahrt sie vor dem Vergessen und ist wesentlich Erinnerungsleistung.

Der Arbeit am Mythos kommt demnach eine doppelte Funktion zu: Erstens wiederholt sie den Namen auf einer zweiten, hier rezeptiven Ebene und macht ihn so in der kulturellen Gegenwart erfahrbar. Durch dieses Erfahrbarmachen nimmt sie zweitens dem Namen die Absolutheit und somit die Übermacht. Die Totalpräsenz der ersten Namen, der ‚reinen Sprache', wird durch die Arbeit am Mythos in Ästhetik überführt. Zum einen wird dadurch Abstand genom-

---

486 Die entsprechende Stelle bei Benjamin findet sich in II/1, S. 148.

487 Hier zitiert Blumenberg A. Gundert, Marie Hesse. Ein Lebensbild in Briefen und Tagebüchern. Frankfurt a.M. 1977. S. 158. (zuerst Stuttgart 1934)

men vom instrumentalisierten Sprachgebrauch, indem die ‚reine Sprache' in der Kunst eine zweite Gegenwart erfährt, zum anderen wird aber auch vom Druck der ‚paradiesischen Sprache' befreit, die jegliches Sprechen nach dem Sündenfall unmöglich macht. Wiederum zeigt sich hier die typisch moderne Bewegung, in der Differenz die Indifferenz zu erinnern und damit die Differenz lebbar zu machen.

Diese Wiederholung des Namens im Rahmen der Arbeit des Mythos ist wesentlich an das Hervorbringen von ‚absoluten Metaphern' gebunden. Insofern ist die Metapher, analog zu Cassirer, die Bedingung der mythischen Begriffsbildung.[488]

> [D]enn so sehr sich die Inhalte von Mythos und Sprache unterscheiden, so ist doch in beiden ein und dieselbe Form, die man kurz zusammenfassend als die Form des metaphorischen Denkens bezeichnen kann: vom Wesen und Sinn der Metapher scheinen wir daher ausgehen zu müssen, wenn wir auf der einen Seite die Einheit, auf der anderen Seite die Differenz der mythischen und der sprachlichen Welt erfassen wollen. [EC, WWS, S. 145]

An diesem Textausschnitt von Cassirer können einige wesentliche Punkte für das Verständnis der ‚absoluten Metapher' bei Blumenberg anschaulich gemacht werden: Erstens wird deutlich, dass Sprache und Mythos zunächst eng miteinander verbunden sind und sich erst allmählich im Verlauf der kulturellen Entwicklung aus dieser Bindung lösen. Allerdings ist nach Cassirer diese Korrelation nie ganz aufgehoben, da Sprache ihren letzten Grund immer im Mythos hat.

Diese enge Bindung wird gerade durch die Metapher am deutlichsten, die sowohl im Mythos als auch in der Sprache beheimatet ist und als solche eine Schwelle zwischen Mythos und Sprache darstellt. Sie übersetzt zwischen Mythos und Sprache und dies nicht durch einen einmaligen Übertragungsakt, sondern in Form einer permanenten Wechselbewegung zwischen Sprache und Mythos, was die gegenseitige Bedingtheit beider unterstreicht. Der sinnliche Ausdruck des Mythos wird durch die Metapher in sinnhafte Sprache übersetzt, ohne dabei die Präsenz der Sinnlichkeit aufzugeben. Als solche ist sie ein Grenzphänomen, das sich zwischen Mythos und Sprache, Sinnlichkeit und Sinn und zwischen Differenz und Indifferenz bewegt. Potenziert wird diese Vorstellung noch dadurch, dass die Metapher als Ort der Transformation auftritt, also erst im Moment des Übergangs erzeugt wird [EC, WWS, S. 146]. Diese eigentümliche Schwellenposition kann sie vor allem durch zwei Eigenschaften einnehmen: Erstens durch ihre Übertragungsleistung, die gemäß Cas-

[488] Bereits Vico stellt eine Verbindung zwischen der Metapher und dem Mythos her und spricht von der prinzipiell mythischen Mentalität der Metapher. Vico: Die Neue Wissenschaft von der gemeinschaftlichen Natur der Nationen. Frankfurt a.M. 1981. Dazu: Donald Philipp Verene: Vicos Wissenschaft der Imagination. Theorie und Reflexion der Barbarei. München 1987. S. 70. Kirsch-Hänert geht davon aus, dass die Metapher die Systemstelle besetzt, die ehemals der Mythos eingenommen hatte. Beide liefern eine narrative Selbstbegründung. Johannes Kirsch-Hänert: Zeitgeist – Die Vermittlung des Geistes mit der Zeit. S. 147.

sirers Prinzip des ‚pars pro toto' nicht das Eine im Anderen aufhebt, sondern wechselseitig ergänzt und weiterführt, und zum anderen durch ihre Intensivierungsleistung, die sie dazu befähigt, einen sinnlichen Eindruck zu konkretisieren und ihn prägnant darzustellen, ohne ihn in Begrifflichkeit überführen zu müssen.[489]

Für Blumenbergs Konzept der ‚absoluten Metapher' ergibt sich daraus, dass Metaphern dort ihren Ort haben, wo das begriffliche Denken nicht zu einem Abschluss kommen kann. Die Metapher ist also ein Sprach*vorgang*, denn nicht das Wort ist per se Metapher, sondern wird erst durch die Bedeutungsübertragung zu derselben. In Rekurs auf Cassirer wird das Spezifische dieser Übertragungsleistung transparent: Der gewählte Ausdruck weist eine unmittelbare Nähe zu dem von ihm benannten sinnlichen Phänomen auf. Die gesamte metaphorische Rede hat Anteil an dieser Nähe zum Sinnlichen. Darüber hinaus gewinnt das sinnliche Phänomen erst durch die Übertragung in einen neuen Kontext an Prägnanz.[490]

Blumenbergs Metapher ist also in der Lage, Totalzusammenhänge wie die Wahrheit, das Leben etc. durch die Herstellung einer identischen Ähnlichkeit des Einen mit dem Anderen – bei gleichzeitiger Aufrechterhaltung der Differenz – gemäß Cassirers Prinzip des ‚pars pro toto' in der Partikularität darzustellen.[491] Insofern ist sie ein Grenzphänomen zwischen ‚Noch-Nicht' und ‚Nicht-Mehr' und auch zwischen Totalität und Fragment.[492] Demzufolge bewegt sie sich nicht nur zwischen Sinnlichkeit und Sinn, sondern auch zwischen dem Unsagbaren und dem Sagbaren. Die sich allein im gegenwärtigen Augenblick herstellende Metapher ist durch ihre Fähigkeit zur Prägnanz und

---

489 Nach Recki ist die sprachliche Begriffsbildung immer metaphorisch, da sie stets die Umsetzung in ein anderes Medium vornimmt. Darüber hinaus schlägt Recki zwei Definitionen von Metaphern vor: erstens den bewussten Ersatz für einen Vorstellungsinhalt durch den Namen eines anderen Inhalts aufgrund einer Analogie – hier sieht sie Parallelen zu Cassirers Prinzip des ‚pars pro toto' – und zweitens die ‚radikale Metapher' als Bedingung der mythischen Begriffsbildung. Birgit Recki: Der praktische Sinn der Metapher. S. 146.

490 Rudolph spricht hier von „Erleuchtung". Enno Rudolph: Metapher oder Symbol. Zum Streit um die schönste Form der Wahrheit. Anmerkungen zu einem möglichen Dialog zwischen Hans Blumenberg und Ernst Cassirer. In: Metapher und Wirklichkeit. Die Logik der Bildhaftigkeit im Reden von Gott, Mensch und Natur. Dietrich Ritschl zum 70. Geburtstag. Hg. v. Reinhold Bernhardt/Ulrike Link-Wieczorek. Göttingen 1999. S. 320-329.

491 Bereits für Cicero ist die Metapher ein höchst prägnantes Phänomen. Sie ist ein auf ein einziges Wort zusammengedrängtes Gleichnis. Nach Höffding ist die Metapher wesentlich an der Hervorbringung von Ähnlichkeiten beteiligt. Harald Höffding: Der Begriff der Analogie. Leipzig 1927. S. 19. Hundeck stellt eine Nähe zwischen Blumenberg und dem jüdischen Denken fest. Das Bilderverbot ist Ausdruck dessen, dass die ganze Welt nicht in ein einziges Bild gefasst werden kann. Nach Hundeck setzt auch Blumenberg das Fragment als Antwort auf das Absolute und handelt so im Sinne des Bilderverbots. Markus Hundeck: Welt und Zeit. Hans Blumenbergs Philosophie zwischen Schöpfungs- und Erlösungslehre. Würzburg 2000. S. 25.

492 Weimar stellt die ‚absolute Metapher' als allegorische Definition einer Noch-Nicht Metapher vor, die streng von konventionellen Metaphern getrennt ist. Klaus Weimar: Vom barocken Sinn der Metapher. In: MLN, (105), 1990, S. 453-471.

Intensivierung bei gleichzeitiger Vieldeutigkeit charakterisiert, durch ihre Schwellenposition zwischen Anwesendem und Abwesendem und ist unübersetzbar bei gleichzeitiger unendlicher Übersetzbarkeit [HB, SZ, S. 80f.].[493] Als solche bewegt sie sich auf der Schwelle zwischen Mythos und Sprache und ist die Bedingung der mythischen Begriffsbildung. Sie versucht die Leerstelle, welche die Arbeit am Mythos aufdeckt, ästhetisch zu füllen, ohne sie zuzudecken.[494] Damit hat sie entscheidenden Anteil an der Depotenzierung des Absolutismus.

> Behält man dieses im Auge, so kommt einer ganz bestimmten Form von Metaphorik, die ich als ‚Sprengmetaphorik' beschrieben habe, eine signifikante Bedeutung zu, weil in ihr mit der intentionalen Erweiterung deren Vergeblichkeit immer schon zugleich ausgesprochen ist, der Vorgriff mit der Zurücknahme des Übergriffs. Die Erfindung dieser Metapherkonfiguration liegt in der Tradition dcr negativen Theologie, über Gott unentwegt sprechen zu sollen, ohne über ihn etwas sagen zu können sich zutrauen zu dürfen. [...]
>
> Er [Simmel, S.W.] notiert: [...] Der Raum der Metapher ist der Raum der unmöglichen, der fehlgeschlagenen oder der noch nicht konsolidierten Begriffsbildung. Die Norm der Begrifflichkeit beruht auf vorgreifenden Orientierungen, die ihrerseits notwendig außerhalb des Normbereiches und seiner Systematik liegen müssen, die aber nicht dessen bloßes, sich im Prozess selbst aufzehrendes genetisches Vorfeld bilden. [HB, BM, S. 170f.][495]

Ausgangspunkt der Metaphernkonzeption Blumenbergs ist also das Bewusstsein von der Trennung zwischen Idee und Laut. In seiner Beschreibung der ‚absoluten Metapher' greift er auf Kants Ausführung zu Schematismus und Symbol zurück. Kant geht davon aus, dass sich die Realität der Dinge nur durch die symbolische Anschauung vergegenwärtigt.[496] ‚Unbegriffe' bedürfen

---

[493] Bereits in Platons Timaios wird darauf hingewiesen, dass die Metapher Ausdruck theoretischer Bescheidenheit ist, bei gleichzeitiger Forderung einen Gegenstand besprechen zu müssen, der eigentlich zu groß für das menschliche Fassungsvermögen ist. Damit verbunden ist die Aufforderung, sich nicht allein auf den Logos zu verlassen, sondern auch auf die ästhetische Kompetenz der Sinneswahrnehmung. Bei Platon findet eine doppelte Transformation ins Ästhetische statt: Die Schönheit des Kosmos soll beschrieben werden und dies in einer Rede, die sich der logischen Argumentation entzieht. Diese poetische Redeform wird im Timaios ausdrücklich als Mythos bezeichnet. Insofern sind Metaphern und Mythen hier stilverwandt. Platon: Timaios. 29bH.

[494] Zill beschreibt die ‚absolute Metapher' als Nachfolgeinstanz des Mythos in der modernen Welt. Rüdiger Zill: Wie die Vernunft es macht. Die Arbeit der Metapher im Prozeß der Zivilisation. S. 166. Rudolph versteht die Metapher bei Blumenberg als literarisches Korrektiv zur Sprachform des Dogmas. Die Metapher ist eine Antwort auf Wittgensteins Gebot, über Dinge zu schweigen, über die man nicht sprechen kann. Enno Rudolph: Metapher oder Symbol. S. 323.

[495] Georg Simmel: Fragmente und Aufsätze aus dem Nachlaß. München 1923. S. 6.

[496] Immanuel Kant: Kritik der Urteilskraft. § 59. In: Kants gesammelte Schriften. Hg. v. d. Königlich Preußischen Akademie der Wissenschaften. Berlin 1920ff. (Bd. I-IX, Akademie-Textausgabe, Berlin 1968) Auch Zill weist darauf hin, dass die Metapher Blumenbergs das Erbe von Kants Symbol antritt. Rüdiger Zill: Wie die Vernunft es macht. S. 178. Neben Kant

nach Kant einer unbegrifflichen Darstellungsweise, die darum absolut sein muss. Während die Brücke zwischen Idee und Laut bei Kant durch das Symbol entsteht, ersetzt Blumenberg das Symbol durch die Metapher.[497] Auch nach Blumenberg kann sich der Mensch nicht unmittelbar auf die Wirklichkeit einlassen, stattdessen muss der menschliche Wirklichkeitsbezug indirekt, umständlich und metaphorisch sein [HB, AAR, S. 115].[498] Durch die Metapher erlangt der Mensch Kenntnis von existenziellen Sachverhalten, durch sie bildet sich seine Weltvorstellung überhaupt erst aus; sie konstruiert „Wirklichkeiten, in denen wir leben.“[499]

> Der mit Kant vertraute Leser wird sich in diesem Zusammenhang an § 59 der ‚Kritik der Urteilskraft' erinnert finden, wo zwar der Ausdruck Metapher nicht vorkommt, wohl aber das Verfahren der Übertragung der Reflexion unter dem Titel des Symbols beschrieben wird. Kant geht hier von seiner grundlegenden Einsicht aus, daß die Realität der Begriffe nur durch Anschauungen ausgewiesen werden kann. [...] [S]eine Symbole decken ziemlich genau den hier weiterhin geübten Gebrauch von Metapher. [HB, PM, S. 11]

> Die Realität unserer Begriffe darzutun, werden immer Anschauungen erfordert. [...] Während die Schemata eine direkte, demonstrative Darstellung leisten, ist das Symbol eine indirekte, analogische, eine Übertragung der Form oder Regel der Reflexion über einen Gegenstand der Anschauung auf einen ganz anderen Begriff, dem vielleicht nie eine Anschauung direct correspondieren kann. In die-

---

spielt vor allem Vico eine große Rolle beim Aufbau der Metapherntheorie bzw. bei der Korrelation von Metapher und Phantasie. Die Phantasie hat nach Vico eine katalysatorische Funktion, an der sich zwar die Begriffswelt bereichert, sie aber nie aufzehren kann. Darüber hinaus ist sie maßgeblich am Aufbau der Lebenswelt beteiligt. In diesem Horizont der Phantasie verortet Blumenberg seine Metapherntheorie. Vgl. dazu HB, PM, S. 8, 11: „Was bleibt dem Menschen? Nicht die Klarheit des Gegebenen, sondern die des von ihm selbst Erzeugten: die Welt seiner Bilder und Gebilde, seiner Konjekturen und Projektionen, seiner Phantasie in dem neuen produktiven Sinne, den die Antike nicht gekannt hatte.“ Dazu Vico: Liber metaphysicus 1710. Risposte 1711, 1712. Übers. u. hg. v. S. Otto/H. Viechtbauer. München 1979. Bd. I, 1. S. 34ff.; Prinzipien einer neuen Wissenschaft über die gemeinschaftliche Natur der Völker. 2 Bde. Übers. u. hg. v. V. Hösle/Chr. Jermann. Hamburg 1990. Hier § 184, 185, 189. Zu Blumenbergs Rekurs auf Vico vgl. auch Philipp Stoellger: Metapher und Lebenswelt. S. 104ff. Außerdem: Haeflinger, der die Metapher als Imaginationssystem begreift und so eine Rückbindung an Vico vornimmt. Jürg Haeflinger: Imaginationssysteme.

[497] Interessanterweise geht auch Cassirer in seiner Symboltheorie auf Kant zurück, was nochmals unterstreicht, dass der Zielpunkt von Cassirers Symbolphilosophie und Blumenbergs Metapherntheorie ein ähnlicher ist, allerdings in unterschiedlicher Herangehensweise.

[498] Wenn hier von einer Parallele zwischen Metapher und Symbol gesprochen wird, so ist dies auf die anthropologische Komponente der rhetorischen Formen bezogen, d.h. auf das zu erreichende Ziel.

[499] Vonessen zeigt die ontologische Struktur der Metapher auf, die darin besteht, nicht ein Bild der Wirklichkeit zu liefern, sondern die Wesensbildung der Wirklichkeit selbst darzustellen. Franz Vonessen: Die ontologische Struktur der Metapher. In: Zeitschrift für philosophische Forschung, (13), 1959. S. 397-419.

sem Sinne sei bekanntlich alle unsere Erkenntniß von Gott bloß symbolisch und nicht unkritisch anthropomorph.[500]

Wie bereits für Cassirers Symbolphilosophie nachgewiesen – die ebenfalls an Kant anknüpft – geht auch Blumenberg davon aus, dass der Mensch zur Wahrnehmung von Wirklichkeit nicht von Natur aus ausgerüstet ist.[501] Aus diesem Grund muss er sich ein Instrumentarium schaffen, das die Differenz zwischen wahrnehmbarer und unsichtbarer Wirklichkeit überbrückt.[502] Nach Cassirer übernimmt hier das Symbol eine wichtige Funktion: Durch seine Wechselwirksamkeit von Sinnlichkeit und Sinn wird die unbestimmte sinnliche Welt in Sinn überführt, um sie überhaupt erst wahrnehmbar zu machen.[503] Wie auch das Cassirersche Symbol schafft Blumenbergs Metapher einen Vertrautheitshorizont und macht damit Welt zugänglich, ohne ihr die Vieldeutigkeit zu nehmen [HB, BM, S. 201].[504] So bestimmt die Metapher nicht den sich in der Wirklichkeit befindlichen Gegenstand und legt ihn theoretisch fest, sondern sie übersetzt seine Idee.[505]

Insofern demonstriert die Metaphorologie, dass die Forderung nach Eindeutigkeit nicht erfüllt werden kann, denn die Idee kann niemals vollständig über-

---

500 Immanuel Kant: Kritik der Urteilskraft. In: ders.: Werke Bd. 5. Hg. v. Wilhelm Weischedel. Darmstadt 1998. §59. Vgl. dazu auch Philipp Stoellger: Metapher und Lebenswelt. S. 84.

501 Allerdings überwinden beide, Blumenberg und Cassirer, den Dualismus von Verstand und Sinnlichkeit und damit Kants Vorstellung von moderner Rationalität.

502 Konersmann verdeutlicht, dass die Blumenbergsche Metapher eine Tranformation von Substanzbegriffen zu Funktionsbegriffen vornimmt. Nicht mehr der Mensch an sich bildet den Ausgangspunkt, sondern der sprachliche Mensch. Welt wird zu einem Verweisungszusammenhang aus dem heraus Sprache generiert wird. Ralf Konersmann: Vernunftarbeit. S. 137ff. Dazu: Ernst Cassirer: Substanzbegriff und Funktionsbegriff.

503 Vgl. dazu die Abschnitte ‚Sinn und Sinnlichkeit' (Kap. 5.1.1) und ‚Die Philosophie der symbolischen Formen' (Kap. 5.1). Auch Heidegger zeigt, wie die Metapher auf dem Grundgegensatz von Sinnlichem und Nichtsinnlichem beruht. Martin Heidegger: Der Satz vom Grund. Pfullingen 1957. S. 88f.

504 Nach Rudolph besteht der Unterschied in Metapher und Symbol darin, dass die Metapher immer ein Moment der Sinnstiftung beinhalte, während das Symbol Resultatcharakter habe. Er versucht eine direkte Gegenüberstellung von Blumenberg und Cassirer, übersieht jedoch entscheidende Parallelen wie zum Beispiel den Zusammenschluss von Sinn und Sinnlichkeit, der sowohl in der Metapher als auch im Symbol zum Tragen kommt. Enno Rudolph: Metapher oder Symbol. S. 327.
Vgl. Vico, auf den sich Blumenberg in seiner Metapherntheorie immer wieder bezieht: Nach Vico ist die Welt immer nur metaphorisch zugänglich, Leben ist wesentlich Metaphorizität, also Übertragung. Die Metapher sei notwendig im Anpassungsprozess des Menschen an seine Umwelt und fungiert somit als Modell des menschlichen Daseins. Dazu: Ernesto Grassi: Die Macht der Phantasie. S. 186; Nelson Goodman: Weisen der Welterzeugung. Frankfurt a.M. 1993. Außerdem Hans Blumenberg: Anthropologische Annäherung an die Rhetorik.

505 Vgl. Wagner-Egelhaaf, die mit Lüers deutlich macht, dass die Metapher als sprachliche Ausdrucksform des Mystischen fungiert, da sie Geistiges versinnliche und Sinnliches vergeistige. Durch die wechselseitige Durchdringung von Geistigem und Sinnlichem ist die Metapher in der Lage, in eine höhere Einheit zu überführen. Martina Wagner-Egelhaaf: Mystik der Moderne. Die visionäre Ästhetik der deutschen Literatur im 20. Jahrhundert. Stuttgart 1989. Dazu: Grete Lüers: Die Sprache der deutschen Mystik des Mittelalters im Werke der Mechthild von Magdeburg. Darmstadt 1966. S. 92.

setzt werden [HB, BM, S. 163]. Die Metapher leistet demnach eine Übertragung der Übertragung, da letztlich eine Leerstelle übersetzt wird [HB, BM, S. 184]. Dies macht die Nähe der Metapher zum Mythos transparent, denn auch der Mythos arbeitet an einer Leerstelle, indem er diese rezipiert und überträgt. Demzufolge wird die Metaphorik von Blumenberg als philosophische beschrieben, da sie immer etwas von jenem ‚Zuviel-Versprochenen' enthält, etwas, das sich den Forderungen nach Einlösung entzieht [HB, BM, S. 169].[506] Während der Begriff als Instrument des Denkens die Fülle der sinnlichen Eindrücke zerstören würde und die Frage nach dem Unbestimmbaren nicht beantworten kann, springt die Metapher genau in diese Lücke ein und gibt der Welt Struktur in der Vieldeutigkeit. Sie präsentiert Welt anstatt sie – wie der Begriff – zu repräsentieren. Mit Lichtenberg macht Blumenberg deutlich, dass die ganze Philosophie Berichtigung des Sprachgebrauchs ist [HB, BM, S. 198f.], denn Sprache ist immer nur potenziell verfügbar [HB, BM, S. 202].

Ähnlich wie der Mythos bietet auch die Metaphorik einerseits Orientierung und die Suggestion des Verstehens, andererseits veranschaulicht sie die Grenzen bzw. die Unmöglichkeit desselben [HB, PM, S. 20].[507] Diese Suggestion der Anschaulichkeit nutzt die Metapher allerdings, um sich in ein Paradox hineinzubegeben: Sie ist zugleich Vorstufe der Begriffsbildung bei gleichzeitiger Verweigerung derselben und befindet sich stets auf der Schwelle zwischen sinnlichem Ausdruck und Begriff. Ziel der Metapher ist es, den Begriff zu hinterfragen, seine Verarmung an imaginären Hintergrund offen zu legen und ihn in seiner Totalität zu zersetzen.[508] So wird die Funktion der Metapher nach Blumenberg in der Konfiguration von Risiko und Sicherheit erkennbar [HB, BM, S. 212].[509] Die Metapher zeichnet sich durch einen Vorgriff, durch ein Hinausgehen über das theoretisch Gesicherte aus. Als Erklärung erscheint, was nur Konfiguration bzw. was Umkreisen der Leerstelle ist [HB, BM,

---

[506] Hier zitiert Blumenberg Gottfried Benn: Gesammelte Werke. Bd. I. Hg. v. Dirk Wellershoff. S. 73.

[507] Konersmann weist darauf hin, dass die Metapher die fehlenden Orientierungen durch selbstgesetzte sprachliche ersetzt. Ralf Konersmann: Vernunftarbeit. S. 135. Auch Moxter sieht die Leistung der Metapher darin begründet, dass sie Unvertrautes aus der als vertraut empfundenen Lebenswelt fernhält. Michael Moxter: Kultur als Lebenswelt. Studien zum Problem einer Kulturtheologie. Tübingen 2000. S. 324. Außerdem: Erne, der zeigt, dass das Rhetorische insgesamt den Charakter einer Abschirmung von einer ‚logischen Unbedürftigkeit' habe. Mythos, Symbol und Metapher sind demnach nicht mehr nur im Hinblick auf eine Begriffsbildung zu verstehen, sondern vor allem als Formen der Distanzierung. Thomas Erne: Rhetorik und Religion. S. 164.

[508] Anders Haeflinger, der davon ausgeht, dass die Metapher als Übersetzung aller vorsprachlichen Elemente auftritt und damit nicht nur die Sprache, sondern auch das der Sprache vorgelagerte Denken strukturiert. Jürg Haeflinger: Imaginationssysteme. S. 87.

[509] Stoellger spricht von einer Dialektik von Begriff und Metapher bzw. semiotisch formuliert von einer Dichotomisierung von Labilisierung und Stabilisierung. Insofern ist der Ausdruck Metapher selbst eine Metapher; Metapher und Begriff sind das Andere ihrer selbst. Philipp Stoellger: Metapher und Lebenswelt. S. 92.

S. 212]. In diesem Zusammenhang ist auch Blumenbergs Antwort auf die Frage ‚Was ist ihr größter Fehler' zu sehen. Die Antwort enthält zugleich das Typische seiner Schreibweise: „Nicht genau genug sagen zu können, was ich sehe“ [HB, FAZ-Fragebogen]. Die Aufgabe ist also stets, im Beschreiben zu umschreiben, die Leerstelle zu präsentieren. Diese Bewegung ist übrigens auch der ‚allegorischen Intertextualität' zu Eigen.

Die Annäherung an einen Gegenstand operiert mit der Differenz von Identität und Andersheit [HB, HA, S. 443]. Die Plausibilität der Metapher, ihre bildliche Evidenz suggeriert, dass alle bereits wissen, was gemeint ist, ohne dies tatsächlich auszusprechen [HB, BM, S. 192]. Insofern sind Metaphern eine begriffsförmige Ausgestaltung der Unbegrifflichkeit, ihre Aufgabe besteht darin, provisorisch zur Einheit zu führen, wovon keine konkrete Anschauung existieren kann.[510] Damit macht die Metapher auf das Abwesende aufmerksam, auf das, was sich dem menschlichen Geist entzieht, und deutet auf die Unmöglichkeit der Wahrheitsfindung hin [HB, BM, S. 189; MS, S. 87]. In diesem Sinne ist die Metapher eine kritische Reflexion und damit kulturelles Produkt, die aber dennoch das Unaussprechliche, die Idee, mitartikuliert.[511] Metaphorologie ist also nicht nur Diagnose eines Mangels, sondern vor allem auch Mittel zur produktiven Ausgestaltung von Kultur. Am Beispiel der Wissen-schaftssprache verdeutlicht Blumenberg, dass die ‚eigentliche Rede' gerade nicht die eindeutige Rede ist. Der ästhetische Gebrauch der Sprache, das Setzen von ‚absoluten Metaphern' ist diesem Prozess, der auf Eindeutigkeit tendiert, entgegengerichtet.[512] Gerade die Herstellung von Vieldeutigkeit in der poetischen Sprache, die Bindung an andere Kontexte, ist entscheidendes Kriterium bei der Hervorbringung einer wahrhaften Sprache [HB, BM, S. 191]. Metaphern sind kein Vorfeld und keine Substruktur der Begriffsbildung [HB, BM, S. 164]. Als solche sind sie absolut.[513]

---

[510] Konersmann bezeichnet diese Aufgabe als ein Armutszeugnis. Ralf Konersmann: Geduld zur Sache. In: Neue Rundschau, (109), 1998. S. 37.

[511] Bereits in der Einleitung zu seinen ‚Paradigmen einer Metaphorologie' verweist Blumenberg auf Vico, der die Metaphernsprache als ebenso eigentlich wie die eigentliche Sprache ausweist [HB, PM, S. 10].

[512] Gerade die klassische Rhetorik hat die Metapher immer als ‚uneigentliche Rede' vorgestellt, die jederzeit in ‚eigentliche Rede' übersetzt werden kann. Dagegen zeigt Blumenberg, dass die Metapher ein ‚Mehr an Aussageleistung' besitzt [HB, PM, S. 9].

[513] Gerhard Neumann arbeitet in seinem einschlägigen Aufsatz die Wirkungsweise und Entstehung der absoluten Metapher für die Moderne heraus. Er zeigt die in der Dichtung seit der Mitte des 19. Jahrhunderts bestehende Skepsis gegenüber der Metapher, die von einem Auseinanderbrechen von eigentlich Gemeinten und sprachlichen Ausdruck zeugt. Er macht dies beispielhaft an Mallarmé fest. Anders als Kafka nimmt Mallarmé eine Umwertung vor: Das von der Tradition als ‚Uneigentlich' Bezeichnete – die Sprache – wird bei Mallarmé zu dem ‚Eigentlichen', dem Wirklichen. Diese Umwertung führt schließlich, so Neumann, zur Herausbildung der absoluten Metapher. Das Spiel der Bedeutungen findet nicht mehr zwischen Wort und Sache statt, sondern im „irrationalen Simultaneffekt sich gegenseitig bestrahlender Worte.“ Sprache ist erst dann wirklich, wenn sie sich von der Welt der Dinge gelöst hat. Gerhard Neumann: Die absolute Metapher. Ein Abgrenzungsversuch am Beispiel Stéphane Mallarmés und Paul Celans. In: Poetica, (3), 1970, S. 188-225. Dazu: Hugo Friedrich: Die Struk-

> Daß diese Metaphern absolut genannt werden können, bedeutet nur, daß sie sich gegenüber dem terminologischen Anspruch als resistent erweisen, nicht in Begrifflichkeiten aufgelöst werden können, nicht aber, daß nicht auch eine Metapher durch eine andere ersetzt bzw. vertreten oder durch eine genauere korrigiert werden kann. Auch absolute Metaphern haben daher Geschichte. Sie haben Geschichte in einem radikaleren Sinn als Begriffe, denn der historische Wandel einer Metapher bringt die Metakinetik geschichtlicher Sinnhorizonte und Sichtweisen selbst zum Vorschein, innerhalb deren Begriffe ihre Modifikationen erfahren. [HB, PM, S. 12f.]

Zwar können Metaphern nicht in Begrifflichkeit aufgelöst werden, allerdings werden sie einer ständigen Übersetzung, Weiterentwicklung und Korrektur unterzogen. Metaphern haben insofern eine Geschichte, als sie Ausdruck des historischen Wandels der Bedeutsamkeitsherstellung sind und Rückschlüsse auf die in einer Gesellschaft jeweils gültigen Sprachregelungen zulassen.[514] Blumenberg zeigt in dem Zusammenhang die Unmöglichkeit auf, die Metapher beim Wort nehmen zu wollen, und unterstreicht die Notwendigkeit, sie der begrenzten Intention des Autors zu entreißen und ihrer Selbstständigkeit zu überlassen [HB, BM, S. 209].

Ähnlich der Arbeit am Mythos ist die Übersetzungsleistung der Metapher erst dann an ihr Ende gelangt, wenn Sprache und damit das sprechende Subjekt sich selbst gegenwärtig sind, also absolute Authentizität erlangt haben. So ist nach Blumenberg die konsequente Zuspitzung und Ausschöpfung der metaphorischen Anlage die Internalisierung: „Es ist nie der Andere, dem er als der Eine zuschauen könnte, sondern immer nur er selbst“ [HB, BM, S. 189].[515] Ziel der Metaphorologie ist es, bis an die Grundfesten der menschlichen Existenz bzw. der Sprache vorzudringen; an den Punkt zu gelangen, wo restlose Mitteilbarkeit besteht. So spricht Blumenberg der ‚absoluten Metapher' eine Sprengkraft zu, die als mystisch bezeichnet werden kann [HB, PM, S. 183], denn erst durch den kulturellen bzw. hier den poetischen Entwurf der ‚absoluten Metapher' ist die Sprache in ihrem reinen Sein erfahrbar. Die 'absolute Metapher' springt in eine Leere ein und besetzt die Stelle des nicht mehr lebendigen absoluten Wissens [HB, PM, S. 193].

> [D]ie Metaphorologie sucht an die Substruktur des Denkens heranzukommen, an den Untergrund, die Nährlösung der systematischen Kristallisationen, aber sie will auch fassbar machen, mit welchem Mut sich der Geist in seinen Bildern selbst voraus ist und wie sich im Mut zur Vermutung seine Geschichte entwirft. [HB, PM, S. 13]

---

tur der modernen Lyrik. Von der Mitte des 19. bis zur Mitte des 20. Jahrhunderts. Hamburg 1967.

[514] Vgl. dazu das Kapitel ‚Bedeutsamkeit' (Abschnitt 7.1.3)

[515] Eine wesentliche Funktion der Metapher ist nach Zill, das was uns zu nahe ist – das eigene Ich – in Sprache zu fassen. Der Mensch wird dabei selbst zur Metapher, denn das Ich ist ein Konstrukt, das sich selbst permanent konstruieren muss. Rüdiger Zill: Wie die Vernunft es macht. S. 180. Dazu HB, AAR, S. 134.

Hier wird zumindest angedeutet, was eigentlich in unseren eben formulierten naiven Fragen unter ‚die Wahrheit' zu verstehen ist: eine gewisse Durchsichtigkeit der Weltstruktur, eine letztlich unkomplizierte Publizität des Schöpfungswillens, eine Vorbehaltlosigkeit des Sich-mitteilens des Seienden, die Intensität der veritas ontologica. [HB, PM, S. 16]

Macht man diese Überlegungen für die Frage nach der Darstellbarkeit der ‚reinen Sprache' fruchtbar, ergibt sich daraus Folgendes: Im Rahmen der Arbeit am Mythos erlangt die Leerstelle der ‚reinen Sprache' durch die ‚absolute Metapher' eine zweite Gegenwart bei gleichzeitiger Bewahrung ihrer Nicht-Darstellbarkeit, denn die ‚absolute Metapher' gibt Namen, ohne zu benennen. Sie erteilt dem Absoluten der ‚reinen Sprache' einen Namen und bindet sie ein in die Arbeit am Mythos, ohne sie in starre Begrifflichkeiten zu überführen.

Durch diese eigentümliche Leistung kann die ‚absolute Metapher' an den ‚schöpferischen Namen Gottes' erinnern, die ‚reine Sprache' im Moment der Differenz wiederholen. Wie bereits für die Allegorie und das Symbol nachgewiesen, hat auch die Metapher hier die Funktion, innerhalb der Differenz auf die Indifferenz hinzuweisen [HB, BM, S. 191][516] – ein Indiz dafür, dass alle drei ehemals rhetorischen Figuren zu Philosophemen werden. Die Metapher fungiert nicht als Ersatz für einen prinzipiell möglichen Begriff, sondern ist Hinweis auf die Leerstelle des Namens. Sie besetzt diesen leeren Raum durch ihr spezifisch imaginatives Verfahren, durch die Herstellung von Ähnlichkeiten, die eine eigene Konsistenz schaffen. Mit Vico weist Blumenberg darauf hin, dass die Metapher Ähnlichkeiten hervorbringt, die als kulturell gemachte auf die sinnliche Gemeinschaft von Idee und Laut verweisen.[517] Als solche

---

516 Als solche hat sie einen metaphysischen Anspruch. Insofern ist Blumenbergs Metaphorologie diametral zu Derrida entgegengesetzt, der davon ausgeht, dass jegliche Metaphorologie unmöglich ist, da sie immer Metaphysik sein müsse. In jeden wissenschaftlichen oder philosophischen Diskurs sind Metaphern unhintergehbar eingebaut, so öffnet sich nach Derrida ein unüberschreitbarer Metaphernabgrund. Aus diesem Grund müssen die Metaphern bis an den Punkt ihrer Selbstaufhebung gebracht werden. Jacques Derrida: Die weiße Mythologie. Die Metapher im philosophischen Text. In: ders.: Randgänge der Philosophie. Wien 1988; ders.: Die Schrift und die Differenz. Frankfurt a.M. 1976. S. 423f. Vgl. dazu auch Philipp Stoellger, der Derridas Metaphernkritik in Abgrenzung zu Ricoeur ausarbeitet und dadurch zugleich seinem eigenen Modell der Dekonstruktion Kontur verleiht. Philipp Stoellger: Metapher und Lebenswelt. S. 207. Außerdem: Hans Joachim Piechotta: Einleitung. In: ders.: Die Differenzfunktion der Metapher in der Literatur der Moderne. S. 61; Anselm Haverkamp: Paradigma Metapher, Metapher Paradigma – Zur Metakinetik hermeneutischer Horizonte (Blumenberg/Derrida – Kuhn/Foucault – Black/White). S. 547-561. Darüber hinaus Hundeck, der zeigt, dass die Metaphorologie Blumenbergs in Korrespondenz zu Derridas Dekonstruktion stehe. Beide sind an der Hervorbringung des Ungesagten interessiert und zeigen die „Aussprüche des falschen Klartextes." Markus Hundeck: Welt und Zeit. S. 25. Dazu: Eckhard Nordhofen: Die Proklamation des Plurals. Zum Tode des Philosophen Hans Blumenbergs. In: Die Zeit vom 12. April 1996. S. 47.

517 Die Metapher fungiert nach Vico nicht als Ersetzung einer natürlichen Bedeutung, sondern als Setzen von Ähnlichkeiten, die nicht Ausdruck einer sekundären Funktion des Verstandes sind, sondern eine ursprüngliche, schöpferische Tätigkeit der Vernunft darstellen. Das ingenium als Tätigkeit an den Dingen, deren man sich erinnert, ist am reinsten im Menschen ausge-

sind sie Formen der ‚unsinnlichen Ähnlichkeit' im Sinne Benjamins. Diese Formen erinnern die ‚sinnliche Ähnlichkeit' oder sie vereinen, mit Cassirer formuliert, Sinn und Sinnlichkeit.[518] Durch die Metapher werden nach Blumenberg die willkürlichen Zeichen in natürliche erhoben [HB, BM, S. 167].

Bringt man darüber hinaus das Konzept der ‚absoluten Metapher' mit Benjamins Namenstheorie in Verbindung, stellt sich heraus, dass die ‚absolute Metapher' im Sinne Benjamins als Eigenname fungiert, als solcher übersetzt sie die ursprüngliche Präsenz des ‚göttlichen Namens' in eine poetische Form. Sie gibt der Leerstelle Namen, ohne sie zu benennen, mit Benjamin gesprochen ‚zeigt sie, anstatt zu sagen' [WB, I/1, S. 207; II/1, S. 150f.].[519]

So besteht die eigentliche Aufgabe der Arbeit am Mythos darin, ‚absolute Metaphern' zu finden, welche die Leerstelle des Mythos der ‚reinen Sprache' umkreisen. Dieses Auffinden von ‚absoluten Metaphern' im Rahmen der Arbeit am Mythos ist wesentlich an das Setzen von Bedeutsamkeiten gebunden, denn das Hervorbringen von ‚absoluten Metaphern' ist letztlich ein Akt der Herstellung von Bedeutsamkeit. Erst dann gilt nach Blumenberg eine Metapher als absolut, wenn sich in ihr ein Weltgefühl ausdrückt, d.h. wenn sie bedeutsam ist. In diesem Sinne korreliert sie mit dem Mythos [HB, AM, S. 68f.].[520] Sowohl der Eigenname als auch die ‚absolute Metapher' im Sinne Blumenbergs sind kulturelle Formen, die an eine menschliche Sprachhandlung gebunden sind und immer nur Vorstellungen von dem Ursprung anbieten können. Allerdings nimmt diese Sprachhandlung Abstand von der instrumentalisierten Sprache, als solche ist sie ein Ort der Schwelle zwischen Sagbarem und Unsagbarem. Bedeutsamkeitsherstellung im Rahmen der Arbeit am Mythos ist immer auch Ausdruck dieser Schwellenposition und ein Ringen um einen adäquaten Sprachgebrauch. Die Sprache der Differenz deutet hin auf die Sprache der Indifferenz. Dieses Anliegen hat auch Benjamin in seinem Übersetzeraufsatz beschrieben, denn für ihn besteht die wesentliche Aufgabe der poeti-

---

bildet. Ingenium befähigt den Menschen ähnliche Dinge zu erkennen und zu schaffen. Ernesto Grassi zeigt, dass Vico hier eine Umbesetzung des Aristotelischen Erkennens von Ähnlichkeiten hin zum Schaffen von Ähnlichkeiten vornimmt. Vico: Scienza Nuova. Prinzipien einer neuen Wissenschaft über die gemeinsame Natur der Völker. 2 Bde. Übers. u. hg. v. V. Hösle/Chr. Jermann. Hamburg 1990. § 404, 405. Außerdem Vico: De antiquissima italorum sapienta. Opere. I. 300. Zit. nach Ernesto Grassi: Die Macht der Phantasie. Zur Geschichte abendländischen Denkens. Königsstein/Ts. 1979. S. 240, 242. Dazu: HB, PM, 11. Stoellger sieht hierin den gemeinsamen theologischen Hintergrund von Vico und Blumenberg begründet. Philipp Stoellger: Metapher und Lebenswelt. S. 107.

518 Nach Recki verleiht die Metapher dem spontanen Sinnerleben eine Dauerspur. Birgit Recki: Der praktische Sinn der Metapher. S. 150.

519 Vgl. Thomas Hobbes, der Metaphern als Namen mit schwankender Bedeutung versteht. Thomas Hobbes: Leviathan oder Stoff, Form und Gewalt eines bürgerlichen und kirchlichen Staates. Hg. v. I. Fetcher. Frankfurt a.M. 1976. S. 31.

520 Vgl. dazu Claus Peter Becke: Bedeutung und Bedeutsamkeit. Untersuchungen zur phänomenologischen Bedeutungstheorie. Herzberg 1994. S. 61ff.; H. U. Lessing: Bemerkungen zum Begriff der Bedeutsamkeit bei Hans Blumenberg. Reports on Philosophy, (14), 1991, S. 27-33.

schen Zeichen in einer nie endenden Übersetzung von einer Mitteilung ‚durch Sprache' in eine Mitteilung ‚in Sprache'.

Allerdings muss darauf hingewiesen werden, dass die Übersetzung immer eine kulturelle Tätigkeit ist und insofern eine nachträgliche, welche die ursprüngliche Sprache nicht mehr sprechen kann. Dennoch weist sie sich durch einen besonders behutsamen Sprachumgang aus, der die Idee der Dinge in Sprache überführt, ohne sie einer Instrumentalisierung und damit einer Mitteilung ‚durch Sprache' auszusetzen. Insofern ist die Übersetzung durch zwei Stoßrichtungen charakterisiert: Sie gibt dem Unbenannten, der Idee, eine Ausdrucksmöglichkeit in der kulturellen Textur und erinnert gleichzeitig an die Materialität der Sprache, den ‚schöpferischen Namen Gottes'. Erst in dem Moment, wo der Mensch selbst Namen gibt und die Dinge aus dem Bereich des Unbenannten heraushebt, kann er an den ursprünglichen Namen erinnern. Auch die Übersetzung gibt – ähnlich wie Blumenbergs ‚absolute Metapher – Namen, ohne zu benennen. Wie die Arbeit am Mythos befreit auch sie von der Absolutheit des Ursprungs, in dem sie diesen ästhetisch transformiert. So ist die Arbeit am Mythos auch ein Übersetzungstext, der einerseits die Leerstelle des Ursprungs vergessen lässt, um ihr den ‚Schrecken' zu nehmen und um sie dann in der kulturellen Gegenwart erinnern zu können. Durch unendliche Rezeption und Übersetzung wird ‚Richtung genommen' auf die Leerstelle der ersten Sprache, des absoluten Beginns. So gilt: gegen den einen Mythos den Mythos und gegen den Namen den Eigennamen bzw. die ‚absolute Metapher'.

In diesem Zusammenhang ist die Unterscheidung von Mythos und Metapher von besonderer Bedeutung. Während der Mythos nach Blumenberg immer göttlich verbürgt sein muss, besitzt die Metapher die Freiheit, als poetische Fiktion aufzutreten.[521] Aus dieser Freiheit heraus ist sie in der Lage, die Arbeit am Mythos voranzutreiben und gegen den einen, unfassbaren ‚Ur-Mythos' die Arbeit an demselben zu setzen. Damit trägt sie durch ihre spezifisch ästhetische Struktur entscheidend zur Depotenzierung der Absolutheit bei und nimmt dem Ursprung bzw. der ersten Sprache ihre Unerreichbarkeit, ohne sie in instrumentalisierte Sprache zu überführen. Die Metapher macht ein Sprechen nach dem Sündenfall möglich bei gleichzeitiger Absage an eine Mitteilung ‚durch Sprache'.

> Der Unterschied zwischen Mythos und absoluter Metapher wäre hier nur ein genetischer: der Mythos trägt die Sanktion seiner uralt-unergründbaren Herkunft, seiner göttlichen oder inspirativen Verbürgtheit, während die Metapher durchaus

---

[521] Stoellger weist darauf hin, dass dem Mythos durch die Metaphorisierung ein Fiktionsspielraum eröffnet wird, in dem mehr vorstellbar wird, als anfangs absehbar war. Philipp Stoellger: Metapher und Lebenswelt. S. 180. Auch Lausberg stellt eine Nähe zwischen Metapher und Mythos her, da auch in der Metapher eine urtümlich magische Gleichsetzung des Bezeichneten mit dem Bezeichnenden statt hat. Im Gegensatz zum Mythos sei aber die Metapher dem religiös-magischen Charakter entbunden und zum poetischen Spiel geworden. Heinrich Lausberg: Handbuch der literarischen Rhetorik. Eine Grundlegung der Literaturwissenschaft. Stuttgart 1990. S. 286.

> als Fiktion auftreten darf und sich nur dadurch auszuweisen hat, daß sie eine Möglichkeit des Verstehens ablesbar macht. [HB, PM, S. 112]

Dieses Anliegen verfolgt auch die ‚allegorische Intertextualität'; durch ihre Bewegungen der Destruktion und Montage sprengt sie alte Verweisungszusammenhänge auf und enthebt das nun vorliegende bedeutungslose Bruchstück der Mitteilung ‚durch Sprache'. Sie erinnert an die Materialität der Sprache im Moment des kulturellen Sprechens. Dadurch entlastet sie aber auch zugleich von dem ‚ersten Sprechen', da sie der ‚reinen Sprache' in der kulturellen Textur eine zweite Gegenwart verleiht und ihn so erahnbar macht. Ein Sprechen nach dem Sündenfall wird durch diese poetische Strategie möglich. An die Stelle fester Begrifflichkeiten treten ‚absolute Metaphern' als kultureller Ersatz des Namens, der ‚reinen Sprache'. Anhand des Bildes vom Schiffbruch verdeutlicht Blumenberg – indem er Nietzsche zitiert – diese Bewegung von Destruktion und Montage:

> Der metaphorische Balken ist der Rest eines Untergangs, in dem das künstliche Gebäude der Selbstsicherungen und Selbsttäuschungen zerschellt ist: *Jenes ungeheure Gebälk und Bretterwerk der Begriffe, an das sich klammernd der bedürftige Mensch sich durch das Leben rettet, ist dem freigewordenen Intellekt nur ein Gerüst und ein Spielzeug für seine verwegensten Kunststücke: und wenn er es zerschlägt, durcheinanderwirft, ironisch wieder zusammensetzt, das Fremdeste paarend und das Nächste trennend, so offenbart er, daß er jene Notbehelfe der Bedürftigkeit nicht braucht.* [HB, BM, S. 176f.; kursive Hervorh. HB][522]

So gefährdet jede Metapher den Sprach- und Sinnfluss des Textes, als solche ist sie Ausdruck der ‚Widerstimmigkeit'. Die Metapher stellt das Neue dem Alten gegenüber bei gleichzeitiger Rückbeziehung auf das Alte [HB, WW, S. 28]. Das ursprüngliche Anliegen der Metapher (metapherein) besteht darin, Bedeutungen so freizusetzen, dass sie die Ordnung der Semantik stören.[523] Die Metapher stört die Intentionalität, den Zusammenhang sich selbst behauptender Subjektivität. Aus dem linearen Strom der Selbstverständlichkeiten werden Stücke herausgerissen, um sie mit neuer Energie aufzuladen. Allerdings wird diese Störung immer wieder produktiv überwunden, insofern bricht die Metapher die aktuellen Zusammenhänge auf, um auf andere verweisen zu können. Dadurch ist sie in der Lage, das Unvorhergesehene und Fremde in Texte zu integrieren; sie evoziert einen Reichtum des Verstehens. Zunächst ist sie reines Destruktionselement, zur eigentlichen Metapher wird sie erst unter dem Druck des Reparaturzwangs, da die Konsistenz in Frage steht. Ein Zusammenschluss mit der Verfahrensweise der ‚allegorischen Intertextualität' erlaubt die Annahme, dass die ‚absolute Metapher' aus der allegorischen Bewe-

[522] Vgl. Nietzsche: Werke. Bd. VI. S. 90.

[523] Vgl. dazu Ralf Konersmann: Vernunftarbeit. Metaphorik als Quelle der historischen Semantik. S. 122. Auch Roman Jacobson sieht das Charakteristische der Metapher in ihrer Fähigkeit zur Selektion und Kombination begründet. Roman Jacobson: Poetik. Frankfurt a.M. 1979. S. 192-211, hier S. 202.

gung der Destruktion und Montage hervorgeht. Mit Blumenberg handelt es sich um einen „Kunstgriff des Umverstehens".

> Die Metapher aber ist zunächst um mit Husserl zu sprechen, Widerstimmigkeit. Diese wäre tödlich für das seiner Identitätssorge anheimgegebene Bewußtsein; es muß das ständig erfolgreiche Selbstrestitutionsorgan sein. Es folgt, auch und gerade gegenüber der Metapher, der von Husserl formulierten Regel: *Anomalität als Bruch der ursprünglich stimmenden Erscheinungseinheit wird in eine höhere Normalität einbezogen.* Das zunächst destruktive Element wird überhaupt erst unter dem Druck des Reparaturzwangs der gefährdeten Konsistenz zur Metapher. Es wird der Intentionalität durch einen Kunstgriff des Umverstehens integriert. Die Erklärung des exotischen Fremdkörpers zur bloßen Metapher ist ein Akt der Selbstbehauptung: die Störung wird als Hilfe qualifiziert. In der Erfahrung entspricht eben die Notwendigkeit, auch den überraschendsten Auftritt an der Grenze zum vermeintlichen Wunder noch als dem kausalen Gesamtsystem angehörig einzugliedern. [HB, SZ, S. 88f., kursive Hervorh. HB]

Hier wird zweierlei transparent: Zum einen die Verwandtschaft zwischen Metapher und Allegorie, denn erst durch die allegorische Bewegung entstehen ‚absolute Metaphern'.[524] Zum anderen zeigt sich hier aber wiederum die kulturelle Leistung, aus der heraus die Metapher resultiert. Die Bezeichnung Metapher für diesen Fremdkörper im Satz, für das als bedeutungslos vorliegende Bruchstück, in dem sich gleich einer Monade die Gesamtheit des Nicht-Darstellbaren komprimiert, ist letztlich eine Schutzbehauptung. Die kulturelle Selbstbehauptung des Menschen besteht darin, das Sprachlose, das Nicht-Darstellbare in einen Normalzusammenhang zu integrieren und ihm so den Schrecken und die Unfassbarkeit zu nehmen. Diese Integrationsleistung wird durch die Hervorbringung von Metaphern vollzogen, die letztlich aus der Bewegung der Destruktion und Montage hervorgehen. Das ehemals Unfassbare wird der menschlichen Lebenswelt zugeordnet, es bekommt ein ‚Gesicht' und wird zum physiognomischen Ausdruck, anstatt bloßen Zeichen untergeordnet zu sein. Die funktionalen Zusammenhänge werden durch die Metapher aufgestört, um die ursprüngliche Identität wiederholen zu können. Am Beispiel der ‚lachenden Wiese' macht Blumenberg deutlich, dass durch die Leistung der Metapher nicht nur die Worte und Zeichen Bedeutung haben, sondern vor allem die Sachen selbst.[525] Damit verbunden ist die Genese einer anderen Lebenswelt, in der Subjekt und Objekt gleichberechtigt nebeneinander existieren

[524] Bader stellt die Allegorie als Form bzw. Abwandlung der Metapher vor. Günter Bader: Melancholie und Metapher. Tübingen 1990. Vgl. auch Hamann, der ebenfalls eine Gleichsetzung von Metapher und Allegorie vornimmt, in dem Sinne, das beide bildlicher Ausdruck sind. Sprechen im Bild ist darüber hinaus für ihn immer der Versuch, das Göttliche abzubilden. Dazu: Harald Weinrich: Art. Metapher; K. Gründer: Figur und Geschichte Johann Georg Hamanns. Biblische Betrachtung als Ansatz einer Geschichtsphilosophie. 1958. S. 156.

[525] Konersmann zeigt, dass die Metapher das Eigentliche des Bedeutens nicht in seiner Vollständigkeit enthüllen kann. Sie rekonstruiert nur die Selbstgegebenheit des Materials vor dem Hintergrund der Vorläufigkeit. Als solche vermittelt sie zwischen Text und Welt. Ralf Konersmann: Vernunftarbeit. S. 134.

können.[526] Die lexikalische Bedeutung des ‚Lachens' wird aufgebrochen und der Sinnzusammenhang gestört. In dem Moment aber, wo die Semantik absurd wird, entsteht nach Blumenberg ein ‚Lebensweltrückbezug', der eine Erinnerung an eine vergangene Lebenswelt ermöglicht, letztlich eine Erinnerung an den Ursprung an sich. Insofern ist die Metapher wesentlich Erinnerungsleistung.[527]

> Denn in allem Fragen nach dem Vergangenem verbirgt sich doch der Antrieb, den Punkt zu bestimmen, an dem das nachher Wirkliche und damit Unabänderliche noch Möglichkeit war, und so in das Dunkel dessen tiefer einzudringen, was für uns noch Möglichkeit sein mag. [HB, Kant und die Frage nach dem gnädigen Gott, S. 554]

Dieser ‚Lebensweltrückbezug' ist eine Differenz wahrende Differenzverarbeitung.[528] Ziel ist es nicht, die Differenz oder Kontingenz des Lebens zu reduzieren oder zu negieren, sondern sie zu kultivieren: in Ästhetik überführt werden.[529] Insofern ist die Metapher adäquate Ausdrucksmöglichkeit der Moderne, da sie der einen gültigen Idee eine Absage erteilt und ihr Primat auf das Flüchtige und Vergängliche setzt. Metaphorologie steht im Bewusstsein der Modernität und kann als Form unaufdringlichen Philosophierens bezeichnet werden.[530]

Wiederum wird deutlich, dass die Metapher Bedingung der mythischen Begriffsbildung ist, denn die Arbeit am Mythos besteht gerade darin, die Unergründbarkeit des letzen Ursprungs in die menschliche Lebenswelt zu transformieren, um ihm so den Schrecken zu nehmen, ohne ihn in starre Begriff-

---

526 Hundeck zeigt, dass die Metaphorologie die Spannung zwischen Ich und Welt, zwischen Subjekt und Wirklichkeit abbauen hilft. Markus Hundeck. Welt und Zeit. S. 114.

527 Vgl. Gadamer: „Es ist mehr als eine Metapher, es ist die Erinnerung an das Ursprüngliche, wenn sich die hermeneutische Aufgabe als ein In-das-Gespräch-kommen mit dem Text begreift." Hans Georg Gadamer: Wahrheit und Methode. Tübingen 1960. S. 350.

528 Vgl. auch Piechotta, der zeigt, dass die Metapher die Einheit des Begriffs unterläuft und als solche Ausdruck der Differenz ist. Er übersieht hier, dass die Aufgabe der Metapher gerade darin besteht, in der Differenz auf die Indifferenz hinzuweisen. Hans Joachim Piechotta: Einleitung: Die Differenzfunktion der Metapher in der Literatur der Moderne. S. 29. Außerdem: Konersmann, der metaphorologisches Denken nicht als Denken ohne Botschaft beschreibt, sondern als Botschaft auf Widerruf, die sich mit jedem Blick auf den Gegenstand verändert. Ralf Konersmann: Vernunftarbeit. S. 140.

529 Auch in der ‚Lesbarkeit der Welt' macht Blumenberg deutlich, dass es vor allem um das ‚Weiße', das Andere der Sprachformen geht, den schweigend mitgesagten Hintergrund, auf den die Metaphorologie aus ist. Vgl. dazu auch Philipp Stoellger: Metapher und Lebenswelt. S. 267; Hermann Lübbe: Kontingenzerfahrung und Kontingenzbewältigung. In: Kontingenz. (Poetik und Hermeneutik Bd. XVII). Hg. v. Gerhart v. Graevenitz. München 1998. S. 86-98. Außerdem: Konersmann, der die Metapher als Zeichen und Antwort auf die Kontingenz beschreibt. Ralf Konersmann: Vernunftarbeit. S. 134. Zill spricht von der pragmatischen Funktion der Metapher, da sie Denkvorschläge für zu große Begriffe macht wie die der Wahrheit, der Welt oder das Leben. Rüdiger Zill: Wie die Vernunft es macht. S. 179.

530 Merker spricht von einer Verschiebung von der Natur zur Kultur durch die metaphorische Bewegung. Barbara Merker: Bedürfnis nach Bedeutsamkeit. S. 98.

lichkeit zu zwängen.[531] Diese Übertragungsleistung übernimmt die Metapher, die letztlich aus der allegorischen Textur von Destruktion und Montage, von Vergessen und Erinnern hervorgeht. Wie auch die Allegorie ist die Metapher nicht Ausdruck eines ursprünglichen Sprechens, sondern ein ‚Spätes' und ‚Abgeleitetes' [HB, SZ, S. 93]. Beide Formen sind eine Reaktion auf die durch den Verlust des Ursprungs, den Verlust der ersten Sprache hervorgerufenen Melancholie. So ist die Metapher immer auch Ausdruck einer Heimatlosigkeit in einer auf Disziplin und Begrifflichkeit ausgerichteten Welt. Sie verweigert den Standard der objektiven Sprache, als Form der Unbegrifflichkeit nimmt sie eine Transposition ins Ästhetische vor. Als solche ist sie unbegriffliche Darstellung des Unsagbaren.[532]

> Aber erst in dem Raum zwischen der idealisierenden Programmierung der Sprache auf das Sagbare und der Sprengung der Sprachstruktur zugunsten des Unsagbaren entfaltet sich die eigentliche Leistungsbreite des Sprechens als eines sich ständig neu einspielenden Regulationssystems einer Verständigungsgemeinschaft von äußerster Instabilität. [HB, SP, S. 144]

In dem Zusammenhang macht Blumenberg vor allem auf das produktive Potenzial aufmerksam, dass er als ‚umgekehrte Hermeneutik' bezeichnet: Die Antwort auf den Verlust der Ursprünglichkeit liegt nicht in der Ausdeutung, sondern in dem Fremdbezug, in der Offenheit [HB, SZ, S. 90]. Der ästhetische Effekt der Vieldeutigkeit ist die Überraschung im Vertrauten, das Heraustreten aus dem Selbstverständlichen. Letztlich geht es also um die Bildung neuer Deutungspotenziale [HB, SP, S. 146]. Der Ungenauigkeit der Metapher entspricht eine höchste Abstraktionsstufe. Allerdings bewahrt die Metapher den Reichtum der Bedeutungsvielfalt auf, den die Abstraktion verleugnen muss. Insofern ist die ästhetische Qualität der Metapher in der Anstrengung begründet, das Unsagbare sagbar zu machen [HB, SZ, S. 95].

> Es [die ästhetische Funktion der Sprache, S.W.] kommt in der Tendenz auf Vieldeutigkeit zu dem, was man ein ‚Grenzereignis' nennen könnte, es wird ein Punkt erreicht, an dem der semantische Dienstwert der Sprache gleichsam versagt. Ich werde nicht behaupten, daß in diesem Grenzereignis selbst der Spitzenwert der ästhetischen Möglichkeiten der Sprache zu sehen ist; aber die Nähe der Gefährdung durch dieses Grenzereignis bestimmt wesentlich den ästhetischen Reiz der poetischen Sprache. In diesem Horizont droht es für die der Sprache zugewandte Aufmerksamkeit sinnlos zu werden, den Bedeutungsspielraum auszuschöpfen und die Vielfalt des Möglichen auf die Stimmigkeit mit dem Kontext hin zu befragen. Die poetische Sprache führt den Mitvollzug einen ähn-

[531] Blumenberg macht deutlich, dass die Metapher als ästhetische Spätform die aufgeklärte Welt vor einem Geschichtspessimismus bewahrt, indem sie der Entmythisierung eine Remetaphorisierung entgegensetzt. Die Metapher ist eine Sprachform, die gegen dogmatische Festschreibungen vorgeht und als solche den Mythos wiederholt, der im Verlauf der geschichtlichen Entwicklung in eine Endgültigkeit überführt worden ist [HB, SZ, S. 98f.].

[532] Vgl. dazu auch Manfred Frank: Die Aufhebung der Anschauung im Spiel der Metapher. In: ders.: Das Sagbare und das Unsagbare. Studien zur deutsch-französischen Hermeneutik. Frankfurt a.M. 1990. S. 213-238.

> lichen Weg, wie es die Mystik mit dem Mittel der ‚Sprengmetaphorik' getan hat: der Horizont von Informationen, Mitteilung, Anweisung zerbirst, die primär erwartete Leistung der Sprache ist nicht mehr Bezeichnung und Bedeutung. [...] [D]er ästhetische Reiz liegt hier wie überall in der Annäherung an den Umschlagpunkt in das Unmögliche, an die Selbstaufhebung, in der Annäherung, sage ich, nicht in der Identifizierung mit diesen Extremen. [HB, SP, S. 147]

Die besondere Leistung des ästhetischen Wortes besteht für Blumenberg vor allem darin, die Schwelle zwischen Endlichem und Unendlichem, zwischen Vieldeutigkeit und bedeutungsloser Undeutbarkeit zu bewahren und damit die semantische Funktion preiszugeben [HB, SP, S. 149]. Als solches wird es selbstreferenziell, da Selbstreferenzialiät nach Blumenberg nicht als Abbau hin zur puren Phänomenalität zu verstehen ist, sondern als Steigerung der Vieldeutigkeit [HB, SP, S. 149].

Aber noch etwas anderes wird hier deutlich: Die ästhetische Sprache ist nach Blumenberg wesentlich an die Hervorbringung von ‚absoluten Metaphern' gebunden, die sich gegenseitig aufheben und zerstören [HB, SP, S. 153]. Durch ihre eigentümliche Schwellenposition vermittelt die Metapher zwischen dem Unsagbaren und dem Sagbaren, sie verschiebt das Undarstellbare und damit als bedrohlich Empfundene in den Bereich des Bildes und macht es so erfahrbar, ohne es vollkommen zu repräsentieren. Der ästhetische Reiz liegt in der Steigerung der elementaren Vieldeutigkeit, der Komplexität der Konstellationen und Bedeutungsinduktionen, ohne eine Überführung in eine Totalität vornehmen zu müssen. Die ‚absolute Metapher' verbleibt auf der Schwelle zwischen Differenz und Indifferenz, als solche zerstört sie alte Verweisungszusammenhänge und erinnert als kulturelle Form an die ‚Namensprache' und damit letztlich an ihre eigene sprachliche Verfasstheit. Sie verweist auf nichts außer auf sich selbst.[533] Dadurch verweigert sie die Vergegenwärtigung eines Objektes und bringt allein das Existenziale hervor, indem sie es als Bild konkretisiert [HB, AM, S. 450; WW, S. 35].[534] So fungiert die Metapher als Verfahren, durch das Bildlichkeit in die Sprache gelangt.[535]

---

[533] Auch Neumann macht anhand von Mallarmés Dichtung die Selbstreferenzialität der ‚absoluten Metapher' deutlich. Allerdings geht er davon aus, dass die Selbstreferenzialität die Diskrepanz zwischen Eigentlichkeit und Uneigentlichkeit aufhebt, während hier gerade auf die Differenz hingewiesen wird. Gerhard Neumann: Die absolute Metapher. S. 201.

[534] Schumann beschreibt die Metapher als gehaltvolles, visuelles Erfahrungsmaterial, das einem Vorstellungsbild oder Bildkomplex entspricht. Michael Schumann: Die Kraft der Bilder. Gedanken zu Hans Blumenbergs Metaphernkunde. In: DVjs, 1995, S. 407-422, hier S. 408.

[535] Vgl. dazu Haverkamp, der darauf aufmerksam macht, dass erstmals im russischen Formalismus und im amerikanischen New Criticism ein Wechsel vom Bild zur Metapher stattfand. An die Stelle des im Bild transportierten Gehalts tritt die Technik des sprachlichen Transports. Haverkamp sieht darin eine Umbewertung des literaturwissenschaftlichen Interesses, das seinen Primat weniger auf den ontologischen Status des Kunstwerks setzt als auf die kommunikative Funktion der Texte selbst. Anselm Haverkamp: Einleitung in die Theorie der Metapher. In: Theorie der Metapher. Hg. v. Anselm Haverkamp. Darmstadt 1996. S. 1-31, hier S. 2.

Die Engführung im Bild ist eine spezifische Eigenschaft der ‚absoluten Metapher' und muss als solche einer gesonderten Betrachtung unterzogen werden, denn gerade im Hinblick auf die ‚allegorische Intertextualität', die ebenfalls die immanente Bildlichkeit der Sprache hervorbringt, ist dies von besonderer Bedeutung: ‚Absolute Metaphern' fungieren als bildlicher Ausdruck, der bereichert und Informationen trägt, ohne dabei einen terminologischen Anspruch zu verfolgen. Gerade im Bedeutungsreichtum, in seiner Vieldeutigkeit und Unfixierbarkeit des Bildes findet sich das Charakteristische der ‚absoluten Metapher'. Die Differenz von Unbestimmtheit und Prägnanz ist wesentlicher Bestandteil des Bildes.[536] In ihm konkretisiert sich ein Höchstmaß an Differenz zu einem indifferenten Augenblick, der dann nochmals in Sprache konkretisiert wird. Diese sprachliche Leistung ist der ‚absoluten Metapher' vorbehalten, die eine Schwellenposition zwischen Unbestimmtheit und Prägnanz aufrecht erhält und in Sprache überführt. Insofern ist Blumenbergs Äußerung zu verstehen, dass die Metapher versucht, an die ‚Substrukturen des Denkens heranzukommen, an den Untergrund, die Nährlösung der systematischen Kristallisationen' [HB, PM, S. 11]. Indem die ‚absolute Metapher' die Differenz und Unbestimmtheit der Sprache zu einem einzigen kurzen konkreten Augenblick zusammenführt, erinnert sie an die Indifferenz der Sprache und damit an den sprachlichen Ursprung. Als solche wird sie selbstreferenziell, da sie als Bild ihren eigenen Vorstellungsinhalt erinnert, ohne ihn direkt auszusprechen.[537]

Darüber hinaus ist das von der Metapher hervorgebrachte Bild in höchstem Maße kulturschaffend, weil es den Schrecken des Unbenannten bannt, ohne ihn in Begrifflichkeit zu überführen. So ist der Mensch nach Blumenberg durch einen Bildervorrat und durch die Bilderwahl bestimmt; in ihnen kanalisiert sich, was sich uns als Unfassbares darstellt [HB, PM, S. 69]. Die Bildkomplexe sind nicht auf spezifische Erklärungsmuster angewiesen, sondern sie evozieren Systeme sehr differenter Prägung [HB, PM, S. 22]. Insbesondere Aby Warburg, der auch für Cassirer eine entscheidende Rolle gespielt hat, hat maßgeblichen Einfluss auf Blumenbergs Bildkonzept. Nach Warburg ist das Bild immer die Darstellung einer menschlichen Gebärde, denn die ladungsin-

---

[536] Anders Weinrich, der von einem bildspendenden und bildempfangenden Feld spricht. Diese beiden Felder sind symetrisch und verbinden sich zu einem gemeinsamen Bildfeld. Harald Weinrich: Münze und Wort. Untersuchungen an einem Bildfeld. In: Romanica. Festschrift für Gerhard Rohlfs. Hg. v. Heinrich Lausberg/Harald Weinrich. Halle 1958. S. 508-521, hier S. 515.

[537] Stierle zeigt, dass in der Metapher die Beziehung zwischen dem Bild einerseits und dem Feld der Erfahrung andererseits durch den Diskurs konkretisiert wird, den die Metapher in sich aufnimmt. Erst durch den Diskurs wird das Bild zur Figur und erhält eine historische Tiefendimension. Bild fungiert hier als Element einer langue, die Metapher als Konkretisation dieser langue unter den Bedingungen der parole. Insofern befindet sich die Metapher in einer zweifachen Bewegung: Der Kontext des Diskurses determiniert den Gebrauch des Bildes als Metapher, so wie auch die Metapher den Kontext spezifiziert. Karlheinz Stierle: Der Maulwurf im Bildfeld. Versuch einer Metapherngeschichte. In: Archiv für Begriffsgeschichte, (26), 1982, S. 101-143.

tensivsten, nie restlos übersetzbaren Bilder gehen zurück auf die frühesten Versuche der Menschheit, die Unergründbarkeit des Daseins zu begreifen. Insofern ist der Herstellung von Bildervorräten ein Höchstmaß an lebensweltlicher Orientierung zu Eigen, die in dem Versuch besteht, die in diesen Bildern ruhenden Energien zu wecken und sie dann kulturell zu transformieren, um sie so neutralisieren zu können. Daher ist der Umgang mit Bildmaterial nach Warburg immer auch eine Erinnerungsleistung, eine Erinnerung an den eigenen Ursprung und eine Konfrontation mit der Vergangenheit, die zur Veränderung des gegenwärtigen Standpunktes führt.[538]

Hieran wird zweierlei deutlich: Zum einen schließt sich daran Blumenbergs Bildkonzept an, zum anderen lassen sich aber auch Parallelen zu Benjamins Bildbegriff ziehen. Blumenberg versteht das Bild als ein Distanz und Denkraum schaffendes Orientierungswerkzeug, das den einmal gefundenen Standpunkt stets in Frage stellt. Um die Leistung eines Bildes darf nach Blumenberg bei seiner Entstehung nichts gewusst werden, damit es sein volles Potenzial entfalten kann. Allein in der Kunst wird die ‚absolute Metapher' – die von Blumenberg an dieser Stelle analog zum Bild gebraucht wird – in einer ahistorischen Perspektive verhandelt und kommt dort zu ihrem Recht [HB, PM, S. 19f.].[539] So kann ein Kollektiv seinen Bestand an Erinnerungen über einen Bildervorrat regeln, der in der Dichtung bewahrt ist.[540]

Wie bereits gezeigt, ist das Bild bei Benjamin wesentlich ‚Dialektik im Stillstand' und als solches immer Ausdruck einer Schwellenposition. Ebenso wie die ‚absolute Metapher' Blumenbergs ist das Bild im Sinne Benjamins Ort der Grenze zwischen Sagbarem und Unsagbarem, letztlich auch zwischen Signifikat und Signifikant. Durch seine eigentümliche Schwellenposition kann es im kurzen unmittelbaren Augenblick, im ‚choc' als einem Moment der Gegenwärtigkeit, eine Arretierung erzeugen, in dem sich die Vorstellungen kristallisieren und das Nicht-Darstellbare erahnt werden kann.[541] Bild fungiert bei Benjamin demnach als Schwelle, als Drittes zwischen Vergangenheit und Zukunft, zwischen Laut und Idee. Als solches ist es wesentlich an der Wiederholung der ‚Namensprache', an der Hervorbringung der ‚reinen Sprache' beteiligt. Wie auch Blumenbergs ‚absolute Metapher' ist Benjamins Bild nicht eine materielle bildliche Darstellung, sondern Ausdruck von Ähnlichkeit. Im Sinne Cassirers Prinzip des ‚pars pro toto' ist in ihm die identische Ähnlichkeit des Einen mit dem Anderen ausgedrückt. Im Bild stellt sich in der Konstellation

---

538 Vgl. dazu auch Ernst H. Gombrich: Aby Warburg. S. 323-347.

539 Hundeck bezeichnet die ‚absolute Metapher' als sprachliches Bild, das zwar den semantischen Gehalt umfasst, sich aber der begrifflichen und objektivierenden Sprache entzieht. Markus Hundeck. Welt und Zeit. S. 118.

540 Vgl. dazu Michael Schumann: Die Kraft der Bilder. S. 419; Gerhard Plumpe: Ästhetische Kommunikation der Moderne. Bd. I. Von Kant bis Hegel. Opladen 1993.

541 Vgl. auch Hofmannsthal, der der Metapher die Fähigkeit zur blitzartigen Erleuchtung des großen Weltzusammenhangs zuspricht. Hugo v. Hofmannsthal: Prosa I. S. 189-193. In: ders.: Gesammelte Werke in Einzelausgaben. Hg. v. H. Steiner. Frankfurt a.M. 1956. S. 191.

der ‚unsinnlichen Ähnlichkeit' für kurze Augenblicke die ‚sinnliche Ähnlichkeit' zwischen Laut und Idee dar. In der Wechselwirksamkeit von Vergangenheit und Zukunft als Herstellung von Gegenwärtigkeit durchdringt das Bild die Zeichenebene und leistet Widerstand gegen Bedeutungsfestschreibungen. Der Ort, an dem solche Bilder anzutreffen sind, ist nach Benjamin allein die Sprache. Dabei ist die Lesbarkeit des Bildes an das ‚Jetzt der Erkennbarkeit' gebunden und setzt eine Lektürehaltung voraus, wie sie vor allem die ‚allegorische Intertextualität' praktiziert.

Nimmt man eine Zusammenführung von Benjamins und Blumenbergs Bildkonzepten vor, lassen sich einige interessante Aspekte ausfindig machen: Die ‚absolute Metapher' Blumenbergs fungiert im Sinne Benjamins als Bild und ist damit Ausdruck eines unauflöslichen Zwischenraumes. Als solche bringt sie Namen hervor, ohne zu benennen. Im Rahmen der Arbeit am Mythos wird die ‚absolute Metapher' als Bedingung der mythischen Begriffsbildung kulturell erzeugt und übernimmt im Wesentlichen zwei Funktionen: Erstens lässt sie die Differenz zwischen Sagbarem und Unsagbarem lebbar werden, denn der Ursprung wird durch das Erzählen von Geschichten zunächst einem Vergessen anheim gegeben. Zweitens aber wird die Sehnsucht nach diesem Ursprung allererst wiedererweckt, da ihm jetzt – durch die poetische Potenzierung – die Absolutheit genommen worden ist. Durch die Arbeit des Mythos, die hier als eine poetische vorgestellt wird, entstehen Texturen, aus denen heraus Bilder hervortreten, die Sprache an die Grenzen zwischen einer Mitteilung ‚durch Sprache' und einer Mitteilung ‚in Sprache' führen. So befindet sich die Arbeit am Mythos nicht nur durch ihr Um- und Weiterschreiben in der Nähe der allegorischen Verfahrensweise, sondern sie verfolgt auch ein ähnliches Anliegen: Sie depotenziert die Leerstelle der ‚reinen Sprache', indem sie diese poetisch bearbeitet. Die Arbeit besteht darin, dass sie ‚absolute Metaphern' hervorbringt, die für kurze prägnante Augenblicke Sprache im Bild konkretisieren und so den Namen bzw. die ‚reine Sprache' in eine zweite Gegenwart überführen. Wiederum zeigt sich, dass erst aus der kulturellen Distanz heraus, in der Differenz, an die Indifferenz von Sprache erinnert werden kann.

In dem Zusammenhang ist Blumenbergs Metapher des Maulwurfs interessant: Im Bild der unterirdischen, verschlungenen Wege macht Blumenberg deutlich, dass sich jede neue Position des Denkens nur durch eine Radikalisierung und Weiterschreibung des bereits Vorhandenen entwickelt. Bestimmtheit ist dabei nie letztgültig, sondern immer nur vor dem Hintergrund einer leeren Unbestimmtheit zu erreichen. Allein im mythischen Bild, in der ‚absoluten Metapher', stellt sich für einen kurzen Augenblick Bestimmtheit ein, die aus der Imagination erwächst, also ein kulturelles Produkt ist. Die ‚absolute Metapher' teilt das prinzipiell Unsagbare und Unbeschreibbare mit unter dem Vorbehalt der letzten Unaussprechlichkeit. So kommt in ihr stets der Bruch zwischen der Welt des Bewusstseins und der Welt als Ganzer zum Tragen.[542] Wie erwähnt, ist die ‚absolute Metapher' nach Blumenberg Ausdruck einer bestimmten Unbestimmtheit. Da aber die Bestimmtheit nur in chockhaften Momenten zu erreichen ist, ist der Prozess der Stabilisierung ein nie endender. Aus diesem Grund muss die Schwelle zwischen Bestimmtheit und Unbestimmtheit, zwischen Sagbarem und Unsagbarem stets neu verhandelt, und auch die an dieser Grenzposition hervorgebrachten Bilder müssen immer neu entworfen werden. Dabei sind zwei Aspekte von besonderer Bedeutung: Erstens ist die Hervorbringung von Bildern, von ‚absoluten Metaphern', an den Akt der Herstellung von Bedeutsamkeit gebunden, dieser wiederum findet im Rahmen der Arbeit am Mythos statt. Insofern bringt die Arbeit am Mythos Bilder hervor, die sich an der Schwelle zwischen Darstellbarem und Undarstellbarem befinden und als solche die Leerstelle des Ursprungs umkreisen. Diese Leerstelle ist zweitens selbst nur im Bild erfahrbar, als ‚absolute Metapher'. Der Ursprung – im Rahmen der Sprache, der Name – ist selbst ein Mythos, der die Arbeit am Mythos evoziert und im Bild erinnert wird. Durch ihre Um- und Weiterschreibung, Destruktion und Montage bereits bestehender Mythen bietet die Arbeit am Mythos allein die Textur, aus der heraus Bildlichkeit evoziert und die ‚reine Sprache' präsentiert werden kann.

Gerade die ‚allegorische Intertextualität' ist wesentlich an der Um- und Weiterschreibung des bereits Vorhanden, der Destruktion und Montage, beteiligt, um schließlich aus dieser Bewegung heraus auf den Fluchtpunkt der ‚reinen Sprache' zu verweisen. Die von der ‚allegorischen Intertextualität' hervorgebrachte Bildlichkeit findet ihr poetisches Äquivalent in Blumenbergs ‚absoluter Metapher', die als kultureller Zwischenraum den Namen in seiner Materialität erinnert. Durch die ‚allegorische Intertextualität' wird die ‚reine Sprache' in Form einer ‚absoluten Metapher' von einer Unbestimmtheit in ‚bestimmte Unbestimmtheit' überführt.

[542] Dazu: K. Löwith: Welt und Menschenwelt. In: ders.: Sämtliche Schriften. Bd. 1. Hg. v. Klaus Stichweh/Marc B. de Launay. Stuttgart 1981ff. S. 295-328, hier S. 295.

# Schlussbetrachtung:

## Allegorische Intertextualität als Arbeit am Mythos der ‚reinen Sprache'

Vor dem Hintergrund der Kulturphilosophie Walter Benjamins, Ernst Cassirers und Hans Blumenbergs konnte eine Theorie der ‚allegorischen Intertextualität' herausgearbeitet werden, die sich als konstitutiv für die moderne Schreibpraxis erwiesen hat. Im Folgenden sollen noch einmal die wichtigsten Punkte zusammengetragen werden, die für das Verständnis dieser Verfahrensweise von Bedeutung sind, um dann in einem zweiten Schritt auf die Konsequenzen hinzuweisen, die sich aus dieser intertextuellen Strategie ergeben.

Ausgangspunkt der Überlegungen ist die für die Moderne typische Grundhaltung der Melancholie, die sich aus dem Wissen um die Differenz von Zeichen und Bezeichnetem ergibt. Jene nachparadiesische Haltung provoziert poetologische Strategien, die sich mit diesem Problem auseinandersetzen, um die Trauer über die zeichenhafte Repräsentation produktiv umwenden zu können. An dieser Stelle greift das Modell der ‚allegorischen Intertextualität', dessen Hauptaufgabe die Überführung einer Mitteilung ‚durch Sprache' in eine Mitteilung ‚in Sprache' ist; damit macht sie zugleich die Differenzfunktion von Sprache nutzbar für die Indifferenz von Sprache. Sie versucht, durch die Sprache hindurch wieder zur Sprache zu finden. So verstandenes intertextuelles Sprechen ist immer auch ein Nachdenken über zeichenhafte Repräsentation und macht als solches einen produktiven Zwischenraum auf: zwischen Vergangenheit und Zukunft, zwischen Sagbarem und Unsagbarem, schließlich zwischen Signifikat und Signifikant. Somit bewegt sich die ‚allegorische Intertextualität' in der Schwebe zwischen der Absage an zeichenhafte Repräsentation einerseits und dem Wunsch nach Darstellbarkeit andererseits. Die Ambivalenz zwischen diesem Wunsch nach Darstellbarkeit des ontologisch Letzten bei gleichzeitigem Wissen um dessen Unerreichbarkeit ist konstitutiv für die hier vorgestellte Verfahrensweise. In dem Zusammenhang ist vor allem Benjamins Erinnerungs- und Allegoriekonzept von besonderer Bedeutung, auf dessen Grundlage die intertextuelle Verfahrensweise aufbaut. Durch die Bewegungen des Erinnerns und Vergessens und der Destruktion und Montage wird durch die Zitation eine gegenwärtige Textur erzeugt, die nicht nur eine Reaktivierung des Vergangenen im Gegenwärtigen ermöglicht und damit ein Nebeneinander von bereits vergebener und noch zu generierender Bedeutung, sondern im Moment des Zitierens wird Sprache aus sondern im Moment des Zitierens wird Sprache aus ihrem instrumentellen Zusammenhang herausgehoben und zu einem sinnbefreiten Bruchstück: Sie bedeutet nichts außer sich selbst. Durch die intertextuelle Verfahrensweise im Modus der Allegorie wird Sprache in ihrer Materialität präsentiert und eine Ahnung von der ‚Namensprache' ermöglicht als Ausdruck der absoluten Eineindeutigkeit von Idee und Laut.

> Im rettenden und strafenden Zitat erweist die Sprache sich als die Mater der Gerechtigkeit. Es ruft das Wort beim Namen auf, bricht es zerstörend aus dem Zusammenhang, eben damit aber ruft es dasselbe auch zurück an seinen Ursprung. Nicht ungereimt erscheint es, klingend, stimmig, in dem Gefüge eines neuen Textes. Als Reim versammelt es in seiner Aura das Ähnliche; als Name steht es einsam und ausdruckslos. Vor der Sprache weisen sich beide Reiche – Ursprung so wie Zerstörung – im Zitat aus. Und umgekehrt: nur wo sie sich durchdringen – im Zitat – ist sie vollendet. Es spiegelt sich in ihm die Engelssprache, in welcher alle Worte, aus dem idyllischen Zusammenhang des Sinnes aufgestört, zu Motti in dem Buch der Schöpfung geworden sind. [WB, II/1, S. 363]

> Aus dem Sprachkreis des Namens, und nur aus ihm, erschließt sich das polemische Grundverfahren von Kraus: das Zitieren. Ein Wort zitieren heißt es beim Namen rufen. [WB, II/1, S. 362]

Sprache erinnert und zitiert, indem sie vergangene Texte erinnert und zitiert, immer auch sich selbst, als solche wird sie selbstreferenziell. Bezieht man darüber hinaus Benjamins Mimesis-Konzept mit ein und seine Unterscheidung zwischen ‚unsinnlicher und sinnlicher Ähnlichkeit', werden vor allem zwei Dinge deutlich: die immanente Bildlichkeit der poetischen Sprache sowie die Bedeutung der kulturellen Textur für die Indifferenz von Sprache.

Benjamin unterscheidet zunächst zwischen der ‚sinnlichen Ähnlichkeit', die Ausdruck der unmittelbaren Einheit von Idee und Laut ist, und der ‚unsinnlichen Ähnlichkeit', die diese Unmittelbarkeit erinnert und kulturell wiederholt. Das unmittelbare Produzieren von Ähnlichkeiten geht im Verlauf der kulturellen Entwicklung bzw. durch den Eintritt in die symbolische Ordnung der Sprache über in das Erkennen von Ähnlichkeiten. An die Stelle konkreter sinnlicher Identitäten, wie sie in der ‚reinen Sprache' vorliegen, treten Ähnlichkeits-Konstellationen, die aus ihrer Mitte heraus die Leerstelle der ‚Namensprache' umkreisen. In diesem System von ‚unsinnlichen Ähnlichkeitskonstellationen' blitzt gleich einem ‚chock' die ‚reine Sprache' im Bild auf. Bildlichkeit ist dabei eine in der Sprache selbst liegende Dimension, die durch die poetische Redeweise im Modus der ‚unsinnlichen Ähnlichkeit' erzeugt werden kann. Insofern fungiert das Bild nicht mehr länger als Zeichensorte, sondern als grundlegendes Prinzip. Es erzeugt eine Schwellenposition, die an der ‚unsinnlichen Ähnlichkeit' die ‚sinnliche Ähnlichkeit' zwischen Idee und Laut hervortreten lässt. Bilder werden von Benjamin stets unter dem Aspekt der Schrift betrachtet, d.h. der Ort, an dem die Bilder anzutreffen sind, ist die Sprache. Dabei entzieht sich die Lesbarkeit des Bildes einer instrumentellen

Bedeutung und fordert eine aktive Lektürehaltung heraus, wie sie der ‚allegorischen Intertextualität' zu Eigen ist. Diese Lesbarkeit ist an das ‚Jetzt der Erkennbarkeit' gebunden und an der Schwelle zwischen Vergangenheit und Gegenwart, zwischen bereits geschriebenen und noch zu schreibenden Texten beheimatet. Bild und Sprache werden durch diese Lektürehaltung im Modus der Allegorie ununterscheidbar [WB, II/1, S. 296].

Die allegorische Lektüre ist also in der Lage, diese Bilder zu lesen bzw. sie in kurzen Momenten allererst hervorzubringen. So verstandene Bildlichkeit ist ein Ereignis, das in der Konstellation der ‚unsinnlichen Ähnlichkeit' zwischen zwei Objekten vermittelt, durch die ‚sinnliche Ähnlichkeit', die es mit beiden hat. Gemäß Cassirers Prinzip des ‚pars pro toto' tritt das Bild als absolute Konkretion auf, als Monade, in dem sich in einem Teil das Ganze des Weltzusammenhangs konzentriert, als identische Ähnlichkeit des Einen mit dem Anderen. Insofern ist Ähnlichkeit Bild:

> Die Ähnlichkeit des Einen mit dem Andern, mit der wir rechnen, die im Wachen uns beschäftigt, umspielt nur die tiefere Traumwelt, in der, was vorgeht, nie identisch, sondern ähnlich: sich selber undurchschaubar ähnlich, auftaucht. Kinder kennen ein Wahrzeichen dieser Welt, den Strumpf, der die Struktur der Traumwelt hat, wenn er im Wäschekasten eingerollt, ‚Tasche' und ‚Mitgebrachtes' zugleich ist. Und wie sie sich selbst nicht ersättigen können, dies beides: Tasche und was drin ist in einem Griff in etwas Drittes zu verwandeln: in den Strumpf, so war Proust unersättlich, die Attrappe, das Ich, mit einem Griffe zu entleeren, um immer wieder jenes Dritte: das Bild, das seine Neugier, nein, sein Heimweh stillte, einzubringen. Zerfetzt vom Heimweh lag er auf dem Bett, Heimweh nach dem Stand der Ähnlichkeit entstellten Welt, in der das wahre sürrealistische Gesicht des Daseins, zum Durchbruch kommt. Ihr gehört an, was bei Proust geschieht, und wie behutsam und vornehm es auftaucht. Nämlich nie isoliert pathetisch und visionär, sondern angekündigt und vielfach gestützt eine gebrechliche Wirklichkeit tragend: das Bild. [WB, II/1, S. 314]

Als solches ist das Bild unauflösbare Schwelle, ein ‚Drittes' zwischen dem herausgehobenen Teil und dem Totalzusammenhang, zwischen ‚Hülle' und ‚Verhülltem', zwischen Dargestelltem und Darzustellendem. Durch den Aufenthalt im Zwischenraum der Schrift verhindert es seine Arretierung; es verbleibt auf der Schwelle zwischen einer Mitteilung ‚durch' und einer Mitteilung ‚in Sprache' und macht so auf die Leerstelle der ‚reinen Sprache' aufmerksam. Insofern lässt die Bildlichkeit der Sprache diese zu sich selbst kommen und lässt ihre Materialität erahnen. Als solche ist die immanente Bildlichkeit der poetischen Sprache Resultat einer allegorischen Lektürehaltung, da diese ebenfalls einen Zwischenraum der Texte und damit auch zwischen Bedeuteten und Bedeutetem eröffnet. Demzufolge sind Bilder vor allem als gelesene präsent, sie sind Ereignis und Folge einer Verdichtung von Zeichenbezügen und Korrespondenzen. Sie gehen aus der Textur hervor, die in der Konstellation der ‚unsinnlichen Ähnlichkeit' die ‚sinnliche Ähnlichkeit' der Sprache aufscheinen lässt. Darüber hinaus erfordert eine Schrift, die in kurzen ‚chockhaften' Augenblicken Sprache an die Schwelle des Bildes führt, eine neue Art des Lesens: ein Lesen in Konfigurationen, das auch das Ungeschriebene zwischen den Zeilen erahnt, letztlich eine allegorische Lektüre, wie sie von der ‚allegorischen Intertextualität' erprobt wird.

Mehrere Punkte sind hier von besonderem Interesse: Erstens ist die ‚unsinnliche Ähnlichkeit' nach Benjamin eine sprachliche Leistung, die über ihre eigene Sprachlichkeit und Zeichenhaftigkeit reflektiert, insofern stellt sie eine Reflexionsebene der Sprache dar. Zweitens wird durch dieses Lesen in Konfigurationen die instrumentalisierte Sprache aufgebrochen; durch immer neue überraschende Konstellationen kann der ursprüngliche Zusammenhang zwischen Idee und Laut, also die ‚sinnliche Ähnlichkeit' erahnt werden. Die immanente Bildlichkeit der poetischen Sprache wird transparent und mit ihr die ‚Namensprache'. Insofern findet der metaphysische Wunsch nach Darstellbarkeit des Undarstellbaren in dem sprachlichen Prinzip der ‚unsinnlichen Ähnlichkeit' seinen Ausdruck. Drittens wird daran deutlich, dass die Allegorie als sprachliches Grundprinzip der ‚unsinnlichen Ähnlichkeit' fungiert, da sie durch ihre spezifische Vorgehensweise ebenfalls ein Lesen in Konfigurationen erprobt, das den Namen als Leerstelle umkreist und damit an der Entstehung dieser Bildlichkeit beteiligt ist. Viertens kann in dem Zusammenhang die ‚allegorische Intertextualität' als Form der ‚unsinnlichen Ähnlichkeit' vorgestellt werden, da auch sie als reflektierte Konstellation auftritt, die der ‚reinen Sprache' bzw. der ‚sinnlichen Ähnlichkeit' im Moment des Zitierens eine zweite Gegenwart verleiht. Als solche überführt sie Sprache in ein Bild. Schließlich erweist sich fünftens durch diese Art des Nachlebens der ‚sinnlichen Ähnlichkeit' die ‚unsinnliche Ähnlichkeit' und mit ihr die ‚allegorische Intertextualität' als spezifisch moderne Form., da mit ihnen eine Ausdrucksmöglichkeit gefunden ist, die mit der Differenz von Zeichen und Bezeichnetem produktiv umgehen kann und die Sehnsucht nach einer Identität zwischen denselben aufgehoben bleibt.

Die an Benjamins Texten entwickelten Argumente finden ihre Potenzierung zunächst in Cassirers Kulturphilosophie, aber auch in Blumenbergs Denken. Beide machen letztlich darauf aufmerksam, dass die kulturelle Arbeit eine notwendige ist, die den Menschen überhaupt erst dazu befähigt, an seinen eigenen Ursprung zu erinnern und damit auch den Ursprung der Sprache erahnbar zu machen. Allein mit den Mitteln der Kultur ist der Mensch in der Lage, die Bedingungen seiner Existenz wahrzunehmen. Erst aus der Differenzerfahrung heraus kann sich das Subjekt der Indifferenz stellen. Insofern ist die Entwicklung von der ‚Lebenszeit' zur ‚Weltzeit' nicht nur unabdingbar, sondern auch für die menschliche Entwicklung von existentieller Bedeutung. Damit verbunden ist eine Neubewertung der literarischen Moderne, denn die Moderne zeichnet sich vor allem dadurch aus, poetische Strategien zu entwickeln, um diese Ambivalenz produktiv auszutragen. Eine dieser Strategien ist die ‚allegorische Intertextualität'.

Doch zunächst zur Kulturphilosophie Cassirers: Benjamins ‚Namensprache' bzw. die ‚sinnliche Ähnlichkeit' von Idee und Laut findet in Cassirers Vorstellung von einer mythischen Rede oder ‚mythischen Namensprache' ihr Äquivalent. Cassirer geht wie auch Blumenberg davon aus, dass diese ‚mythische Namensprache' selbst ein Mythos ist, da sie zu keiner Zeit eine menschliche Sprache gewesen ist und daher nur als Leerstelle denkbar ist. Hier nimmt Cassirer eine entscheidende Potenzierung von Benjamins Konzept des ‚Eingedenkens' vor: Die Erinnerung an die ‚Namensprache' bzw. an die mythische Rede ist selbst eine mythische Erinnerung, da an eine Leerstelle erinnert wird. Für die ‚allegorische Intertextualität' bedeutet dies erstens, dass intertextuelles Sprechen im Modus der Allegorie nicht nur die Materialität der Sprache bzw. die ‚Namensprache' präsentiert, sondern diese Materialität ist Ausdruck einer mythischen Redeweise. Da aber diese mythische Rede nur als Leerstelle denkbar ist, ist die Erinnerungsleistung der ‚allegorischen Intertextualität' eine mythische, denn sie erinnert an einen Mythos, den Mythos der ‚reinen Sprache'. Das bedeutet aber auch, dass die ‚reine Sprache' bzw. die mythische Rede nur als nachträgliche oder erzählte präsent ist; sie kann nur an einem Träger, der Semantik der Sprache, erinnert werden.

Daraus ergibt sich zweierlei: Erstens wird hier wiederum plausibel, dass die ‚sinnliche Ähnlichkeit' der ‚Namensprache' nur an der ‚unsinnlichen Ähnlichkeit' zum Vorschein kommt, also eine Wechselwirksamkeit von Sinnlichkeit und Sinn zur Voraussetzung hat, wie dies in Cassirers symbolischen Formen exemplarisch vorgeführt wird. Allein an einem kulturell hergestellten sinnhaften Träger – der ‚symbolischen Form' – ist die Sinnlichkeit von Idee und Laut erahnbar; nur aus der kulturellen Distanz heraus wird der eigene Ursprung und damit die ‚erste indifferente Sprache' erinnerbar. Allerdings findet hier keine Verdrängung oder Ablösung der Sinnlichkeit durch Sinn statt. Cassirers ‚symbolische Formen' weisen sich gerade dadurch aus, dass sie stets eine Rückbindung und gegenseitige Befruchtung von Sinnlichkeit und Sinn zulassen. Sprache ist demgemäß auch in ihrer semiotischen Funktion stets an ihre Materialität rückgebunden, denn nach Cassirer wird gerade durch die Zeichenhaftigkeit hindurch der Materialität eine zweite Gegenwart in der kulturellen Textur gegeben.

> Dies ist die Leistung, die wir in den einzelnen ‚symbolischen Formen', die wir in der Sprache, im Mythos, in der Kunst sich vollziehen sehen. Jede dieser Formen nimmt vom Sinnlichen nicht nur ihren Ausgang, sondern sie bleibt auch ständig im Kreise des Sinnlichen beschlossen. Sie wendet sich nicht gegen das sinnliche Material, sondern lebt und schafft in ihm selbst. Und damit vereinen sich Gegensätze, die der abstrakten metaphysischen Betrachtung als unvereinbar erscheinen mussten. So wird in der Sprache der reine Bedeutungsgehalt der Begriffe, als ein Etwas, das allgemein und unwandelbar sein soll, dem flüchtigen Element des Lautes anvertraut, von dem wie von keinem anderen zu gelten scheint, daß es immer nur wird, aber niemals ist. [EC, WWS, S. 178]

Daran wird zweitens auch deutlich, dass sich die ‚allegorische Intertextualität' als geeignete poetische Strategie erweist, sich in diese Wechselwirksamkeit hineinzubegeben und sie fruchtbar zu machen für die Hervorbringung der ‚mythischen Namensprache'. Denn die besondere kulturelle Leistung der ‚allegorischen Intertextualität' besteht darin, in der ‚unsinnlichen Ähnlichkeit' die ‚sinnliche Ähnlichkeit' von Idee und Laut aufzubewahren. An der semantischen Seite von Sprache präsentiert sie die ‚reine Sprache'. Als solche steht sie in der Tradition der symbolischen Formen.[543]

Bedenkt man also, dass der Mythos an die Objektivierungsfunktion von Sprache gebunden ist, um lesbar zu werden, ergeben sich daraus weitere Punkte: Zum einen ist dadurch nachvollziehbar, dass der Mythos bei Cassirer immer schon als ‚symbolische Form' auftritt, das heißt immer schon zweite Gegenwart ist und als solcher eine Schwellenposition zwischen Sinnlichkeit und Sinn einnimmt. Zum anderen lassen sich hier erstaunliche Parallelen zu Blumenberg aufzeigen, denn auch nach Blumenberg ist der Mythos stets ein in literarische Rede bzw. Rezeption übergegangener. Die Arbeit am Mythos besteht darin, durch ein produktives Um- und Weiterschreiben des Mythos – durch eine poetische Steigerung – den einen Mythos vom Ursprung der Welt bzw. vom Ursprung der Sprache erzählbar und damit zugänglich zu machen. Analog zur ‚allegorischen Intertextualität' findet eine Ineinander- und Übereinanderlagerung von Texten statt, die alle in ihrer Mitte die Leerstelle des Ursprungs umkreisen. An dieser Stelle führt Blumenberg die Gleichzeitigkeit von Produktion und Rezeption vor bzw. die Unbrauchbarkeit der Antithese von schöpferischer Ursprünglichkeit und hermeneutischer Nachträglichkeit. Die Leerstelle des eigenen Ursprungs, der ersten Sprache löst Angst und Schrecken aus und kann erst durch die imaginative Potenzierung in der Ästhetik depotenziert und damit erfahrbar gemacht werden. Der Ursprung wird durch die ästhetische Leistung einem Vergessen anheim gestellt, um ihn dann in einem zweiten Schritt wahrnehmbar zu machen. Erst aus der kulturellen Distanz heraus ist der Mensch in der Lage, die Unbestimmtheit des eigenen Ursprungs zu ertragen und diesen wiederzuerinnern. Der Mythos erzeugt also die Bedingungen seiner Überwindung, die zugleich Voraussetzung seiner Erhaltung sind. Diese für den Mythos typische Ambivalenz macht zum einen seine poetologische Bedeutung für die Moderne transparent, zum anderen aber auch seine Nähe zur symbolischen Form. Der Mythos bewegt sich zwischen

---

[543] Insofern nimmt die vorliegende Untersuchung eine Gegenposition zu Derrida ein, der davon ausgeht, dass kein Vorzeichenhaftes existiert, da wir immer schon aus der Kategorie des Zeichens heraus argumentieren. Dagegen wird hier die These vertreten, dass gerade am Zeichenhaften das Vorzeichenhafte, also an der Differenzfunktion von Sprache die Indifferenz aufgezeigt werden kann.
Vgl. dazu Jacques Derrida: Die différance. Übers. v. Eva Pfaffenberger-Brückner. In: ders.: Randgänge der Philosophie. Hg. v. Peter Engelmann. Wien 1988; ders.: Die Struktur, das Zeichen und das Spiel im Diskurs der Wissenschaften vom Menschen. In: ders.: Die Schrift und die Differenz. Frankfurt a.M. 1976.

den Polen der Destruktion und Konstruktion, der Potenzierung und Depotenzierung, dem Vergessen und Erinnern und schließlich zwischen einer Anwesenheit und Abwesenheit. Erst in der Distanz zum Ursprung kann dieser in Form einer zweiten ästhetischen Gegenwart wiederholt werden. Die ästhetische Bearbeitung, die durch den Mythos vorgenommen wird, übernimmt eine wichtige kulturelle Aufgabe: Indem der Mythos auf die Leerstelle des Ursprungs allen Seins und somit auch der Sprache hinweist und sie in der literarischen Rede bewältigt, bietet er dem Menschen eine Orientierung in der Lebenswelt an und hilft ihm bei seiner Tradierung. Insofern handelt es sich hier um eine Arbeit am Mythos des Mythischen bzw. der mythischen Rede oder – mit Blumenberg formuliert – ist die ‚Arbeit des Mythos' die ‚Arbeit am Mythos'. Nicht nur Cassirers ‚symbolische Formen' sind somit Ausdruck einer Arbeit am Mythos, da der Mythos auch nach Cassirer immer schon zweite Gegenwart ist und erst so an die Indifferenz der mythischen Rede erinnern kann. Vor allem die ‚allegorische Intertextualität' erweist sich als Arbeit am Mythos, und zwar als Arbeit am Mythos der ‚reinen Sprache'.

Wenn der Mythos seinen wesentlichen Gehalt durch die Rezeption erhält, ist er vor allem als zitierter relevant. Die Praxis des Zitierens stellt also einen kreativen Umgang mit dem ‚Absolutismus' dar; die Unbestimmtheit des Ursprungs wird in eine Lust am Text, in eine Lust an der Sprache umgewertet. Durch einen überbordenden Textfluss, durch unendliche Verweisungszusammenhänge wird die Unerreichbarkeit der ‚ersten Sprache', des Ursprungs allen Seins, depotenziert. Gerade die ‚allegorische Intertextualität' tritt als poetische Strategie auf, die mit den Bewegungen der Destruktion und Montage, des Vergessens und Erinnerns, eine imaginative Potenzierung, eine Steigerung des Ausdrucks hervorruft, indem sie alte Zusammenhänge aufbricht und, mit Blumenberg gesprochen, ‚die Unbestimmtheit in bestimmte Unbestimmtheit überführt'. Diese Leistung vollbringt sie vor allem dadurch, wie bereits mit Benjamin nachgewiesen, indem sie die immanente Bildlichkeit der poetischen Sprache zum Vorschein bringt und so Sprache an die Schwelle zwischen Unsagbaren und Sagbaren führt. Die immanente Bildlichkeit der poetischen Sprache korreliert mit Blumenbergs Idee der ‚absoluten Metapher' und ist – darin sind sich Blumenberg und Cassirer einig – die Bedingung der mythischen Begriffsbildung. Ein weiteres Indiz für die These, dass die ‚allegorische Intertextualität' eine Arbeit am Mythos ist.

Darüber hinaus ist es das besondere Merkmal der ‚absoluten Metapher', Namen geben zu können, ohne zu benennen. Die Namensgebung ist ein notwendiger Akt, der sich innerhalb der Arbeit am Mythos abspielt, um das Unfassbare in konkrete Anschauung überführen zu können. Das Absolute bekommt einen Namen, dadurch wird es erzählbar. Die Qualität der ‚absoluten Metapher' besteht darin, das Unbenannte nicht in eine Totalität zu überführen, sondern die Metapher weist auf die Leerstelle hin, ohne sie zu überdecken, sie beschreibt, indem sie umschreibt: Sie ‚zeigt', mit Benjamin gesprochen, anstatt zu ‚sagen'. Damit trägt sie der von Benjamin genannten Gefahr der

‚Überbenennung' Rechnung und zeichnet sich als Form der Übersetzung aus, welche die Leerstelle des ‚schöpferischen Namens Gottes' in eine ästhetische Form überführt, in der die Leerstelle dieses Namens gleichanwesend mit der Vorstellung von dieser Leerstelle ist. Somit evoziert die ‚absolute Metapher' einen produktiven Zwischenraum; gemäß Benjamins Idee des Bildes ist sie ein ‚Drittes' zwischen ‚Hülle' und ‚Verhülltem', zwischen Sagbarem und Unsagbarem.

Die ‚absolute Metapher' ist zugleich Vorstufe der Begriffsbildung bei gleichzeitiger Widersetzung, sie depotenziert die ursprüngliche Sprache, ohne sie in begriffliche Sprache zu übersetzen. Sie konkretisiert für kurze Augenblicke Sprache im Bild und führt sie so an die Schwelle zwischen einer Mitteilung ‚durch Sprache' und einer Mitteilung ‚in Sprache'. Damit übersetzt sie die ‚reine Sprache' in Ästhetik, ohne sie dingfest zu machen. Gemäß Cassirers Prinzip des ‚pars pro toto' wird durch das metaphorische Denken an die Stelle des Ganzen, des Ursprungs, ein erfassbarer Teil gesetzt, der das Ganze nicht repräsentiert, sondern vielmehr aufbewahrt und präsentiert. Dieser Teil – die ‚absolute Metapher' – ist zugleich absolut bedeutungsvoll bei gleichzeitiger Bedeutungslosigkeit.

Durch ihre charakteristische Seinsweise stört die ‚absolute Metapher' den Textfluss, als solche ist sie Ausdruck der Widerstimmigkeit. Bedeutungen werden so freigesetzt, dass die Ordnung der Semantik gestört wird, immer wieder isoliert sie Bruchstücke, um sie mit neuer Energie aufzuladen. Dadurch ist sie in der Lage, das Unvorhergesehene im Text zu integrieren. An die Stelle der Unbestimmtheit wird die bestimmte Unbestimmtheit gesetzt, an die Stelle der ‚reinen Sprache' die Idee von der ‚reinen Sprache', an die Stelle der Absolutheit die absolute Kunst. Insofern findet die an Benjamin entwickelte immanente Bildlichkeit der poetischen Sprache in der Idee der ‚absoluten Metapher' eine interessante Zuspitzung: Wenn Sprache im Bild konkretisiert wird, ist dies letztlich auf eine kulturelle Leistung zurückzuführen. Im poetischen Bild, in der ‚absoluten Metapher' konkretisiert sich das Unsagbare im Sagbaren, das Undarstellbare im Darstellbaren.

Hier wird zweierlei deutlich: Zum einen besteht die Leistung der Arbeit am Mythos darin, eine ästhetische Transformation der Leerstelle in eine ‚absolute Metapher' vorzunehmen und damit das Nicht-Darstellbare durch den Akt der Lektüre in Darstellbarkeit zu überführen. Zum anderen wird aber auch transparent, dass die ‚absolute Metapher' Resultat einer allegorischen Bewegung ist, die ebenfalls von der Wechselwirksamkeit von Destruktion und Montage geprägt ist: Einmal mehr zeigt sich, dass die ‚allegorische Intertextualität', indem sie ‚absolute Metaphern' hervorbringt und Sprache im Bild konkretisiert, eine Form der Arbeit am Mythos ist. An die Stelle der ‚reinen Sprache' wird durch die ‚allegorische Intertextualität' eine ästhetische Transformation in eine ‚absolute Metapher' vorgenommen und der ‚reinen Sprache' so zu einer zweiten Gegenwart verholfen.

Abschließend soll noch einmal verdeutlicht werden, dass sich aus der poetischen Verfahrensweise der ‚allegorischen Intertextualität' einige Konsequenzen ergeben, die vor allem zu einer Neubewertung des Moderne-Begriffs beitragen sollen: Zunächst einmal ist interessant, dass alle hier vorgestellten Autoren ihre Kulturphilosophie auf der Grundlage einer rhetorischen Form entwickeln. Trotz der vordergründig hervortretenden Unterschiede lassen sich doch wesentliche Gemeinsamkeiten feststellen: Die Wechselwirksamkeit von Sinn und Sinnlichkeit, Destruktion und Montage, Anwesenheit und Abwesenheit und schließlich von Differenz und Indifferenz ist Ausdruck aller rhetorischen Formen, die hier zur Anwendung gelangen. Sowohl die Allegorie als auch das Symbol und die Metapher sind von dieser Struktur geprägt. Den ehemals bloß rhetorischen Figuren wird hier eine metaphysische Qualität zugesprochen, die darüber hinaus eine anthropologische Bedeutung besitzt; sie alle werden zu Philosophemen. Aber noch eine andere Gemeinsamkeit wird hier deutlich: Sowohl die Allegorie als auch das Symbol und die Metapher stehen im Zeichen einer Schwellenposition und sind damit adäquates Ausdrucksmittel der Moderne. Die aus diesen rhetorischen Formen abgeleitete Verfahrensweise der ‚allegorischen Intertextualität' befindet sich ebenfalls im Zeichen dieser Schwellenposition, indem sie einen produktiven Zwischenraum aufmacht zwischen einer Mitteilung ‚durch Sprache' und einer Mitteilung ‚in Sprache'. Sie verbleibt dabei aber nicht auf der Ebene des bloßen Zeichenspiels, sondern der Motor der intertextuellen Sprechweise ist stets die Leerstelle der ‚reinen Sprache'. Damit versucht die ‚allegorische Intertextualität' eine neue Sicht auf die moderne Schreibpraxis zu ermöglichen – eine Sichtweise, die sich einerseits absetzt von traditioneller Quellen- und Einflussforschung und andererseits von poststrukturalistischen Intertextualitätstheorien. Gerade durch die Herstellung einer Bedeutungsvielfalt, durch unendliche Verweisungszusammenhänge wird eine Lust am Text evoziert, die den Verlust der als ‚rein' empfundenen Sprache stets mitdenkt. Das Bewusstsein dieses Verlusts und die daraus resultierende Melancholie sind der Motor dieser intertextuellen Strategie, die durch ihre spezifische Verfahrensweise eine produktive Umbewertung des Melancholie-Diskurses in der Moderne vornimmt. Und dies nicht nur, weil sie zeigt, dass gerade anhand der Differenz von Sprache die Indifferenz von Idee und Laut erahnt werden kann, sondern auch, weil sie der Annahme Einhalt gebietet, erst in der Überwindung von Sprache sei die ‚reine Sprache' erahnbar. Dem nicht nur von der Moderne beklagten Verlust von Authentizität in der Sprache wird u.a. das Bild als Utopia gegenübergestellt, das Sprache im Moment der Grenzüberschreitung über sich selbst hinauswachsen lässt. Die ‚allegorische Intertextualität' dagegen zeigt, dass der poetischen Sprache eine immanente Bildlichkeit innewohnt, die diesen Medienwechsel überflüssig macht und die Idee der ‚reinen Sprache' in der poetischen Sprache selbst als Bild konkretisiert.

Nicht nur hier wird deutlich, dass die ‚allegorische Intertextualität' das Selbstbewusstsein der modernen Schreibpraxis stärkt. Indem durch diese intertextuelle Verfahrensweise eine ästhetische Gestaltungsfreiheit eröffnet wird, findet eine Konkretion und Intensivierung der ‚mythischen Namensprache' statt. Erst in der Ablösung der Sprache, in der absoluten Künstlichkeit wird die Angst vor dem Absolutismus der ‚ersten Sprache' überwunden; erst in der Distanz zum eigenen sprachlichen Ursprung kann Sprache wieder auf sich selbst verweisen. Insofern emanzipiert sich Sprache durch die ‚allegorische Intertextualität' von ihrem Dasein als instrumentalisierte Sprache und damit auch von der Schuld der ‚schlechten Sprache'. Sie eröffnet einen ästhetischen Zwischenraum, etwas Drittes zwischen Mythos und Logos, zwischen Sagbarem und Unsagbaren. Einmal mehr wird deutlich, dass die ‚allegorische Intertextualität' nicht nur eine Arbeit am Mythos der ‚reinen Sprache' ist und dabei selbst von mythischen Strukturen bestimmt ist, sondern sie depotenziert zugleich die Leerstelle der ‚reinen Sprache'. Gerade für die Moderne ist es von besonderer Wichtigkeit, Strategien zu finden, die den Umgang mit alltäglicher Sprache legitimieren und damit der Melancholie und der Sprachlosigkeit entgegenwirken. Wiederum zeigt sich hier die für die Moderne typische Denkbewegung, anhand der Differenzfunktion von Sprache die Indifferenz zu erinnern und damit die Differenz lebbar zu machen.

Dieses neue Sprachbewusstsein hat darüber hinaus auch Konsequenzen für den Umgang mit Geschichte und vor allem für die Erzählbarkeit von Geschichte: Gemäß Benjamins Diktum ‚Geschichte schreiben heißt immer auch Geschichte zitieren' wird ein neuer Umgang mit Vergangenheit erprobt: Durch die zitierende Geschichtsschreibung werden Chronologien gestört. Nicht mehr nur die ‚Kulturgeschichte der Sieger' wird tradiert, sondern auch andere Stimmen kommen zu ihrem Recht. Insofern stellt die zitierende Aneignung von Vergangenheit für die Moderne eine neue Möglichkeit dar, mit ihrer eigenen Geschichte und damit mit ihrer Selbstidentität umzugehen. Damit verbunden ist die Absage an einen festgeschriebenen Wahrheitsbegriff, denn die ‚allegorische Intertextualität' versucht nicht nur eine Möglichkeit des Umgangs mit zeichenhafter Repräsentation zu finden, sondern erteilt auch der Macht des Wahrheitsdiskurses eine Absage. So verstandenes intertextuelles Sprechen setzt ein Modell der Wahrhaftigkeit entgegen, das sich aus der gegenwärtigen Textur heraus entwickelt. Grundlage dieser Wahrhaftigkeit ist die Erfahrung, die vor allem durch die Dichtung ermöglicht wird, d.h. Wahrhaftigkeit vollzieht sich im Moment des Lesens.

Abschließend soll noch kurz auf die Konsequenzen eingegangen werden, die sich aus dieser Verfahrensweise für das sprechende Subjekt ergeben: Wie bereits gezeigt, setzt die ‚allegorische Intertextualität' gegen den Absolutismus die absolute Kunst. Ein ästhetisch autonomer Text entsteht, der sich vom Druck der ‚ersten Sprache' löst. Die intertextuelle Arbeit lässt eine Textur entstehen, welche die sprachlichen Hierarchien auflöst und das souveräne Autorsubjekt in den Hintergrund treten lässt.[544] Durch die ‚allegorische Intertextualität' wird Sprache selbstreferenziell, sie teilt ausschließlich sich selbst mit. Indem Sprache als Kommunikationsmedium eine Absage erteilt und der Sinn aufgestört wird, wird auch die Position des sprechenden Subjekts in Frage gestellt. Der instrumentelle Ort einer festen und strukturierten Sprachinstanz wird verlassen, indem andere Stimmen ebenfalls zugelassen werden. Das plötzliche Zusammentreffen von Vergangenheit und Zukunft im Moment der Gegenwärtigkeit des Zitierten werden vom sprechenden Subjekt als Augenblicke der Entgrenzung, des ‚Außer-Sich-Seins' empfunden [WB, VI, S. 116].[545] In Absetzung von Kristevas Diktum ‚Intersubjektivität wird zur Intertextualität' werden hier Sprache und sprechendes Subjekt gleich-ursprünglich und sind zwei Stimmen einer gemeinsamen Partitur.[546] Ein Subjekt, das sich nicht mehr ‚durch Sprache' mitteilt, wird mit in dieses Gewebe eingesponnen. Schreibender und Geschriebenes fallen in eins. Das sprechende Subjekt tritt als Mediator auf, welcher der Sprache zu ihrem eigenen Sein verhilft. In diesem Sinne wird der Autor zum Übersetzer, dessen Aufgabe darin besteht, Strategien zu entwickeln, um auf die Leerstelle der ‚reinen Sprache' zu verweisen.[547]

---

544 An dieser Stelle kann keine ausführliche Debatte um Autorschaft geführt werden; dies ist an anderer Stelle bereits vielfach geschehen. Im Folgenden geht es vielmehr darum, einige Überlegungen anzuführen, die zeigen, dass sich bereits in der Moderne ein Autorschaftsmodell ankündigt, das gemeinhin der Postmoderne zugeschrieben wird. Allerdings muss auch deutlich gemacht werden, dass diese Debatte in der Moderne unter anderen Vorzeichen geführt wird: Sie ist stets der Hervorbringung und Lesbarkeit der ‚reinen Sprache' verpflichtet. Wenn es also um eine Dezentrierung des Autorsubjektes geht, dann nicht aufgrund eines postmodernen Zeichen-Spiels, sondern durch den Primat auf die Materialität der Sprache. Der Autor fungiert als Übersetzer, der hinter der hervorgebrachten Sprache zurücktritt. Exemplarisch seien hier einige Arbeit zur Autorschaft angeführt: Autorschaft. Positionen und Revisionen. (DFG-Symposium 2001). Hg. v. Heinrich Detering. Stuttgart 2002; Die Rückkehr des Autors. Zur Erneuerung eines umstrittenen Begriffs. Hg. v. Fotis Jannides/Gerhard Lauer/Matias Martinez/Simone Winko. Tübingen 1999; Erich Kleinschmidt: Autorschaft. Konzepte einer Theorie. Tübingen 1998; Uwe Japp: Der Ort des Autors in der Ordnung des Diskurses. In: Diskurstheorien und Literaturwissenschaft. Hg. v. Jürgen Fohrmann/Harro Müller. Frankfurt a.M. 1988. S. 223-234.

545 Vgl. dazu: Manuela Günter: Anatomie des Anti-Subjekts. S. 113.

546 Hier gilt es, sich von Kristeva abzusetzen, die eine Um- bzw. Weiterformulierung des Bachtinschen Dialogizitätsansatzes vornimmt. Nach Kristeva verliert die auktoriale Instanz an Bedeutung, es geht nur noch um subjektlose Produktivität, der Text produziert und reproduziert sich permanent selbst. Julia Kristeva: Bachtin, das Wort, der Dialog und der Roman. Vgl. auch den Diskurs der Subjektdezentrierung bzw. die Theorie des ‚texte générale' im Poststrukturalismus, der ebenfalls Einfluss auf Kristevas Denken hatte. Das Vorhandensein von Intertextualität verwischt die Grenzen zwischen lesendem und schreibendem Subjekt. Roland Barthes stellt in seinem Aufsatz ‚La mort de l'auteur' die auktoriale Instanz in Frage. Der Leser wird als Raum beschrieben, in dem der Text als Zitatgewebe eingeschrieben ist. Roland Barthes: La mort de l'auteur. In: ders.: Le bruissment de la langue. Essais critiques IV. Paris 1984. S. 63-69.

547 Vgl. hier auch Foucault, der zeigt, dass das sprechende Ich eine Mediator-Funktion im Umgang mit dem Text einnimmt. Michel Foucault: Was ist ein Autor? In: ders.: Schriften zur Literatur. München 1974. S. 7-31.

# Literaturverzeichnis

## Quellen

### Walter Benjamin


Benjamin, Walter: Gesammelte Schriften. Hg. v. Rolf Tiedemann. Frankfurt a.M. 1991. [WB, Bandzahl, Seitenzahl]

– Gesammelte Briefe. 5 Bde. Hg. v. Theodor W. Adorno Archiv. Frankfurt a.M. 1995-1998. [WB, Briefe, Bandzahl, Seitenzahl]


### Hans Blumenberg


Blumenberg, Hans: Die ontologische Distanz. Eine Untersuchung über die Krisis der Phänomenologie Husserls. Kiel 1950. [OD]

– Paradigmen zu einer Metaphorologie. In: Archiv für Begriffsgeschichte, (6), 1960, S. 7-142, 301-305. (wiederabgedruckt: Frankfurt a.M. 1998. ) [PM]

– Ordnungsschwund und Selbstbehauptung. Über Weltverstehen und Weltverhalten im Werden der technischen Epoche. In: Das Problem der Ordnung. Hg. v. Helmut Kuhn/Franz Wiedmann. Meisenheim 1962. S. 37-57.

– Lebenswelt und Technisierung unter Aspekten der Phänomenologie. In: Filosofia (Turin), (14), 1963, S. 855-884 [LT]

– Wirklichkeitsbegriff und Möglichkeit des Romans. In: Nachahmung und Illusion. (Poetik und Hermeneutik Bd. I). Hg. v. Hans Robert Jauß. München 1964. S. 9-27.

– Sokrates und das ‚objet ambigu'. Paul Valérys Auseinandersetzung mit der Tradition der Ontologie des ästhetischen Gegenstandes. In: EPIMELEIA. Die Sorge der Philosophie um den Menschen. Helmut Kuhn zum 65. Geburtstag. Hg. v. Franz Wiedmann. München 1964. S. 285-323.

– Kopernikus im Selbstverständnis der Neuzeit. In: Jahrbuch der Akademie der Wissenschaften und der Literatur in Mainz. Mainz 1964. S. 174f. [Kopernikus]

– Die essentielle Vieldeutigkeit des ästhetischen Gegenstandes. In: Kritik und Metaphysik. Heinz Heimsoeth zum achtzigsten Geburtstag. Hg. v. Friedrich Kaulbach und Joachim Ritter. Berlin 1966. S. 174-179.

– Sprachsituation und immanente Poetik. In: Immanente Ästhetik – ästhetische Reflexion. Lyrik als Paradigma der Moderne. (Poetik und Hermeneutik Bd. II). Hg. v. Wolfgang Iser. München 1966. S. 145-155. [SP]

– Anthropologische Annäherung an die Aktualität der Rhetorik. In: ders.: Wirklichkeiten in denen wir leben. Aufsätze und eine Rede. Stuttgart 1981. S. 49-72. (zuerst: Il Verri. 35/6. Mailand 1971). [AAR]

– Beobachtungen an Metaphern. In: Archiv für Begriffsgeschichte, 15, (1971), S. 195-199. [BM]

– Ernst Cassirer gedenkend. Rede bei Entgegennahme des Kuno-Fischer-Preises der Universität Heidelberg im Juli 1974. In: Revue Internationale de Philosophie, 28, (1974), S. 456-463.
– Die Genesis der kopernikanischen Welt. Frankfurt a.M. 1975. [GKW]
– Arbeit am Mythos. Frankfurt a.M. 1979. [AM]
– Schiffbruch mit Zuschauer. Paradigma einer Daseinsmetapher. Frankfurt a.M. 1979. [SZ]
– Wirklichkeiten in denen wir leben. Aufsätze und eine Rede. Stuttgart 1981.
– Die Lesbarkeit der Welt. Frankfurt a.M. 1981. [LW]
– Die Selbsterfindung des Unpoeten. Paul Valérys mögliche Welten. In: Neue Züricher Zeitung. 17.12.1982. S. 33f.
– Mon Faust in Erfurt. In: Akzente 30 (1983), S. 389-392.
– Wirklichkeitsbegriff und Wirkungspotential des Mythos. In: Terror und Spiel. Probleme der Mythenrezeption. (Poetik und Hermeneutik Bd. IV). Hg. v. Manfred Fuhrmann. München 1971. S. 11-67. [WWM]
– Lebenszeit und Weltzeit. Frankfurt a.M. 1986. [LzWz]
– Die Sorge geht über den Fluß. Frankfurt a.M. 1987.
– Legitimität der Neuzeit. Frankfurt a.M. 1988. [LN]
– Matthäuspassion. Frankfurt a.M. 1988. [MP]
– Höhlenausgänge. Frankfurt a.M. 1989. [HA]
– Ein mögliches Selbstverständnis. Aus dem Nachlaß. Stuttgart 1996. [MS]
– Die Vollzähligkeit der Sterne. Frankfurt a.M. 1997. [VS]

## Ernst Cassirer

Cassirer, Ernst: Substanzbegriff und Funktionsbegriff. Untersuchungen über die Grundfragen der Erkenntniskritik. (Nachdruck der Ausgabe Berlin 1910). Darmstadt 1980. [S+F]
– Kants Leben und Lehre. (Nachdruck der Ausgabe von 1924). Darmstadt 1996. [Kant]
– Idee und Gestalt. Goethe, Schiller, Hölderlin, Kleist. (Nachdruck der Ausgabe von 1924). Darmstadt 1971. [Idee und Gestalt]
– Das Symbolproblem und seine allgemeine Stellung im System der Philosophie. In: Zeitschrift für Ästhetik und Allgemeine Kunstwissenschaft, 21, (1927), S. 295-312.
– Descartes. Lehre, Persönlichkeit, Wirkung. (Nachdruck der Ausgabe von 1939). Hildesheim 1978. [Descartes]
– Philosophie der symbolischen Formen. Erster Teil: Die Sprache; Zweiter Teil: Das mythische Denken; Dritter Teil: Phänomenologie der Erkenntnis. Darmstadt 1954. [zit. als EC, PSF, Bandzahl, Seitenzahl]
– Der Mythus des Staates. Philosophische Grundlagen politischen Verhaltens. München 2. Aufl. 1978.
– Symbol, Technik, Sprache. Aufsätze aus den Jahren 1927-1933. Hg. v. Ernst Wolfgang Orth. Hamburg 1985. [STS]
– Versuch über den Menschen. Einführung in eine Philosophie der Kultur. Aus dem Englischen von Reinhard Kaiser. (orig. Essay on Man. An Introduction to a Philosophy). Frankfurt a.M. 1990. [VM]
– Geist und Leben. Schriften zu den Lebensordnungen von Natur und Kunst, Geschichte und Sprache. Leipzig 1993. [Geist und Leben]

– Erkenntnis, Begriff, Kultur. Hg. u. mit einer Einleitung versehen v. Rainer A. Bast. Hamburg 1993.
– Wesen und Wirkung des Symbolbegriffs. Darmstadt 1994. [WWS]
– Nachgelassene Manuskripte und Texte. Bd. 1. Zur Metaphysik der symbolischen Formen. Hg. v. John Michael Krois. Hamburg 1995.
– Einleitung in die Geschichte der philosophischen Anthropologie. Göteburger Vorlesungen 1939/40. (Kulturwissenschaftliche Studien Bd. 4). Leipzig 1999.
– Gesammelte Werke. Hamburger Ausgabe. Hg. v. Bergit Recki/Marcel Simon u.a. Hamburg 1998-2001. [zit. als EC, Bandangabe, Seitenzahl]

# Literatur zu den einzelnen Autoren

## Walter Benjamin

Adorno, Theodor W.: Charakteristik Walter Benjamins. In: ders.: Über Walter Benjamin. Aufsätze, Artikel, Briefe. Hg. v. Rolf Tiedemann. Frankfurt a.M. 1990. S. 24. (erstmals 1950 in der Neuen Rundschau erschienen).
Apel, Friedmar: Sprachbewegung. Eine historisch-poetologische Untersuchung zum Problem des Übersetzens. Heidelberg 1982.
Arendt, Hannah: Walter Benjamin. Bertolt Brecht. Zwei Essays. München 1971.
Asman, Carrie: Der Satz ist die Mauer. Zur Figur des Übersetzers bei Benjamin und Goethe: Werther, Faust, Wilhelm Meister. In: Goethe-Jahrbuch. Hg. v. Werner Keller. 1994. S. 61-79.
Barck, Karlheinz: Schrift/Schreiben als Transgression. Walter Benjamins Konstruktion von Geschichte(n). In: global benjamin. Internationaler Walter-Benjamin-Kongress. 1992. Hg. v. Klaus Garber/Ludger Rehm. München 1999. Bd. 1. S. 231-252.
Bohrer, Karl Heinz: Benjamins geschichtsphilosophische Rettung der verlorenen Zeit. In: ders.: Abschied. Theorie der Trauer. Frankfurt a.M. 1996. S. 503-603.
– Labyrinth zwischen ‚Ereignis' und ‚Interieur'. Über Walter Benjamins Phantasma-Stadt. In: Merkur, 48, (1994), S. 95-108.
Bresemann, Vera: Ist die Moderne ein Trauerspiel? Das Erhabene bei Benjamin. In: Das Erhabene. Zwischen Grenzerfahrung und Größenwahn. Hg. v. Christine Pries. Weinheim 1989. S. 171-185.
Bröcker, Michael: Die Grundlosigkeit der Wahrheit. Zum Verhältnis von Sprache, Geschichte und Theologie bei Walter Benjamin. Würzburg 1993.
– Walter Benjamins Versuch ‚Über das mimetische Vermögen'. In: global benjamin. Internationaler Walter-Benjamin-Kongress 1992. Hg. v. Klaus Garber/Ludger Rehm. München 1999. Bd. 1. S. 274f.
Bub, Stefan: Sinnenlust des Beschreibens. Mimetische und allegorische Gestaltung in der Prosa Walter Benjamins. Würzburg 1993.
Butzer, Günter: Das Glück in der Geschichte. Walter Benjamins Utopismus. In: Widerspruch. Münchner Zeitschrift für Philosophie, 12, (1992), S. 59-75.

Derrida, Jacques: Babylonische Türme. Wege, Umwege, Abwege. In: Übersetzung und Dekonstruktion. Hg. v. Alfred Hirsch. Frankfurt a.M. 1997. S. 119-166.

Deuber-Mankowsky, Astrid: Der frühe Walter Benjamin und Hermann Cohen. Jüdische Werte, Kritische Philosophie, vergängliche Erfahrung. Berlin 2000.

Drügh, Heinz J.: Anders-Rede. Zur Struktur und historischen Systematik des Allegorischen. Freiburg i. Br. 2000.

Erdle, Birgit R.: Benjamins Erzählen. In: Verhandlungen mit dem New Historicism. Das Text-Kontext-Problem in der Literaturwissenschaft. Hg. v. Jürg Glauser/Annegret Heitmann. Würzburg 1999. S. 49-63.

Folkers, Horst: Die gerettete Geschichte. Ein Hinweis auf Walter Benjamins Begriff der Erinnerung. In: Mnemosyne. Formen und Funktionen der kulturellen Erinnerung. Hg. v. Aleida Assmann/Dietrich Hardt. Frankfurt a.M. 1991. S. 363-378.

Fürnkäs, Josef: Zitat und Zerstörung. Karl Kraus und Walter Benjamin. In: Verabschiedung der (Post-)Moderne? Hg. v. Jacques Le Rider/Gérard Raulet. Tübingen 1987. S. 209-227.

Garber, Klaus: Barock und Moderne im Werk Benjamins. In: Verkehrte Welten. Literaturmagazin 29. Barock, Moral und schlechte Sitten. Hg. v. Martin Lüdke/Detlef Schmidt. Reinbek bei Hamburg 1992. S. 28-47.

Gewalt und Gerechtigkeit. Derrida – Benjamin. Hg. v. Anselm Haverkamp. Frankfurt a.M. 1994.

Günter, Manuela: Anatomie des Anti-Subjekts. Zur Subversion autobiographischen Schreibens bei Siegfried Kracauer, Walter Benjamin und Carl Einstein. Würzburg 1996.

Hillach, Ansgar: Über Schwulst, Allegorie und Eigensinn. Für eine politische Lektüre von Benjamins Trauerspielbuch. In: Verkehrte Welten. Literaturmagazin 29. Barock, Moral und schlechte Sitten. Hg. v. Martin Lüdke/Detlef Schmidt. Reinbek bei Hamburg 1992. S. 56-70.

Hirsch, Alfred: Mimesis und Übersetzung. Anmerkung zum Status der Reproduktion in der Sprachphilosophie Walter Benjamins. In: Namen, Texte, Stimmen. Walter Benjamins Sprachphilosophie. Hg. v. Thomas Regehly. Stuttgart 1993. S. 49-61.

– Der Dialog der Sprachen. Studien zum Sprach- und Übersetzungsdenken Walter Benjamins und Jacques Derridas. München 1995.

Jacobs, Carol: Die Monstrosität der Übersetzung. In: Übersetzung und Dekonstruktion. Hg. v. Alfred Hirsch. Frankfurt a.M. 1997. S. 166-182.

Janz, Rolf-Peter: Mythos und Moderne bei Walter Benjamin. In: Mythos und Moderne. Hg. v. Karl Heinz Bohrer. Frankfurt a.M. 1983. S. 363-382.

Kaffenberger, Helmut: Aspekte von Bildlichkeit in Benjamins Denkbildern. In: global benjamin. Internationaler Walter-Benjamin-Kongress 1992. Hg. v. Klaus Garber/Ludger Rehm. München 1999. Bd. 1 S. 449-478.

Kahl, Michael: Allegorie bei Walter Benjamin und Paul de Man. In: Allegorie und Melancholie. Hg. v. William von Reijen. Frankfurt a.M. 1992.

Kleiner, Barbara: Emergenz der Schrift. In: ‚Was nie geschrieben wurde, lesen'. Frankfurter Benjamin-Vorträge. Hg. v. Lorenz Jäger/Thomas Regehly. Bielefeld 1992. S. 208-227.

Koch, Manfred: Das reflektorische Gedächtnis – Walter Benjamins Baudelaire-Interpretationen. In: ders.: Mnemotechnik des Schönen. Studien zur poetischen Erinnerung in Romantik und Symbolismus. Tübingen 1988. S. 111-120.

Köhn, Eckhardt: ‚Ein Letzter, wie ich es bin'. Bemerkungen zum schriftstellerischen Selbstverständnis Walter Benjamins. In: ‚Was nie geschrieben wurde, lesen'. Frankfurter Benjamin-Vorträge. Hg. v. Lorenz Jäger/Thomas Regehly. Bielefeld 1992. S. 157-189.

Krückeberg, Edzard: Der Begriff des Erzählens im 20. Jahrhundert. Zu den Theorien Benjamins, Adornos und Lukács'. Bonn 1981.

Lang, Tilman: Mimetisches oder semiologisches Vermögen? Studien zu Walter Benjamins Begriff der Mimesis. Göttingen 1998.

Le Rider, Jacques/Raulet, Gérard: Verabschiedung der (Post-)Moderne? Eine interdisziplinäre Debatte. Tübingen 1987.

Lindner, Burkhardt: Benjamins Aurakonzeption. Anthropologie und Technik, Bild und Text. In: Walter Benjamin. 1892-1940. Zum 100. Geburtstag. Hg. v. Uwe Steiner. Bern 1992. S. 217-249.

– Engel und Zwerg. Benjamins geschichtsphilosophische Rätselfiguren und die Herausforderung des Mythos. In: ‚Was nie geschrieben wurde, lesen'. Frankfurter Benjamin-Vorträge. Hg. v. Thomas Regehly /Lorenz Jäger. Bielefeld 1992. S. 236-267.

Lönker, Fred: Der fremde Sinn: Überlegungen zu den Übersetzungskonzeptionen Schleiermachers und Benjamins. In: Proccedings of the XIIth Congress of the International Comparative Literature Association. München 1988. S. 345-352.

Man, Paul de: Schlußfolgerungen. Walter Benjamins ‚Die Aufgabe des Übersetzers'. In: Übersetzung und Dekonstruktion. Hg. v. Alfred Hirsch. Frankfurt a.M. 1997. S. 182-231.

Meiffert, Torsten: Die enteignete Erfahrung. Zu Walter Benjamins Konzept einer ‚Dialektik im Stillstand'. Bielefeld 1986.

Menke, Bettine: Das Nachleben im Zitat. Benjamins Gedächtnis der Texte. In: Gedächtniskunst, Raum und Schrift. Hg. v. Anselm Haverkamp/Renate Lachmann. Frankfurt a.M. 1991. S. 74ff.

– Sprachfiguren. Name – Allegorie – Bild nach Benjamin. München 1991.

– Magie des Lesens – Raum der Schrift. Über Lektüre und Konstellation in Benjamins Lehre(n) vom Ähnlichen. In: Namen, Texte, Stimmen. Walter Benjamins Sprachphilosophie. Hg. v. Thomas Regehly. Stuttgart 1993. S. 109-139.

– Bild – Textualität. Benjamins schriftliche Bilder. In: Der Entzug der Bilder. Visuelle Realitäten. Hg. v. Michael Wetzel/Herta Wolf. München 1994. S. 47-67.

– Rhetorik und Referentialität bei de Man und Benjamin. In: Flaschenpost und Postkarte. Korrespondenzen zwischen Kritischer Theorie und Poststrukturalismus. Hg. v. Sigrid Weigel. Köln 1995. S. 49-73.

Menninghaus, Winfried: Walter Benjamins romantische Idee des Kunstwerks und seiner Kritik. In: Poetica, 12, (1980), S. 421-442.

– Schwellenkunde. Walter Benjamins Passage des Mythos. Frankfurt a.M. 1986.

– Das Ausdruckslose. Walter Benjamins Kritik des Schönen durch das Erhabene. In: Walter Benjamin. 1892-1940. Zum 100. Geburtstag. Hg. v. Uwe Steiner. Bern 1992. S. 33-77.

– Walter Benjamins Theorie der Sprachmagie. Frankfurt a.M. 1995.

Mimesis und Ausdruck. Hg. v. Metschmer, Thomas. Köln 1999.

Mosès, Stéphane: Der Engel der Geschichte. Frankfurt a.M. 1992.

– Ideen, Name, Sterne. Zu Walter Benjamins Metaphorik des Ursprungs. In: Für Walter Benjamin. Dokumente, Essays, ein Entwurf. (Eine Publikation des Arbeitskreises selbständiger Kultur-Institute e.v. Bonn). Hg. v. Ingrid und Konrad Scheurmann. Frankfurt a.M. 1992. S. 183ff.

– Eingedenken und Jetztzeit. In: Vergessen und Erinnern. Hg. v. Anselm Haverkamp/Renate Lachmann. (Poetik und Hermeneutik. Bd. XV). München 1993. S. 385-486.

Opitz, Michael: Lesen und Flanieren. Über das Lesen von Städten, vom Flanieren in Büchern. In: Aber ein Sturm weht vom Paradiese her. Texte zu Walter Benjamin. Hg. v. Michael Opitz/Erdmut Wizisla. Leipzig 1992. S. 162-181.

– ‚Das Wort grinst'. Überlegungen zu Benjamins Sprachtheorie. In: Namen, Texte, Stimmen. Walter Benjamins Sprachphilosophie. Hg. v. Thomas Regehly. Stuttgart 1993. S. 11-29.

Pethes, Nicolas: Mnemographie. Poetiken der Erinnerung und Destruktion nach Walter Benjamin. Tübingen 1999.

Pfotenhauer, Helmut: Ästhetische Erfahrung und gesellschaftliches System. Untersuchungen zu Methodenproblemen einer materialistischen Literaturanalyse am Spätwerk Walter Benjamins. Stuttgart 1975.

Raulet, Gérad: Allegorie und Moderne. In: global benjamin. Internationaler Walter-Benjamin-Kongress 1992. Hg. v. Klaus Garber/Ludger Rehm. München 1999. Bd. 1. S. 203-220.

Regehly, Thomas: Ein „gereinigter Begriff von Sprache". Zur Intention der frühen Sprachtheorie Walter Benjamins. In: Namen, Texte, Stimmen. Walter Benjamins Sprachphilosophie. Hg. v. Thomas Regehly. Stuttgart 1993. S. 61-91.

Schobinger, Jean-Pierre: Variationen zu Walter Benjamins Sprachmeditationen. Basel/Stuttgart 1979.

Scholem, Gershom: Gershom Scholem – Walter Benjamin. Geschichte einer Freundschaft. Frankfurt a.M. 1975.

– Walter Benjamin und sein Engel. In: Walter Benjamin und sein Engel. Vierzehn Aufsätze und kleine Beiträge. Hg. v. Rolf Tiedemann. Frankfurt a.M. 1980. S. 35-73.

– Die Geheimnisse der Schöpfung. Zu einem Kapitel aus der Sohar. Berlin 1995.

Schwarz, Ulrich: Rettende Kritik und antizipierte Utopie. Zum geschichtlichen Gehalt ästhetischer Erfahrung in den Theorien von Jan Mukarovský, Walter Benjamin und Theodor W. Adorno. München 1981.

Steinhagen, Harald: Walter Benjamins Begriff der Allegorie. In: Formen und Funktionen der Allegorie. Hg. v. Walter Haug. Stuttgart 1979. S. 666-686.

Stierle, Karlheinz: Walter Benjamin und die Erfahrung des Lesens. In: Poetica, 12, (1980), S. 227-248.

Szondi, Peter: Nachwort zu Walter Benjamins Städtebilder. In: ders.: Walter Benjamin. Städtebilder. Frankfurt a.M. 1963. S. 79-99.

– Hoffnung im Vergangenen. Über Walter Benjamin. In: ders.: Satz und Gegensatz. Sechs Essays. Frankfurt a.M. 1964. S. 79-98.

Tsunekawa, Takao: Konfiguratives Denken und Allegorie. In: global benjamin. Internationaler Walter- Benjamin-Kongress 1992. Hg. v. Klaus Garber/Ludger Rehm. München 1999. Bd. 1. S. 191-203.

Übersetzung und Dekonstruktion. Hg. v. Alfred Hirsch. Frankfurt a.M. 1997.

Wagner, Gerhard: Dialektische Kontraste. Walter Benjamin über die mimetische Konkurrenz von Schrift- und Bildkultur. In: Weimarer Beiträge, 43, (1997), 4, S. 485-502.

Weigel, Sigrid: Passagen und Spuren des Leib- und Bildraums in Benjamins Schriften. In: Leib- und Bildraum. Lektüren nach Benjamin. Hg. v. Sigrid Weigel. Köln 1992. S. 49-65.

– Von der anderen Rede zur Rede des Anderen. Benjamin liest Freud oder Zur Vorgeschichte der Allegorie der Moderne im Barock. In: Verkehrte Welten. Literaturmagazin 29. Barock, Moral und schlechte Sitten. Hg. v. Martin Lüdke/Detlef Schmidt. Reinbek bei Hamburg 1992. S. 47-56.

– Von der Topographie zur Schrift - Zur Genese von Benjamins Gedächtniskonzept. In: Kunstforum, 128, (1994), S. 102-128.
– Entstellte Ähnlichkeit. Walter Benjamins theoretische Schreibweise. Frankfurt a.M. 1997.
Wohlfahrt, Irving: ‚Immer radikal, niemals konsequent...'. Zur theologisch-politischen Standortbestimmung Walter Benjamins. In: Antike und Moderne. Zu Walter Benjamins ‚Passagen'. Hg. v. Norbert W. Bolz/Richard Faber. Würzburg 1986. S. 116-138.
– ‚Was nie geschrieben wurde, lesen'. Walter Benjamins Theorie des Lesens. In: Walter Benjamin 1892-1940. Zum 100. Geburtstag. Hg. v. Uwe Steiner. Bern 1992. S. 297-345.
Zima, Peter V.: Ambivalenz und Dialektik: Von Benjamin zu Bachtin – oder: Hegels kritische Erben. In: Romantik. Literatur und Philosophie. Internationale Beiträge zur Poetik. Hg. v. Volker Bohn. Frankfurt a.M. 1987. S. 232-257.

## Ernst Cassirer

Blanshard, Brand: Review of an Essay on Man. In: Philosophical Review, 54, (1945), S. 32-34.
Blumenberg, Hans: Ernst Cassirer gedenkend. Rede bei Entgegennahme des Kuno-Fischer-Preises der Universität Heidelberg im Juli 1974. In: Revue Internationale de Philosophie (Brüssel), 28, (1974), S. 456-463. (wiederabgedruckt in: Hans Blumenberg: Wirklichkeiten in denen wir leben. Stuttgart 1981. S. 163-172).
Dubach, Ernst: Symbolische Prägnanz. In: Kulturkritik nach Ernst Cassirer. Hg. v. Enno Rudolph/Bernd-Olaf Küppers. Hamburg 1995.
Foucault, Michel: Rez. E. Cassirer. Philosophie des Lumieres. Paris 1966. S. 3. (wiederabgedruckt in Schriften zur Literatur).
Gilbert, Katharine: Die Stellung der Kunst in der Philosophie Cassirers. In: Ernst Cassirer. Hg. v. Paul Arthur Schilpp. Stuttgart u.a. 1966. S. 431-451.
Göller, Thomas: Ernst Cassirers kritische Sprachphilosophie. Würzburg 1986.
– Zur Frage nach der Auszeichnung der Sprache in Cassirers Philosophie der symbolischen Formen. In: Über Ernst Cassirers symbolische Formen. Hg. v. Hans-Jürg Braun/Helmut Holzhey/Ernst Wolfgang Orth. Frankfurt a.M. 1988. S. 137-156.
Gombrich, Ernst H.: Aby Warburg. Eine intellektuelle Biographie. Frankfurt a.M. 1979.
Goodman-Thau, Evelyne: Kabbala und neues Denken. Zur Vergeschichtlichung und Tradierbarkeit des mythologischen Gedächtnisses. In: Messianismus zwischen Mythos und Macht. Jüdisches Denken in der europäischen Geistesgeschichte. Hg. v. Evelyne Goodmann-Thau/Wolfdietrich Schmied-Kowarzik. Berlin 1994. S. 101-127.
Graeser, Andreas: Ernst Cassirer. München 1994.
Hartmann, Robert S.: Cassirers Philosophie der symbolischen Formen. In: Ernst Cassirer. Hg. v. Paul Arthur Schilpp. Stuttgart 1966.
Heinrich, Klaus: anthropomorphe. Zum Problem des Anthropomorphismus in der Religionsphilosophie. Frankfurt a.M. 1986.
Holzhey, Helmut: Cassirers Kritik des mythischen Bewusstseins. In: Über Ernst Cassirers Philosophie der symbolischen Formen. Hg. v. Hans-Jürg Braun/Helmut Holzhey/Ernst Wolfgang Orth. Frankfurt a.M. 1988. S. 191-206.

Krois, John M.: Mythos bei Ernst Cassirer. In: Philosophie und Mythos. Ein Kolloquium. Hg. v. Heinz Poser. Berlin 1979. S. 64-79.
– Problematik, Eigenart und Aktualität der Cassirerschen Philosophie der symbolischen Formen. In.: Hans Jürg Braun/Helmut Holzhey/Wolfgang Orth (Hgg.): Über Ernst Cassirers Philosophie der symbolischen Formen. Frankfurt a.M. 1988. S. 15-44.
– Symbolic Forms and History. London 1987.
Langer, Susanne K.: Cassirers Philosophie der Sprache und des Mythos. In: Ernst Cassirer. Hg. v. Paul Arthur Schilpp. Hamburg 1966. S. 263-281.
Montague, M. F. Ashley: Das mythische Denken in der Philosophie der symbolischen Formen. In: Ernst Cassirer. Hg. v. Paul Arthur Schilpp. Hamburg 1966. S. 248-263.
Naumann, Barbara: Geisterscheinungen. Wiederholung und Symbolisierung in Goethes Roman ‚Wilhelm Meisters Lehrjahre'. In: Dasselbe noch einmal. Die Ästhetik der Wiederholung. Hg. v. Carola Hilmes/Dietrich Mathy. Opladen 1998. S. 38-63.
– Philosophie und Poetik des Symbols. Cassirer und Goethe. München 1998.
Orth, Ernst Wolfgang: Cassirers Philosophie der Lebensordnungen. In: Ernst Cassirer. Geist und Leben. Hg. v. Ernst Wolfgang Orth. Schriften. Leipzig 1993. S. 9-30.
Paetzold, Heinz: Ernst Cassirer zur Einführung. Hamburg 1993.
– Die Realität der symbolischen Formen. Die Kulturphilosophie Ernst Cassirers im Kontext. Darmstadt 1994.
– Mythos und Moderne. In: Kulturkritik nach Ernst Cassirer. Hg. v. Enno Rudolph/Bernd-Olaf Küppers. Hamburg 1995.
Saxl, Fritz: Warburgs Mnemosyne-Atlas. In: Aby M. Warburg: Ausgewählte Schriften und Würdigungen. Hg. v. D. Wuttke. Baden Baden 1980.
Schwemmer, Oswald: Der Werkbegriff in der Metaphysik der symbolischen Formen. Zu Cassirers Konzeption eines vierten Bandes der ‚Philosophie der symbolischen Formen'. In: Internationale Zeitschrift für Philosophie, 2, (1992), S. 226-259.
– Ernst Cassirer. Ein Philosoph der europäischen Moderne. Berlin 1997.
Solmitz, Walter M.: Cassirer über Galilei. Ein Beispiel für Cassirers Denkweise. In: Ernst Cassirer. Hg. v. Paul Arthur Schilpp. S. 507-532.
Über Ernst Cassirers Philosophie der symbolischen Formen. Hg. v. Hans-Jürg Braun/Helmut Holzhey/Ernst Wolfgang Orth. Frankfurt a.M. 1988.
Urban, Wilbur M.: Cassirers Philosophie der Sprache. In: Ernst Cassirer. Hg. v. Paul Arthur Schilpp. Hamburg 1966. S. 281-316.

## Hans Blumenberg

Bader, Günter: Melancholie und Metapher. Tübingen 1990.
Bambach, Rüdiger: Hans Blumenberg. In: Philosophie der Gegenwart in Einzeldarstellungen von Adorno bis Wright. Hg. v. Julian Nida-Rümelin. Stuttgart 1991. S. 84-89.
Becke, Claus Peter: Bedeutung und Bedeutsamkeit. Untersuchungen zur phänomenologischen Bedeutungstheorie. Herzberg 1994.
Behrenberg, Peter: Endliche Unsterblichkeit. Studien zur Theologiekritik Hans Blumenbergs. Würzburg 1994.
Bolz, Norbert: Höhlenausgänge. In: Philosophische Rundschau. 37, (1990), Heft 1-2. S. 153-157.

Bürger, Christa: Arbeit an der Geschichte. In: Mythos und Moderne. Begriff und Bild einer Rekonstruktion. Hg. v. Karl Heinz Bohrer. Frankfurt a.M. 1983. S. 493-507.

Die Kunst des Überlebens. Nachdenken über Hans Blumenberg. Nachdenken über Hans Blumenberg. Hg. v. Franz Josef Wetz /Hermann Timm. Frankfurt a.M. 1999.

Dux, Günter: Die ontogenetische und historische Entwicklung des Geistes. In: Der Prozess der Geistesgeschichte. Studien zur ontogenetischen und historischen Entwicklung des Geistes. Günter Dux/Ulrich Wenzel. Frankfurt a.M. 1994. S. 173-224.

Erne, Thomas: Rhetorik und Religion. Studien zur praktischen Theologie des Alltags. Gütersloh 2002.

Früchtl, Josef: Die Idee des schöpferischen Menschen. Eine Nachgeschichte zu ihrer Vorgeschichte. In: Die Kunst des Überlebens. Nachdenken über Hans Blumenberg. Hg. v. Franz Josef Wetz/Hermann Timm. Frankfurt a.M. 1999. S. 226-244.

Geyer, Carl Friedrich: Rezension zur ‚Arbeit am Mythos'. In: Zeitschrift für Religions- und Geistesgeschichte, 33, (1981), Heft 1. S. 171.

Goldstein, Jürgen: Nominalismus und Moderne. Zur Konstitution neuzeitlicher Subjektivität bei Hans Blumenberg und Wilhelm von Ockham. München 1998.

Haeflinger, Jürg: Imaginationssysteme. Erkenntnistheoretische, anthropologische und mentalitätshistorische Aspekte der Metaphorologie Hans Blumenbergs. Frankfurt a.M. 1996.

Haverkamp, Anselm: Paradigma Metapher, Metapher Paradigma – Zur Metakinetik hermeneutischer Horizonte. (Blumenberg/Derrida, Kuhn/Foucault, Black/White). In: Epochenschwelle und Epochenbewusstsein. Hg. v. Reinhart Herzog/Reinhart Koselleck. München 1987. S. 547-561.

Hundeck, Markus: Welt und Zeit. Hans Blumenbergs Philosophie zwischen Schöpfungs- und Erlösungslehre. Würzburg 2000.

Kirsch-Hänert, Johannes: Zeitgeist – Die Vermittlung des Geistes mit der Zeit. Frankfurt a.M. 1989.

Koch, Rainer: Geschichtskritik und ästhetische Wahrheit. Zur Produktivität des Mythos in moderner Literatur und Philosophie. Bielefeld 1990.

Konersmann, Ralf: Geduld zur Sache. In: Neue Rundschau, 109, (1998), S. 37.

Lessing, H. U.: Bemerkungen zum Begriff der Bedeutsamkeit bei Hans Blumenberg. Reports on Philosophy, 14, 1991, S. 27-33.

Marquard, Odo: Diskussionsbeitrag zur ersten Diskussion: Mythos und Dogma. Vorlage: Hans Blumenberg, Wirklichkeitsbegriff und Wirklichkeitspotential. In: Terror und Spiel. Probleme der Mythenrezeption. (Poetik und Hermeutik Bd. IV). Hg. v. Manfred Fuhrmann. München 1971. S. 527-549.

– Zur Funktion der Mythologiephilosophie bei Schelling. In: Terror und Spiel. Probleme der Mythenrezeption. (Poetik und Hermeneutik, Bd. IV). Hg. v. Manfred Fuhrmann. München 1971. S. 257-265.

– Lebenszeit und Lesezeit. Bemerkungen zum Ouevre Hans Blumenbergs. In: Akzente 37, (1990), S. 268-271.

Merker, Barbara: Bedürfnis nach Bedeutsamkeit. Zwischen Lebenswelt und Absolutismus der Wirklichkeit. In: Die Kunst des Überlebens. Nachdenken über Hans Blumenberg. Hg. v. Franz Josef Wetz/Hermann Timm. Frankfurt a.M. 1999. S. 68-99.

Moxter, Michael: Die schönen Ungenauigkeiten. Hans Blumenbergs phänomenologische Variationen. In: Neue Rundschau, 109, (1998), S. 83-92.

– Kultur als Lebenswelt. Studien zum Problem einer Kulturtheologie. Tübingen 2000.

Müller-Armack, A.: Diagnose unserer Wirklichkeit. Stuttgart 1981.

Neschke-Hentschke, Ada B.: Rezension der ‚Arbeit am Mythos'. In: Zeitschrift für philosophische Forschung, 37, (1983), S. 448-453.

Philosophie und Mythos. Ein Kolloquium. Hg. v. Poser, Heinz. Berlin 1979.

Pippin, Robert: Eine Moderne ohne radikale Entzauberung. Zwischen Logos und Mythos. In: Die Kunst des Überlebens. Nachdenken über Hans Blumenberg. Hg. v. Franz Josef Wetz/Hermann Timm. Frankfurt a.M. 1999. S. 99-121.

Recki, Birgit: Der praktische Sinn der Metapher. Eine systematische Überlegung mit Blick auf Ernst Cassirer. In: Die Kunst des Überlebens. Nachdenken über Hans Blumenberg. Hg. v. Franz Josef Wetz/Hermann Timm. Frankfurt a.M. 1999. S. 142-164.

Religionstheorie und Politische Theologie. Bd. 1. Der Fürst dieser Welt. Carl Schmitt und die Folgen. Hg. v. Jacob Taubes. München 1985.

Rudolph, Enno: Mythos – Logos – Dogma. Eine Auseinandersetzung mit Hans Blumenberg. In: Mythos und Religion. Interdisziplinäre Aspekte. Hg. v. Oswald Bayer. Stuttgart 1990. S. 58-80.

– Metapher oder Symbol. Zum Streit um die schönste Form der Wahrheit. Anmerkungen zu einem möglichen Dialog zwischen Hans Blumenberg und Ernst Cassirer. In: Metapher und Wirklichkeit. Die Logik der Bildhaftigkeit im Reden von Gott, Mensch und Natur. Dietrich Ritschl zum 70. Geburtstag. Hg. v. Reinhold Bernhardt/Ulrike Link-Wieczorek. Göttingen 1999. S. 320-329.

Schlaffer, Hannelore: Ein Grund mehr zur Sorge. Hans Blumenbergs jüngste Veröffentlichungen. In: Merkur, 42, (1988), S. 328-332.

Schumann, Michael: Die Kraft der Bilder. Gedanken zu Hans Blumenbergs Metaphernkunde. In: DVjS, 1995, S. 407-422.

Stoellger, Philipp: Metapher und Lebenswelt. Hans Blumenbergs Metaphorologie als Lebensweltthermeneutik und ihr religionsphänomenologischer Horizont. Tübingen 2000.

Thomä, Dieter: Zeit und Neuzeit. Erkenntnis, Erinnerung, Leben: Spannungsverhältnisse. In: Die Kunst des Überlebens. Nachdenken über Hans Blumenberg. Hg. v. Franz Josef Wetz/Hermann Timm. Frankfurt a.M. 1999. S. 266-288.

Villwock, Jörg: Mythos und Rhetorik. Zum inneren Zusammenhang zwischen Mythologie und Metaphorologie in der Philosophie Hans Blumenbergs. In: Philosophische Rundschau, 32, (1985), S. 68-91.

Soosten, Joachim v.: Arbeit am Dogma. Eine theologische Antwort auf Hans Blumenbergs ‚Arbeit am Mythos'. In: Mythos und Religion. Interdisziplinäre Aspekte. Hg. v. Oswald Bayer. Stuttgart 1990. S. 80-101.

Vonessen, Franz: Die ontologische Struktur der Metapher. In: Zeitschrift für philosophische Forschung, 13, (1959), S. 397-419.

Weimar, Klaus: Vom barocken Sinn der Metapher. In: MLN, 105, (1990), S. 453-471.

Wetz, Franz Josef: Blumenberg zur Einführung. Hamburg 1993.

– Gegen den Absolutismus der Wirklichkeit. In: Neue Rundschau, 109, (1998), S. 57.

– Abschied ohne Wiedersehen. Die Endgültigkeit des Verschwindens. In: Die Kunst des Überlebens. Nachdenken über Hans Blumenberg. Hg. v. Franz Josef Wetz/Hermann Timm. Frankfurt a.M. 1999. S. 28-55.

Nordhofen, Eckhard: Die Proklamation des Plurals. Zum Tode des Philosophen Hans Blumenbergs. In: Die Zeit vom 12. April 1996. S. 47.

Zill, Rüdiger: Wie die Vernunft es macht. Die Arbeit an der Metapher im Prozeß der Zivilisation. In: Die Kunst des Überlebens. Nachdenken über Hans Blumenberg. Hg. v. Franz Josef Wetz/Hermann Timm. Frankfurt a.M. 1999. S. 164-184.

## Weitere Literatur


Adorno, Theodor W.: Voraussetzungen. In: ders.: Noten zur Literatur. Bd. III. Frankfurt a.M. 1965. S. 136-156.
– Ästhetische Theorie. Hg. v. Gretel Adorno/Rolf Tiedemann. Frankfurt a.M. 1970.
– Die beschworene Sprache. In: ders.: Noten zur Literatur IV. Gesammelte Schriften. Bd. 2. Hg. v. Rolf Tiedemann. Frankfurt a.M. 1974. S. 536-556.
– Engagement. In: ders.: Noten zur Literatur III. Frankfurt a.M. 1980. S. 109-136.
– Rede über Lyrik und Gesellschaft. In: ders.: Noten zur Literatur I. Frankfurt a.M. 1980. S. 73-105.
– /Max Horkheimer: Dialektik der Aufklärung. Philosophische Fragmente. Frankfurt a.M. 1969.
Allegorie und Melancholie. Hg. v. Williem v. Reijen. Frankfurt a.M. 1992.
Allegorie. Konfigurationen von Text, Bild und Lektüre. Hg. v. Eva Horn/Manfred Weinberg. Opladen 1998.
Aristoteles: Die Poetik. Übers. u. hg. v. Manfred Fuhrmann. Stuttgart 1982.
– Rhetorik III. Übersetzt und hg. v. Franz G. Sieveke. München 1995.
Art. Symbol. In: Kluge: Etymologisches Wörterbuch der deutschen Sprache. Bearb. v. Elmar Seebold. Berlin $^{24}$ 2000.
Augustinus, Aurelius: De doctrina christiana. Hg. v. Heinrich Joseph Voges. Bonn 1930.
Autorschaft. Positionen und Revisionen. (DFG-Symposium 2001). Hg. v. Heinrich Detering. Stuttgart 2002.
Bachmann, Ingeborg: Werke in 4 Bänden. Hg. v. Christine Koschel/Inge von Weidenbaum/Clemens Münster. München 1978.
Bachtin, Michail M.: Die Ästhetik des Wortes. Frankfurt a.M. 1979.
Baecker, Dirk: Probleme der Form. Frankfurt a.M. 1993.
Barthes, Roland: Die strukturalistische Tätigkeit. In: Kursbuch. Hg. v. Hans Magnus Enzensberger, 5, (1966), S. 190-195.
– Literatur oder Geschichte. Frankfurt a.M. 1967.
– Die Lust am Text. Frankfurt a.M. 1974.
– Über mich selbst. Frankfurt a M. 1978.
– Am Nullpunkt der Literatur. Frankfurt a.M. 1982.
– La mort de l'auteur. In : ders.: Le bruissment de la langue. Essais critiques IV. Paris 1984. S. 63-69.
– S/Z. (Übersetzt v. Jürgen Hoch). Frankfurt a.M. 1987.
– Das Rauschen der Sprache. Kritische Essays IV. (Übersetzt v. Dieter Hornig). Frankfurt a.M. 1991.
Baudelaire, Charles: Der Maler des modernen Lebens. In: ders.: Sämtliche Werke u. Briefe. Hg. u. übersetzt v. Friedhelm Kemp/Claude Pichois. Bd. 5. München, Wien 1989. S. 213-258.
Bazaine, Jean: Notizen zur Malerei der Gegenwart. Frankfurt a.M. 1959.
Begemann, Christian: Brentano und Kleist vor Friedrichs Mönch am Meer. Aspekte eines Umbruchs in der Geschichte der Wahrnehmung. In: DVjs, 64, (1990), S. 54-95.
Bergson, Henri: Materie und Gedächtnis. Eine Abhandlung über die Beziehung zwischen Körper und Geist. Hamburg 1991.
Berka, Sigrid: Mythos-Theorie und Allegorik bei Botho Strauß. Wien 1991.
Bertau, Cecile: Sprachspiel Metapher. Denkweisen und kommunikative Funktion einer rhetorischen Figur. Opladen 1996.

Bewegung und Stillstand in Metaphern und Mythen. Fallstudien zum Verhältnis von elementarem Wissen und Literatur im 19. Jahrhundert. Hg. v. Jürgen Link/Wulf Wülfing. Stuttgart 1984.

Bild und Text im Dialog. Hg. v. Klaus Discherl. Passau 1993.

Bildlichkeit. Internationale Beiträge zur Poetik. Hg. v. Volker Bohn. Frankfurt a.M. 1990.Birus, Hendrik: ‚Ich bin der ich bin.' Über die Echos eines Namens. In: Juden in der deutschen Literatur. Ein deutsch-jüdisches Symposion. Hg. v. Stéphane Mosès/Albrecht Schöne. Frankfurt a.M. 1986. S. 25-54.

Black, Max: Die Metapher. In: Theorie der Metapher. Hg. v. Anselm Haverkamp. Darmstadt 1966. 2. Aufl. S. 55-79.

Blamberger, Günter: Art. Moderne. In: Reallexikon der deutschen Literaturwissenschaft. Bd. 2. Hg. v. Harald Fricke. (Neubearbeitung des Reallexikons der deutschen Literaturgeschichte). Berlin 2000.

Blanchot, Maurice: Der Gesang der Sirenen. Das Buch, der Himmel. Wien 1982.

Bloch, Ernst: Geist der Utopie. Frankfurt a.M. 1964.

– Spuren. Frankfurt a.M. 1983.

Boehm, Gottfried: Mythos als bildnerischer Prozess. In: Mythos und Moderne. Begriff und Bild einer Rekonstruktion. Hg. v. Karl Heinz Bohrer. Frankfurt a.M. 1983. S. 528-545.

Böhme, Jacob: Beschreibung der Drey Principien Göttliches Wesens. In: ders.: Sämtliche Schriften. Bd. 2. Hg. v. August Faust. Stuttgart 1942.

– De signatura rerum. In: Ders.: Sämtliche Schriften. Bd. 6. Hg. v. Will-Erich Peuckert. Stuttgart 1957.

Bohrer, Karl Heinz: Plötzlichkeit. Zum Augenblick des ästhetischen Scheins. Frankfurt a.M. 1981.

– Schlegels Rede über die Mythologie. In: ders.: Mythos und Moderne. Begriff und Bild einer Rekonstruktion. Frankfurt a.M. 1983. S. 52-83.

– Die Kritik der Romantik. Der Verdacht der Philosophie gegen die literarische Moderne. Frankfurt a.M. 1989.

Bolz, Norbert W.: odds and ends. Vom Menschen zum Mythos. In: Mythos und Moderne. Begriff und Bild einer Rekonstruktion. Hg. v. Karl Heinz Bohrer. Frankfurt a.M. 1983. S. 471-493.

Borst, Arno: Der Turmbau zu Babel. Geschichte der Meinungen über Ursprung und Vielfalt der Sprachen und Völker. 5 Bde. Stuttgart 1957-1961.

Broich, Ulrich/Manfred Pfister: Intertextualität. Formen, Funktionen, anglistische Fallstudien. Tübingen 1985.

Bultmann, Rudolf: Neues Testament und Mythologie. (Nachdruck der 1941 erschienenen Fassung). Hg. v. Eberhard Jüngel. München 1985.

Bürger, Peter: Theorie der Avantgarde. Frankfurt a.M. 1974.

– Zur Kritik der idealistischen Ästhetik. Frankfurt a.M. 1983.

Campe, Rüdiger: Melanchthons. Allegorie zwischen Rhetorik und Hermeneutik. In: Allegorie. Konfigurationen von Text, Bild und Lektüre. Hg. v. Eva Horn/Manfred Weinberg. Opladen 1998. S. 51f.

Celan, Paul: Gesammelte Werke. Bd. 1-5. Hg. v. Beda Allemann/Stefan Reichert. Unter Mitwirkung v. Rolf Bücher. Frankfurt a.M. 1983.

Culler, Jonathan: Dekonstruktion. Reinbek bei Hamburg 1988.

Das Gespräch. (Poetik und Hermeneutik Bd. XI). Hg. v. Karlheinz Stierle/Rainer Warning. München 1984

Dialog der Texte. Hamburger Kolloquium zur Intertextualität. Hg. v. W. Schmid/W.D. Stempel. Wien 1983.

Derrida, Jacques: Die Schrift und die Differenz. (Übers. v. R. Gasché/U. Köppen) Frankfurt a.M. 1972.
– Grammatologie. (Übers. v. H. J. Rheinberger/H. Zischler). Frankfurt a.M. 1974.
– Kraft und Bedeutung. In: ders.: Die Schrift und die Differenz. Frankfurt a.M. 1976. S. 9-53.
– Psyché. Inventions de l'autre. Paris 1987.
– Die différance. (Übers. v. Eva Pfaffenberger-Brückner). In: ders.: Randgänge der Philosophie. Hg. v. Peter Engelmann. Wien 1988.
– Die Tode des Roland Barthes. In: Roland Barthes. Hg. v. Hans-Horst Henschen. München 1988.S. 31-75.
– Die weiße Mythologie. Die Metapher im philosophischen Text. In: ders.. Randgänge der Philosophie. Wien 1988.
– Platons Pharmazie. In: ders.: La Dissémination. Wien 1995. (frz. Original, Paris 1988).
– Gespräch mit D. Cohen. In: Geschichte des Strukturalismus. Bd. 2. Hg. v. F. Dosse. Hamburg 1997.
Destruktion und Übersetzung. Zu den Aufgaben von Philosophiegeschichte nach Martin Heidegger. Hg. v. Thomas Buchheim. Weinheim 1989.
Die Rückkehr des Autors. Zur Erneuerung eines umstrittenen Begriffs. Hg. v. Fotis Jannides/Gerhard Lauer/Matias Martinéz/Simone Winko. Tübingen 1999.
Dilthey, Wilhelm: Gesammelte Schriften. Bd. 7. Hg. v. Bernhard Groethuysen/Helmut Johach/Martin Redecker. 5. Aufl. Leipzig 1959.
Diner, Dan: Erwägungen zu einer Historik des Nationalsozialismus. In: Zerstörung des moralischen Selbstbewußtseins. Chance oder Gefährdung. Hg. v. Forum für Philosophie. Bad Homburg. Frankfurt a.M. 1988. S. 49-65.
Discherl, Klaus: Elemente einer Geschichte des Dialogs von Bild und Text. In: Text und Bild. Aspekte des Zusammenwirkens zweier Künste in Mittelalter und früher Neuzeit. Hg. v. Christel Meier/Uwe Ruberg. Wiesbaden 1980. S. 15-26.
Eco, Umberto: Nachschrift zum Namen der Rose. München 1984.
Emblemata: Handbuch zur Sinnbildkunst des 16. u. 17. Jahrhunderts. Hg. v. Arthur Henkel/Albrecht Schöne. Stuttgart 1965.
Epochenschwelle und Epochenbewußtsein. (Poetik und Hermeneutik Bd. 12). Hg. v. Reinhart Herzog/Reinhart Koselleck. München 1987.
Epochenschwellen und Epochenstrukturen im Diskurs der Literatur- und Sprachhistorie. Hg. v. Hans-Ulrich Gumbrecht/Ursula Link-Heer. Frankfurt a.M. 1985.
Flusser, Villem: Für eine Philosophie der Fotografie. Göttingen 1994.
Földes-Papp, Karoly: Vom Felsbild zum Alphabet. Die Geschichte der Schrift von ihren frühesten Vorstufen bis zur modernen lateinischen Schreibschrift. Stuttgart 1966.
Foucault, Michel: Die Ordnung der Dinge. Eine Archäologie der Humanwissenschaften. Frankfurt a.M. 1974.
– L'ordre du discours. Paris 1972.
– Das Denken des Draußen. In.: Ders.: Schriften zur Literatur. Frankfurt a.M. 1988. S. 130-156.
– Was ist ein Autor? In: Schriften zur Literatur. (Übers. v. Karin von Hofer/Anneliese Botond). Frankfurt a.M. 1988. S. 7-31.
Frank, Manfred: Das Sagbare und das Unsagbare. Studien zur deutsch-französischen Hermeneutik. Frankfurt a.M. 1990.
Freud, Sigmund: Notiz über den Wunderblock. In: ders.: Studienausgabe III. Frankfurt a.M. 1975.
Frey, Hans-Jost: Der unendliche Text. Frankfurt a.M. 1990.

Friedländer, Saul: Kitsch und Tod. München 1984.
Friedrich, Hugo: Die Struktur der modernen Lyrik. Von der Mitte des 19. bis zur Mitte des 20. Jahrhunderts. Hamburg 1967.
Gadamer, Hans Georg: Wahrheit und Methode. Tübingen 1960.
– Mythos und Vernunft. In: ders.: Kleine Schriften IV. Tübingen 1977. S. 48-53.
Gasché, Rodolphe: Das wilde Denken und die Ökonomie der Repräsentation. In: Orte wilden Denkens. Hg. v. Wolf Lepenies/Joachim Ritter. Frankfurt a.M. 1970. S. 306-384.
Gehlen, Arnold: Urmensch und Spätkultur. Philosophische Ergebnisse und Aussagen. Bonn 1956.
Genette, Gérard: Palimpsest. Frankfurt a.M. 1993. (frz. Original: Paris 1982)
Gewagte Experimente. Kühne Konstellationen. Kleists Werk zwischen Klassizismus und Romantik. (Stiftung für Romantikforschung Bd. XII). Hg. v. Christine Lubkoll/Günter Oesterle. Würzburg 2001.
Gockel, Heinz: Mythos und Poesie. Zum Mythosbegriff in Aufklärung und Frühromantik. Frankfurt a.M. 1981.
Goethe, Johann Wolfgang: Noten und Abhandlungen zum besseren Verständnis des west-östlichen Divans. Hg. v. H. J. Störig. Darmstadt 1963. S. 35-37.
Goethe, Johann Wolfgang: Werke. Hamburger Ausgabe. Bd. 12. Hg. v. Erich Trunz. Textkritisch durchgesehen v. Werner Weber u. Hans Joachim Schrimpf. München. 7. Aufl. 1973.
Goldmann, Stefan: Statt Totenklage Gedächtnis. Zur Erfindung der Mnemotechniken durch Simonides von Keon. In: Poetica, 21, (1989), S. 43-66.
Goltschnigg, Dietmar: Mystische Tradition im Roman Robert Musils. Martin Bubers ‚Ekstatische Konfessionen' im ‚Mann ohne Eigenschaften'. Heidelberg 1974.
Gombrich, Ernst H.: Das symbolische Bild. Zur Kunst der Renaissance. Bd. II (1972). Stuttgart 1986.
Goodman, Nelson: Weisen der Welterzeugung. Frankfurt a.M. 1993.
Graevenitz, Gerhart v.: Mythos. Zur Geschichte einer Denkgewohnheit. Stuttgart 1987.
Grassi, Ernesto: Die Macht des Bildes. Ohnmacht der rationalistischen Sprache. Köln 1970.
– Die Macht der Phantasie. Zur Geschichte abendländischen Denkens. Königsstein/Ts. 1979.
Greiner, Bernhard: Die Wende in der Kunst – Kleist mit Kant. In: DVjs, 64, (1990), S. 97-117.
Grimm, Reinhold R.: Von der explikativen zur poetischen Allegorese. In: Text und Applikation. Theologie, Jurisprudenz und Literaturwissenschaft im hermeneutischen Gespräch. Hg. v. Manfred Fuhrmann/Hans Robert Jauß/Wohlfahrt Panneberg. München 1981. S. 567-577.
Habermas, Jürgen: Bewußtmachende und rettende Kritik. In: ders.: Philosophisch politische Profile. Frankfurt a.M. 1973.
– Theorie des kommunikativen Handelns. 2. Bde. Frankfurt a.M. 1981.
Hagen, Anja: Gedächtnisort Romantik. Intertextuelle Verfahren in der Prosa der 80er und 90er Jahre. Bielefeld 2003.
Hamann, Johann Georg: Schriften über Philosophie, Philologie, Kritik. 1758-1763. In: Sämtliche Werke II. Historisch-kritische Ausgabe. Hg. v. Josef Nadler. Wien 1950.
Haverkamp, Anselm: Allegorie, Ironie und Wiederholung. In: Text und Applikation. Theologie, Jurisprudenz und Literaturwissenschaft im hermeneutischen Gespräch.

Hg. v. Manfred Fuhrmann/Hans Robert Jauß/Wohlfahrt Panneberg. München 1981. S. 561-567.
– Theorie der Metapher. Darmstadt 1996.
Hegel, Georg Wilhelm Friedrich: Vorlesungen über die Ästhetik. Bd. 1. In: ders.: Werke. Bd. 13. Frankfurt a.M. 1970.
Heidegger, Martin: Sein und Zeit. Halle 1941.
– Der Satz vom Grund. Pfullingen 1957.
Heinrich, Klaus: anthropomorphe. Zum Problem des Anthropomorphismus in der Religionsphilosophie. Frankfurt a.M. 1986.
Herder, Johann Gottfried: Sämtliche Werke. Hg. v. B. Suphan. Berlin 1877-1913.
Hobbes, Thomas: Leviathan oder Stoff, Form und Gewalt eines bürgerlichen und kirchlichen Staates. Hg. v. I. Fetcher. Frankfurt a.M. 1976.
Hocke, Gustav René: Manierismus. Die Welt als Labyrinth. Manierismus in der Literatur und Kunst. München 1991.
Höffding, Harald: Der Begriff der Analogie. Leipzig 1927.
Hölderlin, Friedrich: Antigonä. In: Ders.: Sämtliche Werke und Briefe. Bd. 2. Hyperion, Empedokles, Aufsätze, Übersetzungen. Hg. v. Jochen Schmidt. Frankfurt a.M. 1994.
– Fragment von Hyperion. In: ders.: Sämtliche Werke. Stuttgarter Ausgabe. Bd. 3. Hg. v. Friedrich Beißner. Stuttgart 1958.
Holthuis, Susanne: Intertextualität. Würzburg 1999.
Horkheimer, Max: Zur Kritik der instrumentellen Vernunft. Frankfurt a.M. 1967.
Hufnagel, C.: Die kultische Gebärde. Kunst, Politik, Religion im Denken Franz Rosenzweigs. Freiburg i. Br./München 1994.
Humboldt, Wilhelm v.: Gesammelte Schriften. Hg. v. der Preußischen Akademie der Wissenschaften in 17. Bänden. Berlin 1903-1936. (Schriften zur Sprachphilosophie Bd. 3). Hg. v. A. Fletner/K. Giel. Darmstadt 1963.
Hutton, Patrick H.: The Art of Memory Reconceived: From Rhetoric to Psychoanalysis. In: Journal of the History of Ideas. XL VIII, 1987.
Jacobson, Roman: Poetik. Frankfurt a.M. 1979.
Jähring, Dieter: Weltgeschichte: Kunst-Geschichte. Zum Verhältnis von Vergangenheitserkenntnis und Veränderung. Köln 1975.
Jamme, Christoph: Einführung in die Philosophie des Mythos. Bd. 2. Neuzeit und Gegenwart. Darmstadt 1991.
– Gott an hat ein Gewand. Grenzen und Perspektiven philosophischer Mythos-Theorien der Gegenwart. Frankfurt a.M. 1991.
Japp, Uwe: Der Ort des Autors in der Ordnung des Diskurses. In: Diskurstheorien und Literaturwissenschaft. Hg. v. Jürgen Fohrmann/Harro Müller. Frankfurt a.M. 1988. S. 223-234.
Jean Paul: Werke. Bd. 1. Hg. v. Norbert Müller. Nachwort v. Walter Höllerer. München 1960.
Kant, Immanuel: Kritik der Urteilskraft. Hg. v. Karl Vorländer. (Philosophische Bibliothek Bd. 39 a) Hamburg 6. Aufl. 1974.
Karl Kerényi: Die Mythologie der Griechen. Bd. 2. Die Heroen-Geschichten. München 1960.
Kaulen, Heinrich: Lesen im Labyrinth. In: Neue Rundschau, 1, (1982), S. 34-59.
Kilcher, Andreas: Die Sprachtheorie der Kabbala als ästhetisches Paradigma. Die Konstruktion einer ästhetischen Kabbala seit der Frühen Neuzeit. Stuttgart 1998.
Kleinschmidt, Erich: Autorschaft. Konzepte einer Theorie. Tübingen 1998.

Kleist, Heinrich v.: Sämtliche Werke und Briefe in 2. Bd. Hg. v. Helmut Sembdner. S. 338-345.
Kontingenzerfahrung und Kontingenzbewältigung. (Poetik und Hermeneutik Bd. XVII). Hg. v. Hermann Lübbe. München 1998. S. 86-98.
Koller, Hermann: Die Mimesis in der Antike. Bern 1954.
Kraus, Karl: Im dreißigsten Kriegsjahr. In: Die Fackel. 800; 805. Zit. nach Josef Fürnkäs. Zitat und Zerstörung. Karl Kraus und Walter Benjamin. In: Verabschiedung der (Post-) Moderne? Eine interdisziplinäre Debatte. Hg. v. Jacques Le Rider/Gérard Raulet. Tübingen 1987. S. 209-227.
– Die Sprache. In: ders.: Werke. Bd. 2. Hg. v. Heinrich Fischer. München 1956.
Kristeva, Julia: Bachtin, das Wort, der Dialog und der Roman. In: Literaturwissenschaft und Linguistik. Ergebnisse und Perspektiven III. Hg. v. Jens Ihwe. Frankfurt a.M. 1972. S. 345-375.
– Zu einer Semiologie der Paragramme. In: Strukturalismus als Interpretationsverfahren. Hg. v. Helga Gallas. Darmstadt 1972.
– Die Revolution der poetischen Sprache. (Übersetzt v. Reinold Werner). Frankfurt a.M. 1978.
Kurz, Gerhard: Metapher, Allegorie, Symbol. Göttingen 1982.
Lacan, Jacques: Das Spiegelstadium als Bildner der Ichfunktion. In: ders.: Schriften. Bd. 1. Hg. v. Norbert Haas. Berlin 1986. S. 61-71.
Lachmann, Renate: Ebenen des Intertextualitätsbegriffs. In: Das Gespräch. (Poetik und Hermeneutik Bd. XI). Hg. v. Karlheinz Stierle/Rainer Warning. München 1984. S. 133-138.
– Gedächtnis und Literatur. Intertextualität in der russischen Moderne. Frankfurt a.M. 1990.
Lacoue-Labarthé, Philippe: Typography, Mimesis, Philosophy, Politics. Cambridge/Mass. 1989.
Lausberg, Heinrich: Handbuch der literarischen Rhetorik. Eine Grundlegung der Literaturwissenschaft. Stuttgart 1990.
Leibniz, Gottfried Wilhelm: Neue Abhandlungen über den menschlichen Verstand. (Übers. v. Ernst Cassirer). Hamburg 1971.
Lessing, Gotthold Ephraim: Laokoon oder über die Grenzen der Malerei und Poesie. In: ders.: Werke und Briefe in zwölf Bänden. Hg. v. Wilfried Barner. Bd. 5/2. Werke von 1766-1769. Frankfurt a.M. 1990. S. 11-349.
Lévi-Strauss, Claude: Mythologica I. Das Rohe und das Gekochte. (Übers. v. Eva Moldenhauer). Frankfurt a.M. 1971.
– Das wilde Denken. (Übers. v. Hans Naumann). Frankfurt a.M. 1973.
– Strukturale Anthropologie. Bd. I. (Übers. v. Hans Naumann). Frankfurt a.M. 1977.
Literarische Moderne. Europäische Literatur im 19. und 20. Jahrhundert. Hg. v. Grimmiger, Rolf /Jurij Murasov/Jörn Stückrath. Reinbek bei Hamburg 1995.
Literatur und Bildende Kunst. Ein Handbuch zur Theorie und Praxis eines komparatistischen Grenzgebiets. Hg. v. Ulrich Weisstein. Berlin 1992.
Löwith, Karl: Welt und Menschenwelt. In: ders.: Sämtliche Schriften. Bd. 1. Hg. v. Klaus Stichweh/Marc B. de Launay. Stuttgart 1981ff. S. 295-328.
Lüers, Grete: Die Sprache der deutschen Mystik des Mittelalters im Werke der Mechthild von Magdeburg. Darmstadt 1966.
Luther, Martin: Sendbrief vom Dolmetschen. Hg. v. Karl Bischoff. Halle 4. Aufl. 1951.
Lyotard, Jean-Francois: Das postmoderne Wissen. Ein Bericht. Bremen 1982.

– Beantwortung der Frage: Was ist postmodern? In: Postmoderne und Dekonstruktion. Texte französischer Philosophen der Gegenwart. Hg. v. Peter Engelmann. Stuttgart 1990. S. 33-49.

Man, Paul de: Ästhetische Formalisierung. Kleists: Über das Marionettentheater. In: ders.: Allegorien des Lesens. (Übers. v. Werner Hamacher). Frankfurt a.M. 1988.

– Rhetoric of Temporality. Baltimore 1993.

Menninghaus, Winfried: Darstellung. F.G. Klopstocks Eröffnung eines neuen Paradigmas. In: Was heißt Darstellen? Hg. v. Hart Nibbrig. Frankfurt a.M. 1994.

Meyer, Herman: Das Zitat in der Erzählkunst. Zur Geschichte und Poetik des europäischen Romans. Frankfurt a.M. 1961.

Mimesis. Kultur – Kunst – Gesellschaft. Hg. v. Gunter Gebauer/Christoph Wulf. Reinbek bei Hamburg 1992.

Mitchell, W.J.T.: Was ist ein Bild? In: Bildlichkeit. Hg. v. Volker Bohn. Frankfurt a.M. 1990. S. 17-69.

Moritz, Karl Philipp: Gesichtspunkt für die mythologischen Dichtungen. In: ders.: Götterlehre oder Mythologische Dichtungen der Alten. Hg. v. Horst Günther. Frankfurt a.M. 1999.

Müller, Klaus Peter: Art. Moderne. In: Metzler Lexikon Literatur- und Kulturtheorie. Ansätze – Personen – Grundbegriffe. Hg. v. Ansgar Nünning. Stuttgart 2. Aufl. 2001. S. 228-450.

Müller, Severin: Topographien der Moderne. Philosophische Perspektiven – literarische Spiegelungen. München 1991.

Neumann, Gerhard: Die absolute Metapher. Ein Abgrenzungsversuch am Beispiel Stéphane Mallarmés und Paul Celans. In: Poetica, 3, (1970), S. 188-225.

– Nachrichten vom Pontus. In: Franz Kafkas Schriftverkehr. Hg. v. Wolf Kittler/Gerhard Neumann. Freiburg 1990. S. 164-199.

– Heinrich von Kleist. Kriegsfall – Rechtsfall – Sündenfall. Freiburg i. Br. 1994.

Niefanger, Dirk: Barock. Lehrbuch Germanistik. Stuttgart 2000.

Nietzsche, Friedrich: Werke. Hg. v. Karl Schlechta. München 1967.

Novalis: Schriften. Die Werke von Friedrich von Hardenbergs. 5 Bde. Bd. 1. Das dichterische Werk. Tagebücher und Briefe. Hg. v. Richard Samuel in Zusammenarbeit mit Hans-Joachim Mähl und Gerhard Schulz. Stuttgart/Darmstadt 1965. Bd. 2. Das philosophisch-theoretische Werk. Hg. v. Hans-Joachim Mähl. München/Wien 1978.

Osterkamp, Ernst: Emblematik. In: Die Literatur des 17. Jahrhunderts. Hg. v. Albert Meier. München 1999. S. 233-254.

Ovid, Publius Naso: Metamorphosen. Das Buch der Mythen und Verwandlungen. Hg. u. übersetzt v. Gerhard Fink. München 1992.

Patocka, Jan: Ketzerische Essais zur Philosophie der Geschichte und ergänzende Schriften. Hg. v. Klaus Nellen/Jiri Nemec. Stuttgart 1988.

Pfotenhauer, Helmut: Bild versus Geschichte. Thesen zur Funktion des novellistischen Augenblicks in Goethes Romanen. Vortrag vor dem Graduiertenkolleg ‚Klassizismus und Romantik'. Giessen 2000.

Piechotta, Hans Joachim: Die literarische Moderne in Europa in drei Bänden. Opladen 1994.

Platon: Timaios. Sämtliche Werke in zehn Bänden. Bd. 8. Philebos, Timaios, Kritias. Nach der Übers. v. Friedrich Schleiermacher. Hg. v. Karlheinz Hülser. Frankfurt a.M. 1991.

Plumpe, Gerhard: Ästhetische Kommunikation der Moderne. Bd. I. Von Kant bis Hegel. Opladen 1993.

Pöggeler, Otto: Rationalität – Mythos – Kunst. In: Wege zur Kunst und zum Menschen. Festschrift für Heinrich Lützeler. Bonn 1987. S. 111-126.
Preuß, Konrad Theodor: Religion und Mythologie der Uitoto. Göttingen 1921.
Ricouer, Paul: Die lebendige Metapher. In: Übergänge. Texte und Studien zu Handlung, Sprache und Lebenswelt. Hg. v. Rainer Grathof/Bernd Waldenfels. Paris 1986.
Rothacker, Erich: Zur Genealogie des menschlichen Bewusstseins. Bonn 1966.
Rousseau, Jean-Jacques: Essay über den Ursprung der Sprachen. In: ders.: Musik und Sprache. Ausgewählte Schriften. (Übers. von Dorothea und Peter Gülke). Wilhelmshaven 1984.
Schelling, Friedrich Wilhelm Josef: Philosophie der Mythologie in drei Vorlesungsnachschriften. 1837/1842. Hg. v. Klaus Vieweg/Christian Danz. München 1996.
Schiller, Friedrich: Über die ästhetische Erziehung des Menschen, in einer Reihe von Briefen. Hg. v. Wolfgang Düsing. München 1981.
Schlegel, Friedrich: Gespräch über die Poesie. In: Kritische Schriften II. Hg. v. Wolfdietrich Rasch. München 2. Aufl. 1964.
Schleiermacher, Friedrich: Hermeneutik. Hg. v. H. Kimmerle. Heidelberg 1974.
Scholem, Gershom: Judaica 3. Frankfurt a.M. 1970.
– Die Geheimnisse der Schöpfung. Ein Kapitel aus dem kabbalistischen Buche Sohar. Frankfurt a.M. 1971.
– Der Sinn der Thora in der jüdischen Mystik. In: ders.: Zur Kabbala und ihrer Symbolik. Frankfurt a.M. 1995. S. 49-117.
– Über einige Grundbegriffe des Judentums. Frankfurt a.M. 1996.
Simmel, Georg: Die Philosophie des Geldes. München 1920.
– Fragmente und Aufsätze aus dem Nachlaß. München 1923.
Stiegler, Bernd: Die Aufgabe des Namens. Untersuchungen zur Funktion der Eigennamen in der Literatur des zwanzigsten Jahrhunderts. München 1994.
Stierle, Karlheinz: Der Maulwurf im Bildfeld. Versuch einer Metapherngeschichte. In: Archiv für Begriffsgeschichte. 26, (1982). S. 101-143.
Stocker, Peter: Theorien der intertextuellen Lektüre. Modelle und Fallstudien. Paderborn /München/Wien/Zürich 1998.
Sulzer, Johann Georg: Allgemeine Theorie der schönen Künste. 4 Bde. Leipzig 1970. (Nachdruck der zweiten Auflage Leipzig 1792).
Text und Bild, Bild und Text. Hg. v. Wolfgang Harms. (DFG-Symposion 1988). Stuttgart 1990.
Texte – Image. Bild – Text. Hg. v. Sybil Dümchen/Michael Nerlich. Berlin 1990.
Turk, Horst: Intertextualität als Fall der Übersetzung. In: Poetica, 19, (1987), S. 265ff.
Usener, Hermann: Götternamen. Versuch einer Lehre von der religiösen Begriffsbildung. Bonn 1896.
Hofmannsthal, Hugo v.: Gesammelte Werke in Einzelausgaben. Hg. v. H. Steiner. Frankfurt a.M. 1956.
Humboldt, Wilhelm v.: Gesammelte Schriften. Hg. v. der Preußischen Akademie der Wissenschaften in 17. Bänden. Berlin 1903-1936. (Schriften zur Sprachphilosophie Bd. 3. Hg. v. A. Fletner/K. Giel. Darmstadt 1963)
Valéry, Paul: Zur Philosophie und Wissenschaft. Kleiner Brief über die Mythen. Hg. v. J. Schmidt-Radefeldt. Frankfurt a.M. 1989. S. 248-245.
Verene, Donald Philipp: Vicos Wissenschaft der Imagination. Theorie und Reflexion der Barbarei. München 1987.
Vernant, Jean Pierre: Der reflektierte Mythos. In: ders.: Mythos ohne Illusion. Frankfurt a.M. 1984. S. 7-11.

Vico, Giambattista: Liber metaphysicus 1710. Risposte 1711, 1712. Übers. u. hg. v. S. Otto/H. Viechtbauer. München 1979.
– Scienza Nuova. Prinzipien einer neuen Wissenschaft über die gemeinschaftliche Natur der Völker. 2 Bde. Übers. u. hg. v. V. Hösle/Chr. Jermann. Hamburg 1990.
Vietta, Silvio: Die literarische Moderne. Eine problemgeschichtliche Darstellung der deutschsprachigen Literatur von Hölderlin bis Thomas Bernhard. Stuttgart 1992.
Vischer, Friedrich Theodor: Ästhetik oder Wissenschaft vom Schönen (1846). Hg. v. Robert Vischer. Hildeheim 2004.
Wackenroder, Wilhelm Heinrich/Ludwig Tieck: Herzensergießungen eines kunstliebenden Klosterbruders. In: dies.: Phantasien über die Kunst. Stuttgart 1979.
Wackwitz, Stephan: Friedrich Hölderlin. Stuttgart 1996.
Wagner-Egelhaaf, Martina: Mystik der Moderne. Die visionäre Ästhetik der deutschen Literatur im 20. Jahrhundert. Stuttgart 1989.
– Die Melancholie der Literatur. Diskursgeschichte und Textfiguration. Stuttgart 1997.
Was heißt Darstellen? Hg. v. Hart Nibbrig. Frankfurt a.M. 1994.
Weinrich, Harald: Münze und Wort. Untersuchungen an einem Bildfeld. In: Romanica. Festschrift für Gerhard Rohlfs. Hg. v. Heinrich Lausberg/Harald Weinrich. Halle 1958. S. 508-521.
Willems, Gottfried: Anschaulichkeit. Zur Theorie und Geschichte der Wort-Bild Beziehungen und des literarischen Darstellungsstils. Tübingen 1989.
Winckelmann, Johann Joachim: Gedanken über die Nachahmung der griechischen Werke in der Malerei und Bildhauerkunst. Stuttgart 1969.
Wittgenstein, Ludwig: Tractatus Logico-Philosophicus. Frankfurt a.M. 1963.
Young, James E.: Formen des Erinnerns. Gedenkstätten des Holocaust. Wien 1997
Zima, Peter V.: Zur Konstruktion von Modernismus und Postmoderne: Ambiguität, Ambivalenz und Indifferenz. In: Sprachkunst, 27, 1996, S. 127-141.
– Moderne/Postmoderne. Gesellschaft. Philosophie. Literatur. Tübingen 1997.

# Register